高等职业教育汽车类专业教学改革规划教材

汽车车身电控系统结构与检修

主编　刘春晖　梁玉国

机 械 工 业 出 版 社

本书系统地介绍了现代汽车车身电控系统的基本结构、原理、检测方法、常见故障诊断及排除方法，主要内容包括：安全气囊与安全带系统、汽车巡航控制系统、汽车车载网络系统、汽车电动车窗与天窗系统、汽车电动座椅与电动后视镜系统、汽车音像与车载免提系统。本书内容丰富、图文并茂、通俗易懂，在强调实用性、典型性的基础上，充分重视内容的先进性，尽可能反映出汽车车身电控系统中采用的新技术、新配置。

本书既可作为职业院校汽车检测与维修专业、汽车制造与装配专业、汽车电子技术专业、汽车运用与维修专业教学用书，也可作为汽车维修行业的技师和修理工提高技能的自学用书。

本书配有电子课件，凡使用本书作为教材的教师可登录机械工业出版社教育服务网 www.cmpedu.com 注册后下载。咨询邮箱：cmpgaozhi@ sina.com。咨询电话：010-88379375。

图书在版编目（CIP）数据

汽车车身电控系统结构与检修/刘春晖，梁玉国主编. —北京：机械工业出版社，2017.5（2018.8重印）

高等职业教育汽车类专业教学改革规划教材

ISBN 978-7-111-56487-4

Ⅰ.①汽… Ⅱ.①刘… ②梁… Ⅲ.①汽车-车体-电子系统-控制系统-构造-高等职业教育-教材②汽车-车体-电子系统-控制系统-车辆修理-高等职业教育-教材 Ⅳ.①U472.41

中国版本图书馆 CIP 数据核字（2017）第 068426 号

机械工业出版社（北京市百万庄大街 22 号 邮政编码 100037）

策划编辑：张双国 责任编辑：张双国 责任校对：肖 琳

封面设计：陈 沛 责任印制：常天培

北京铭成印刷有限公司印刷

2018 年 8 月第 1 版第 2 次印刷

184mm×260mm · 13.25 印张 · 320 千字

标准书号：ISBN 978-7-111-56487-4

定价：32.00 元

凡购本书，如有缺页、倒页、脱页，由本社发行部调换

电话服务

服务咨询热线：010-88379833

读者购书热线：010-88379649

网络服务

机 工 官 网：www.cmpbook.com

机 工 官 博：weibo.com/cmp1952

教育服务网：www.cmpedu.com

金 书 网：www.golden-book.com

前 言

随着国民经济飞速发展和人民生活水平的普遍提高，汽车正以前所未有的步伐迈进普通百姓的家庭。特别是成功加入WTO后，汽车逐渐降价，更加刺激了我国私家车的消费。据专家预测，未来几年，我国的汽车拥有量仍将以很快的速度递增，随之而来的巨大的汽车售后市场——汽车美容、养护、装饰、快修及至大修等，将成为21世纪一个庞大的黄金产业，为有志者提供了绝佳的就业和创业良机。

在欧美等西方发达国家，汽车消费已相当成熟。据专家统计，因汽车消费而产生的利润大致按以下百分比分配：整车销售占20%，配件销售占20%，售后服务占60%。由此可以看出，在整个汽车消费过程中，利润产生比重最大的一块是汽车售后服务，这也就是为什么目前汽车销售商热衷于经营“3S”“4S”店的主要原因。

随着汽车技术的发展和后市场的需要，汽车后市场服务人才供求矛盾激增，人才供求的结构性矛盾突出，使得汽车后市场服务人才的培养变得尤为重要。为了适应当前汽车后市场服务人才培养的需要，充分体现职业教育特点，本书在编写过程中体现以就业为导向、以培养汽车后市场服务人才为目标，以技术应用能力为主线，注重理论联系实际，注重实用，反映新知识、新技术、新设备和新方法的应用。

本书以培养学生具有扎实专业知识和熟练操作技能为目的，理论方面着重基本知识、基本原理的讲述；检修方面侧重培养学生的基本技能，包括常用工具、量具、仪器、仪表的使用，各零部件和总成的拆装、检测和维修。

本书由山东华宇工学院刘春晖、梁玉国任主编，参加本书编写的还有黄现国、张炜炜、张文甫、刘风阁、魏代礼、吴云、李华。

在本书编写过程中借鉴和参考了大量国内外的汽车技术资料、维修资料和相关书籍，在此向参考资料的作者及编者深表感谢！

由于编者水平所限，书中难免有错误和不当之处，恳请广大读者批评指正。

编　者

目　　录

模块一　安全气囊与安全带系统

随着汽车保有量的迅速增加，汽车交通事故频繁发生，驾驶人和乘员的安全问题变得尤为重要。安全气囊的装备与使用避免了驾乘人员与转向盘、仪表板、风窗玻璃的碰撞，防止驾乘人员的头部和胸部受伤，降低了正面碰撞或侧面碰撞中驾乘人员的伤亡率。图 1-1 所示为碰撞过程中安全气囊所起的保护作用。

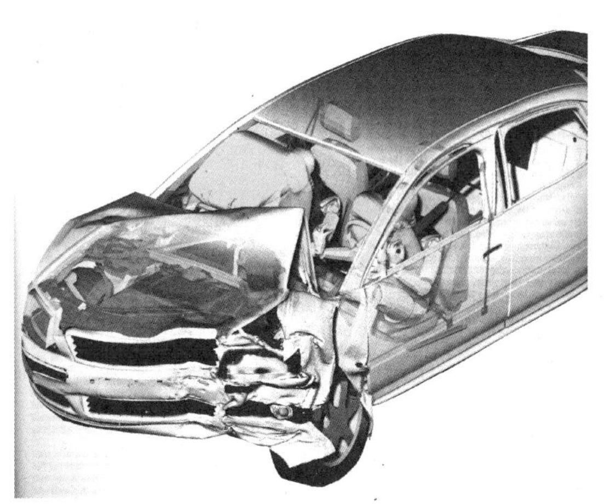

图 1-1　碰撞过程中安全气囊所起的保护作用

汽车的安全装置分为主动安全装置和被动安全装置两种。主动安全装置的功用是避免发生事故，被动安全装置的功用是减轻事故造成的伤害程度。目前，汽车上采用的被动安全装置主要有安全气囊控制系统和座椅安全带控制系统、座椅安全带、护膝垫、两节或三节式转向柱等。

任务一　认识安全气囊系统

一、任务引入

安全气囊系统（SRS）是座椅安全带的辅助装置，只有在使用安全带的条件下，该系统才能充分发挥保护驾驶人和乘员的作用。公安部和交通运输部规定：自 1993 年 7 月 1 日起，所有轿车和中小客车在行驶过程中，驾驶人必须系上安全带。

二、任务目标

1）了解汽车碰撞导致人体遭受伤害的原因。

2）掌握安全气囊的功用和类型。

三、相关知识

1. 汽车碰撞导致人体遭受伤害的原因

当汽车发生碰撞时，汽车与汽车或汽车与障碍物之间的碰撞称为一次碰撞。一次碰撞后，汽车速度将急剧变化，驾驶人和乘员就会受到惯性力的作用而向前运动，其头部和胸部会与车内的转向盘、风窗玻璃或仪表板等构件发生碰撞，这种碰撞称为二次碰撞。在车辆事故中，导致驾驶人和乘员遭受伤害的主要原因是二次碰撞。

碰撞分为正面碰撞和侧面碰撞两种。当汽车发生正面碰撞时，在惯性力的作用下，驾驶人头部、面部或胸部可能与转向盘和风窗玻璃发生二次碰撞，前排乘员可能与仪表板发生二次碰撞，后排乘员可能与前排座椅发生二次碰撞；当汽车遭受侧面碰撞时，驾驶人和乘员可能与车门、车门玻璃或车门立柱发生二次碰撞。车速越高，惯性力越大，遭受伤害的程度就越大。

2. 安全气囊的功用

当汽车遭受碰撞导致车速急速下降时，安全气囊迅速膨胀，在驾驶人、乘员与车内构件之间迅速铺垫一个气垫（图 1-2），利用气囊排气节流的阻尼作用来吸收人体惯性力产生的动能，从而减轻人体遭受伤害的程度。正面气囊的主要功用是保护驾驶人和乘员的面部与胸部，侧面气囊的主要功用是保护驾驶人和乘员的头部与腰部，如图 1-3 所示。大量统计和实测数据表明：在汽车发生碰撞时，正确使用安全带和安全气囊可使头部受伤率减少 25%左右，面部受伤率减少 80%左右。

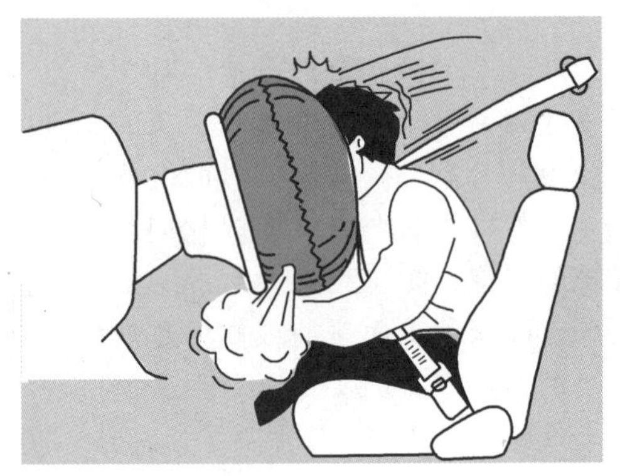

图 1-2 安全气囊的作用

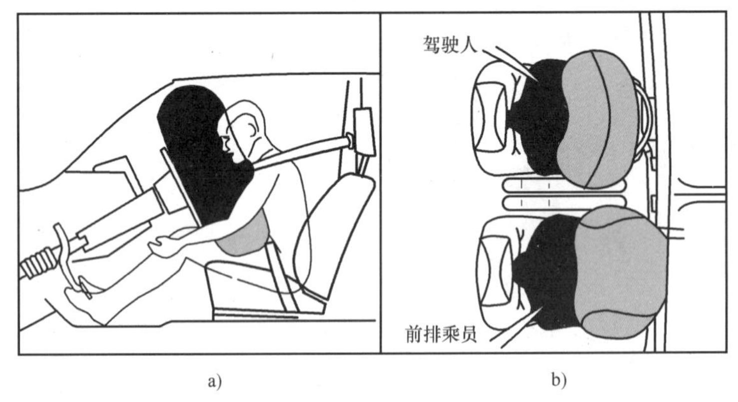

a) b)

图 1-3 汽车遭受正面碰撞时安全气囊的作用情况

a）驾驶人侧气囊 b）驾驶人侧与乘员侧气囊

3. 安全气囊的类型

（1）按照安全气囊的数量分类 按照安全气囊系统中气囊数量的不同，可将其分为单气囊系统、双气囊系统和多气囊系统。单气囊系统只在驾驶人转向盘上安装一个安全气囊，仅起保护驾驶人的作用。双气囊系统在驾驶人转向盘和前仪表板上各安装一个安全气囊，可保护驾驶人和前排乘员。多气囊系统除了在驾驶人转向盘和仪表板上各安装一个安全气囊外，在车门、座椅侧面也安装安全气囊。

（2）按照安全气囊引爆控制方式分类 按照安全气囊引爆控制方式的不同，可将其分为机械式和电子式两类。机械式安全气囊采用机械方式检测和引爆气囊，目前已很少使用。电子式安全气囊采用传感器和电控单元检测、控制气囊的引爆，是目前普遍采用的安全气囊。

（3）按照安全气囊的大小分类　按照安全气囊大小的不同，可将其分为保护整个上身的大型气囊和主要保护面部的小型护面气囊。

（4）按照安全气囊保护对象分类

1）驾驶人侧安全气囊。驾驶人侧安全气囊如图 1-4 所示，是轿车上采用得最广泛的一种安全气囊，在轿车发生正面碰撞时对驾驶人起保护作用。

2）前排乘员侧安全气囊。发生碰撞事故时，前排乘员会与仪表板、前风窗玻璃、窗框及门框等发生碰撞，因此，为保护前排乘员在撞车时免受伤害，前排乘员用安全气囊较大，如图 1-4 所示。

3）侧面防撞用安全气囊。根据使用要求不同，侧面防撞用安全气囊可以装在车门上横梁中（图 1-5）、车门内板中（图 1-6）或座椅侧面及座椅间（图 1-7）。车门上横梁中的侧面防撞用安全气囊用来保护乘员的头部。装在车门内板中的侧面防撞用安全气囊和装在座椅侧面的侧面防撞用安全气囊用来保护乘员的胸部、心脏、肺脏等重要器官。

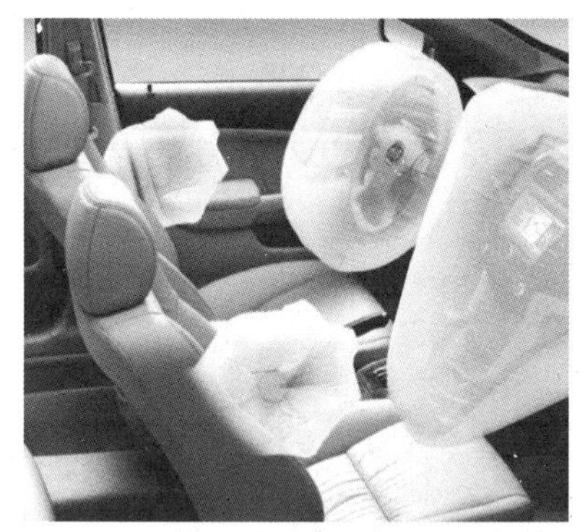

图 1-4　驾驶人侧及前排乘员侧安全气囊

图 1-5　安装在车门上横梁中的侧面防撞用安全气囊

图 1-6　安装在车门内板中的侧面防撞用安全气囊

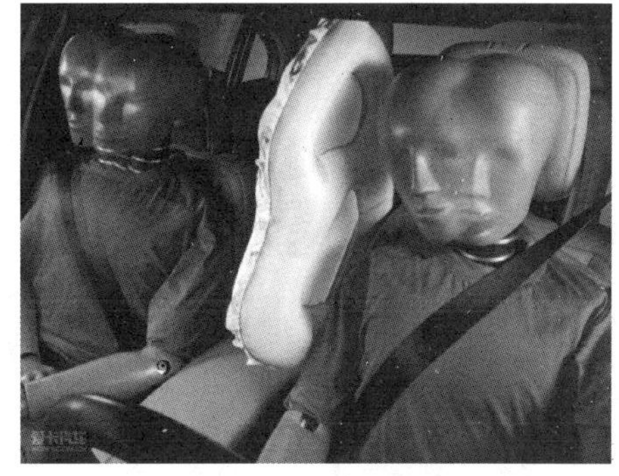

图 1-7　座椅间侧面防撞用安全气囊

4）后排乘员侧安全气囊。通常后排座不设置安全保护装置，但近年来后排乘员的安全防护逐渐开始受到重视，已经开始在后排座上安装安全带，并开发和配备了后排乘员侧安全气囊（包括后排乘员侧防侧撞安全气囊，如图 1-8 所示）。

5）下肢用安全气囊。保护驾驶人下肢用的下肢安全气囊如图 1-9 所示。在汽车发生碰撞时，下肢用安全气囊能够有效地防止驾驶人的下肢、小腿和膝部与各种踏板、操纵杆等发生碰撞，对驾驶人的下肢、小腿和膝部进行保护。下肢用安全气囊安装在仪表板下部的前围板上，其结构与其他安全气囊的结构基本相似。

图 1-8　后排乘员侧防侧撞安全气囊

图 1-9　下肢用安全气囊

6）车顶部安全气囊。一些高档豪华轿车在车顶的两侧配有两条管状气囊（图 1-10），在意外情况发生时能够有效地缓解来自车顶上方的下压力，配合窗帘式安全气囊能够有效地保护乘客的头部和颈部。

7）窗帘（屏蔽）式安全气囊。由于侧面防撞用安全气囊不能全部覆盖侧窗，玻璃的碎片可能溅入车厢内伤到乘员的脸部或身体，有的轿车上配备了以窗帘状展开的气囊，称为窗帘式安全气囊。窗帘式安全气囊在车辆遭受侧面碰撞时，与侧面防撞用安全气囊同时展开。其安装位置位于车顶纵梁的内衬中，如图 1-11 所示。

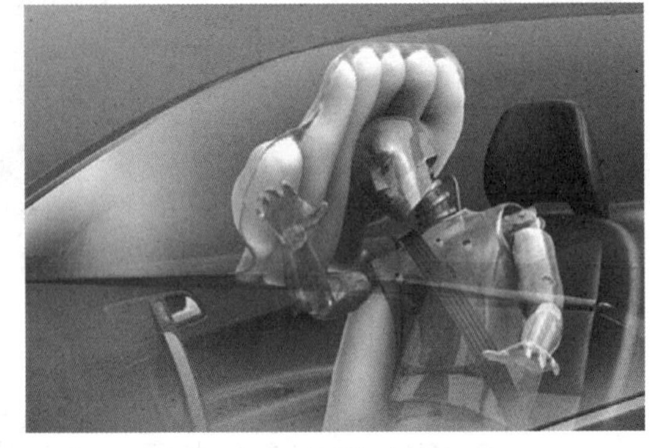
图 1-10　车顶部安全气囊

8）车外安全气囊。车外安全气囊又称为保险杠内藏式气囊，如图 1-12 所示。当汽车在正面碰撞行人时，气囊迅速向前张开和向两侧举升，托起被撞行人，同时防止行人跌向两侧。

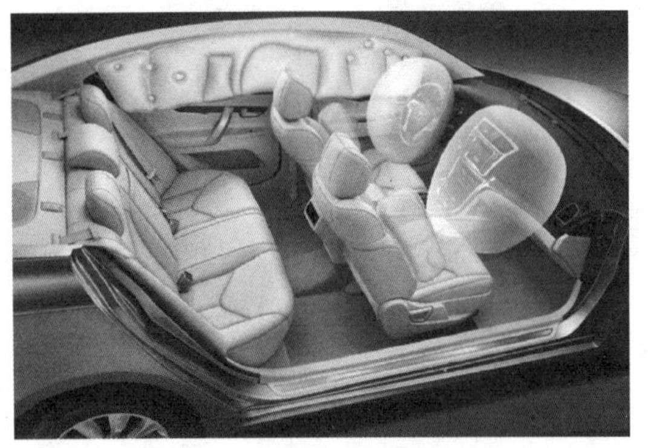
图 1-11　窗帘式安全气囊

图 1-12　车外安全气囊

任务二　安全气囊系统的控制过程及有效范围

一、任务引入

当汽车遭受正面碰撞和侧面碰撞时，安全气囊系统的控制原理完全相同。正面碰撞安全气囊系统的控制原理如图 1-13 所示，侧面碰撞安全气囊系统的控制原理如图 1-14 所示。

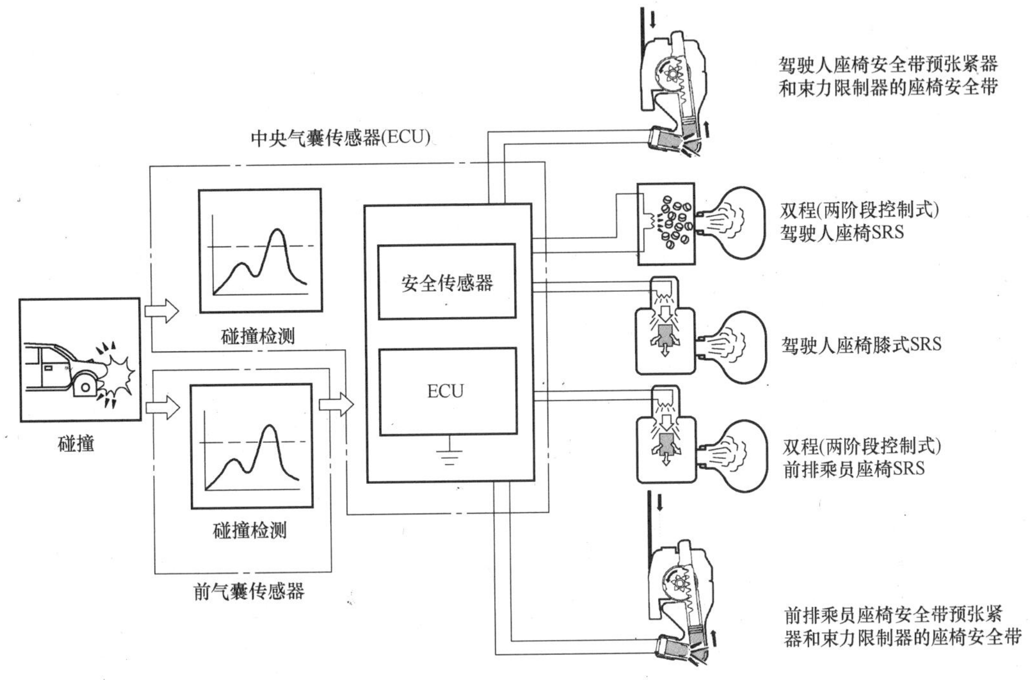

图 1-13　正面碰撞安全气囊系统的控制原理

当汽车遭受前方或侧面一定角度范围内的碰撞时，安装在汽车前部和 SRS ECU 内部的碰撞传感器同时检测到汽车突然减速的信号，并将信号输入 SRS ECU，以便判断是否发生碰撞。当汽车遭受碰撞且减速度达到设定阈值时，SRS ECU 发出控制指令使点火器引爆点火剂，点火剂引爆时产生大量热量，使充气剂受热分解并释放出大量氮气充入气囊，气囊便冲开气囊组件上的装饰盖并迅速膨胀，在人体与车内构件之间形成一个气垫，将人体与车内构件之间的硬性碰撞变为弹性碰撞，通过气囊产生变形和排气节流来吸收人体碰撞产生的动能，从而达到保护乘员的目的。

二、任务目标

1）了解安全气囊的有效范围。

2）掌握安全气囊系统的控制过程。

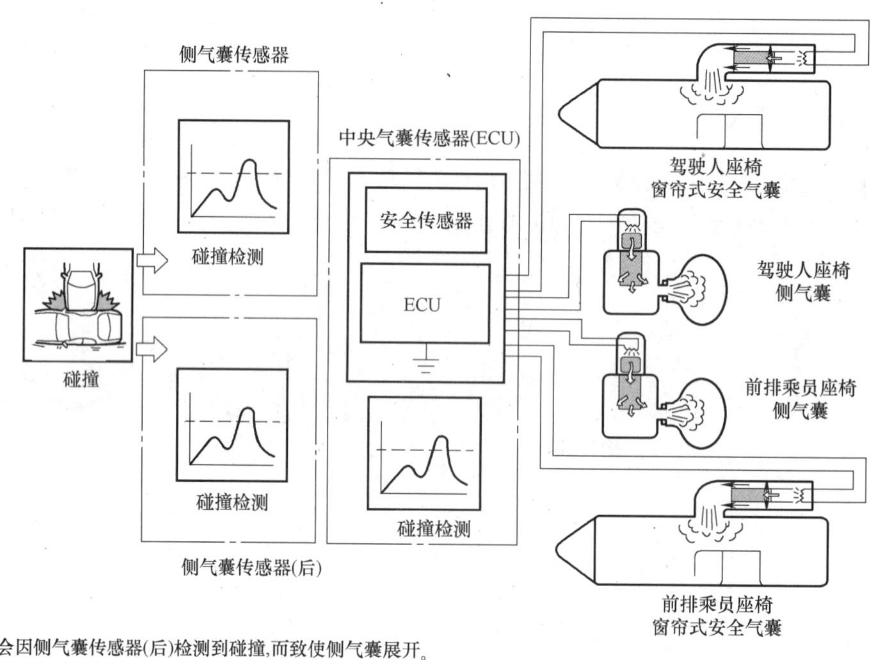

图 1-14　侧面碰撞安全气囊系统的控制原理

三、相关知识

1. 安全气囊系统的控制过程

根据德国博世（BOSCH）公司在奥迪（Audi）轿车上的试验研究表明：当汽车以 50km/h 车速与前面障碍物碰撞时，安全气囊的动作时序如图 1-15、图 1-16 所示。

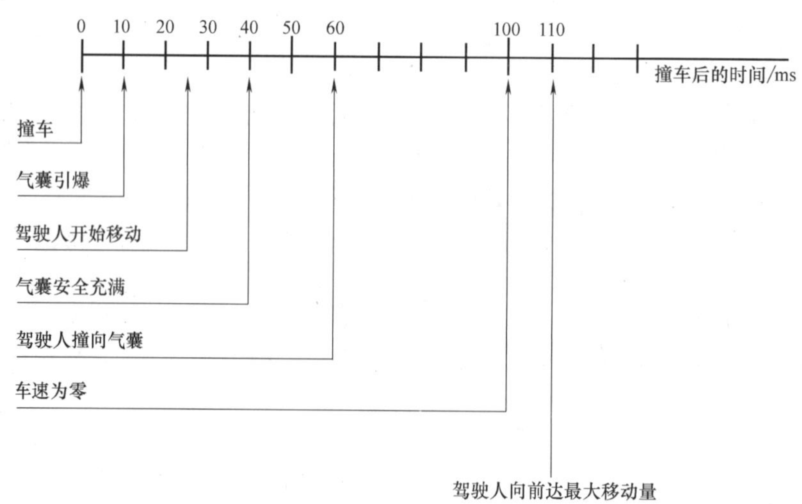

图 1-15　气囊引爆时序图

1）碰撞 10ms 后，安全气囊达到引爆极限，点火器引爆点火剂并产生大量热量，充气剂分解，驾驶人未动作，如图 1-16a 所示。

2）碰撞 40ms 后，气囊完全充满，体积最大，驾驶人前移，安全带斜系在驾驶人身上并拉紧，部分冲击能量已被吸收，如图 1-16b 所示。

3）碰撞 60ms 后，驾驶人头部及身体上部压向气囊，气囊的排气孔在气体和人体压力作用下排气节流吸收人体与气囊之间弹性碰撞产生的动能，如图 1-16c 所示。

4）碰撞约 100ms 后，碰撞危害解除，车速降低直至为零。

5）碰撞约 110ms 后，大部分气体已从气囊逸出，驾驶人身体上部回到座椅靠背上，汽车前方恢复视野，如图 1-16d 所示。

由此可见，从开始充气到完全充满约为 30ms，从汽车遭受碰撞开始到气囊收缩为止，所用时间仅为 110ms（人们眨一下眼皮所用时间约为 200ms）。因此，安全气囊在碰撞过程中动作时间极短，气囊动作状态和经历时间无法用肉眼确认。目前世界各国广泛采用模拟人体进行碰撞试验。

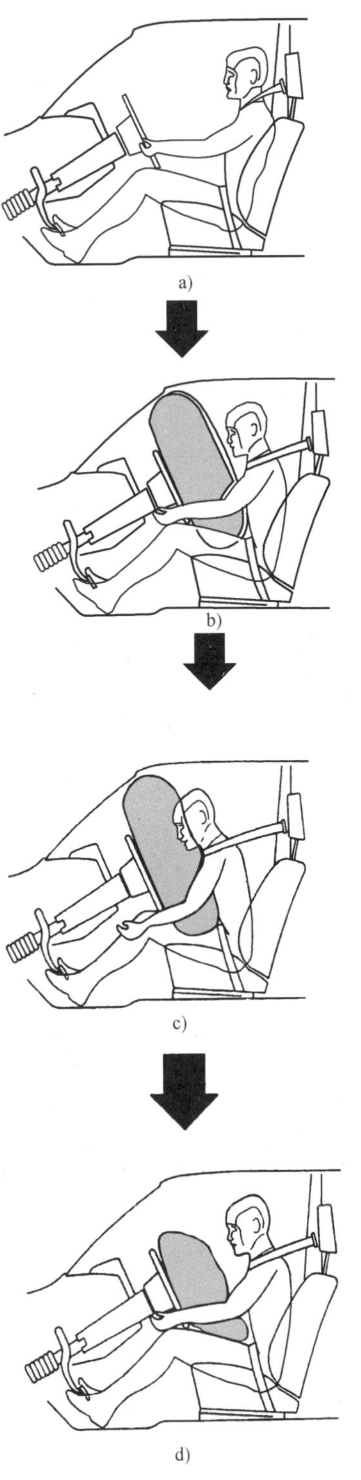

图 1-16　安全气囊系统的动作时序

a）10ms 后　b）40ms 后

c）60ms 后　d）110ms 后

2. 安全气囊的有效范围

安全气囊并不是在任何碰撞中都会起动，发生正面碰撞时只有满足碰撞角度（汽车受撞击方向与车辆的中心线夹角）小于 30°（发生正面碰撞，且方向在汽车总轴线两侧 30°）和碰撞强度足够大这两个条件时才起动，如图 1-17 所示。选装侧面气囊的碰撞角度范围如图 1-18 所示。即正面冲击力与汽车轴线夹角必须小于 30°，车速超过 25km/h 才会起动。因为低于 25km/h 的车速发生碰撞，虽然能够损坏汽车头部，但是汽车头部的塑性变形区和安全带已经可以为乘员提供有效的保护。

在发生下列情况时，正面气囊不会引爆充气。

1）汽车遭受侧面碰撞超过斜前方 30° 时（图1-19a）。

2）汽车遭受横向碰撞时（图 1-19b）。

3）汽车遭受后方碰撞时。

4）汽车发生绕纵向轴线侧翻时（图 1-19c）。

5）纵向减速度未达到设定阈值时。

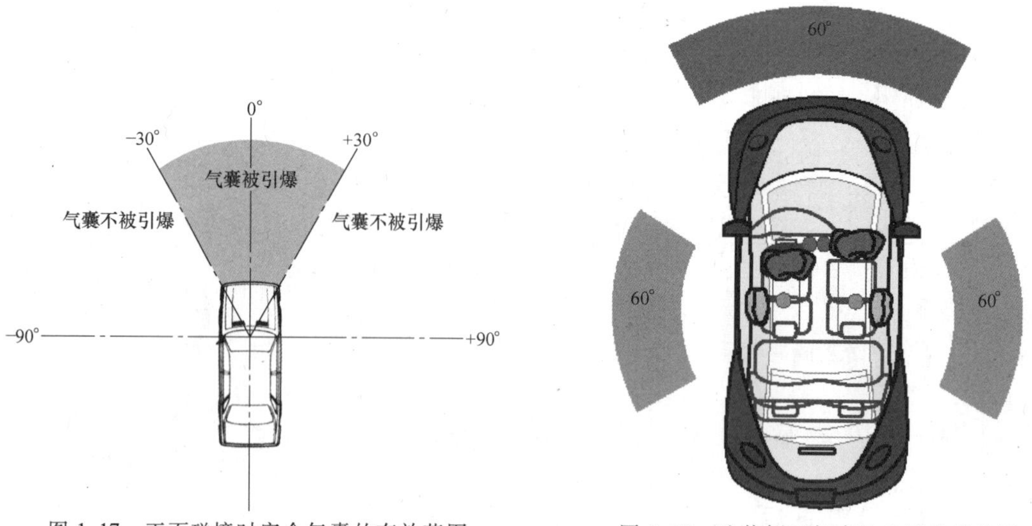

图 1-17　正面碰撞时安全气囊的有效范围　　图 1-18　选装侧面气囊的碰撞角度范围

6）所有前碰撞传感器都未接通或 SRS ECU 内部的安全传感器未接通时。

7）汽车在正常行驶、正常制动或在路面不平的道路条件下行驶时。

8）与大型车辆下部碰撞时（图 1-19d）。

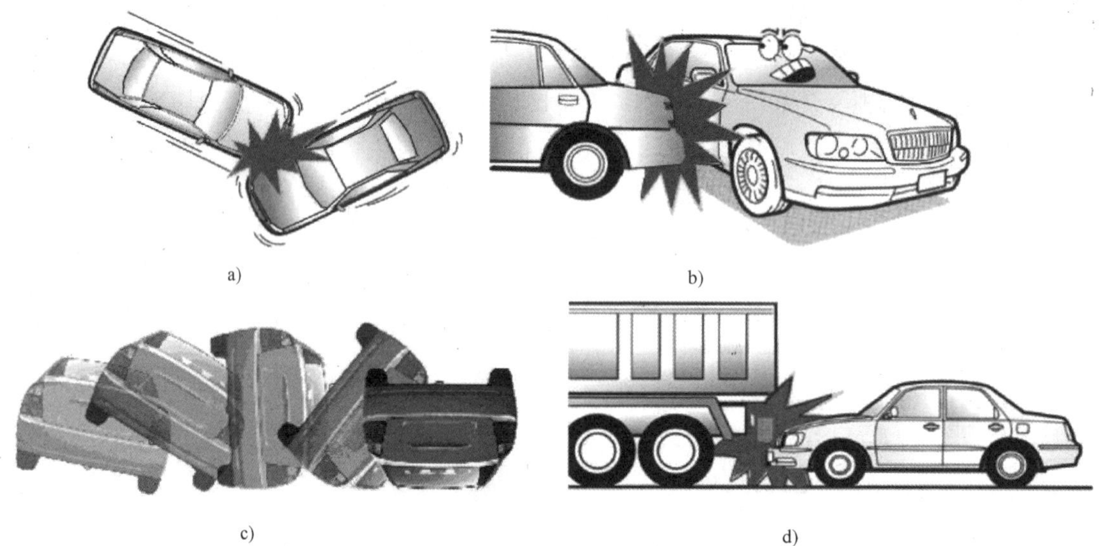

图 1-19　正面气囊不引爆的条件

a）侧面碰撞超过斜前方 30°　b）横向碰撞　c）绕纵向轴线侧翻　d）与大型车辆下部碰撞

任务三　安全气囊的结构和工作原理

一、任务引入

安全气囊主要由传感器、电控单元（ECU）、气囊组件、安全气囊警告灯等组成，其主要部件在汽车上的位置如图 1-20 所示。

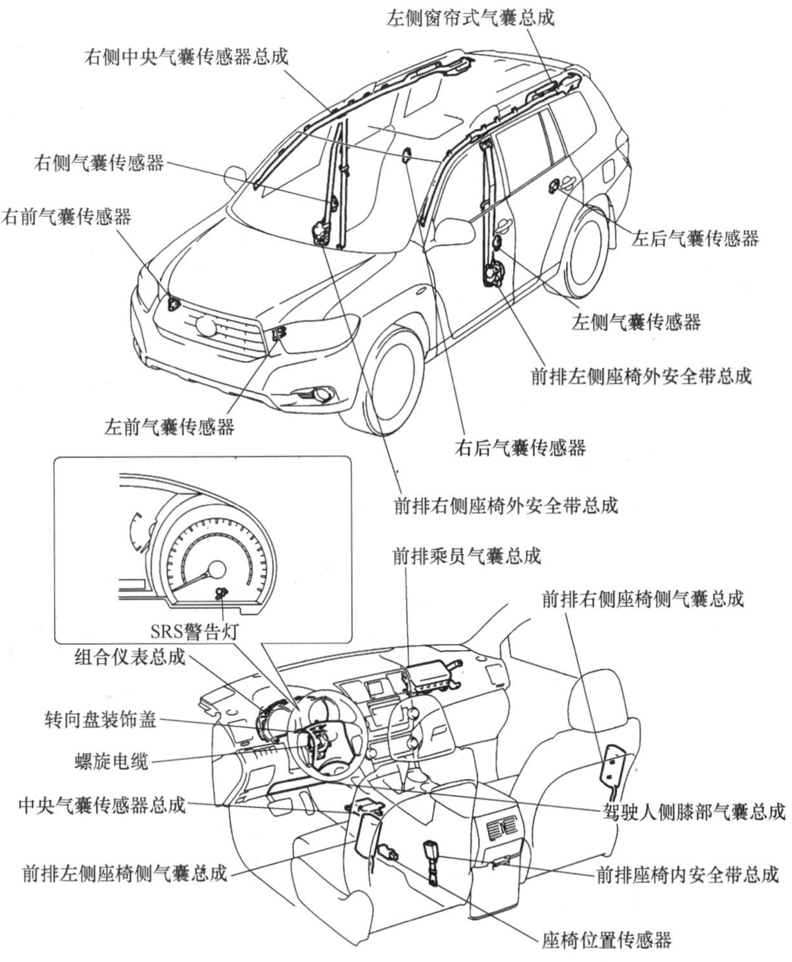

图 1-20　安全气囊主要部件在汽车上的位置

二、任务目标

1）掌握安全气囊传感器的结构和控制机理。

2）掌握安全气囊组件的结构。

三、相关知识

1. 传感器

传感器是安全气囊主要的控制信号输入装置。其作用是检测、判断汽车发生事故时的碰撞强度信号，并将此信号输入电控单元，电控单元根据传感器的输入信号来判断是否引爆充气元件使气囊充气。

碰撞传感器种类繁多、形式各异，常用的碰撞传感器可按用途与结构进行分类。

1）按碰撞传感器的用途分类。碰撞传感器相当于一只控制开关，其工作状态取决于汽车碰撞时的减速度大小。安全气囊传感器按功能的不同，可分为碰撞信号传感器和碰撞防护传感器两种类型。

碰撞信号传感器主要用来检测碰撞强度，又称为碰撞烈度（激烈程度）传感器，安装在汽车左前与右前翼子板内侧，两侧前照灯支架下面，发动机散热器支架左、右两侧，左右仪表板下面等。

碰撞防护传感器又称为安全传感器或保险传感器，简称防护传感器，一般安装在 SRS ECU 内部。碰撞防护传感器和碰撞信号传感器的结构原理完全相同，其唯一区别是设定的减速度阈值有所不同。即一只碰撞传感器既可用作碰撞信号传感器，也可用作碰撞防护传感器，但是必须重新设定其减速度阈值。设定减速度阈值的原则是碰撞防护传感器的减速度阈值比碰撞信号传感器的减速度阈值稍小。如果汽车以 40km/h 的速度与一辆停驶的同样大小的汽车相碰撞，或以不低于 22km/h 的车速迎面撞到一个不可变形的固定障碍物时，碰撞信号传感器便会动作，接通搭铁回路。

2）按碰撞传感器的结构分类。按传感器结构不同，碰撞传感器可分为机电结合式、水银开关式和电子式三种类型。

机电结合式碰撞传感器是一种利用机械机构运动（滚动或转动）来控制电器触点动作，再由触点的断开与闭合来控制气囊点火器电路接通与切断的传感元件，一般安装在发动机舱前纵梁上面（图 1-21）。目前常用的有滚球式、滚轴式和偏心锤式三种机电结合式碰撞传感器。

图 1-21　安装在发动机舱前纵梁上面的碰撞传感器

水银开关式碰撞传感器利用水银（汞）导电良好的特性来控制气囊点火器电路的接通或切断，一般用作碰撞防护传感器。

电子式碰撞传感器没有电器触点，常用的有压阻效应式和压电效应式两种，一般用作碰撞防护传感器。

2. 电控单元

安全气囊电控单元（SRS ECU）是安全气囊系统的核心部件，其外形如图 1-22 所示，

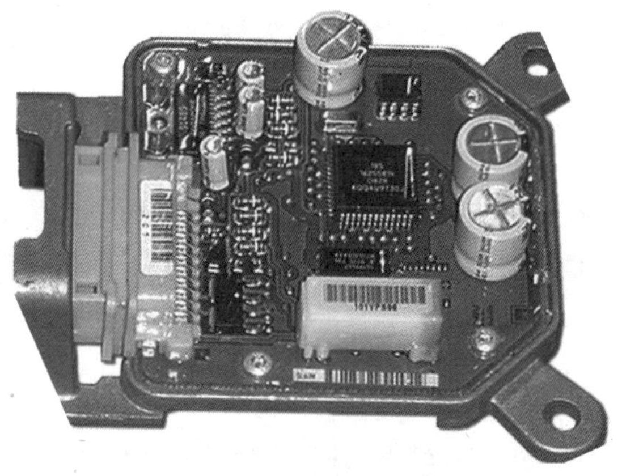

图 1-22　SRS ECU

主要由安全气囊逻辑模块、能量存储装置（电容）、电路插接器等组成。SRS ECU 一般与安全传感器一起被制作在安全气囊控制组件中，通常安装在驾驶室变速杆前、后的装饰板下面（图 1-23）。

3. 气囊组件

气囊组件主要由气囊、气体发生器、点火器、衬垫、饰盖和底板等组成。其中，驾驶人侧气囊组件位于转向盘中心处，前排乘员侧气囊组件位于仪表板右侧、杂物箱的上方，侧面气囊组件位于前排座椅的靠背里。

（1）气囊　气囊一般由尼龙布制成，采用机器缝制，有些气囊在缝制的同时还采用粘接技术。气囊在静止状态时，像降落伞未打开时一样折叠成包，安放在气体发生器上部与气囊饰盖之间，如图 1-23、图 1-24 所示。气囊充气膨胀展开后，能吸收冲击能量，保护驾驶人和乘员的头部和胸部，减少受伤率及受伤程度，而气囊上的小孔，在充气后就进行排气，使气囊逐渐变软，加强缓冲作用并防止车内人员受到二次伤害。安全气囊一般采用密封性涂层，涂层材料主要有两种：一种是广泛采用的氯丁橡胶涂层；另一种是主要用于载货汽车的硅酮涂层，其耐用性高。也有的安全气囊采用具有一定透气性的不涂覆织物来控制其缓冲性，但对其透气性有严格的要求，要解决其受热膨胀对人体的灼伤问题。气囊饰盖表面模压有撕印，以便气囊充气时撕裂饰盖，减小冲出饰盖的阻力。

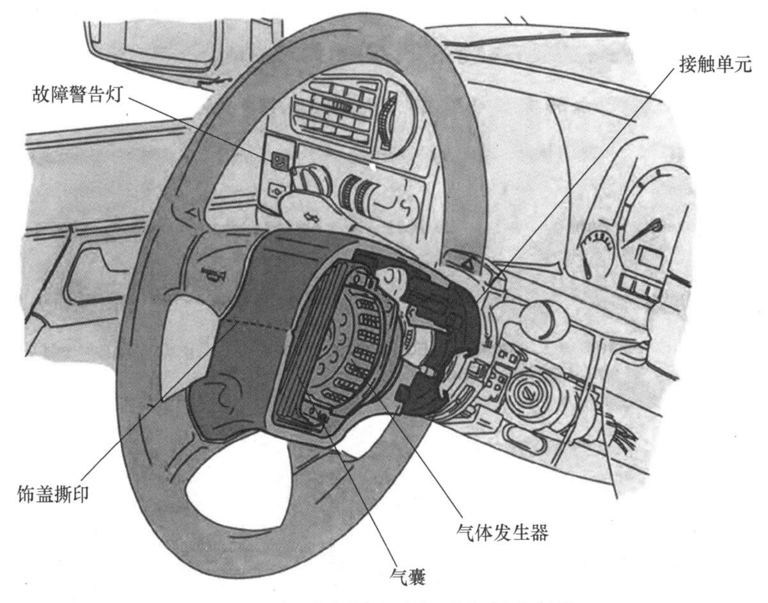

图 1-23　驾驶人侧安全气囊组件的结构

（2）气体发生器　气体发生器又称为充气器，用于在点火器引爆点火剂时产生气体向气囊充气，使气囊膨胀打开。气体发生器用专用螺栓和专用螺母固定在气囊支架上，装配时只能用专用工具进行装配。

充气剂普遍采用叠氮化钠片状合剂。目前，大多数气体发生器都是利用热效反应产生氮气而充入气囊。在点火器引爆点火剂瞬间，点火剂会产生大量热量，叠氮化钠受热立即分解释放氮气，并从充气孔充入气囊。虽然氮气是无毒气体，但是叠氮化钠的副产品有少量的氢氧化钠和碳酸氢钠（白色粉末），这些物质是有害的，因此在清洁气囊膨开后的车内空间

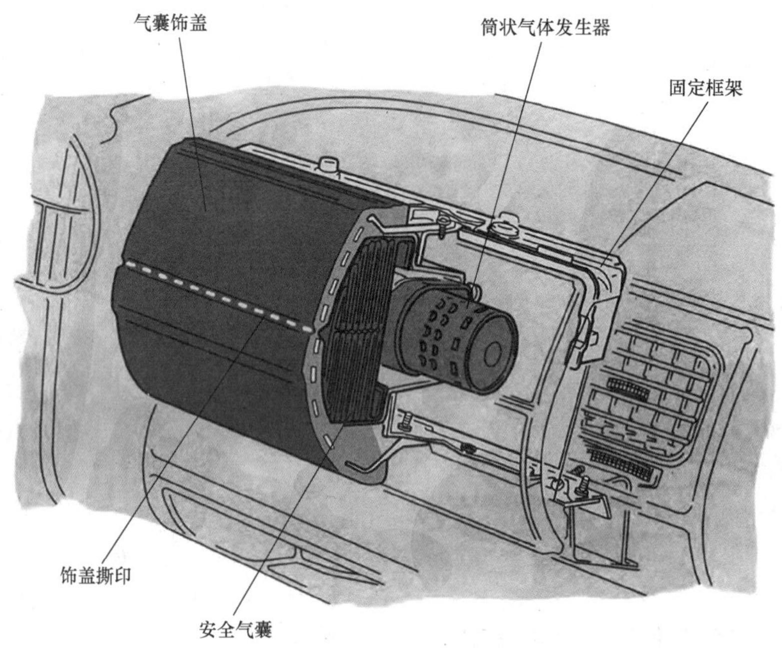

图 1-24　前排乘员侧安全气囊组件的结构

时，应保证通风良好并采取防护措施。

驾驶人侧气囊气体发生器的结构如图 1-25 所示，主要由上盖、下盖、充气剂（片状叠氮化钠）和金属滤网等组成。上盖上有若干个充气孔，充气孔有长方孔和圆孔两种。下盖上有安装孔，以便将气体发生器安装到气囊支架上。上盖与下盖用冷压工艺压装成一体，壳体内装有充气剂、滤网和点火器。金属滤网安放在气体发生器的内表面，用以过滤充气剂和点火剂燃烧后的渣粒。

前排乘员侧气囊气体发生器的结构如图 1-26 所示，主要由密封端塞、自点火火药、振荡管、主气发生器、辅气发生器、过滤器、成形过滤器、爆炸片、起爆药、壳体、密封垫及排气喷嘴等组成。乘员侧安全气囊的气体发生器为长筒形，气体发生器用药质量一般在 500g 左右。由于乘员侧安全气囊距离乘员比驾驶人侧安全气囊距离驾驶人的距离大，因此乘员侧气囊的体积比驾驶人侧气囊的体积要大。

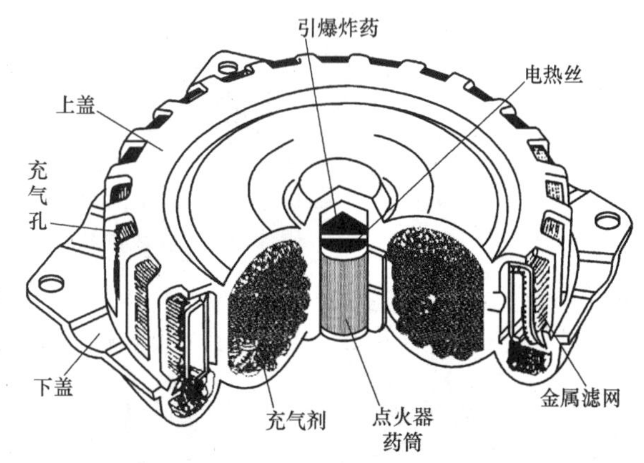

图 1-25　驾驶人侧气囊气体发生器的结构

(3) 点火器　点火器外包铝箔，安装在气体发生器内部中央位置。其作用是在气囊电路接通时，引爆点火剂，产生热量使充气剂分解。点火器的结构如图 1-27 所示。

点火器的所有部件均装在药筒内，点火剂包括引爆炸药和引药。引出导线与气囊插接器

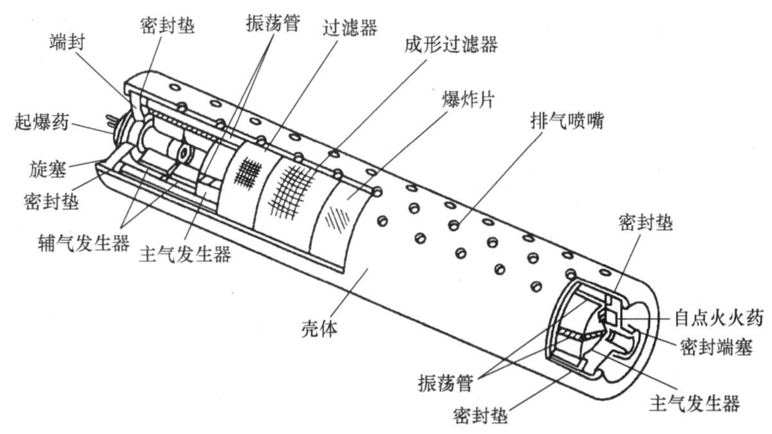

图 1-26　前排乘员侧气囊气体发生器的结构

插头连接，插接器（一般为黄色）中有短路片（铜质弹簧片）。当插接器插头拔下或插头与插接器未完全结合时，短路片将两根引线短接，防止静电或误导电将电热丝电路接通而造成气囊误膨胀而打开。

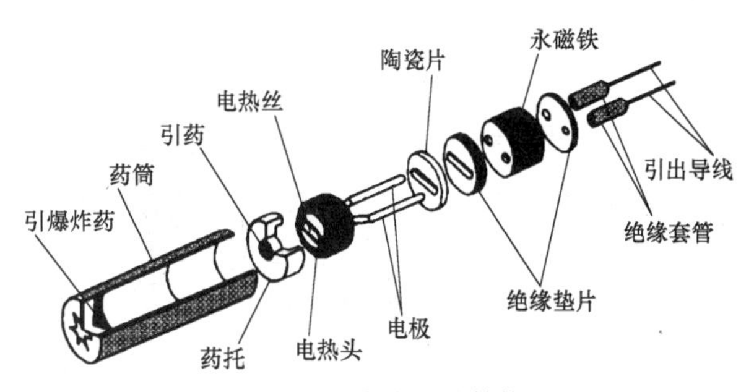

图 1-27　点火器的结构

点火器的功用：当 SRS ECU 发出点火指令使电热丝电路接通时，电热丝迅速红热引爆引药，炸药瞬间爆炸产生热量，药筒内温度和压力急剧升高并冲破药筒，使充气剂（叠氮化钠）受热分解释放氮气充入气囊。

(4) 衬垫　衬垫是气囊组件中非常重要的组成部分，由聚氨酯制成。在制造过程中使用了很薄的水基发泡剂，所以重量特别轻。平时它作为转向盘的上表面把气囊与外界隔离开，既起到了维护作用，又起到了装饰作用。气囊膨胀打开时，它在气囊爆发力的作用下快速及时断裂开，使安全气囊展开过程毫无阻碍。

(5) 饰盖和底板　饰盖是气囊组件的盖板，上面模制有撕缝，以便气囊能冲破饰盖膨胀打开，如图 1-28 所示。饰盖上通常贴有安全气囊标识。气囊和充气器装在底板上，底板装在转向盘或车身上，气囊膨胀打开时，底板承受气囊的反力。

4. 安全气囊指示灯

安全气囊指示灯又称为 SRS 警告灯，一般安装在驾驶室仪表板下面，并在仪表板相应位置制作有气囊动作图形或“SRS”“AIR BAG”“SRS AIR BAG”等字母，如图 1-29 所示。

安全气囊指示灯的功用是指示安全气囊是否处于正常状态。当点火开关转到 ON 位置后，如果安全气囊指示灯亮或闪亮 6s 后自动熄灭，表示安全气囊系统功能正常。如果安全气囊指示灯不亮、一直点亮或在汽车行驶中突然亮或闪亮，表示自诊断系统发现安全气囊系统有故障，应及时排除。自诊断系统在控制安全气囊指示灯亮或闪亮的同时，还会将所发现的故障编成代码存储在存储器中。检查或排除安全气囊系统故障时，首先应使用专用检测仪

a)

b)

图 1-28　驾驶人侧和前排乘员侧安全气囊饰盖

a）驾驶人侧安全气囊饰盖　b）前排乘员侧安全气囊饰盖

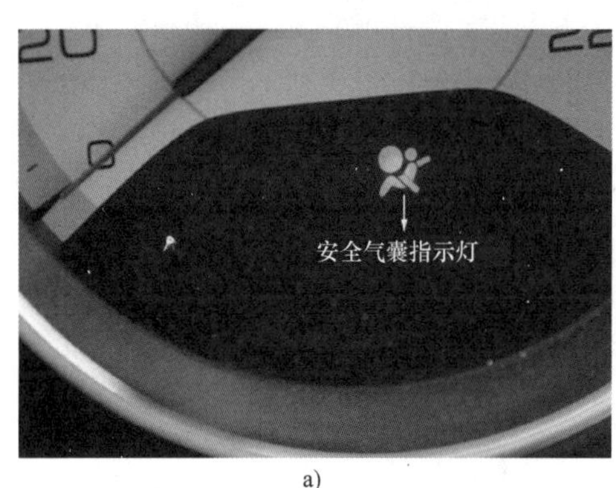

a)

b)

图 1-29　安全气囊指示灯

器或通过特定方式从通信接口（诊断插座）调出故障码，以便快速查询与排除故障。

实践证明，在汽车遭受碰撞使安全气囊膨开后，故障码一般都难以调出。如此设计的目的是在安全气囊引爆后，必须更换 SRS ECU 和系统的全部零部件。

5. 安全气囊系统线束与保险机构

为了便于区别电器系统线束插接器，安全气囊系统的插接器与汽车其他电器系统的插接器有所不同。过去曾采用深蓝色插接器，目前安全气囊系统的插接器绝大多数采用黄色插接器。安全气囊系统的插接器采用导电性能和耐久性能良好的镀金端子，并设计有防止气囊误爆机构、端子双重锁定机构、插接器双重锁定机构和电路连接诊断机构等，用以保证气囊系统可靠工作。丰田花冠（COROLLA）轿车 SRS 采用的线束插接器如图 1-30 所示。

（1）防止气囊误爆机构　安全气囊系统在线束插接器中采用了防止气囊误爆机构，其作用是防止在维修和拆装过程中，由于静电或误通电将点火器中的电热丝电路接通而将气囊引爆。

如图 1-30 所示，从 SRS ECU 至 SRS 点火器之间的插接器 2、5、8 均采用了防止安全气囊误爆的短路片机构。如图 1-31 所示，防止安全气囊误爆机构是在插接器中设一个短路片，当插接器插头与插座接在一起时，插头的绝缘体将短路片顶起，短路片与点火器的两个端子分开，点火器中的电热丝电路处于正常的连接状态；当插接器插头拔下时，短路片自动将点火器的两个引线端子短接，使点火器的电热丝与短路片构成回路，此时即使误将电源加到点火器上，点火器也不会引爆，从而防止安全气囊误爆。插接器短路片有的设置在插头上，有的设置在插座上，其作用效果完全相同，但短路片必须靠近 SRS 点火器一侧。

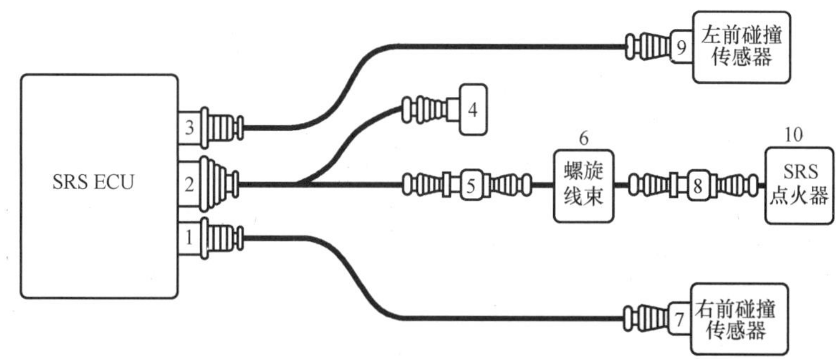

图 1-30　丰田花冠（COROLLA）轿车 SRS 采用的线束插接器

1、2、3—SRS ECU 插接器　4—SRS 电源插接器　5—螺旋线束与 SRS ECU 之间的中间线束插接器　6—螺旋线束　7—右前碰撞传感器插接器　8—SRS 点火器与螺旋线束之间的插接器　9—左前碰撞传感器插接器　10—SRS 点火器

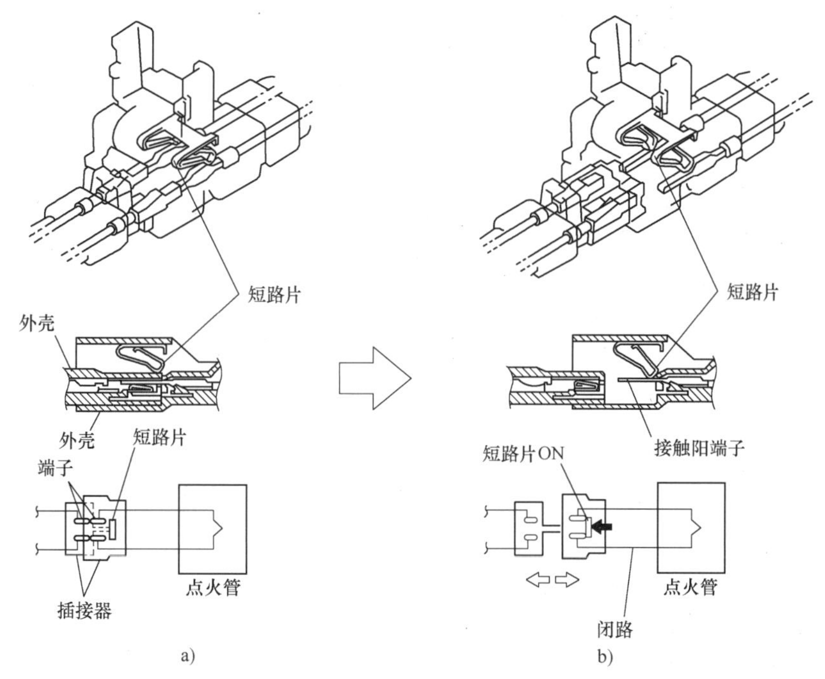

图 1-31　防止安全气囊误爆机构的结构原理

a）插接器正常连接时，短路片与端子脱开　b）插接器拔开时，短路片将端子短接

（2）电路连接诊断机构　电路连接诊断机构的作用是监测插接器插头与插座是否可靠连接。图 1-30 中前碰撞传感器插接器及其与 SRS ECU 连接的插接器 1、3、7、9 采用了电路连接诊断机构。

电路连接诊断机构的结构原理如图 1-32 所示。在插接器插头（或插座）上，设置有一个诊断销。在插接器插座上设置有两个诊断端子，端子上设有弹簧片，其中一个诊断端子与碰撞传感器的某一个触点相连，另一个诊断端子经过一个电阻（丰田车系为755~885Ω）后与碰撞传感器的另一个触点相连。

当传感器插头与插座半连接（未可靠连接）时，诊断端子与诊断销尚未接触，如图1-32a所示，此时电阻尚未与传感器触点构成并联电路，插接器引线“+”与“-”之间的电阻为无穷大。因为“+”“-”引线与SRS ECU插接器1或3（图1-30）的插头连接，所以当SRS ECU监测到碰撞传感器的电阻为无穷大时，即判定插接器连接不可靠，诊断监测电路就控制SRS指示灯闪亮报警，同时将故障编成代码存储在存储器中。

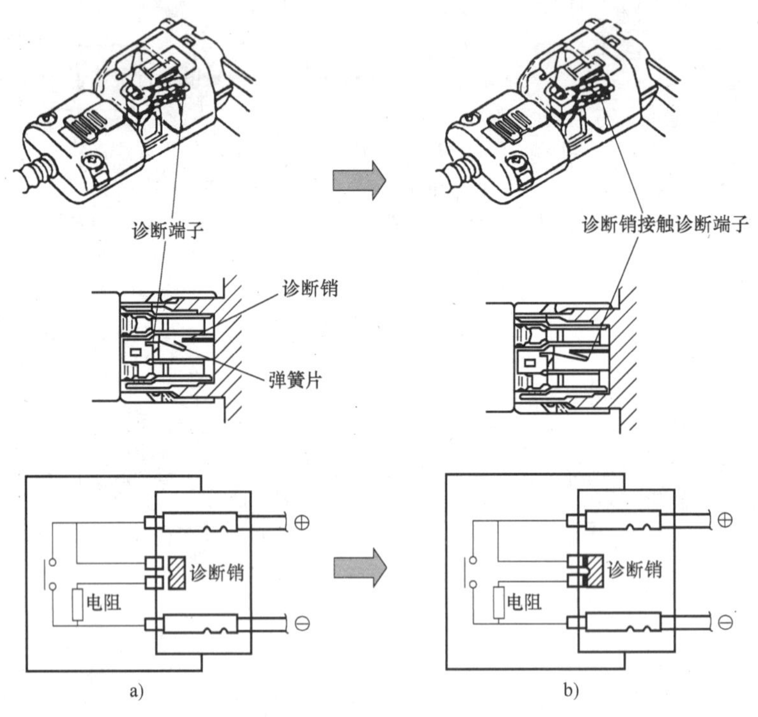

图1-32 电路连接诊断机构的结构原理
a）半连接时 b）可靠连接时

当传感器插头与插座可靠连接时，诊断端子与诊断销可靠接触，如图1-32b所示，此时电阻与碰撞传感器触点构成并联电路。因为碰撞传感器触点为动合触点，所以当SRS ECU检测到阻值为并联电阻阻值（丰田车系为755~885Ω）时，即判定插接器可靠连接，传感器电路连接正常。

（3）插接器双重锁定机构 安全气囊系统在线束的重要连接部位的插接器都采用了双重锁定机构，用于锁定插接器的插头与插座，防止插接器脱开。插接器双重锁定机构的结构如图1-33所示，其上有主锁和两个凸台以及锁柄能够转动的副锁。插接器双重锁定机构的工作原理如下：

1）当主锁未锁定时，插头上的两个凸台阻止副锁锁定，如图1-33a所示。

2）当主锁完全锁定时，副锁锁柄才能转动并锁定，如图1-33b所示。

3）当主锁与副锁双重锁定后，插接器的插头和插座的连接状态如图1-33c所示，从而防止插接器的插头和插座脱开。

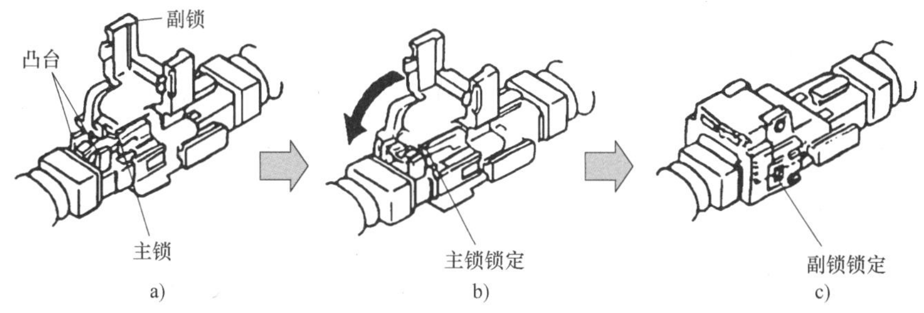

图 1-33　插接器双重锁定机构的结构

a）主锁打开，副锁被挡住　b）主锁锁定，副锁可以锁定　c）双重锁定

（4）端子双重锁定机构　安全气囊系统的每一个插接器都设有端子双重锁定机构，用于阻止引线端子滑出。端子双重锁定机构主要由插接器壳体上的锁柄与分隔片组成，如图 1-34 所示。其中锁柄为一次锁定机构，可防止端子沿引线轴线方向滑动；分隔片为二次锁定机构，可防止端子沿引线径向移动。

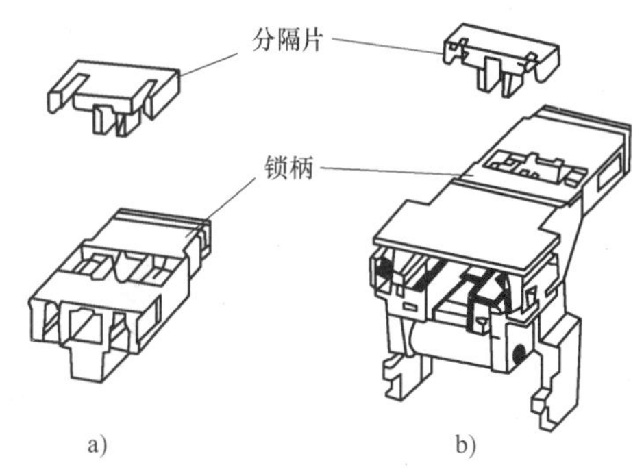

图 1-34　端子双重锁定机构

a）插头　b）插座

6. 安全气囊线束

目前，安全气囊系统的所有线束都套装在黄色波纹管内，并与车颈线束总成连成一体，以便区别于其他电器电路的线束。为了保证转向盘具有足够的转动角度而又不致损伤驾驶人侧安全气囊组件的连接线束，在转向盘与转向柱管之间采用了螺旋线束（也称螺旋弹簧、游丝或时钟弹簧），如图 1-35、图 1-36 所示。

螺旋线束的作用是连接驾驶人侧转向盘上的气囊接线头和转向柱上的接线头，其内部结构与钢卷尺相似。通常电喇叭线束也安装在螺旋形弹簧内，约 5m 长的螺旋导线装在螺旋插接器内，可随转向盘任意方向旋转 2.5 圈而不拖动异物。此外，在螺旋插接器上还接有喇叭开关触点或音像控制按键；在装备巡航控制系统的轿车上，螺旋插接器还连接有 CCS（Cruise Control System，巡航控制系统）主开关。转子与接触凸轮之间有连接凸缘与凹槽，转动转向盘时，两者相互接触，形成整体旋转。因此安装时应注意其安装位置和方向，如图 1-37 所示，否则将导致螺旋线束和电喇叭线束折断、转向盘转向角度不足或转向沉重。

图 1-35　螺旋线束的安装位置

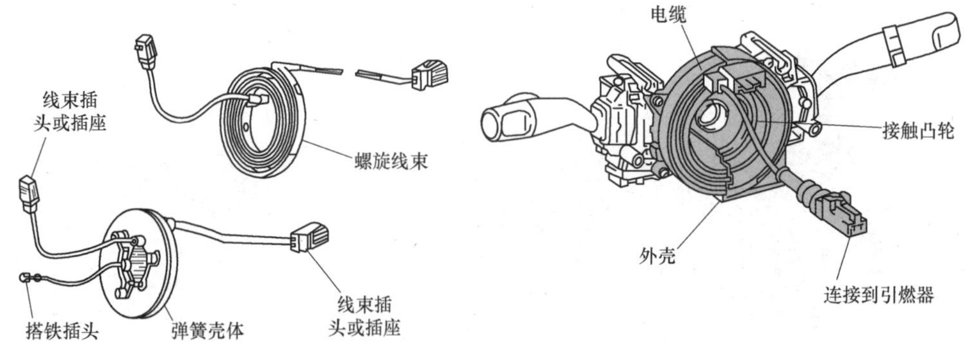

图 1-36　螺旋线束

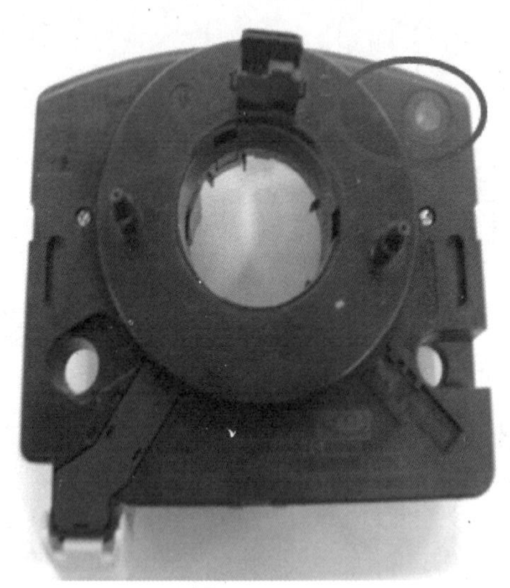

图 1-37　螺旋线束的安装标记

任务四　奥迪车系安全气囊系统

一、任务引入

奥迪车型上安装的被动保护系统有驾驶人侧安全气囊、前排乘员侧安全气囊、前座椅爆炸锁紧安全带、前后头枕、车门防撞梁、可伸缩转向柱防撞踏板机构、安全车门锁等。图1-38 所示为奥迪车型常见安全气囊的安装情况，最多可安装 10 个安全气囊。为了提醒维修人员注意安全气囊的存在，不要引起安全气囊的误触发，在装有安全气囊的车上都设置相应的标志，如图 1-39 所示。

二、任务目标

1）掌握奥迪轿车安全气囊系统的工作过程。

2）掌握奥迪轿车安全气囊系统的部件结构。

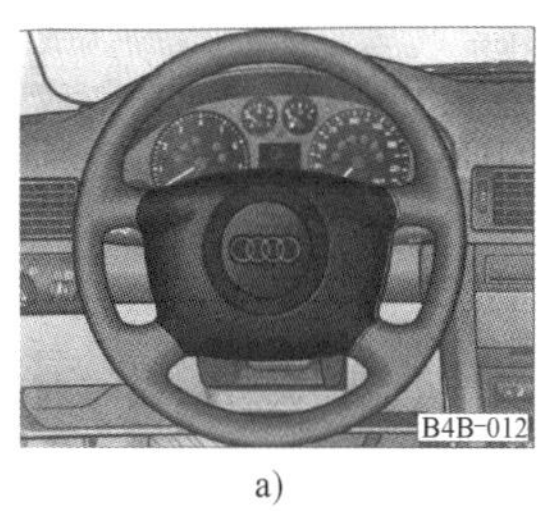

a)

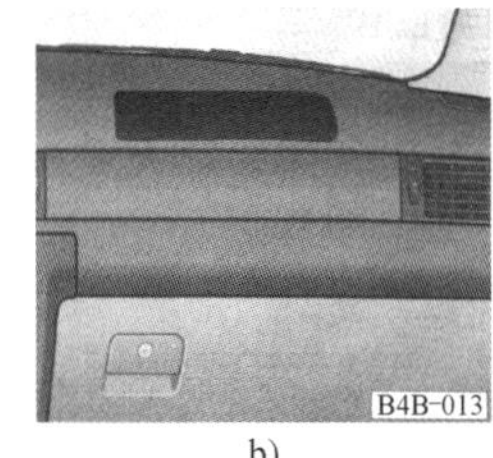

b)

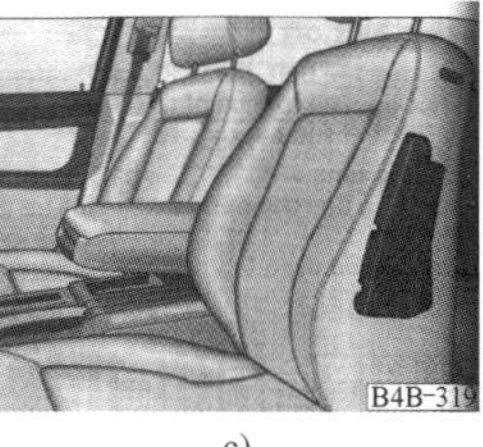

c)

d)

图 1-38　大众奥迪车型常见安全气囊的安装情况

a）驾驶人侧安全气囊　b）前排乘员侧安全气囊　c）侧安全气囊　d）窗帘式安全气囊（头部安全气囊）

图 1-39　安全气囊位置标志

三、相关知识

奥迪轿车安全气囊系统元件及传感器位置如图 1-40 所示，系统组成如图 1-41 所示。该系统包含驾驶人侧安全气囊和前排乘员侧安全气囊、前座侧安全气囊（保护人体的胸部和腰部）、选装后座侧安全气囊、识别传感器、三点引爆式前座椅安全带、三点引爆式后座椅安全带、中央包围安全带（固定后座长椅）、6 个碰撞传感器、2 个前部碰撞传感器、2 个驾驶人/乘员侧安全气囊碰撞传感器（安装在 B 柱上检测侧面碰撞的发生）、2 个驾驶人/乘员后侧安全气囊碰撞传感器（安装在 C 柱上检测侧面碰撞的发生）。

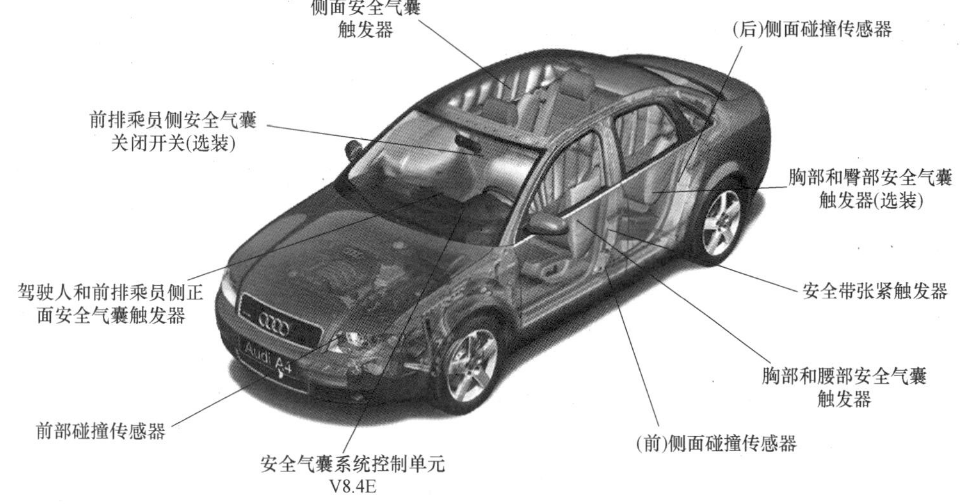

图 1-40　奥迪轿车安全气囊系统元件及传感器位置

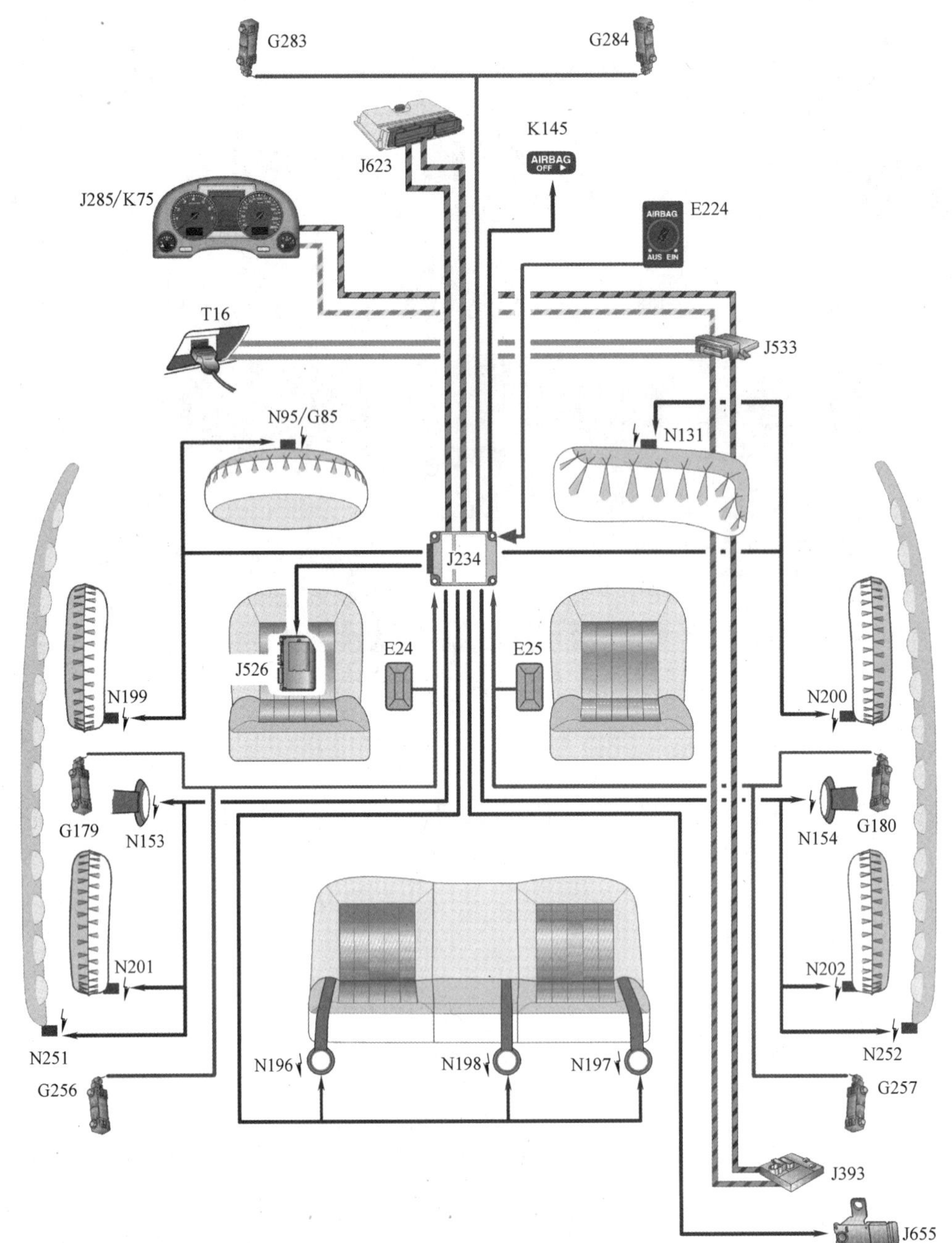

图 1-41　奥迪轿车安全气囊系统组成

K75—安全气囊指示灯　K145—前排乘员侧安全气囊关闭指示灯　N95—驾驶人侧安全气囊触发器
N131—前排乘员侧安全气囊触发器　N153—驾驶人侧安全带张紧触发器　N154—前排乘员侧安全带张紧触发器
N196—左后座安全带张紧触发器　N197—右后座安全带张紧触发器　N198—后座中间安全带张紧触发器
N199—驾驶人侧面安全气囊触发器　N200—前排乘员侧面安全气囊触发器　N201—左后座侧面安全气囊触发器
N202—右后座侧面安全气囊触发器　N251—驾驶人头部安全气囊触发器　N252—前排乘员头部安全气囊触发器
T16—插头，16孔诊断接口　E24—驾驶人安全带开关　E25—前排乘员安全带开关　E224—前排乘员安全气囊关闭钥匙开关
G85—转向角传感器　G179—驾驶人侧面安全气囊碰撞传感器（B柱）　G180—前排乘员侧面安全气囊碰撞传感器（B柱）
G256—左后座侧面安全气囊碰撞传感器　G257—右后座侧面安全气囊碰撞传感器　G283—驾驶人侧安全气囊碰撞传感器
G284—前排乘员侧安全气囊碰撞传感器　J234—安全气囊控制单元　J285—组合仪表内带显示屏的控制单元
J393—舒适系统中央控制单元　J526—电话/Telematic 控制单元　J533—数据总线诊断接口（网关）
J623—发动机控制单元　J655—蓄电池电路切断继电器

1. 奥迪轿车安全气囊系统工作过程

（1）安全气囊系统与其他系统之间的通信过程　当车辆发生碰撞时，有两个独立的碰撞信号输出：一个碰撞信号通过电话控制单元发送紧急呼叫信号（选装），同时车门解锁，打开车内灯（开关必须设定在门控档），通过舒适系统中央控制单元打开紧急灯，舒适系统中央控制单元通过 CAN 总线通信信号关闭辅助加热器（选装）、断开蓄电池的起动机与发电机的电源线；另一个碰撞信号通过 CAN 总线输出通信信号，发动机控制单元接收到该信号以后，停止燃油继电器的工作，停止发动机供油，发动机停止工作，防止燃油意外泄漏导致事故的升级扩大，防止爆炸事故发生。

（2）双级前部驾驶人安全气囊工作过程　如图 1-42 所示，前部安全气囊是双级触发式的，这就可以保证车速在 30km/h 左右撞车时，乘员可以得到最佳保护。驾驶人前安全气囊是双级的，每级都有独立的触发用点火剂，点火剂按规定的时间间隔依次点火。驾驶人前安全气囊双级引爆器结构如图 1-43 所示。驾驶人侧安全气囊称为“环形安全气囊”，它充满气后的形状就像一个救生圈。这种安全气囊呈辐射状展开，因此对于坐在离转向盘很近的驾驶人尤其具有保护作用。在安全气囊展开并充气成环形的过程中，转向盘中心保持不变（仍是气囊中心）。环形安全气囊周围的三面缝有方形的织物层，剩余的一面没有缝，以便让气囊滑过不动的转向盘中心。这种安全气囊结构满足最新的法规要求，并符合驾驶人在“非正确位置”驾驶时的生物力学值。在安全气囊展开时，若驾驶人的头部和上身离转向盘很近，那么这种结构的安全气囊可以防止驾驶人受重伤。

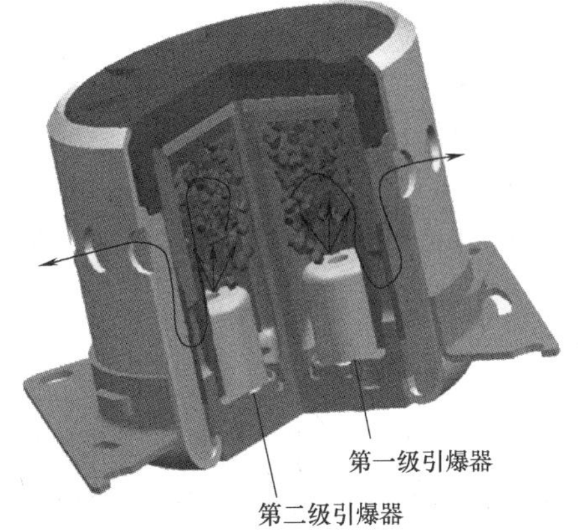

图 1-42　双级前部驾驶人安全气囊

当车辆发生碰撞时，由车辆前部传感器来检测碰撞的发生，电控单元接收传感器信号，碰撞达到一定条件时，控制单元先向前座椅安全带张紧器通电，使张紧器迅速拉紧驾驶人；控制单元同时通过螺旋电缆向前安全气囊引爆器通电，迅速产生大量的氮气充入气囊，使前气囊在 50ms 内迅速爆出，减小驾驶人的前冲力，防止驾驶人撞到车玻璃与仪表板。大约 100ms 后，气囊充气结束，

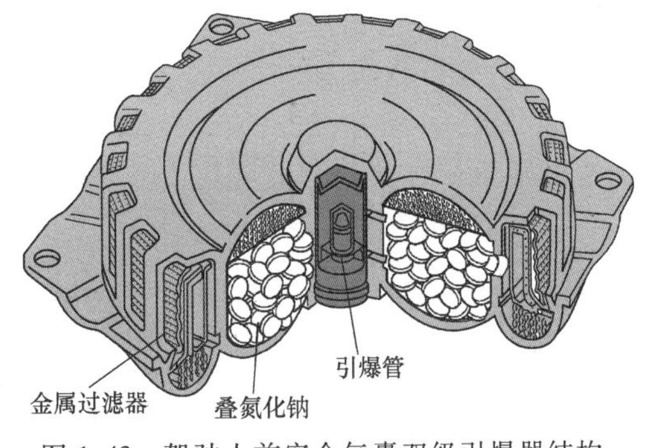

图 1-43　驾驶人前安全气囊双级引爆器结构

气囊不断进行放气，车辆发生反弹，驾驶人停止前冲，恢复正常状态。

（3）乘员侧前安全气囊工作过程　前排乘员侧安全气囊是双级的，其双级引爆器如图1-44所示。双级安全气囊内部包括两套机构，每套机构均由独立的引爆器、推进剂、储气罐、电路等组成。在车辆发生碰撞以后，双级安全气囊中的一级气囊先引爆，1号引爆器触发，点燃1号推进剂叠氮化钠固体，叠氮化钠在火焰的作用下产生大量氮气迅速推开推杆，储气罐压力迅速升高，大量氮气通过气室的通道迅速进入到气囊，使气囊引爆。1号引爆器工作以后，2号引爆器工作，点燃2号引爆器对应的固体叠氮化钠，大量氮气迅速补充到气囊中，实现两级引爆，如图1-45所示。

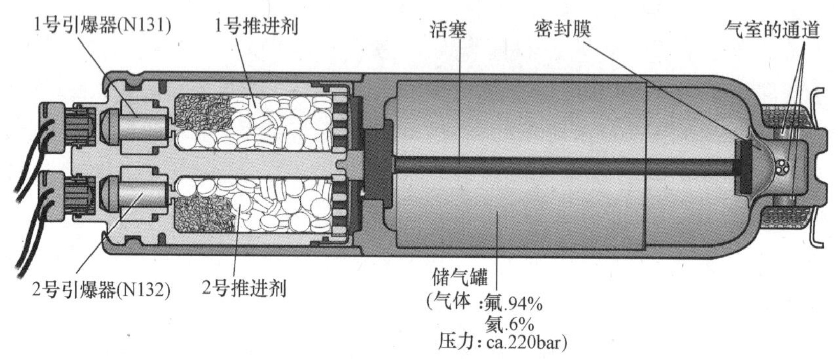

图1-44　前排乘客安全气囊双级引爆器结构

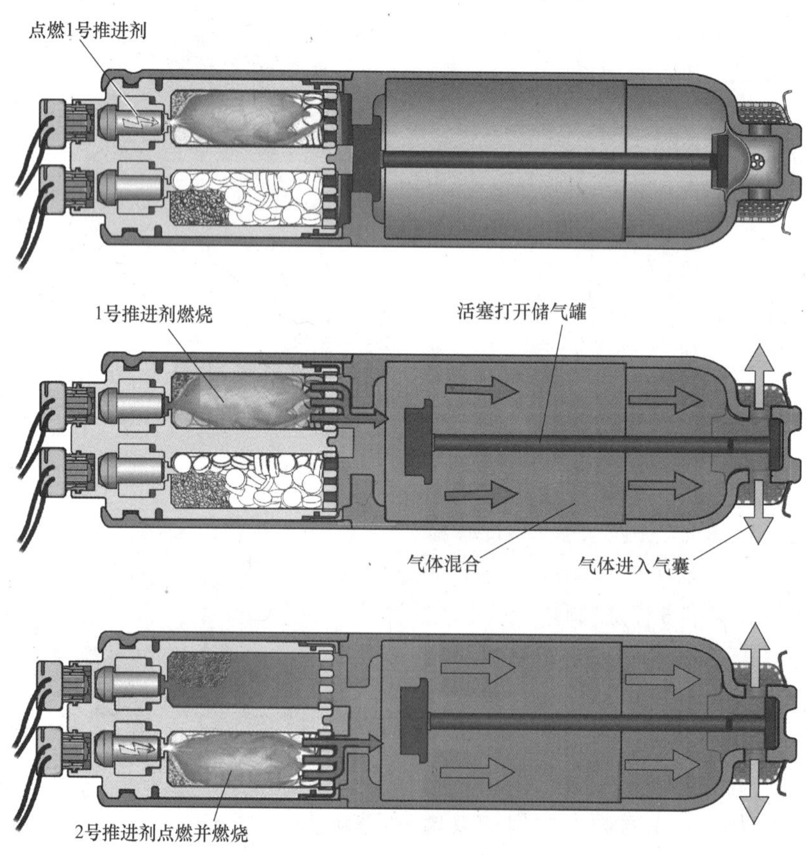

图1-45　安全气囊双级引爆系统工作过程

2. 奥迪 A8 轿车安全气囊系统的控制电路

奥迪 A8 轿车安全气囊系统的电路控制如图 1-46 所示。

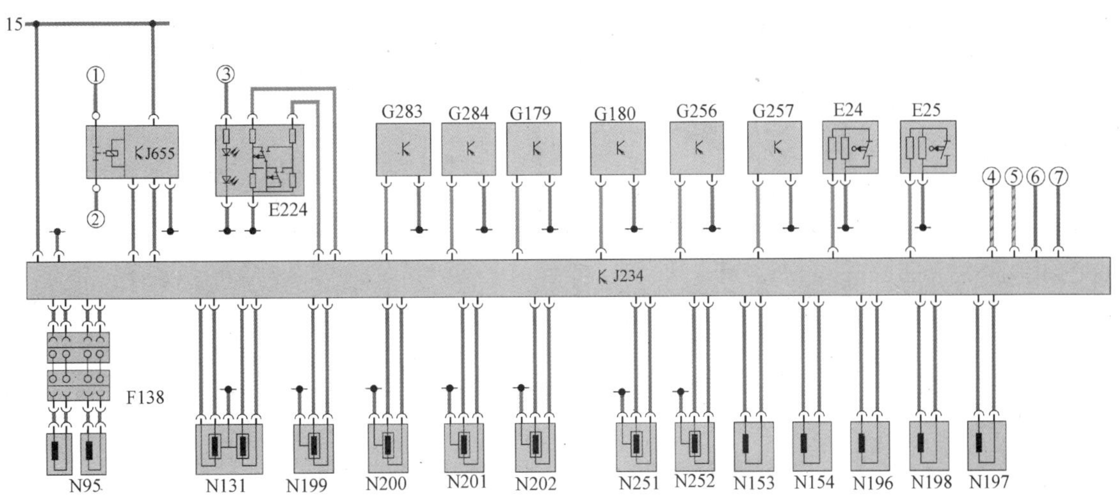

图 1-46 奥迪 A8 轿车安全气囊系统的电路控制

E24—驾驶人侧安全带开关 E25—前排乘员侧安全带开关 E224—前排乘员侧安全气囊关闭钥匙开关 F138—安全气囊螺旋弹簧/带滑环的回位环 G179—驾驶人侧面安全气囊碰撞传感器 G180—前排乘员侧面安全气囊碰撞传感器 G256—左后座侧面安全气囊碰撞传感器 G257—右后座侧面安全气囊碰撞传感器 G283—驾驶人安全气囊碰撞传感器 G284—前排乘员安全气囊碰撞传感器 J234—安全气囊控制单元 J655—蓄电池电路切断继电器 N95—驾驶人侧安全气囊触发器 N131—前排乘员侧安全气囊触发器 N153—驾驶人侧安全带张紧触发器 N154—前排乘员侧安全带张紧触发器 N196—左后座安全带张紧触发器 N197—右后座安全带张紧触发器 N198—后座中间安全带张紧触发器 N199—驾驶人侧面安全气囊触发器 N200—前排乘员侧面安全气囊触发器 N201—左后座侧面安全气囊触发器 N202—右后座侧面安全气囊触发器 N251—驾驶人头部安全气囊触发器 N252—前排乘员头部安全气囊触发器 ①—蓄电池 A（正极） ②—去往起动机 B 和发电机 C 的正极连接 ③—接线柱 58s ④—驱动 CAN 总线（High） ⑤—驱动 CAN 总线（Low） ⑥—撞车信号 ⑦—前排乘员侧安全气囊关闭指示灯 K145

3. 奥迪轿车安全气囊系统部件结构

（1）安全气囊控制单元 安全气囊控制单元（J234）具备两级处理系统，控制气囊分两个级别引爆，可以有效减少气囊对乘员的伤害；控制单元具备前部、侧面、尾部碰撞识别功能；控制单元可以正确释放安全气囊和安全带张紧器，并在发生碰撞时切断蓄电池电路，防止事故升级；控制单元同时对整个气囊系统持续监控；在蓄电池电路断开后的 150ms 内通过电容器向气囊系统提供独立的电源；控制单元通过故障警告灯显示系统故障，激活安全带提示报警 SBR（Seat Belt Reminder），以提醒驾驶人安全气囊与安全带系统是否正常。安全气囊控制单元内部结构如图 1-47 所示。安全气囊控制单元一般安装在车辆中心线上（图 1-48），以均匀检测车辆各部位发生的碰撞情况。安全气囊传感器安装位置如图 1-49 所示。

（2）前部安全气囊碰撞传感器 前部安全气囊碰撞传感器安装在前部变形区内，如图 1-50 所示，用于接收车辆前部碰撞加速度。控制单元通过其传输的信号来计算碰撞时车辆变形的速度，以此来较早识别事故的严重性。如果是轻微碰撞，则无须引爆气囊；如果事故严重，需起动乘客安全保护系统。车辆前部发生碰撞时，强烈的信号通过纵梁和前部碰撞传感器传入安全气囊控制单元。

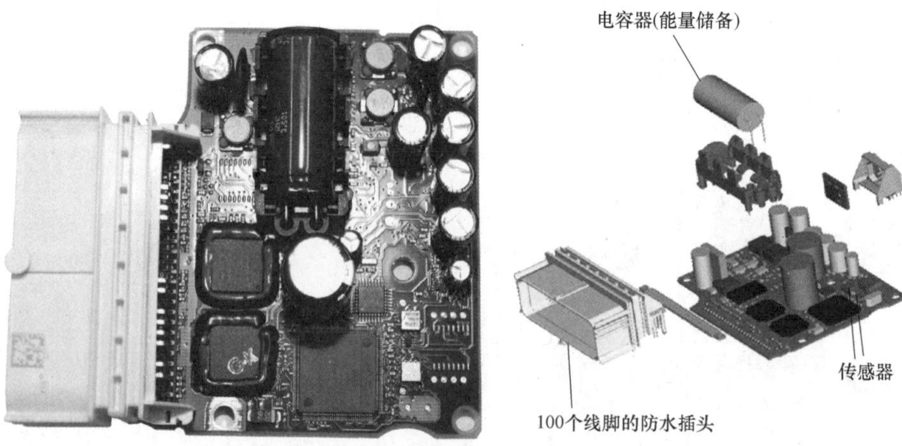

图 1-47　安全气囊控制单元内部结构

图 1-48　安全气囊控制单元安装位置

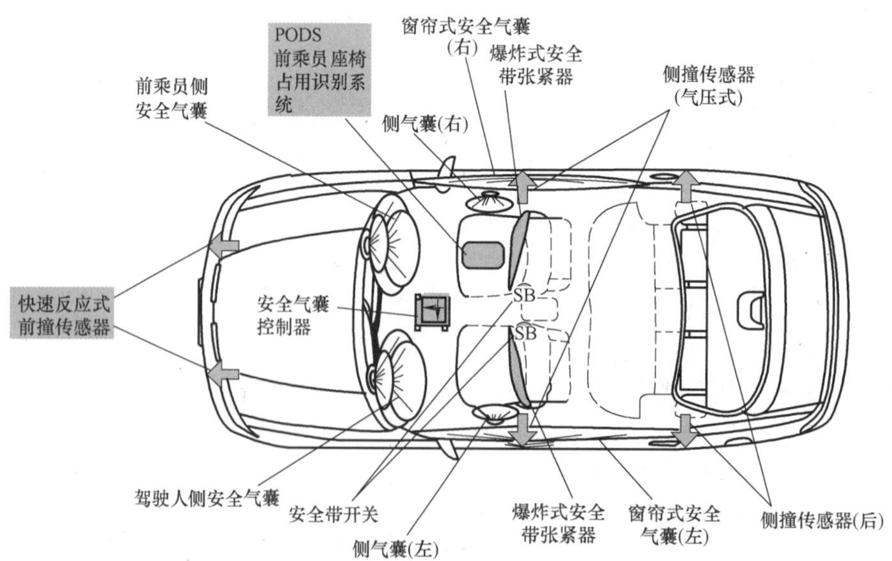

图 1-49　安全气囊传感器安装位置

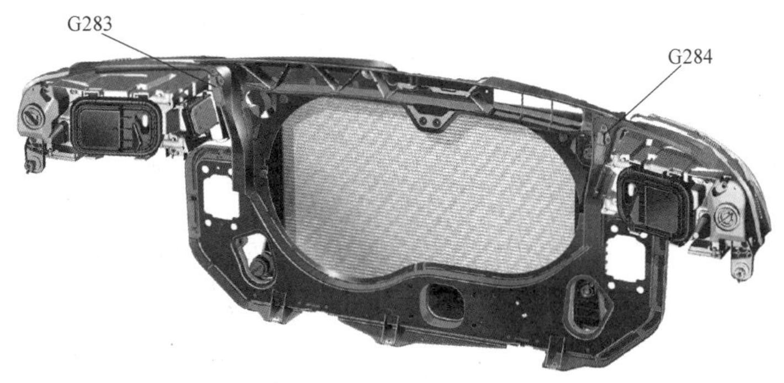

图 1-50　前部安全气囊碰撞传感器 G283 和 G284 的安装位置

（3）侧面安全气囊碰撞传感器　侧面安全气囊碰撞传感器是一个压力传感器，一般安装在车门侧面内部（图 1-51）或车门侧面底部。侧面安全气囊碰撞传感器内部由硅酮元件、盖子、起动机等组成，如图 1-52 所示。

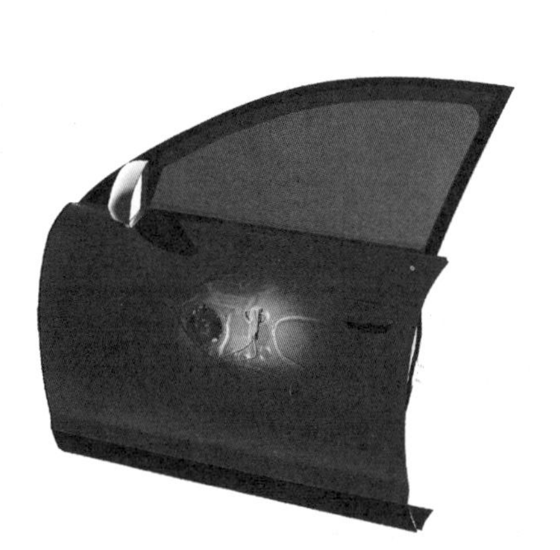

图 1-51　侧面安全气囊碰撞传感器的安装位置

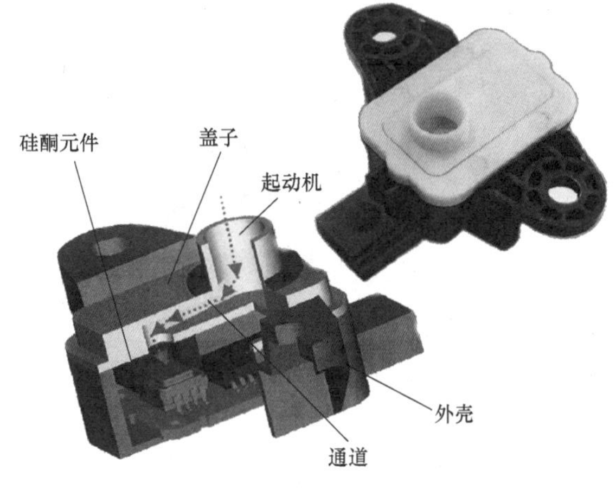

图 1-52　侧面安全气囊碰撞传感器的结构

（4）安全带使用识别开关　驾驶人及乘客在没有系安全带的情况下发生事故时，驾驶人及乘客的位移与移动的速度会远远大于系好安全带的情况，对驾驶人与乘客的伤害非常大。在这种情况下，安全气囊控制单元会提前引爆气囊，气囊引爆的时间及气囊引爆的要求都会发生改变，所以安全气囊控制单元必须知道驾驶人与乘客是否系好安全带，这也是安全带使用识别开关的功能。安全带使用识别开关的安装位置如图 1-53 所示。当驾驶人和前排乘员未系安全带时，安全气囊控制单元的触发门槛将降低，即更为轻微的碰撞都可能引爆安全气囊。安全带使用识别开关在未系安全带时的状态如图 1-54 所示，系好安全带时的状态如图 1-55 所示。

当未系安全带时，开关为打开状态，传感器电阻为 R_1 和 R_2 的电阻之和；当系好安全带以后，开关为闭合状态，电阻为 R_1 的电阻，如图 1-56 所示。电阻变化会引起传感器信号电压的改变，从而电控单元根据传感器电压变化就可以判断驾驶人是否已系好安全带。

（5）前排乘员安全气囊关闭钥匙开关　很多车型的前排乘员安全气囊是可以人工关闭

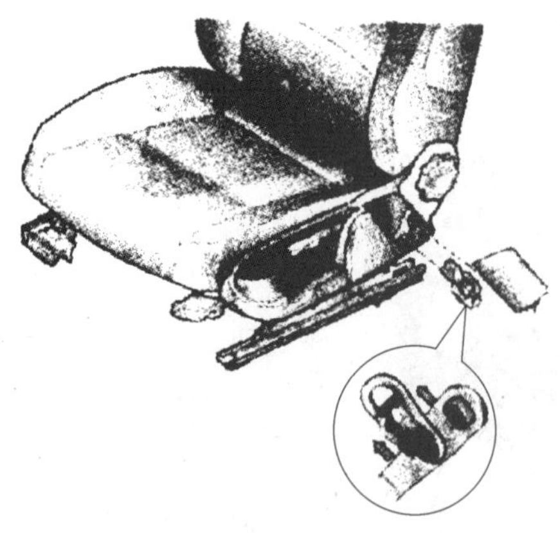

图 1-53　安全带使用识别开关的安装位置

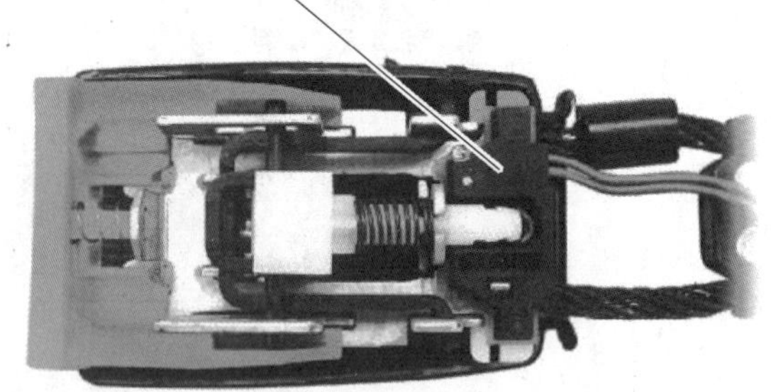

图 1-54　碰撞识别开关状态（未系安全带）

图 1-55　碰撞识别开关状态（已系好安全带）

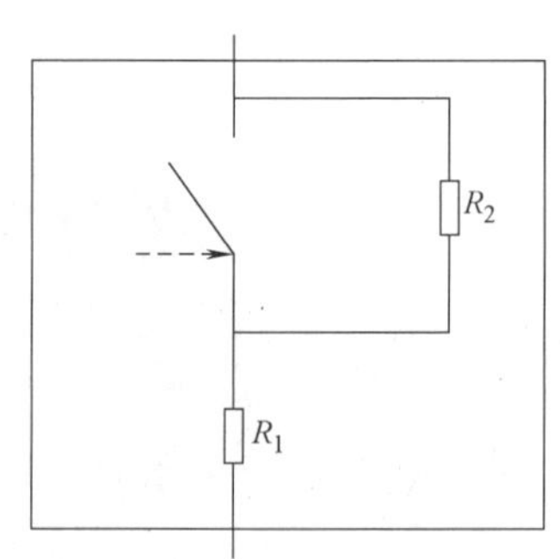

图 1-56　安全带使用识别开关电路

的，在人工关闭以后如果车辆发生碰撞事故，前排乘员安全气囊不会被引爆。这样的好处在于如果前排乘员席没有人乘坐，发生碰撞事故后可以适当减少维修费用，减少不必要的损失。该开关通过钥匙插入以后旋转到 OFF 位置，即为关闭位置，如图 1-57 所示。如果这个钥匙开关损坏，前排乘员安全气囊关闭指示灯就会闪烁。

（6）安全气囊指示灯　每次点火开关转到 ON 位置时，安全气囊系统均要进行自检，对系统的组成元件进行检查并判断元件的工作状态；在车辆运行过程中，控制单元也要进行不断的检查，对各个元件进行监控。当发现有元件发生故障时，控制单元会使仪表中的故障指示灯亮。

（7）螺旋弹簧　螺旋弹簧是安全气囊控制单元和转向盘驾驶人模块之间的电子连接，配有 ESP 功能的车辆在复位环外壳内装有转向角度传感器 G85，在维修或换件后必须对转向角度传感器进行基础设置。奥迪车系螺旋弹簧如图 1-58 所示。

（8）主动头枕

1）作用。有些车型（如 2005 年产的奥迪 A6）的前座椅上使用的是主动头枕，当发生尾部撞车时，这个头枕会向前运动，降低肩部和头部之间的相对加速度，大大降低颈部脊椎受伤的风险，如图 1-59 所示。如果发生的是正面碰撞，则离心配重的机械机构会被锁止。

图 1-57　前排乘客安全气囊关闭钥匙开关位置

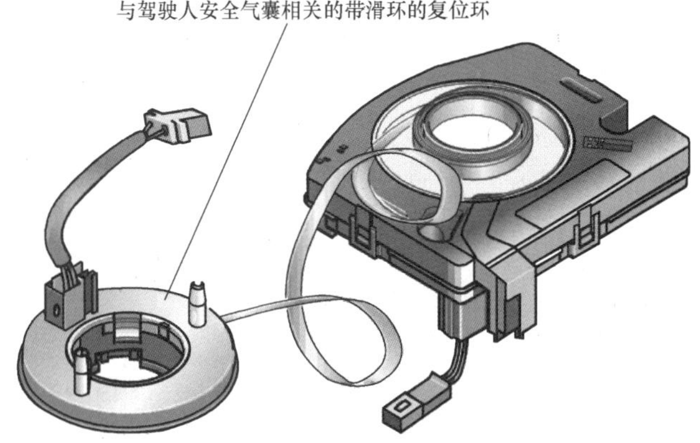

图 1-58　螺旋弹簧

2）结构与工作过程。如图 1-60 所示，主动头枕在座椅 S 形弯曲位置设置了一个杠杆机构。当车辆尾部发生碰撞时，杠杆机构发生旋转，头枕前移，起到保护乘员颈部的作用。

（9）蓄电池电路切断继电器

蓄电池电路切断继电器是蓄电池的分离元件，它的任务是在发生撞车事故时，切断起动机和发电机。奥迪 A6 轿车蓄电池电路切断继电器安装在蓄电池的前方，如图 1-61 所示。蓄电池电路切断继电器只安装在蓄电池位于行李箱中的汽车上。

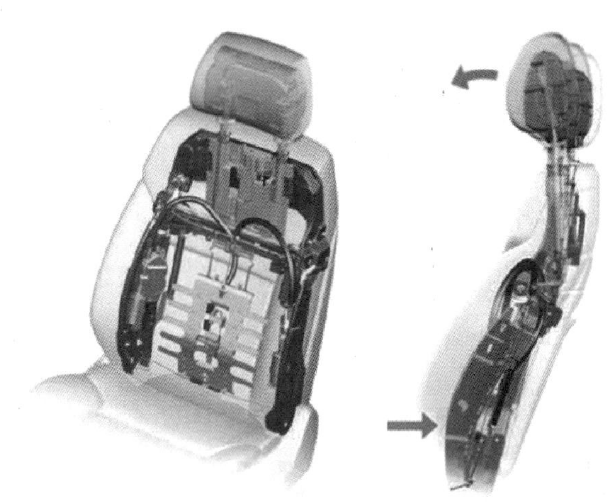
图 1-59　主动头枕工作示意图

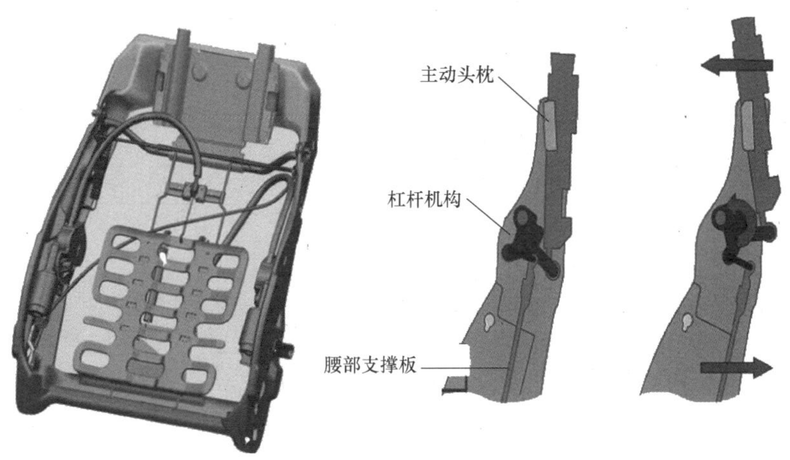

图 1-60　主动头枕工作过程

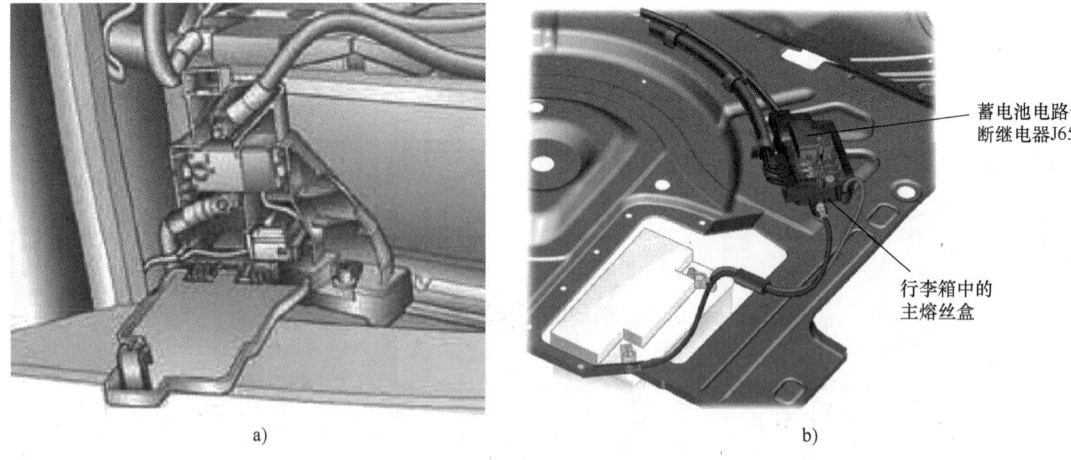

图 1-61 蓄电池电路切断继电器安装位置

a）奥迪 A8 轿车 b）奥迪 A3 轿车

1）工作过程。图 1-62 所示为蓄电池电路切断继电器的电路控制图。蓄电池电路切断继电器由端子 3 接收安全气囊的碰撞信号，当车辆发生撞车事故，安全气囊被引爆时，蓄电池电路切断继电器接收到相应的电压信号，触发继电器工作，断开图 1-62 中 A 与 B 之间的开关，使蓄电池停止向外界用电器供电。

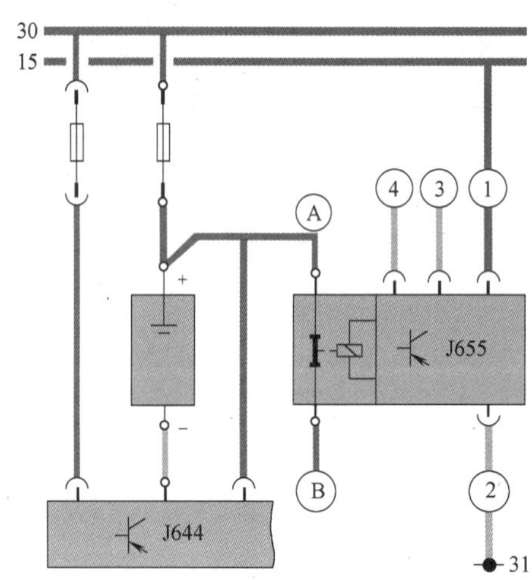

接线柱	针脚	输入/输出	说　明
30	A	输入(螺栓联接)	蓄电池接线柱 30
87	B	输出(螺栓联接)	输出
15	1	输入(插接)	正极供电可切断
车搭铁	2	输入(插接)	安全气囊控制单元 J234 搭铁
撞车信号	3	输入(插接)	安全气囊控制单元 J234 撞车信号
诊断	4	输入(插接)	安全气囊控制单元 J234 诊断线

图 1-62 蓄电池电路切断继电器的电路控制图

J644—电能管理控制单元 J655—蓄电池管理继电器

2）复位与诊断。安全气囊控制单元执行元件诊断也可以触发蓄电池电路切断继电器，但要注意执行元件诊断后需要将该继电器手动复位，否则无法给蓄电池充电。当安全气囊控制单元触发了蓄电池电路切断继电器后，蓄电池电路切断继电器视窗里看到的就不再是一个铜线圈，而是一个白色区域，切断后可以通过黄色按钮来将其复位，如图 1-63 所示。

图 1-63　蓄电池切断继电器视窗与复位

（10）座椅被占用识别系统

1）座椅被占用识别系统（不用于美国，图 1-64）。前排乘员座椅被占用传感器 G128 是一张塑料膜，该膜覆盖在座椅的后部，由几个单独的压力电阻组成，感知座椅相关部位。

该传感器根据压力改变电阻，其阻值变化情况见表 1-1。若传感器承受的负荷大于 5kg，则安全气囊控制单元确定“座椅被占”。前排乘员座椅未被占用时，传感器电阻很高，一旦该座椅被占，电阻下降。若电阻超过 480Ω，则安全气囊控制单元判定为断路，并存储故障。安全气囊控制单元利用该传感器和安全带锁开关判断是否系了安全带。

表 1-1　依据传感器阻值判断座椅的被占用情况

前排乘员座椅被占用传感器 G128 的电阻	座椅的占用情况
约 430~480Ω	座椅未占用
120Ω 或更小	座椅已占用
大于 480Ω	故障，断路

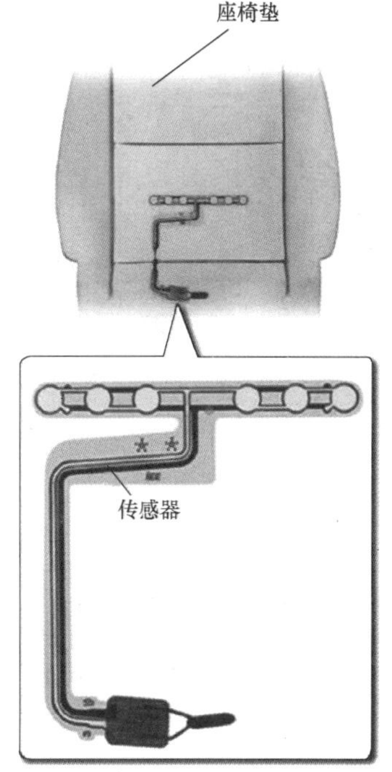

图 1-64　座椅被占用识别系统（不用于美国）

2）座椅被占用识别系统（用于美国，图 1-65）。该系统是为满足美国的法规要求单独开发的。该系统在某些条件下可关闭前排乘员安全气囊。若测得前排乘员座未被占用或装有儿童座椅，则安全气囊控制系统关闭前排乘员安全气囊。安全气囊关闭警告灯指示前排乘员安全气囊已关闭，并在组合仪表上显示相应信息。

3）座椅被占用识别压力传感器 G452。座椅被占用识别压力传感器 G452（图 1-66）通过一根软管与座椅被占用识别充硅胶垫相连，只有硅胶的识别垫装在坐垫下面。若前排乘员座椅被占用，压力通过坐垫施加到识别垫上，

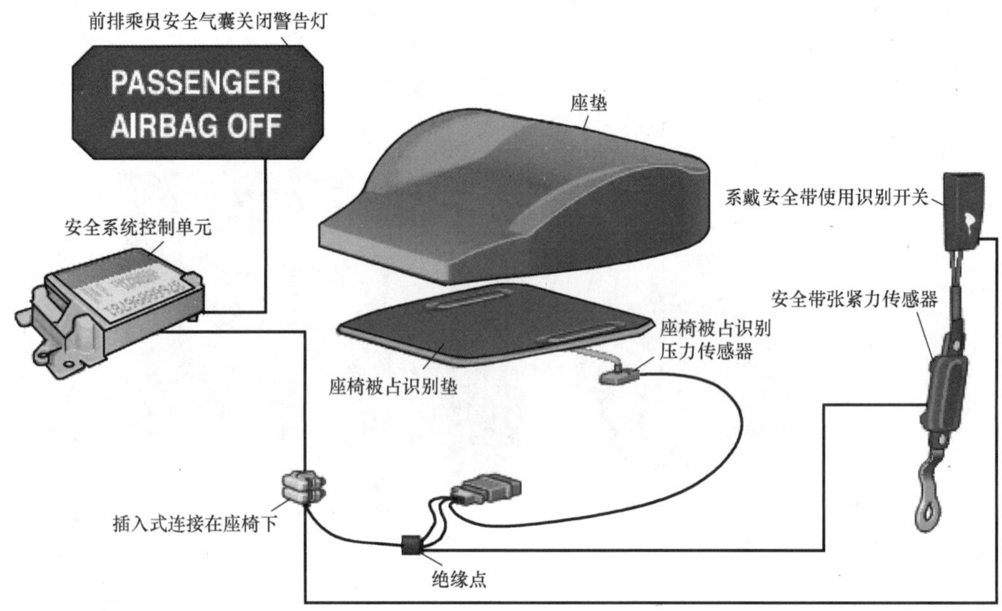

图 1-65　座椅被占用识别系统的结构（用于美国）

压力传感器 G452 产生一个模拟电压信号，座椅被占用识别控制单元向压力传感器提供 5V 电压，压力传感器产 0.2~4.3V 的信号，该信号取决于作用在座椅上的负荷，负荷越高，电压越低。

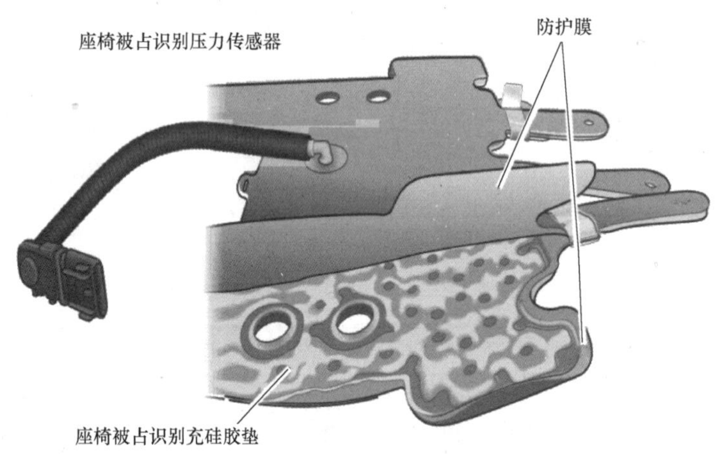

图 1-66　座椅被占识别压力传感器 G452

任务五　汽车座椅安全带系统

一、任务引入

汽车座椅安全带是车辆发生事故时保护车内乘员最有效的设备之一。它能在汽车发生碰撞或紧急制动时，约束乘员尽可能保持原有的位置不移动，避免与车内坚硬部件发生碰撞而造成伤害。汽车座椅安全带如图 1-67 所示。

图 1-67　汽车座椅安全带

安全带是重要的乘员保护约束系统设施之一，在减轻碰撞事故中乘员被伤害程度方面起着重要作用。由于安全带的保护效果比较明显，安全带的使用范围逐渐扩大，从客车到载货车，从轻型车到中型车，从外侧座椅到中间座椅都开始使用。装配的安全带形式从两点式发展到三点式、带紧急锁止收紧器安全带、智能性安全带、自动脱戴式安全带等。随着安全带使用率的大幅度提高，事故中乘员伤亡率随之下降。统计数据表明，佩戴安全带使碰撞事故中乘员伤亡率减少 15%～30%。安全带与其他保护约束设施（如安全气囊）相比，具有安全可靠、价格低廉、安装简便等优点，被各生产厂家普遍采用。

二、任务目标

1）了解普通座椅安全带的结构。

2）掌握预紧式安全带的功能和类型。

3）掌握装备预紧式安全带收紧器的 SRS 的工作原理。

三、相关知识

1. 普通座椅安全带

安全带又称为紧急自动锁紧装置（Emergency Locking Retractor，ELR）。安全带可分为两点式安全带和三点式安全带两种，如图 1-68 所示。其中，用得最多的是三点式安全带。普通座椅安全带一般由高强度织带、带锁扣、锁舌和收紧器等组成。安全带在车辆上的安装位置如图 1-69 所示。

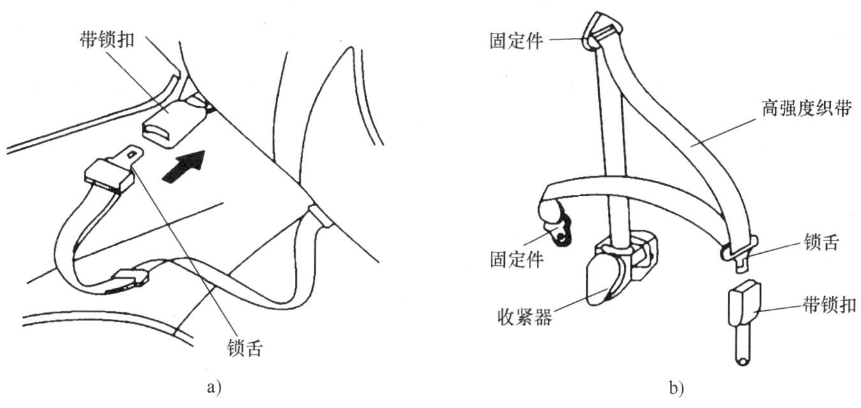

图 1-68　普通座椅安全带

a）两点式安全带　b）三点式安全带

(1) 高强度织带和带锁扣　织带多用尼龙等合成纤维原丝编织而成，宽约50mm，厚约1.5mm，具有足够的强度、延伸性能和吸收能量的性能。两点式座椅安全带仅限制乘员腰部，如图1-68a所示。三点式座椅安全带包括斜挎前胸的肩带和绕过人体胯部的腰带，如图1-68b所示，在座椅的外侧和内侧地板上各有一个固定点，第三个固定点位于座椅外侧车身支柱的上方，织带伸入车身支柱内腔并卷在支柱下端的收紧器内。乘员胯部座椅内侧附近有一个带锁扣，带锁扣是一种能使乘员方便佩戴和解脱安全带的连接装置，它有锁舌和锁扣两个部件，这两部分插合后即可将乘员约束在座椅上。按下锁扣的红色按钮就能解除约束，如图1-70所示。

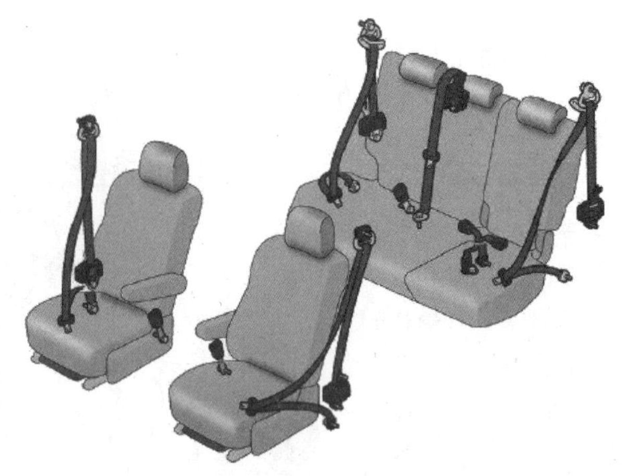

图1-69　安全带在车辆上的安装位置

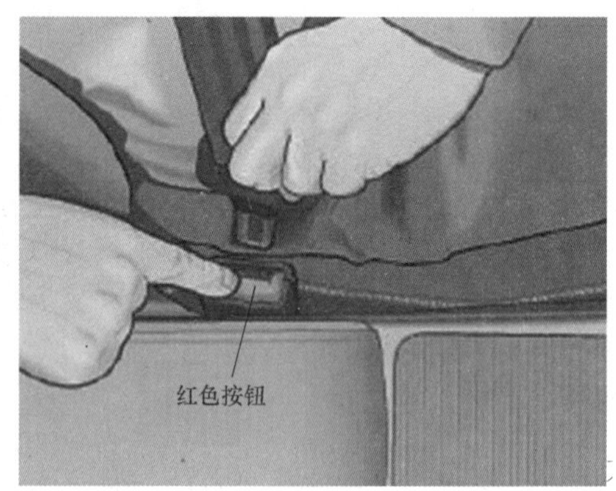

图1-70　座椅安全带锁扣

(2) 收紧器　收紧器既有收卷、存储部分或全部织带的功能，又有紧急锁止织带的功能。在正常情况下，安全带对人体上部并不起约束作用。当驾驶人、乘员向前弯腰时，织带可从收紧器经由上方固定点的导向板被拉出；而当驾驶人、乘员恢复正常坐姿时，收紧器会自动将织带收起，使织带随时保持与人体贴合。当汽车的速度变化较大或车身姿态变化较大，织带的拉出速度达到一定程度时，收紧器会锁紧织带，从而将驾驶人、乘员束缚于汽车座椅上。

普通安全带一般采用机械式收紧器。机械式收紧器大多设计安装在安全带的带锁扣处，主要由卷筒、卷筒轴、棘轮棘爪机构和离合器等组成，如图1-71所示。

(3) 安全带限力器　安全带限力器的结构如图1-72所示，主要由限力板、卷筒和固定轴等组成。安全带限力器、收紧装置与座椅安全带搭配使用，可使驾驶人和乘员受到最大的保护。当车辆发生严重的正面碰撞时，由于驾驶人和乘员进一步向前移动而使安全带受的力超过预定值时，限力板开始变形，卷筒立即旋转，使绕在其上的安全带得以向外拉出，如图

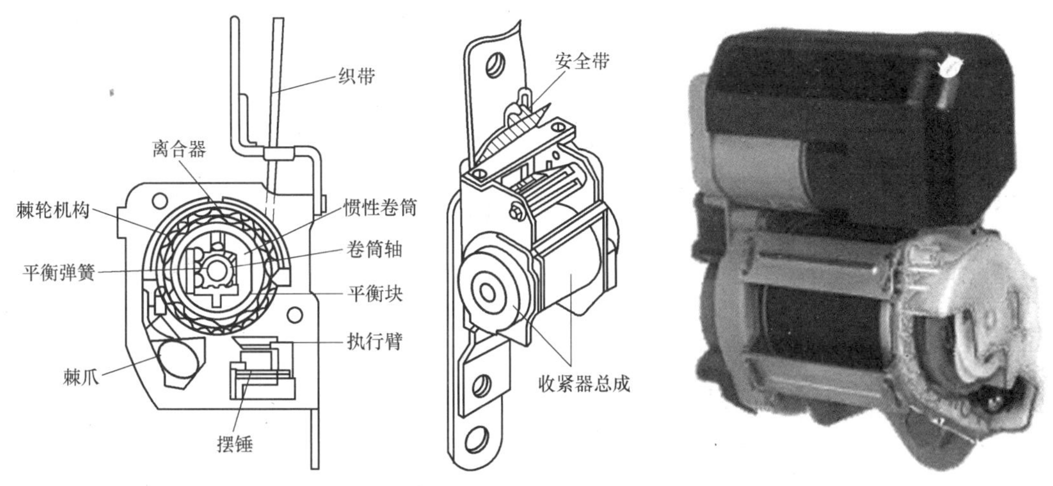

图 1-71　机械式收紧器的结构及外形

1-72b 所示。与此同时，限力板继续随卷筒的旋转而绕固定轴变形，成为安全带继续拉出的阻力。当卷筒转过 1.25 圈，随着限力板两端接触，限力板完成绕固定轴的转动，卷筒不能再转动，如图 1-72c 所示。

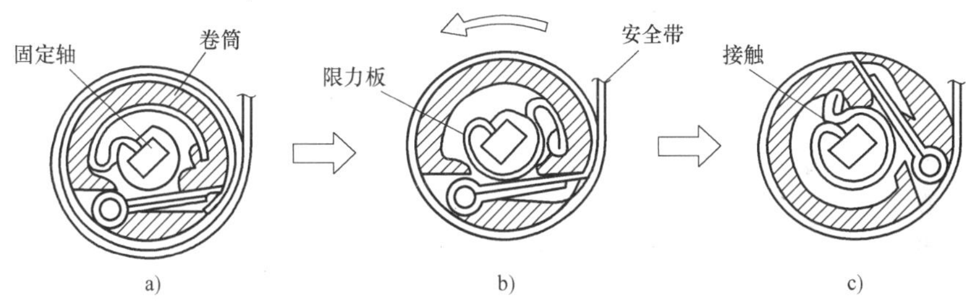

图 1-72　安全带限力器的结构

a）未动作　b）动作　c）动作结束

2. 预紧式安全带系统

（1）系统功能　预紧式安全带的特点是当汽车发生碰撞事故的一瞬间，驾驶人和乘员尚未向前移动时，它就拉紧安全带，立即将驾驶人和乘员紧紧地束缚在座椅上，然后锁止安全带防止驾驶人和乘员身体前冲，从而有效地保护驾驶人和乘员的安全。

预紧式安全带与普通安全带的主要区别是装备了火药式收紧器，它是预紧式安全带的核心部件。预紧式安全带的火药式收紧器的具体构造因制造厂家的不同而有所差异，但其工作原理均相同。火药式收紧器主要有以下两种类型：一种是火药爆炸时，通过驱动安全带卷筒转动来卷紧安全带（其中常见的有拉索式、齿条式和滚珠式）；另一种是火药爆炸时，通过拉动安全带锁扣使安全带收紧，这种预张紧式安全带通常与安全气囊组合使用，如图 1-73 所示。

（2）系统组成　预紧式安全带系统的电路如图 1-74 所示。

3. 装备预紧式安全带收紧器的SRS的工作原理

装备预紧式安全带收紧器的SRS的工作原理如图1-75所示。左前、右前碰撞传感器与安装在SRS ECU内的安全传感器相互并联，驾驶人侧安全气囊点火器与乘员侧安全气囊点火器并联，左、右安全带收紧器点火器并联。在SRS ECU中，设有两只相互并联的安全传感器。其中一只与收紧器及SRS ECU中的点火引爆电路构成回路，收紧器的点火器受控于SRS ECU；另一只安全传感器与安全气囊点火器和碰撞传感器构成回路，安全气囊点火器也受控于SRS ECU。

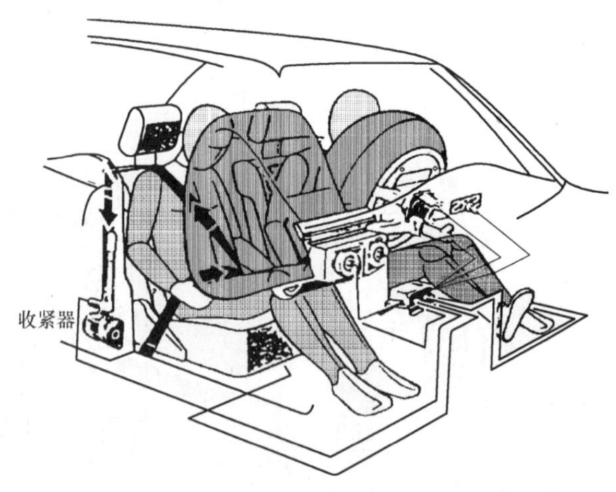

图1-73　预紧式安全带与安全气囊的工作示意图

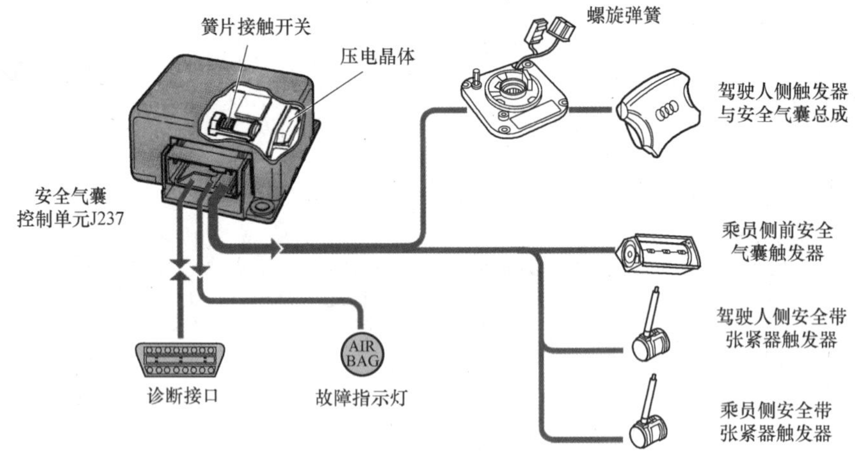

图1-74　预紧式安全带系统的电路

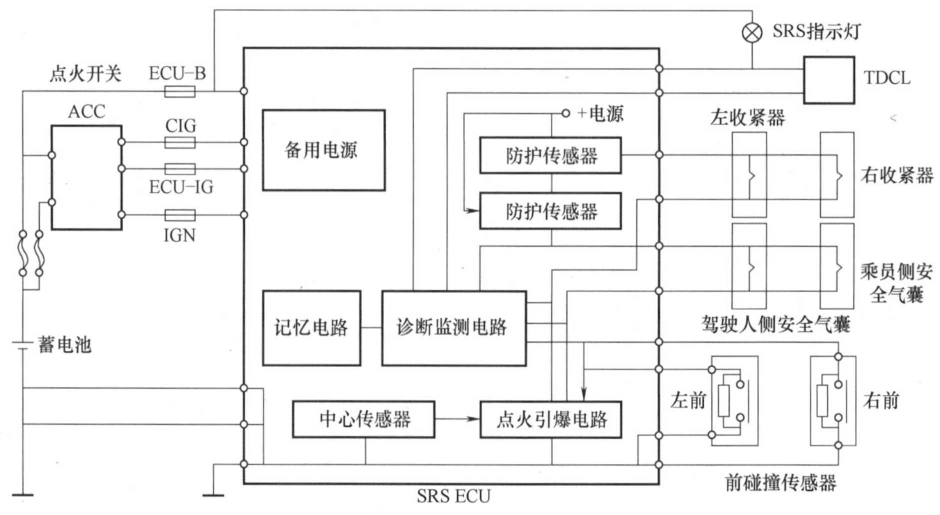

图1-75　装备预紧式安全带收紧器的SRS的工作原理

在汽车行驶过程中，安全传感器、中心传感器和前碰撞传感器随时检测车速变化信号，并将信号送到 SRS ECU。SRS ECU 经过数学计算和逻辑判断后，向收紧器的点火器或安全气囊点火器发出点火指令，使安全带收紧器动作或收紧器与安全气囊同时动作。

当汽车行驶速度低于 30km/h 时，碰撞产生的减速度和惯性力较小，安全传感器、中心传感器和前碰撞传感器将信号送到 SRS ECU，SRS ECU 判断结果为不引爆安全气囊的点火器，仅引爆座椅安全带收紧器的点火器。与此同时，向左、右安全带收紧器的点火器发出点火指令使安全带收紧。所以，在汽车发生低速（减速度较小）碰撞时，只需安全带预紧器单独工作，向后拉紧安全带，就足以保护驾乘人员不撞向前方，如图 1-76 所示。

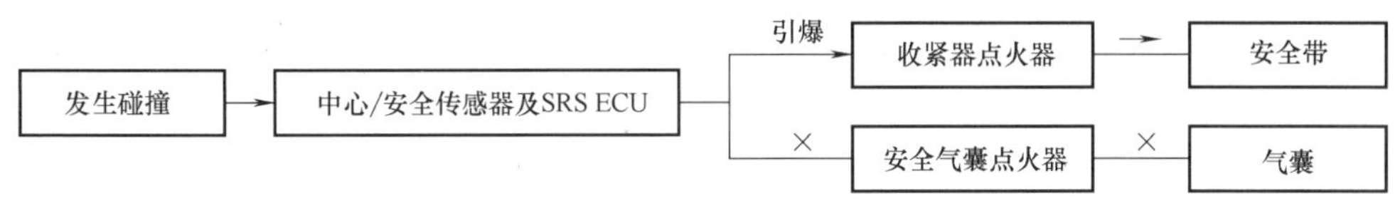

图 1-76　仅引爆安全带收紧器的点火器工作原理框图

当汽车行驶速度高于 30km/h 时，碰撞产生的减速度和惯性力较大，安全传感器、中心传感器和前碰撞传感器将信号送到 SRS ECU，SRS ECU 判断结果为需要安全气囊和安全带收紧器共同动作。与此同时，向安全带收紧器点火器和安全气囊点火器同时发出点火指令，引爆所有点火器，在座椅安全带收紧使驾驶人和乘员向前移动距离缩短的同时，驾驶人安全气囊与乘客安全气囊同时膨开，从而防止其面部、胸部与转向盘、风窗玻璃或仪表板发生碰撞，达到保护驾乘人员的目的，如图 1-77 所示。

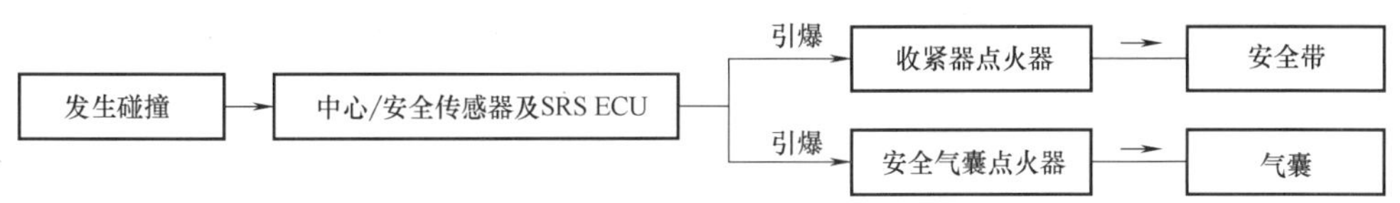

图 1-77　同时引爆安全带收紧器和安全气囊点火器的工作原理框图

为了提醒驾驶人系好安全带，在仪表板上设有座椅安全带警告指示灯，如图 1-78 所示。安全带警告指示灯通过常亮、闪烁等方式向驾驶人发出报警信号。当指示灯亮时，只要驾驶人系上安全带，指示灯就会熄灭。如果系上安全带后又解开，指示灯将重新持续亮，并重复本过程。

图 1-78　安全带警告指示灯

任务六　安全气囊系统的检修

一、任务引入

安全气囊系统的故障很难确认，根据自诊断系统提取故障码是诊断和排除故障的重要途径和信息来源。

二、任务目标

1）了解安全气囊系统检查的注意事项。

2）掌握广汽本田雅阁轿车安全气囊系统的故障检修。

三、相关知识

1. 安全气囊系统检查的注意事项

（1）系统检查的基本注意事项　在检查安全气囊系统之前，首先应当仔细阅读制造厂家提供的《使用维修手册》，同时注意以下几点：

1）在检查排除 SRS 故障时，必须在拆下蓄电池负极电缆端子之前读取故障码。

2）检查工作务必在点火开关转到锁止（LOCK）位置，并将蓄电池负极电缆拆下 20s 或更长一些时间之后才能开始。在检查工作开始之前，应通知汽车用户将音像系统、防盗系统的密码和其他控制系统的有关内容记录下来。检查工作结束之后，由维修人员或汽车用户重新设置密码和有关内容并调整时钟。不允许使用车外电源来避免各系统存储内容丢失，以免导致 SRS 气囊误膨开。

3）检查 SRS 时，即使只发生了轻微碰撞且 SRS 气囊并未膨开，也应对前碰撞传感器、驾驶人侧气囊组件、前排乘员侧气囊组件、座椅安全带收紧器进行检查。

4）SRS 所有零部件均为一次性使用部件，不能将碰撞传感器、气囊组件、SRS ECU、座椅安全带收紧器等部件重复使用，且不允许使用不同型号车辆上的零部件。

5）在检修汽车其他零部件时，如果有可能对 SRS 的传感器产生冲击，则应在检修工作开始之前将碰撞传感器拆下，以防气囊误膨开。

6）安全气囊系统的碰撞防护传感器采用了水银开关式传感器。当车辆报废或更换 SRS ECU 时，应当拆下水银开关式传感器总成并作为有害废物处理。

7）当前碰撞传感器、SRS ECU 或气囊组件摔碰之后，或其壳体、支架、插接器有裂纹、凹陷时，应换用新品。

8）前碰撞传感器、SRS ECU 或气囊组件不得暴晒或接近火源。

9）禁止检测点火器的电阻值，即不能用万用表检测，否则可能导致气囊引爆。检测其他部件的电阻值和检测其他线路电阻值时，必须使用至少 10kΩ 的高阻抗万用表，即使用数字式万用表。

10）在 SRS 各个总成或零部件的表面上均标有说明标牌或注意事项，使用与检查时必须照章行事。

11）当安全气囊系统的检查工作完成之后，必须对 SRS 指示灯进行检查。当点火开关转到接通（ON）或辅助（ACC）位置时，SRS 指示灯亮 6s 左右后自动熄灭，说明安全气囊系统正常。

12）碰撞传感器的动作具有方向性。安装前碰撞传感器和 SRS ECU 时，传感器和 SRS ECU 壳体上的箭头方向必须按使用说明书的规定进行安装。

13）拆卸或搬运气囊组件时，气囊装饰盖带有撕缝的一面应当朝上。不得将气囊组件重叠堆放，以防气囊误膨开造成事故。

14）气囊组件应当存放在环境温度低于 93℃、湿度不大并远离电磁场干扰的地方。

15）当需用电弧焊修理汽车车身时，应在进行电焊作业之前将气囊组件与螺旋线束之间的插接器拔开。

（2）前碰撞传感器检查注意事项

1）当汽车遭受碰撞、气囊已经引爆后，前碰撞传感器不得继续使用，应同时更换左前碰撞传感器和右前碰撞传感器。

2）碰撞传感器的动作具有方向性。安装前碰撞传感器时，传感器壳体上的箭头必须按使用维修手册规定的安装方向安装。

3）前碰撞传感器的定位螺栓和螺母必须经过防锈处理。拆卸或更换前碰撞传感器时，必须同时更换定位螺栓和螺母。

4）前碰撞传感器引出导线的插接器装备有电路连接诊断机构。安装插接器时，插头与插座应当插牢。当插接器插头与插座未插牢时，自诊断系统将会检测出来并将故障码存入存储器中。

（3）SRS ECU 检查注意事项

1）汽车已发生过碰撞使气囊引爆膨开后，SRS ECU 不能继续使用。

2）当连接或拆下 SRS ECU 上的插接器插头时，因为防护碰撞传感器与 SRS ECU 安装在一起，所以应在安装固定 SRS ECU 之后再进行连接或拆卸，否则防护传感器起不到防护作用。

3）在拆卸 SRS ECU 固定螺栓之前，必须将点火开关转到锁止（LOCK）位置，并在拆下蓄电池负极电缆 20s 之后再进行拆卸。

（4）座椅安全带收紧器检查注意事项

1）禁止检测安全带收紧器中点火器的电阻，否则可能导致安全带收紧器引爆而发生意外伤害。

2）安全带收紧器不能沾水、沾油，也不能用任何类型的洗涤剂清洗。

3）安全带收紧器应当存放在环境温度低于 80℃、湿度不大并远离电磁场干扰的地方。

4）当需用电弧焊修理汽车车身时，应在操作电焊之前将安全带收紧器的插接器脱开。

5）在报废汽车整车或报废安全带收紧器时，应在报废之前先用专用维修工具（SST）将收紧器点火器引爆。引爆工作应在远离电磁场干扰的地方进行，以免电磁场过强而导致点火器误爆。

6）存放新或旧安全带收紧器时，双重锁定机构的副锁应处于锁定位置，防止转动锁柄损坏。

（5）插接器与线束检查注意事项

1）安装转向盘时，其安装位置必须正确，即必须安装在转向柱管上，并使螺旋弹簧处于中间位置，否则会造成螺旋电缆脱落或发生故障。

2）气囊系统线束套装在特殊颜色（一般为黄色）塑料波纹管内，并与车顶线束和地板线束连成一体，所有线束插接器均为特殊颜色（一般为黄色），以便于区别。当发生交通事故使气囊系统线束脱开或插接器破碎时，都应修理或换用新品。

（6）安全气囊报废的处理方法　在报废汽车整车或报废气囊组件时，应在报废之前用专用维修工具（SST）将气囊引爆，操作引爆器的人员与气囊之间的距离至少应为 10m（图 1-79）。具体操作过程如下：

1）拆下汽车上的蓄电池负极电缆。

2）拔下气囊组件与螺旋线束之间的插接器插头。

3）剪断气囊组件线束，使插头与线束分离。

4）将引爆器接线夹与气囊组件引线连接。

5）将引爆器远离气囊组件 10m 以上距离后连接电源夹与蓄电池。

6）查看引爆器上的红色指示灯是否发亮，当红色指示灯发亮后才能引爆。

7）按下引爆开关引爆气囊。待绿色指示灯发亮之后，将引爆后的气囊装入塑料袋内再进行废物处理。

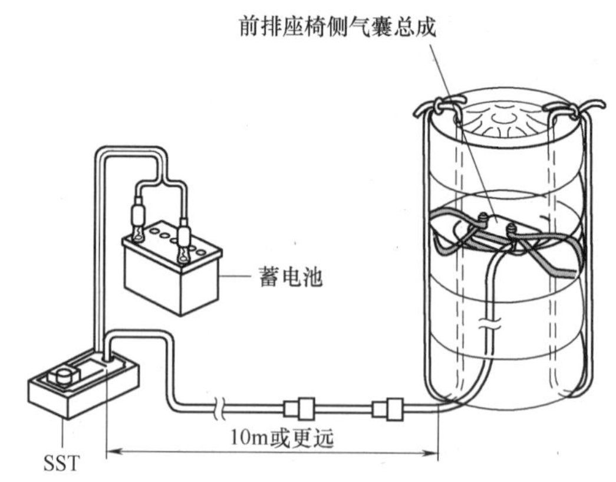

图 1-79　安全气囊的车下引爆

2. 广汽本田雅阁轿车安全气囊系统故障检修

（1）广汽本田雅阁轿车 SRS 的结构　广汽本田雅阁轿车装备的安全气囊系统属于本田公司的第三代安全气囊系统（SRS Ⅲ系统），它是与安全带配合使用的由驾驶人侧和前排乘员侧安全气囊组成的双安全气囊系统。如图 1-80 和图 1-81 所示，SRS Ⅲ系统主要由 SRS 控制装置（包括安全传感器和碰撞传感器）、螺旋导线盘、驾驶人侧安全气囊、前乘员侧气囊、SCS 插头（诊断用）、MES 插头（清除故障码用）和数据传输插头等组成。

（2）安全气囊系统的故障自诊断　当点火开关转至“ON（Ⅱ）”位置时，仪表盘上的 SRS 指示灯亮约 6s，然后熄灭，表明 SRS 功能正常；如果 SRS 指示灯不亮，或者亮 6s 后不熄灭，或者 SRS 指示灯在行车时一直亮，则表明 SRS 有故障，应尽快检查并修复。

1）读取故障码。

① 将点火开关拨到“OFF”位置，等待 10s 以后，将专用短路插头 SCS（具有两个端子并连接有一根跨接线的插头）与维修检查插座（2 端子）连接，如图 1-82 所示（注意：不

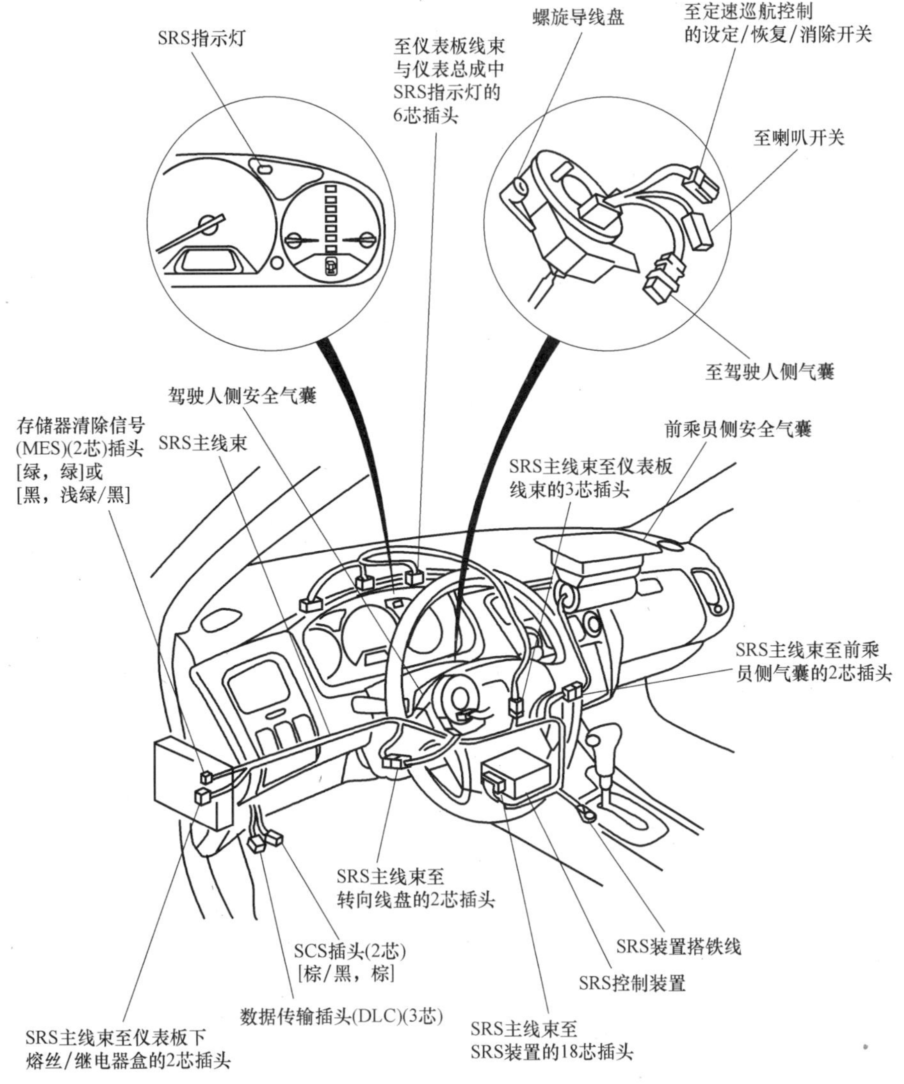

图 1-80　SRS Ⅲ安全气囊系统部件和导线的位置

要使用无插头的跨接线，以免接触不良影响诊断结果）。

② 将点火钥匙拨到“ON（Ⅱ）”位置时，组合仪表板上的 SRS 指示灯将亮约 6s 后熄灭 2s，然后开始闪烁显示故障码（DTC），如图 1-82 所示。

广汽本田轿车 SRS 故障码由一个主代码和一个副代码两位数字组成。读取一次可以显示 3 个不同的故障码。如果系统正常（无故障），SRS 指示灯将一直亮，如图 1-83a 所示。如果是连续性故障，则指示灯会重复显示故障码，如图 1-83b 所示。如果是间歇性故障，则 SRS 指示灯只显示一次故障码，然后一直亮，如图 1-83c 所示。如果既有连续性故障又有间歇性故障，则 SRS 指示灯只显示连续性故障的代码。

③ 断开点火开关，并等待 10min，拔下专用短路插头 SCS。

2）清除故障码。

① 将点火开关拨到“OFF（断开）”位置。

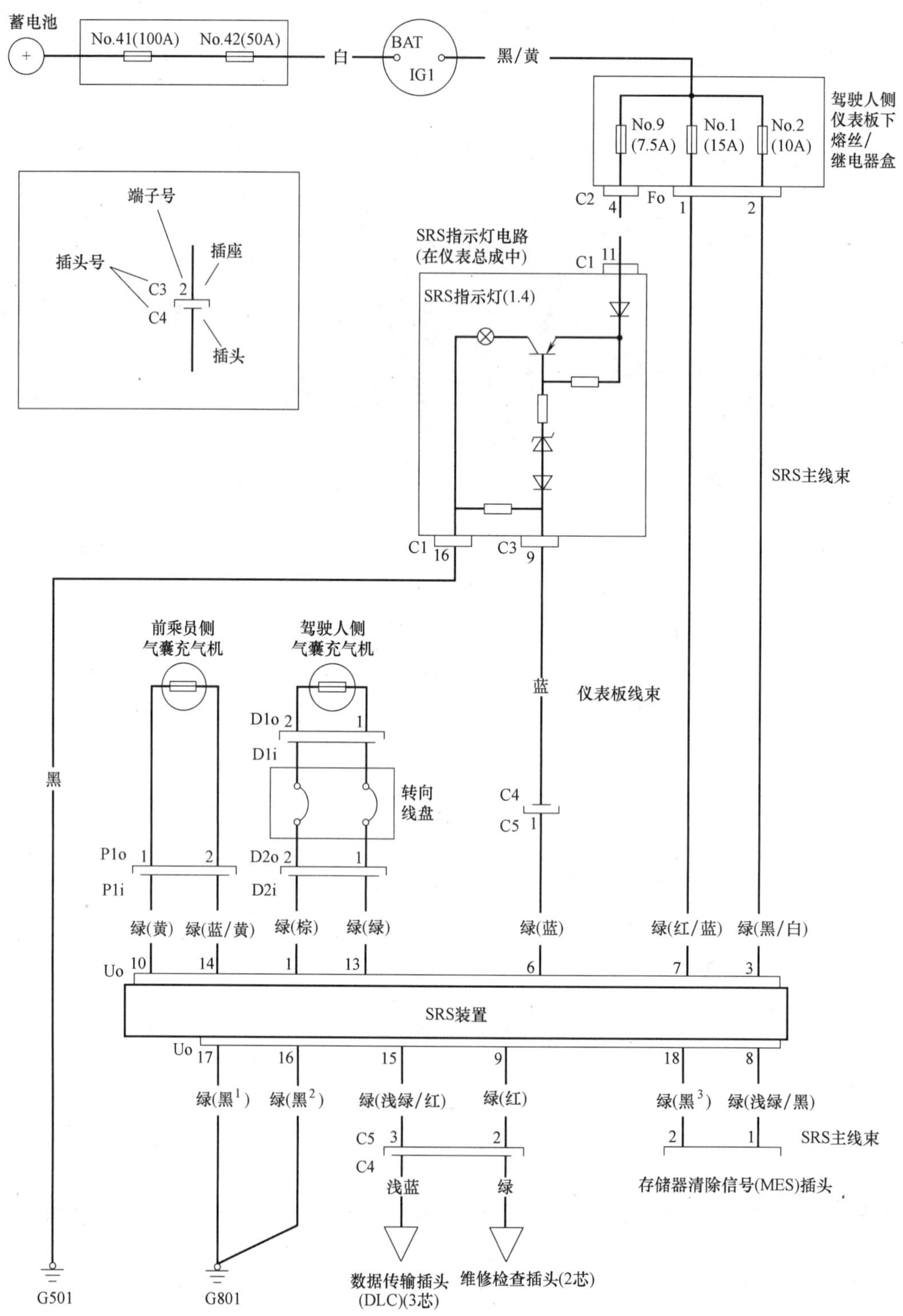

图 1-81　SRS Ⅲ安全气囊系统的控制电路

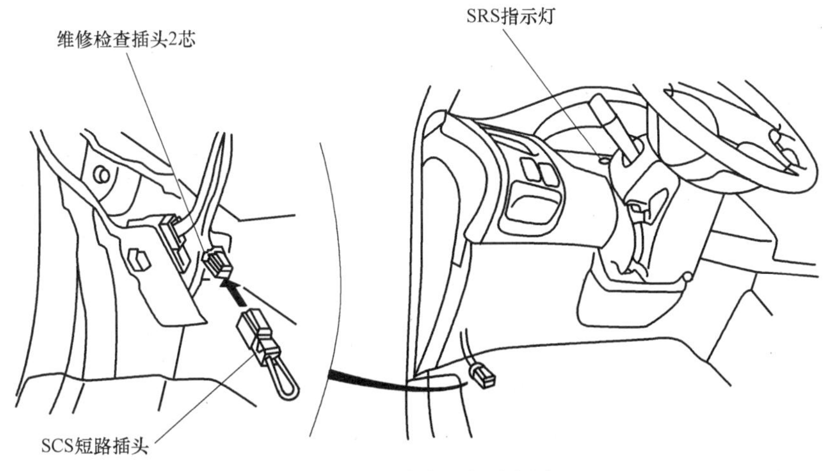

图 1-82　连接专用短路插头

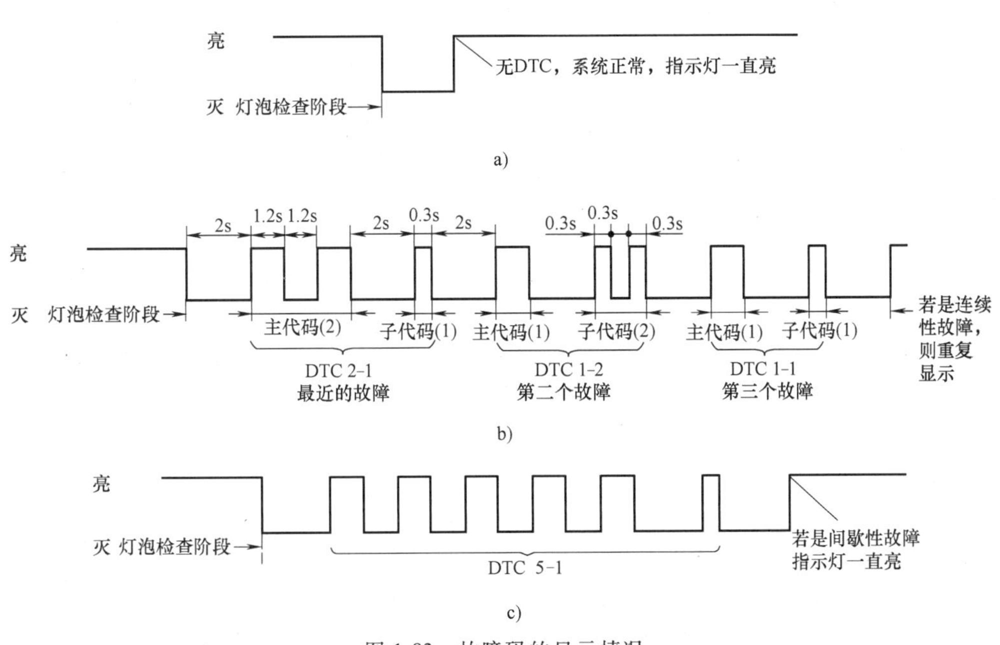

图 1-83　故障码的显示情况

a）无故障（正常）　b）连续性故障　c）间歇性故障

② 将专用短路插头 SCS 与信息清除（MES）插座（2 端子）连接，如图 1-84a 所示。注意：不要使用无插头跨接线，以免接触不良而不能清除故障码。

③ 将点火钥匙拨到“ON（Ⅱ）”位置后，组合仪表板上的 SRS 指示灯将亮约 6s 后熄灭。在 SRS 指示灯熄灭 4s 之内，将专用短路插头 SCS 从信息清除（MES）插座上拔下。指示灯指示情况与操作时间如图 1-84b 所示。

④ 当安全气囊指示灯再次亮后，在 4s 之内将专用短路插头 SCS 与信息清除（MES）插座连接。

⑤ 当安全气囊指示灯再次熄灭后，在 4s 之内将专用短路插头 SCS 从信息清除（MES）插座上拔下。在数秒钟内，如果 SRS 指示灯闪烁两次，说明故障码已被清除。

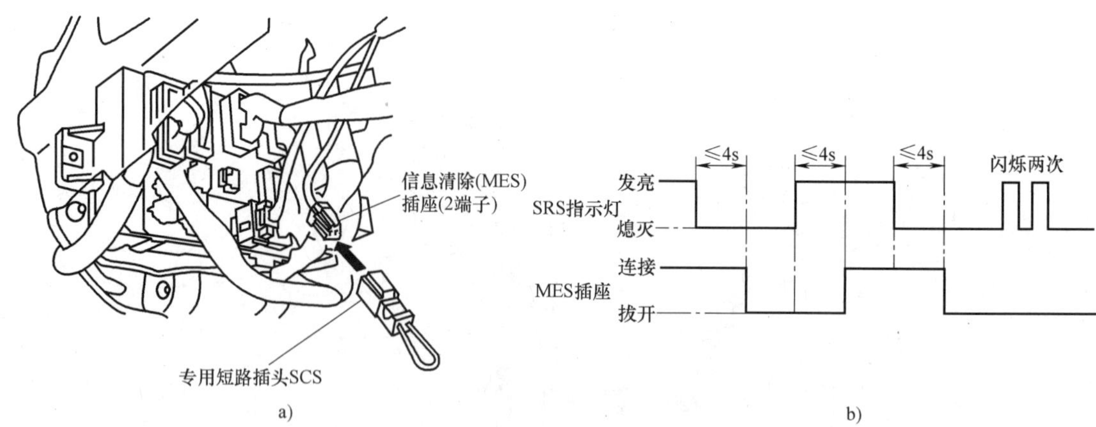

图 1-84　故障码显示情况

a）连接跨接插头　b）指示情况与操作时间

⑥ 断开点火开关。

3）连续性故障与间歇性故障的判断。在读取安全气囊系统故障码并有故障码输出时，可按下述方法判定发生的是连续性故障还是间歇性故障：

① 清除故障码。

② 将变速杆置于 N 位。

③ 起动发动机并怠速运转，摇动线束及其插接器。

④ 进行路试（包括急加速、快速制动等），将转向盘向左、向右旋转到极限位置并保持 5~10s。

⑤ 再次读取故障码。如果安全气囊指示灯闪烁故障码，说明安全气囊有连续性故障；如果安全气囊指示灯不再显示故障码，说明故障为间歇性故障。

模块二　汽车巡航控制系统

任务一　认识汽车巡航控制系统

一、任务引入

巡航控制系统（Cruise Control System，CCS）一般又称为巡航行驶装置、速度控制系统、自动驾驶系统、恒速行驶系统或巡行控制系统等。

汽车巡航控制系统是一种利用电子控制技术保持汽车自动等速行驶的系统。驾驶汽车在高速公路上长时间行驶时，打开自动操纵开关后，巡航控制系统将根据行车阻力变化自动调节节气门开度，使汽车行驶速度保持一定，并且可以避免驾驶人频繁踩加速踏板，减轻了驾驶人的疲劳强度。由于巡航控制系统能自动地维持车速，避免了不必要的加速踏板的人为变动，进而改善了汽车的燃料经济性和发动机的排放性能。

二、任务目标

1）了解巡航控制系统的分类。

2）掌握巡航控制系统的作用与组成。

3）掌握汽车巡航控制系统的基本原理。

三、相关知识

1. 巡航控制系统的分类

（1）按巡航控制系统的组成与控制方式分　按巡航控制系统的组成与控制方式分，可分为机电式和电子式两种。

1）机电式巡航控制系统。汽车上早期使用的是机电式巡航控制系统。它通常由控制开关、电释放开关、真空调节器、真空度控制的弹簧式伺服机构、真空释放阀、线束及真空管路等组成。

2）电子式巡航控制系统。电子式巡航控制系统由电子控制器根据控制开关、各传感器和开关的信号进行车速的设定、稳定和消除等自动控制。随着电子技术的迅速发展和对巡航控制功能要求的进一步提高，电子式巡航控制系统已经取代了机电式巡航控制系统。

（2）按巡航控制系统的电子控制器分　按巡航控制系统的电子控制器分，可分为模拟式和数字式两种。

1）模拟式电子巡航控制系统。由模拟式电子电路构成电子控制器，控制器内部对输入信号的处理过程均为模拟电参量。模拟式巡航电子控制器经历了从晶体管分立元件到集成电路的发展过程。

2）数字式电子巡航控制系统。数字式电子巡航控制系统的核心是控制器，现代汽车巡航控制系统基本上都采用这种控制器控制系统。

（3）按巡航控制系统的执行器分　按巡航控制系统的执行器分，可分为真空驱动式和电动驱动式两种。

1）真空驱动式巡航控制系统。用于车速稳定、加速和减速控制的执行器为真空式节气门驱动装置，其驱动力来自进气歧管的真空度或由真空泵产生的真空度；控制器通过调节节气门驱动装置的真空度来实现对节气门开度的控制。

2）电动驱动式巡航控制系统。节气门驱动装置的动力来源于电动机，控制器通过控制电动机的转动来调节节气门的开度，以实现车速稳定、增速和减速控制。

2. 巡航控制系统的作用与组成

汽车巡航控制系统的作用是根据汽车行驶阻力的变化，自动调节发动机节气门开度的大小，使汽车保持恒定速度行驶。

汽车巡航控制系统主要由车速传感器、节气门位置传感器、巡航控制开关、巡航控制电控单元（CCS ECU，有的集成在发动机控制单元 ECM 中）和执行器等部件组成。图 2-1 所示为丰田凯美瑞轿车巡航控制系统各部件的安装位置。

巡航控制系统的车速传感器（VSS）和节气门位置传感器（TPS）既可与发动机控制系统和电子控制自动变速系统公用，也可专门设置独立使用。车速传感器和节气门位置传感器的功用分别是向 CCS ECU 提供汽车行驶速度信号和发动机节气门开度（转角）信号。

控制开关主要有巡航开关、制动灯开关、驻车制动开关、点火开关、离合器开关（仅对于手动变速器汽车）或空档起动开关（对于自动变速器汽车）等。巡航开关的功用是将恒速、加速或减速、恢复原速以及取消巡航行驶等指令信号输入 CCS ECU，其他开关的功用是将各种状态信息输入 CCS ECU，以便 CCS ECU 确定是否进行恒速控制。

CCS ECU 是巡航控制系统的控制核心，一般都由分立电子元件、专用集成电路 IC 和 8 位单片机组成，具有数学计算、逻辑判断、记忆存储和故障诊断等功能。

执行器又称为执行机构，分为气动式和电动式两种。气动式主要由速度伺服装置和电磁阀等组成；电动式主要由电动机（永磁式或步进式电动机）、减速机构和电磁离合器等组成。执行器的功用是根据 CCS ECU 的指令，通过节气门拉索（钢缆）调节发动机节气门的开度，使车速保持恒定。

3. 巡航控制系统的优点

汽车巡航控制系统主要具有以下优点：

1）减轻驾驶人的劳动强度，提高行驶安全性。在汽车行驶过程中，当车速达到一定值（超过 40km/h）时，驾驶人只要操作巡航开关并设定一个想要行驶的速度，不用踩加速踏板，巡航控制系统就能自动控制发动机节气门开度使汽车保持在设定的速度恒速行驶，从而减轻驾驶人的劳动强度。特别是当汽车在高速公路上长时间行驶时，更能充分发挥巡航控制系统的优点。由于利用巡航行驶不用踩踏加速踏板，驾驶人的劳动强度大大减轻，因此，驾驶安全性也就大大提高。

2）行驶速度稳定，提高乘坐舒适性。在巡航行驶过程中，无论汽车在上坡或下坡路面上行驶，还是在平坦路面上行驶，或在风速变化的情况下行驶，只要是在发动机功率允许范围之内，汽车行驶速度都将保持设定的巡航车速不变。

3）节省燃料消耗，提高燃油经济性和排放性能。实践证明，汽车在相同行驶条件下，

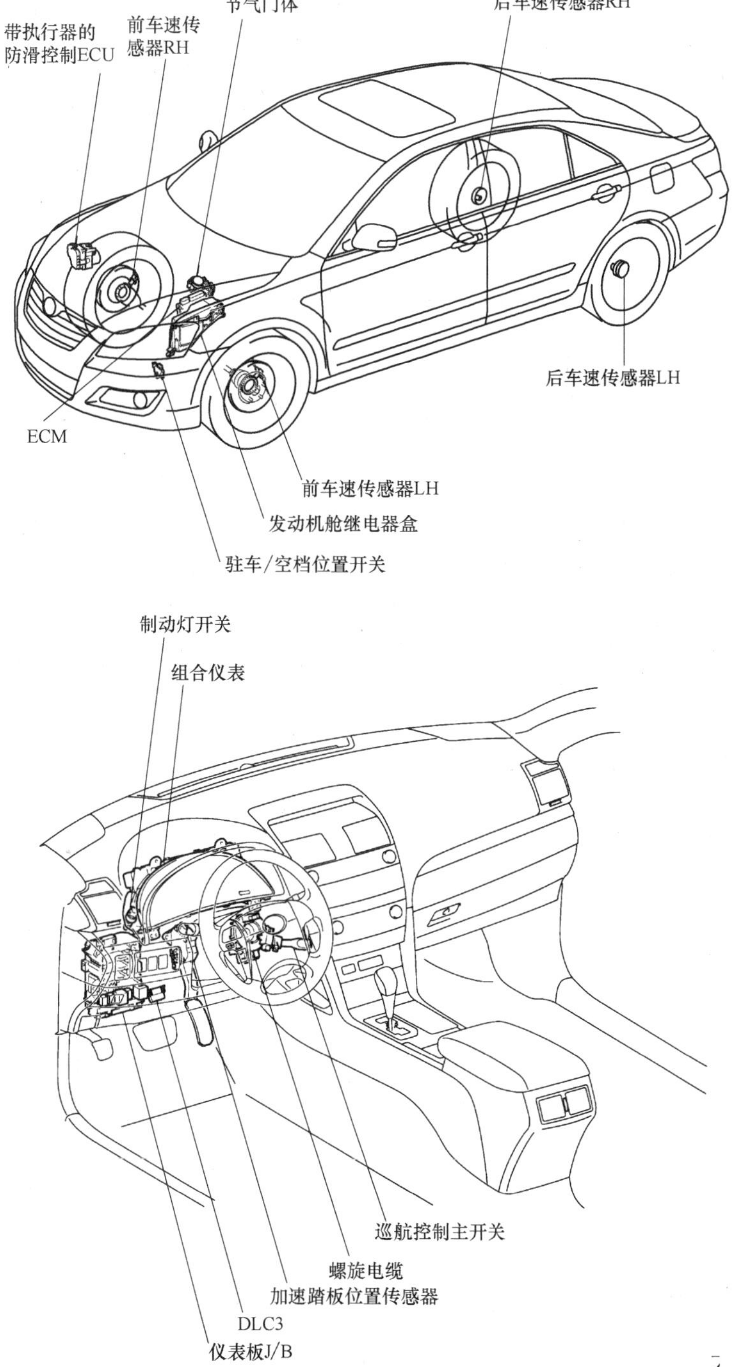

图 2-1　丰田凯美瑞轿车巡航控制系统各部件的安装位置

利用巡航行驶可以节省 15%左右的燃料。这是因为巡航控制系统与发动机燃油喷射系统（EFI）以及自动变速控制系统（ECT）是相互配合工作的，巡航车速被控制在经济车速范围内，汽车巡航行驶时的燃料供给与发动机功率之间处于最佳配合状态，与此同时，有害气体的排放量也将大大减少。

4. 汽车巡航控制系统的基本原理

汽车巡航控制系统的发展始于 20 世纪 60 年代，经历了机械控制系统、晶体管控制系统、模拟计算机控制系统和数字微型计算机控制系统 4 个阶段。自 20 世纪 80 年代初开始，数字微型计算机巡航控制系统得到广泛应用。数字微型计算机巡航控制系统的电路框图如图 2-2 所示。

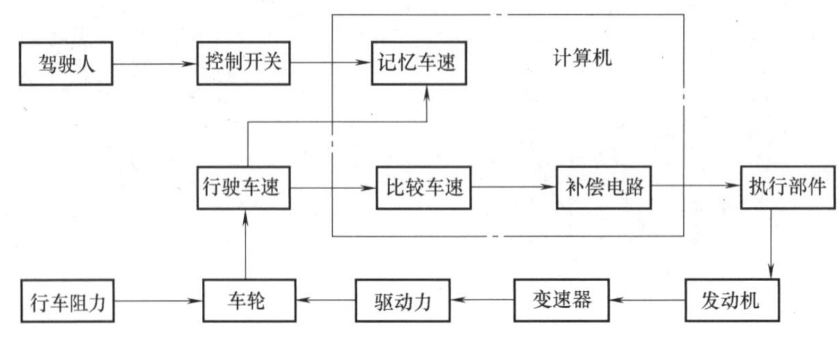

图 2-2 数字微型计算机巡航控制系统的电路框图

驾驶人操纵巡航控制开关，将车速设定、减速、恢复、加速、取消等命令输入计算机时，计算机记忆此时车速传感器输入计算机的车速，并按该车速对汽车进行等速行驶控制。在汽车巡航行驶过程中，计算机不断通过比较电路将实际车速与设定车速进行比较，计算出实际车速与设定车速的差值，然后通过补偿电路输出对执行部件的命令，执行部件控制发动机节气门开度加大或减小，使实际车速接近设定车速。

巡航控制系统是一个典型的闭环控制系统。电子控制式巡航控制系统的控制原理如图 2-3 所示。输入巡航电控单元（CCS ECU）的信号有两个：驾驶人根据行驶条件，通过巡航开关设定的巡航车速指令信号；车速传感器输入的实际车速反馈信号。

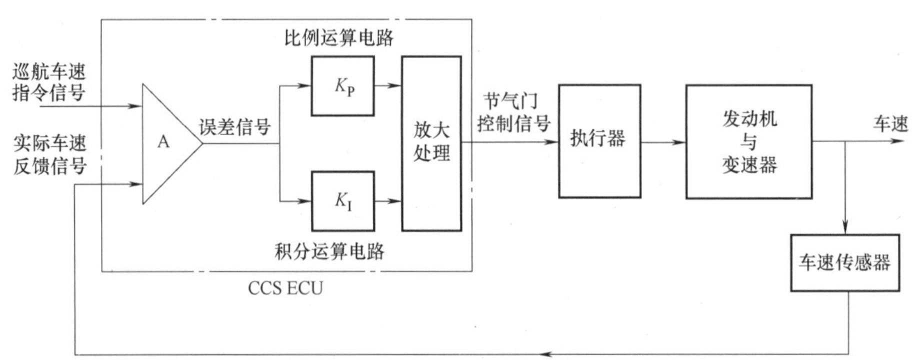

图 2-3 电子控制式巡航控制系统的控制原理

当巡航车速指令信号和实际车速反馈信号输入 CCS ECU 后，CCS ECU 的比较器 A 经过比较运算便可得到两个信号之差，称为误差信号。误差信号经过比例运算和积分运算后，再经过放大处理就可以得到控制节气门开度大小的控制信号，CCS ECU 将控制指令发送给执行器，执行器就可驱动节气门拉索调节发动机节气门开度的大小，将实际车速迅速调节到驾驶人设定的车速值，从而实现恒速控制，即实现巡航控制。

在控制过程中，当实际车速低于驾驶人设定的巡航车速时，CCS ECU 将向执行器发出增大节气门开度的指令，使实际车速升高到巡航车速。反之，当实际车速高于驾驶人设定的巡航车速时，CCS ECU 将向执行器发出减小节气门开度的指令，使实际车速降低到巡航车速，从而使实际车速基本保持在驾驶人设定的巡航车速不变。

任务二　汽车巡航控制系统控制部件结构

一、任务引入

巡航控制系统由巡航控制开关、传感器、巡航控制 ECU 和执行器等组成。巡航控制开关和传感器信号送至 ECU，ECU 根据这些信号计算出节气门的合理开度，并给执行器发出信号，调节节气门的开度，保持汽车按设定的车速等速行驶。

二、任务目标

1）掌握巡航控制开关的功能。

2）掌握巡航控制单元和巡航控制机构的结构原理。

三、相关知识

1. 巡航控制开关

巡航控制开关是巡航控制系统的主要控制开关，其功用是将恒速、加速或减速、恢复原速以及取消巡航行驶等指令信号输入 CCS ECU，以便 CCS ECU 确定是否进行恒速控制。

巡航控制开关实际上是一个类似于风窗玻璃刮水与洗涤开关的组合手柄开关，一般都由“MAIN”（主开关）、“SET/COAST”（设置/巡航）、“RES/ACC”（恢复/加速）和“CANCEL”（取消）4 个功能开关组成。巡航开关一般安装在转向盘右下侧偏上位置，并随转向盘一同转动，以便于驾驶人操作。在驾驶人转动转向盘的同时，即可用右手手指拨动组合手柄开关进行巡航控制的有关操作。在每项功能开关的旁边，标注有完成相应功能时开关手柄的操纵方向。

各型汽车巡航控制开关的工作原理基本相同，巡航开关的外形结构各不相同，在设置巡航功能时，操纵手柄开关的方向也不尽相同。各型汽车的巡航控制开关如图 2-4 所示。

图 2-5 所示为雷克萨斯 LS400 型轿车巡航开关的外形结构与内部电路。

（1）主开关（MAIN）　主开关为按钮式开关，设在开关操纵手柄的端部，是巡航控制系统的总开关。当按下操纵手柄端部的“MAIN”按钮时，MAIN 触点接通，组合仪表板上的巡航指示灯亮，此时巡航控制系统处于待命状态，可以进行恒速控制。再次按下 MAIN 按钮时，按钮将弹起，MAIN 触点断开，巡航指示灯熄灭，指示巡航控制系统处于关闭状态，不能进行恒速控制。

由图 2-5b 电路可见，当 MAIN 触点接通时，CCS ECU 的巡航主开关端子 CMS（即 CCS ECU 线束插座上 4 号端子）通过主开关触点搭铁，CCS ECU 得到一个低电平（0V）信号，CCS ECU 控制巡航执行器处于待命状态。与此同时，CCS ECU 还要控制巡航指示灯电路接通，使巡航指示灯亮指示系统所处状态。如果主开关（MAIN）按钮按下时巡航指示灯不

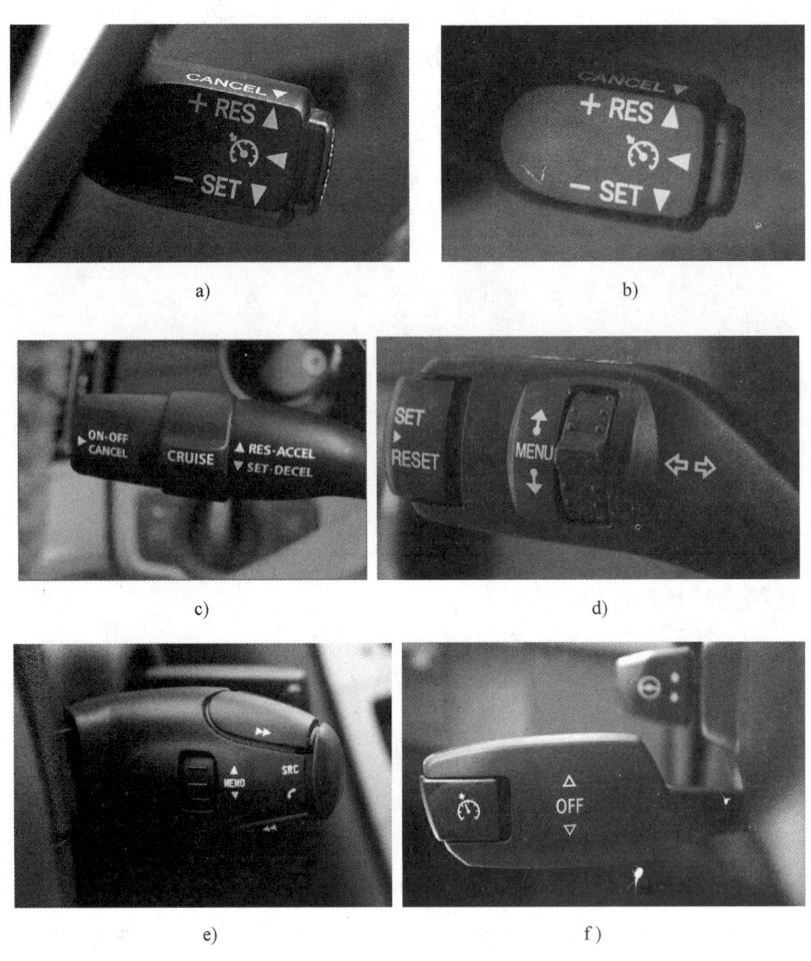

图 2-4　各型汽车的巡航控制开关

a）雷克萨斯 RX　b）丰田 RAV4　c）别克林荫大道　d）福特福克斯　e）标致 408　f）宝马 X6

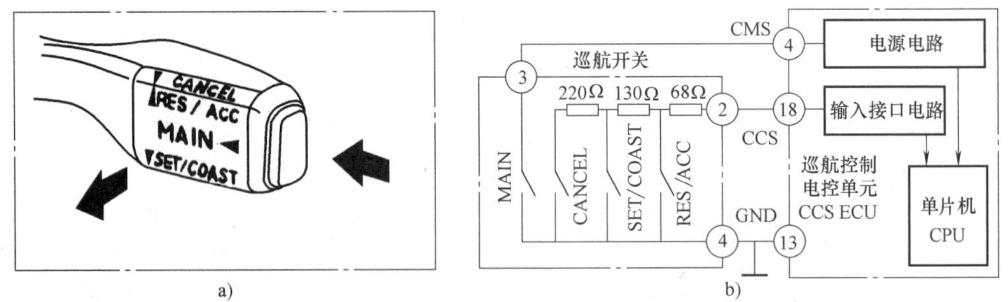

图 2-5　雷克萨斯 LS400 型轿车巡航开关的外形结构与内部电路

a）操纵手柄外形　b）巡航开关电路

亮，说明巡航控制系统有故障。

（2）设置/巡航（SET/COAST）开关　此开关为巡航速度设定开关。将巡航开关操纵手柄向下拨动并保持在向下位置时，巡航速度设定开关即接通。当设置/巡航开关处于接通位置时，只要按住操纵手柄不动，汽车就会不断加速。当车速达到驾驶人想要巡航行驶的车速

（车速应在 40km/h 以上）时松开操纵手柄，手柄将自动复位，此时巡航控制系统就会使汽车以松开操纵手柄时的车速保持恒速行驶。

（3）恢复/加速（RES/ACC）开关　此开关为恢复巡航速度开关。向上拨动操纵手柄时，巡航速度恢复/加速开关即接通。在汽车以设定的巡航速度行驶过程中，当驾驶人踩下加速踏板超车或踩下制动踏板制动，或将自动变速器变速杆拨到前进档 D 位以外的位置时，会导致车速升高或降低，如果此时想要恢复到原来设定的巡航车速，只需将巡航开关操纵手柄向上抬起并保持在该位置，使恢复/加速开关保持接通，汽车即可迅速加速或减速并恢复到原来设定的巡航车速行驶。但是，如果行驶车速已经低于 40km/h，则巡航车速不能恢复。

（4）取消（CANCEL）开关　此开关为取消巡航的操纵开关。将巡航开关操纵手柄向驾驶人方向拨动时，即可接通巡航速度取消开关来解除巡航行驶。

由图 2-5b 所示电路可见，设置/巡航（SET/COAST）、恢复/加速（RES/ACC）和取消（CANCEL）3 个开关的信号均从同一个端子（即“CCS”端子或 18 端子）输入 CCS ECU。3 个开关中的任意一个接通时，都是接通搭铁回路。但是，由于各开关之间连接有不同阻值的电阻，当接口电路以恒流源供给恒定电流时，不同开关接通时输入 CCS ECU 的信号电压并不相同，CCS ECU 根据信号电压高低即可判定是哪一个开关接通。

2. 解除巡航控制开关

（1）制动灯开关　制动灯开关的功用是在驾驶人踩下制动踏板接通制动灯电路使其亮的同时，向 CCS ECU 输入一个表示制动的信号，CCS ECU 接收到该信号后立即解除巡航控制状态，以便制动器制动将车速降低。

如图 2-6 所示，制动灯开关由动断开关和动合开关组成，开关 A 为动合开关，踏下制动踏板时开关闭合，将制动灯的电源电路接通，制动灯亮。同时，电源电压经开关 A 加在巡航控制 ECU 上，将制动信号输入巡航控制 ECU，巡航控制 ECU 取消巡航控制系统的控制，巡航控制系统停止工作。开关 B 为动断开关，当踏下制动踏板时，开关 B 断开，直接切断巡航控制 ECU 对巡航控制执行器的控制电路，确保巡航控制系统停止工作。

（2）驻车制动开关　在汽车行驶过程中，当制动系统发生故障时，就需要通过操作驻车制动器来降低车速。因此，驻车制动开关接通时的信号必须作为解除巡航控制的输入信号之一。

驻车制动开关的功用是向 CCS ECU 输送一个电信号，以便 CCS ECU 解除巡航行驶状态。当拉紧驻车制动器时，驻车制动开关触点闭合，在接通制动警告灯电路的同时，还向 CCS ECU 输送一个表示驻车制动器处于制动状态的信号（一般为低电平信号），CCS ECU 接收到该信号后将解除巡航行驶状态。

（3）空档起动开关　在装备自动变速器的汽车上配装有空档起动开关，安装在自动变速器侧面，由变速杆通过杠杆机构操纵。当变速杆置于空档 N 位时，空档起动开关触点闭合，如果此时点火开关接通“起动（START）”档位，则空档起动开关将向发动机 ECU 输入一个电信号（高电平或低电平信号）。

在汽车行驶过程中接通空档 N 时，说明驾驶人想要减速停车。因此，在装备巡航控制系统的汽车上，空档起动开关还有一个功用就是向 CCS ECU 输入一个电信号，以便 CCS ECU 解除巡航行驶状态。

（4）离合器开关　在装备手动变速器的汽车上，当驾驶人踩下离合器踏板换档时车速

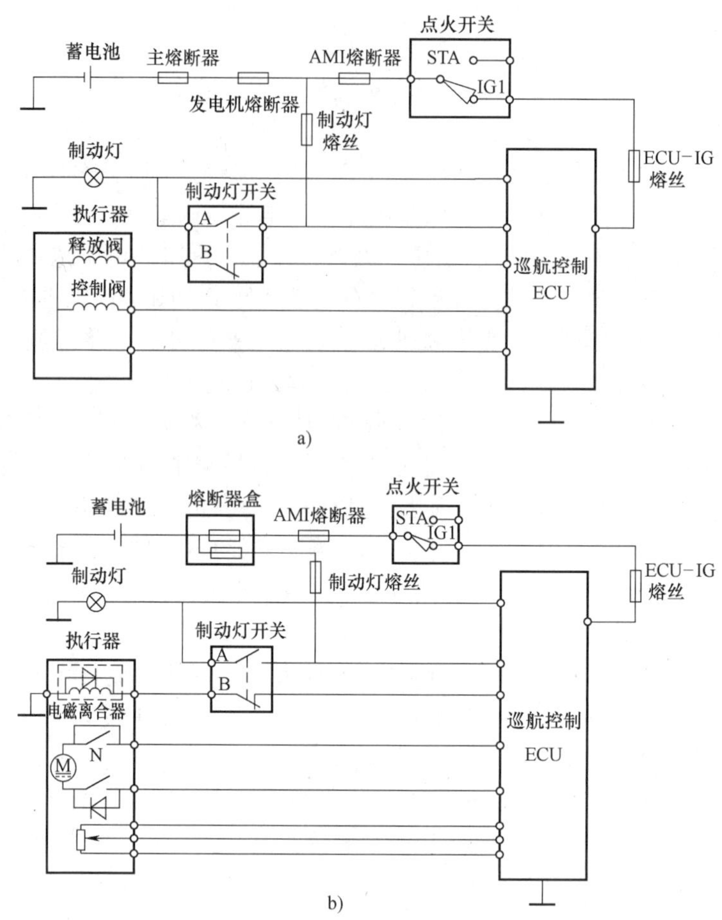

图 2-6 制动灯开关电路

a）丰田 Cressida 真空驱动执行器 b）丰田陆地巡洋舰电动机驱动型执行器

降低，CCS ECU 就会发出指令使发动机转速升高，因此，可能导致发动机超速运转而损坏。为了确保安全，在离合器踏板下面设置有一个离合器开关，开关触点在驾驶人踩下离合器踏板时闭合。

离合器开关的功用是当汽车处于巡航状态行驶时，如果驾驶人踩踏离合器踏板（以便变换变速器档位等），离合器开关触点闭合，并向 CCS ECU 输入一个电信号（低电平或高电平信号），以便 CCS ECU 解除巡航控制状态，同时便于驾驶人变换变速器档位。

3. 巡航控制电控单元

汽车在 20 世纪 70 年代装备的巡航控制系统电控单元大多数采用模拟电子技术制成。随着数字电子技术的发展，特别是大规模集成电路和单片机的广泛应用，20 世纪 80 年代开始由数字式单片机进行控制，目前已全部由数字式单片机控制。图 2-7 所示为美国摩托罗拉（Motorola）公司开发研制的数字式巡航控制电控单元电路框图。

巡航控制系统电控单元又称为巡航电子控制器，其功用是接收车速传感器、巡航开关、制动灯开关、驻车制动开关、空档起动开关或离合器开关、发动机电控单元（ECU）以及自动变速系统电控单元（ECT ECU）的信号，经过信号转换与处理、数学计算（比例积分

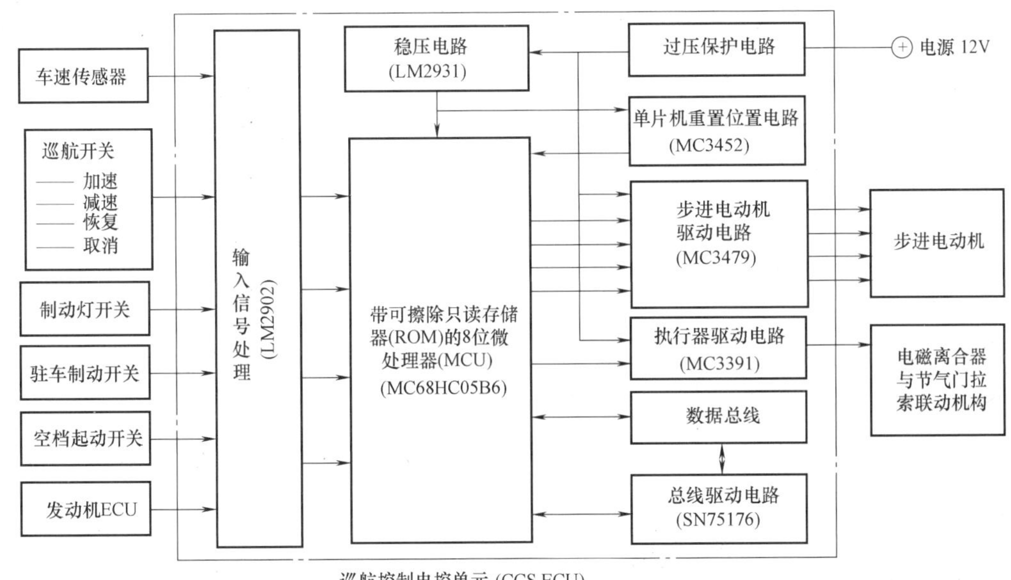

图 2-7　摩托罗拉数字式巡航控制电控单元（CCS ECU）电路框图

计算）、逻辑判断、记忆存储、功率放大等处理后，向巡航执行器输出控制指令信号，驱动执行器动作，从而实现恒速控制或解除巡航行驶状态。

CCS ECU 根据驾驶人操作设置/巡航（SET /COAST）开关输入的设定车速信号、车速传感器输入的实际车速信号、各种开关输入信号以及发动机 ECU 和 ECT ECU 输入的信号，按照只读存储器中预先编制的程序进行计算处理之后，向执行器驱动电路发出指令，驱动执行器（步进电动机或直流电动机、电磁阀等）动作，执行器通过节气门联动机构和节气门拉索等改变节气门开度，使实际车速达到设定的巡航车速。巡航控制流程如图 2-8 所示。

目前，汽车 CCS ECU 普遍由大规模或超大规模专用集成电路与单片机组合而成。当汽车上已经装备发动机电子控制系统或自动变速控制系统时，许多传感器（如节气门位置传感器、车速传感器）和控制开关（如制动灯开关、空档起动开关等）的信号可以共享，只需编制控制程序调用该信号即可，因此，可以大大降低系统的硬件成本。

巡航控制 ECU 接收来自巡航控制开关、车速传感器信号和其他开关信号，按照存储的程序对巡航系统进行控制。巡航控制 ECU 有以下控制功能：

（1）记忆设定车速功能　当主开关接通，车辆在巡航控制车速范围内（一般为 40~200km/h）行驶时，操作设置/巡航开关可以设定巡航车速。ECU 将设定的车速存储在存储器内，并按设定车速控制汽车等速行驶。

（2）等速控制功能　ECU 将实际车速与设定车速进行比较，确定节气门是否应该开大或关小，并根据实际车速与设定车速的差值计算出节气门开大或关小的量，进而对执行器进行控制，保证汽车按设定车速等速行驶。

（3）设定车速调整功能　当汽车以巡航控制模式行驶时，如果将设定车速提高或降低，则只要操作恢复/加速或设置/巡航开关，就可以使设定车速改变，巡航控制 ECU 将记忆改变后的设定车速并按新设定车速进行巡航行驶。

（4）取消和恢复功能　当汽车以巡航控制模式行驶时，如果接通取消开关或接通任何

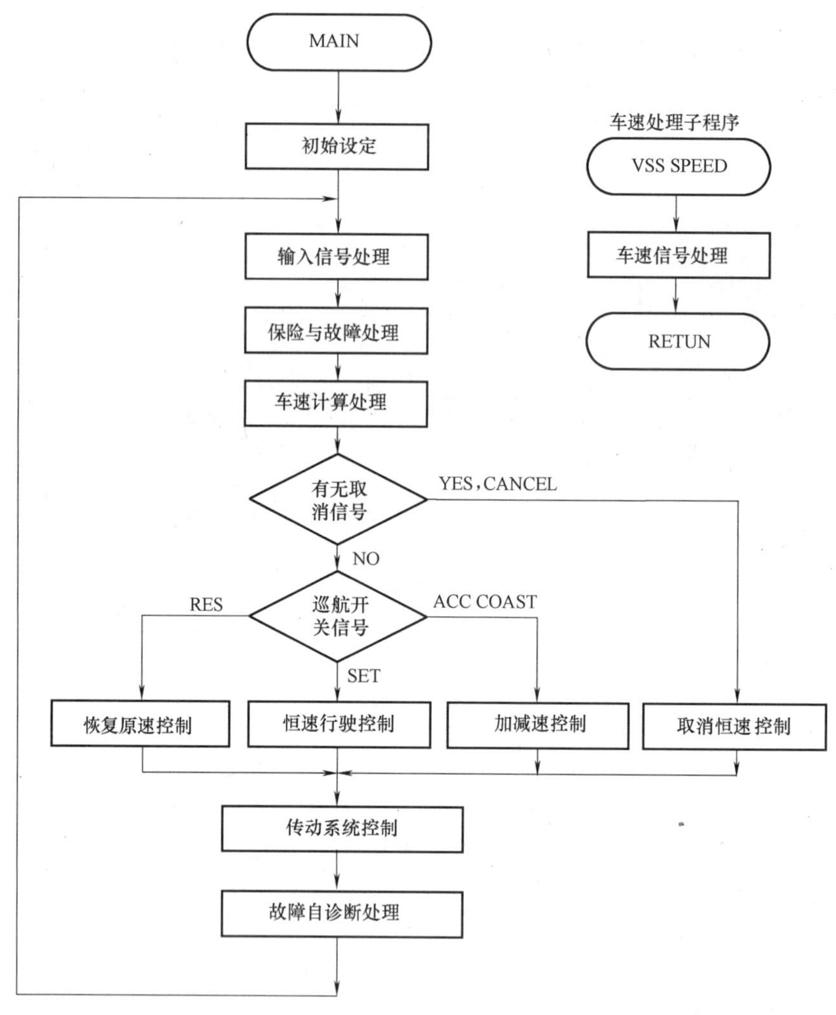

图 2-8　巡航控制流程

一个其他退出巡航控制的开关，巡航控制 ECU 将控制执行器使巡航控制取消。取消巡航控制以后，要想重新按巡航控制模式行驶，只要操作恢复/加速开关，巡航控制 ECU 将恢复原来的巡航控制行驶。

（5）车速下限控制功能　车速下限是巡航控制能设定的最低车速，不同的车型稍有不同，一般为 40km/h。当车速低于 40km/h 时，巡航车速不能被设定，巡航系统不能工作。当巡航行驶时，如果车速降至 40km/h 以下，则巡航控制将自动取消，且巡航 ECU 存储器内存储的设定车速将被清除。

（6）车速上限控制功能　车速上限是巡航控制能设定的最高车速，一般为 200km/h。当车速超过该数值时，巡航车速不能被设定。汽车在巡航控制模式行驶时，即使操作加速开关，车速也不能加速至 200km/h 以上。

（7）安全电磁离合器控制功能　当汽车以巡航控制模式行驶时，如果因为下坡汽车车速高于设定车速 15km/h，则巡航控制 ECU 将切断巡航控制系统的安全电磁离合器使车速降低。当车速降低至比设定车速高出不足 10km/h 时，安全电磁离合器再次接通，恢复巡航控制。

（8）自动取消功能　当汽车以巡航控制模式行驶时，若出现执行器驱动电流过大，伺服电动机始终朝节气门打开的方向旋转时，则巡航控制 ECU 存储器内存储的设定车速将被清除，巡航控制模式将被取消，主开关同时关闭。

在巡航控制行驶期间，若出现车速下降到低于 40km/h，巡航控制系统的电源中断时间超过 5ms，巡航控制也会被取消，但存储器中设定的速度没有被取消，巡航控制功能可用 SET 或 RES 开关恢复。此外，当巡航控制 ECU 诊断出系统有故障时，将会使巡航控制系统自动停止工作。

（9）自动变速器控制功能　当车辆以超速档上坡行驶，车速降至超速档切断速度时，ECU 自动取消超速档并增加驱动力，防止车速继续降低。当车速升至超速档恢复速度时，约 6s 后巡航控制 ECU 恢复超速档。

（10）诊断功能　如果巡航控制系统发生故障，巡航控制 ECU 的自诊断系统能够诊断出故障，并使仪表板上的巡航指示灯闪烁，以便提醒驾驶人。同时，巡航控制 ECU 将故障码存储在存储器内。通过巡航控制指示灯的闪烁或使用故障诊断仪可以读取故障码。

4. 巡航控制执行器

汽车巡航控制系统的执行器又称为速度伺服装置，其功用是根据 CCS ECU 的控制指令，通过操纵节气门拉索来改变发动机节气门开度，使汽车加速、减速或保持恒定的速度行驶。

巡航控制系统执行器有真空驱动型和电动机驱动型两种。电动机驱动型采用直流电动机或步进电动机驱动，如丰田系列轿车巡航系统和 Motorola 巡航系统；真空驱动型采用真空装置驱动，如切诺基吉普车巡航控制系统。

（1）真空驱动型执行器　真空驱动型执行器主要由控制阀、释放阀、电磁线圈、膜片、回位弹簧和空气滤清器等组成。真空驱动型执行器依靠真空力驱动节气门。真空源有两种取得方式：一种是仅从发动机进气歧管取得，另一种是从发动机进气歧管和真空泵取得，如图 2-9 所示。

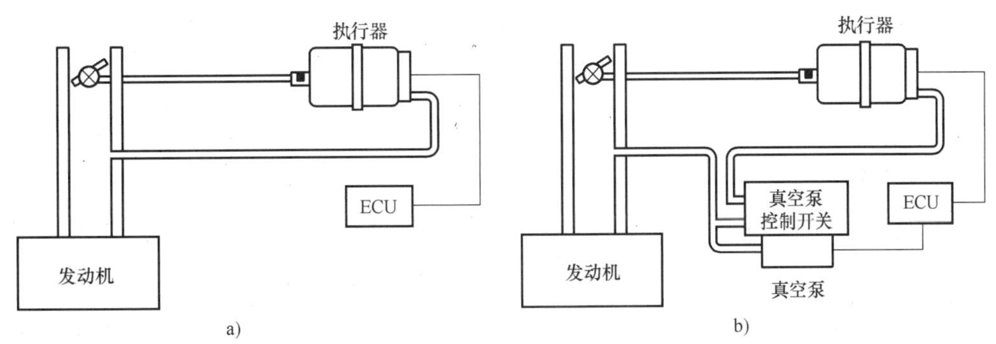

图 2-9　真空驱动型执行器的控制方法

a）从进气管取得真空源　b）从进气歧管和真空泵取得真空源

当进气歧管真空度较低时，真空泵参与工作，提高真空度。

（2）电动机驱动型执行器　电动机驱动型执行器由电动机、传动机构、电磁离合器和电位器等组成，结构如图 2-10 所示。巡航控制 ECU 控制电动机的工作，使电动机顺时针或逆时针旋转，从而改变节气门的开度。当 ECU 控制电动机工作时，电动机轴上的蜗杆带动

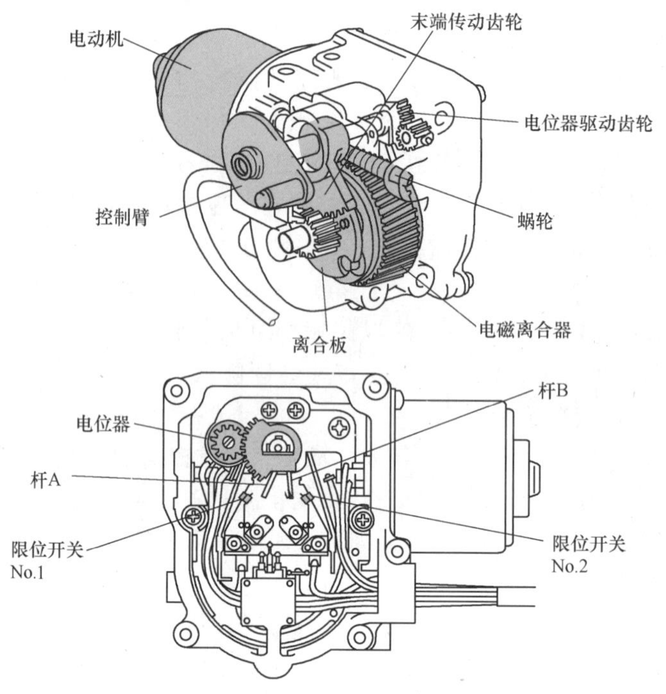

图 2-10　电动机驱动型执行器

电磁离合器外圈上的蜗轮旋转。蜗轮通过电磁离合器带动小齿轮旋转，小齿轮带动末端传动齿轮转动。末端传动齿轮通过齿轮轴带动控制臂转动，控制臂上的销轴通过拉索使节气门开大或关小。为了防止节气门安全打开或完全关闭后电动机继续转动，电动机安装了两个限位开关（No. 1 开关和 No. 2 开关）用于控制电动机的转动。

（3）电子节气门控制型执行器　目前很多发动机都采用了电子节气门控制（Electronic Throttle Control，ETC），使得发动机的进气量不直接由加速踏板来控制，而是由电控单元采集分析诸多信号（如加速踏板位置信号、发动机转速信号等）后通过控制节气门开度来精确控制。

电子节气门控制型巡航控制系统是集成在发动机电控系统中的一个子系统，装备巡航控制系统只需增加控制开关和巡航指示灯等。电子节气门控制系统由带加速踏板位置传感器的加速踏板模块、发动机控制单元、节气门控制单元等组成，如图 2-11 所示。

1）加速踏板模块。由传感器确定当前加速踏板的位置并将相应的信号传递到发动机控制单元。

2）发动机控制单元。发动机控制单元根据信号计算出驾驶人需要的发动机动力，将此信息转换为发动机的转矩数值，并激活节气门驱动装置以进一步开启或关闭节气门。

3）节气门控制单元。节气门控制单元负责提供所需要的空气，主要由节气门驱动装置（电动机）和节气门位置传感器组成。节气门驱动装置根据发动机控制单元发出的指令定位节气门。节气门位置传感器向发动机提供节气门位置的反馈数值。在该系统中，节气门在整个调整范围内都由一个电动机控制。踏下加速踏板，发动机控制单元根据加速踏板位置传感器的信号电压识别加速踏板被踏下的程度，计算出驾驶人的输入，并通过一个电动机激活节

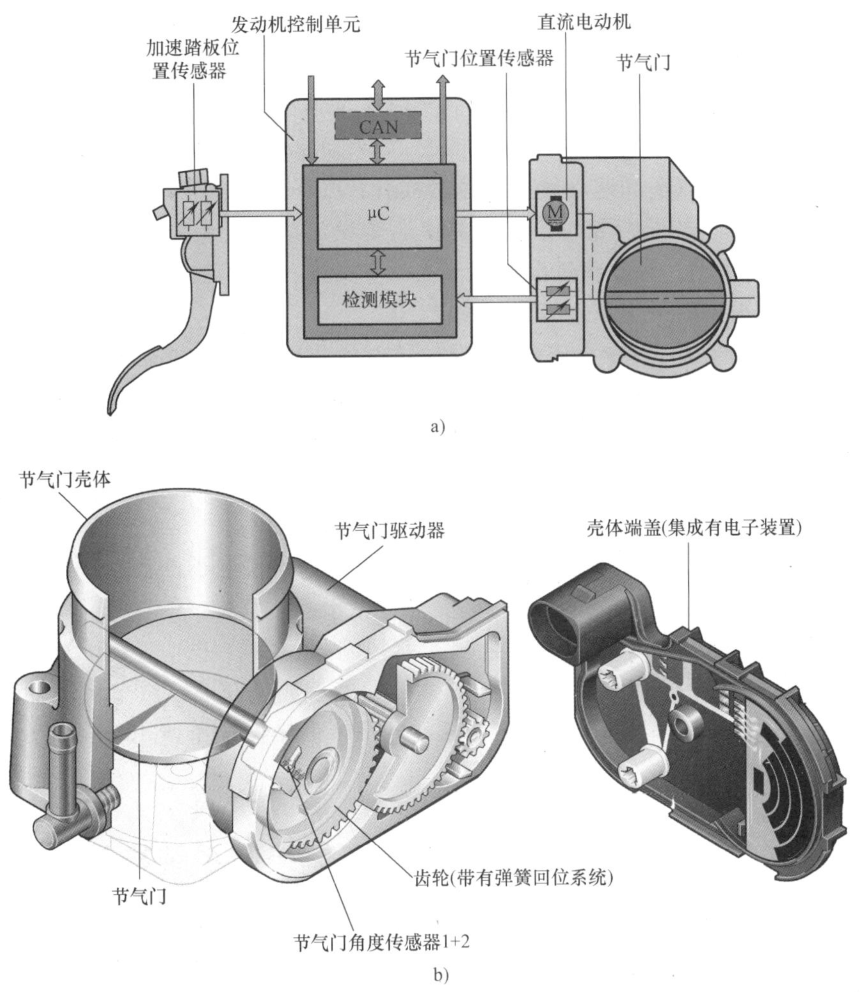

图 2-11　电子节气门控制系统的结构和基本原理

a）基本原理　b）电子节气门控制单元的结构

气门驱动装置，将节气门定位。节气门驱动装置的位置传感器确定节气门位置并传递相应的信号到发动机控制单元。发动机控制单元可以独立于加速踏板的位置而调整节气门的位置，可根据不同的需求（包括速度限制装置、巡航控制、牵引力控制系统、发动机制动控制等）确定节气门的位置。

5. 巡航控制系统的使用

巡航控制系统如果使用不当，不仅不能充分发挥巡航控制系统的作用，还可能损坏巡航控制系统，甚至危害汽车行驶安全。因此，使用巡航控制系统时应按正确的使用方法进行操作。巡航控制系统的使用包括设置巡航车速、增加或降低巡航设定车速、取消巡航控制及取消巡航控制后的恢复巡航行驶。

（1）设置巡航车速　设置巡航车速的方法是按下巡航控制主开关，踏下加速踏板使汽车加速，当达到希望的车速（必须高于巡航控制系统工作时的最低车速）时，将巡航控制开关推至设置/巡航位置后放松。开关放松时的车速即被巡航控制 ECU 记忆为设定车速，巡航控制系统开始工作。此时驾驶人可以放松加速踏板，巡航控制系统控制节气门按设定车速等速行驶。

（2）加速　当汽车巡航行驶时，如果要使巡航设定车速提高，应将巡航控制开关置于恢复/加速位置保持不动，汽车将逐渐加速。当汽车加速至所希望的车速时，放松巡航控制开关，汽车将按新的较高的设定车速等速行驶。如果需要使汽车临时加速（如超车），则只需踏下加速踏板即可使汽车加速，放松加速踏板后，汽车仍按原来设定的车速巡航行驶。

（3）减速　当汽车巡航行驶时，如果要使巡航设定车速降低，应将巡航控制开关置于设置/巡航位置保持不动，汽车将逐渐减速。当汽车减速至希望的车速时，放松巡航控制开关，汽车将按新的较低的设定车速等速行驶。

（4）点动升速和点动降速　当汽车以巡航控制模式行驶时，如果需要对巡航设定车速进行微调时，只要点动 1 次恢复/加速开关（接通恢复/加速开关后立即放松开关，时间不超过 0. 6s），巡航设定车速就升高约 1. 6km/h。只要点动 1 次设定/减速开关，车速就降低约 1. 6km/h。

（5）取消巡航控制　取消巡航控制有几种方式可以选择：一是将巡航控制开关的取消开关接通然后释放，二是踏下制动踏板，三是对于装有手动变速器的汽车可以踏下离合器踏板，四是对于装有自动变速器的汽车可以将变速杆置于空档位置。

（6）恢复巡航行驶　如果通过操作退出巡航控制开关中的任何一个开关使巡航控制取消，要恢复巡航行驶时，只要将恢复/加速开关接通然后放松开关，汽车将恢复原来的巡航行驶。但如果车速已降低至 40km/h 以下，或实际车速低于设定车速 16km/h 以上，ECU 将不能恢复巡航行驶。

任务三　2009 款君威轿车巡航控制系统检修

一、任务引入

别克君威轿车巡航控制系统的主要部件包括加速踏板位置传感器、制动踏板位置传感器、车身控制模块（BCM）、巡航控制开关、发动机控制模块（ECM）、节气门执行器控制电动机、车速传感器等。

二、任务目标

1）了解别克君威轿车巡航控制系统的组成与工作原理。

2）掌握别克君威巡航控制系统的启用、停用与禁用。

3）掌握巡航控制系统的检修方法。

三、相关知识

1. 别克君威轿车巡航控制系统的组成与工作原理

车身控制模块监测转向盘上的巡航控制开关的信号电路。车身控制系统通过 GM LAN 串行电路将巡航控制开关状态传达至发动机控制模块。发动机控制模块运用巡航控制开关的状态来决定什么时候该达到和保持车速。发动机控制模块监测车速信号电路，以决定期望车速。发动机控制模块使用节气门执行器控制电动机，以保持车速。别克君威轿车巡航控制系统电路如图 2-12、图 2-13 所示。

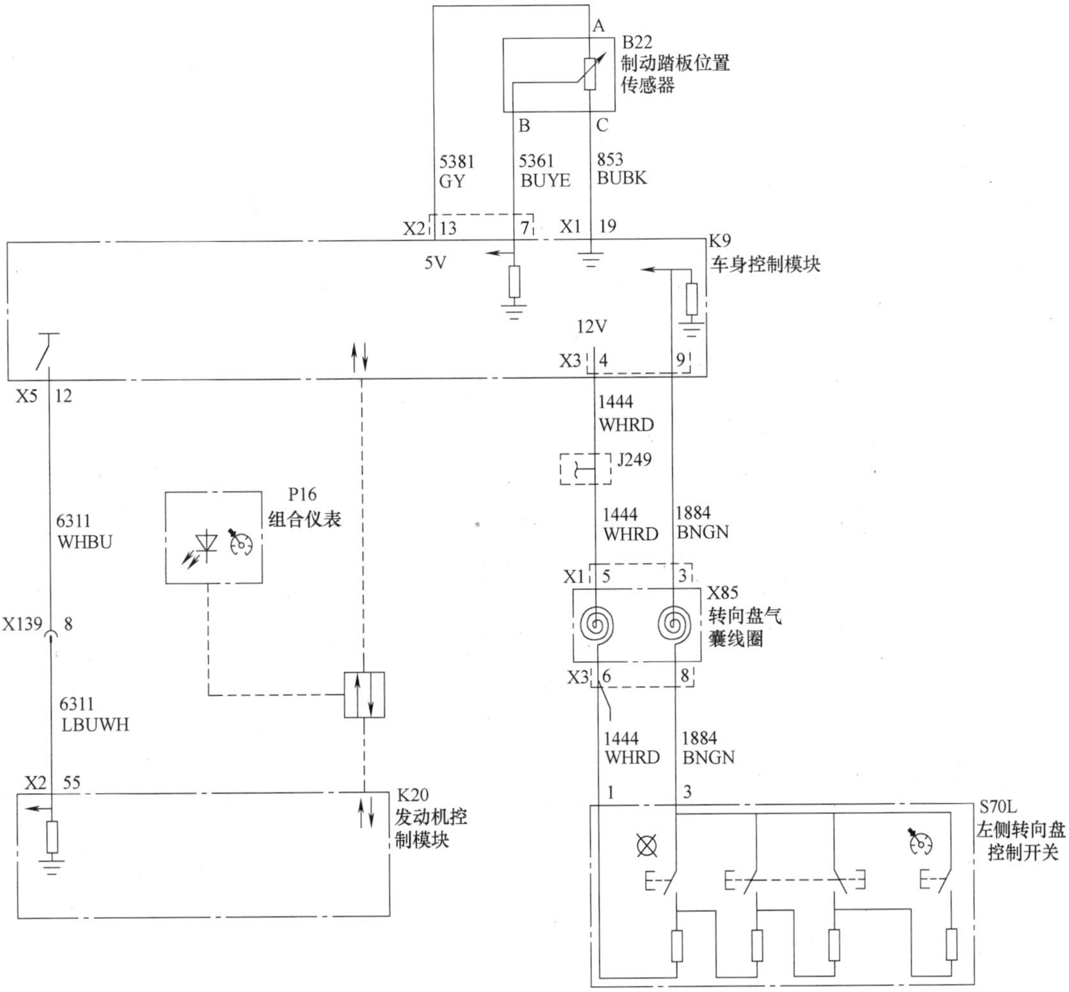

图 2-12　别克君威轿车巡航控制系统电路（一）

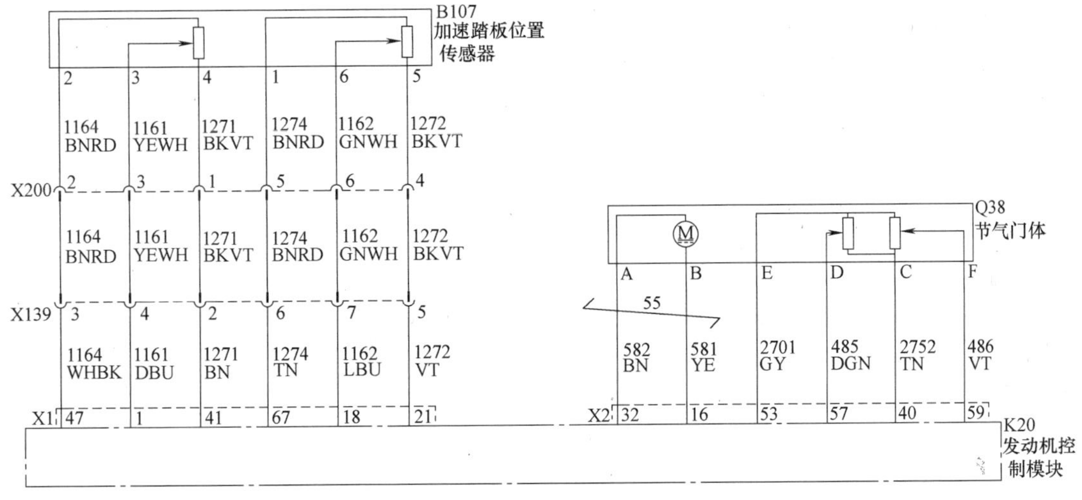

图 2-13　别克君威轿车巡航控制系统电路（二）

巡航控制开关由车身控制模块通过转向盘气囊线圈供电。巡航控制功能开关设计为梯形电阻器，每个巡航控制功能开关有一个不同的电阻值。车身控制模块检测一个与被启用的巡航控制功能开关相联系的特定电压。当动合型巡航控制接通/关闭开关接通时，该开关闭合。当指示灯亮时，车身控制模块向指示巡航控制开关 ON（接通）的指示灯电路提供搭铁。车身控制模块向发动机控制模块发送一个 GM LAN 串行数据信息，指示 ON/OFF（接通/关闭）开关已经接通。同样，当动合型 RES/+(恢复/+）开关或动合型 SET/-(设置/-）开关被按下时，开关闭合，车身控制模块在巡航控制 RES/ACC（恢复/加速）和 SET/COAST（设置/巡航）开关信号电路上检测预定的电压信号。车身控制模块向发动机控制模块发送一个 GM LAN 串行数据信息，指示 RES/+(恢复/+）开关或 SET/-(设置/-）开关已经启用。当车身控制模块没有从 ON/OFF（接通/关闭）开关接收到预定的电压信号时，RES/+(恢复/+）开关或 SET/-(设置/-）开关仍将保持未起动。

2. 巡航控制系统的启用、停用与禁用

（1）巡航控制系统的启用　图 2-14 所示为 2009 款别克君威巡航控制开关。此开关激活后，巡航控制系统将启用并调整车速，开关的功能为：ON/OFF（接通/关闭）、RES/+(恢复/+)、SET/-(设置/-)。

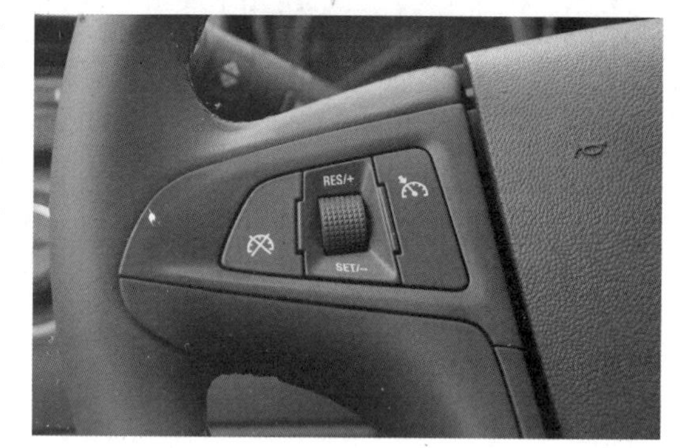

图 2-14　2009 款别克君威巡航控制开关

为使巡航控制系统工作，车速要在 40.2km/h（25mile/h）以上，将巡航 ON/OFF（接通/关闭）开关置于 ON 并瞬时按下 SET/-(设置/-）开关。发动机控制模块将启用巡航控制系统并记录车速。发动机控制模块向仪表板组合仪表（IPC）发送一组 GM LAN 串行数据信息，以使仪表板组合仪表上的巡航启用指示灯亮。在巡航控制系统启用时踩下加速踏板，允许驾驶人操控巡航控制系统，以使车辆加速超过当前设置的车速。松开加速踏板时，车速下降，并恢复到当前设置的车速。驾驶人也可以通过 SET/-(设置/-）开关和 RES/+(恢复/+）开关，使车辆超过当前设置的车速。当巡航控制系统启动后，按下并保持 SET/-(设置/-）开关将允许车辆从当前设置速度减速，而不用关闭巡航控制系统。当 SET/-(设置/-）开关被松开，发动机控制模块将记录车速并将此车速作为新的设定车速。巡航控制系统启用后，瞬时按下 SET/-(设置/-）开关，将允许车辆在每次瞬时按下 SET/-(设置/-）开关时以 1.6km/h（1mile/h）的增量减速，最小速度为 37km/h（23mile/h）。

在巡航控制系统启用时，按下并保持 RES/+(恢复/+）开关，将使车辆加速至一个高于当前设置车速的速度。当 RES/+(恢复/+）开关被松开时，发动机控制模块将记录车速并将此车速作为新的设定车速。在巡航控制系统启用时，瞬时按下 RES/+(恢复/+）开关，将允许车辆在每次瞬时按下 RES/+(恢复/+）开关时以 1.6km/h 的增量加速，最大加速为超过当前车速 16km/h。在踩下制动踏板或按下 CANCEL（取消）开关关闭巡航控制系统后，瞬时起动 RES/+(恢复/+）开关将恢复至之前的车速。

（2）巡航控制系统的停用　发动机控制模块会根据以下开关发出的信号停用巡航控制系统：制动踏板位置（BPP）传感器、ON/OFF（接通/关闭）开关、巡航控制 CANCEL

(取消) 开关。

使用制动踏板时，巡航控制系统将停用。发动机控制模块通过一项直接输入和一项来自车身控制模块指示制动状态的 GM LAN 串行数据信息，监控制动踏板位置信号。当两个信号都指示制动踏板踩下时，发动机控制模块将关闭巡航控制系统。当巡航控制 ON/OFF（接通/关闭）开关置于 OFF 位置时，或巡航控制 CANCEL（取消）开关启用时，巡航控制系统也将停用。当巡航控制接通/关闭开关关闭，或者点火开关置于 OFF 位置时，发动机控制模块存储器中存储的速度将被清除。车身控制模块向发动机控制模块发送 GM LAN 串行数据信息，以关闭巡航控制系统。

当发动机控制模块检测到驾驶人操控功能已经启用约 60s 时，巡航控制系统将停用。巡航控制系统停用后，发动机控制模块向仪表板组合仪表发送一个 GM LAN 串行数据信息，以熄灭巡航启用指示灯。每次停用巡航控制系统时，发动机控制模块将记录系统停用的原因。发动机控制模块的存储器会记录最后 8 次断开的原因。故障诊断仪显示巡航控制系统最后 8 次断开历史记录参数，在这 8 个参数中的任何一个参数里至少显示 50 个可能原因中的一个。故障诊断仪参数中显示的断开原因，或者是巡航控制系统已启动而被请求断开；或者是请求接合巡航控制系统，但出现了故障。

(3) 巡航控制系统的禁用　当出现以下任何情况时，发动机控制模块将禁用巡航控制系统：

1) 发动机控制模块没有检测到车身控制模块。

2) 使用制动踏板。

3) 设置了巡航控制系统故障诊断码。

4) 车速小于 40km/h。

5) 车速过高。

6) 车辆挂驻车档 (P)、倒档 (R)、空档 (N) 或 1 档。

7) 发动机转速过低。

8) 发动机转速过高。

9) 系统电压不在 9~16V 范围内。

10) 防抱死制动系统 (ABS) /牵引力控制系统 (TCS) 启用并持续 2s 以上。

3. 巡航控制系统的检修

(1) 电路/系统检验　起动发动机，将转向盘来回转到底，按下每个巡航控制开关，同时观察故障诊断仪 Cruise Control Switch（巡航控制开关）参数。按下相应的开关时，该参数应在 ON（接通）、OFF（关闭）、RES（恢复）和 SET（设置）之间切换。

(2) 巡航控制开关电路故障测试

1) 将点火开关置于 OFF 位置，断开转向盘左侧控制开关的线束插接器。

2) 将点火开关置于 ON 位置，测试 B+电路端子 1 和搭铁之间的 B+电压。如果低于规定值，测试信号电路是否对搭铁短路或开路/电阻过大。如果电路测试正常，则更换车身控制模块。

3) 将点火开关置于 ON 位置，测试 B+电路端子 1 和信号电路端子 3 之间的 B+电压。如果低于规定值，测试信号电路是否对电压短路或开路/电阻过大。如果电路测试正常，则更换车身控制模块。

4）将点火开关置于 OFF 位置，断开车身控制模块处的 X1 线束插接器。

5）测试信号电路端子 3 和搭铁之间的电阻是否为无穷大。如果小于规定值，测试信号电路是否对搭铁短路。

6）如果所有电路测试正常，测试或更换转向盘左侧控制开关。

（3）巡航控制开关部件测试

1）断开转向盘左侧控制开关处的线束插接器。

2）接通巡航控制开关，在逐个起动和按住每个巡航控制功能开关时测量端子 1 和端子 2 之间的电阻，并将电阻器读数与表 2-1 中的数值进行比较。如果不在规定的电阻值范围内，更换转向盘左侧控制开关。

表 2-1　巡航控制开关测试电阻

功能开关	最小电阻值/kΩ	最大电阻值/kΩ
OFF(关闭)	无限大	无限大
ON(接通)	6.5	7.1
SET/-(设置/-)	2.2	2.4
RES/+(恢复/+)	3.7	3.9
CANCEL(取消)	1.4	1.6

（4）系统故障码

1）运行故障诊断码的条件：巡航控制开关接通，点火开关置于 ON 位置。

2）设置故障诊断码的条件：

① DTC B3794 08：车身控制模块在巡航控制开关信号电路中检测到一个无效电压信号，持续 0.5s。

② DTC B3794 61：开关卡滞在 RES/ACC（恢复/加速）或 SET/COAST（设置/巡航）按钮，持续 60s。

③ P0564：发动机控制模块在巡航控制开关信号电路中检测到一个无效电压信号，持续超过 2s。

④ P0567：发动机控制模块检测到按下 RES（恢复）开关持续 90s 以上。

⑤ P0568：发动机控制模块检测到按下 SET/COAST（设置/巡航）开关持续 90s 以上。

⑥ P0575：发动机控制模块接收到一条从车身控制模块发出的无效巡航控制开关状态串行数据信息。

⑦ P0571 ~ P0573：来自车身控制模块的串行数据信息指示制动器已接合时，发动机控制模块在制动灯开关信号电路上检测到低电压信号。

⑧ P0703：发动机控制模块接收到一个从车身控制模块发出的无效制动踏板状态串行数据信号。

3）设置故障诊断码时采取的操作：故障指示灯（MIL）将不亮，巡航控制系统停用。

4）清除故障诊断码的条件：设置该故障诊断码的条件不再存在，经过 40 次无故障点火循环后，历史故障诊断码将被清除。

任务四　主动巡航控制系统的结构和功能

一、任务引入

定速巡航控制是无须驾驶人操控加速踏板就可保持稳定车速的功能。它通过 ME（发动机管理）系统自动补偿空气阻力和滚动阻力的变化，不仅在长途旅行时可提高车辆的操纵灵活性、节省油耗，同时也方便执行超速限制。在车速达到 30km/h 以上时，ME 系统通过识别驾驶人按下的巡航开关开启巡航功能，自动计算并控制节气门开度，使得车辆始终保持在当前车速。要取消此功能，只需踩下制动踏板或离合器踏板，或直接关闭操纵手柄即可。

主动巡航控制（也称为自适应巡航控制，Adaptive Cruise Control，ACC）系统是一种新开发的驾驶人辅助系统，它与传统的车速控制系统相比，在功能上有很大扩展。由于减少了对加速踏板和制动踏板的操作，所以可明显提高驾驶舒适性。使用该系统可以使驾驶人严格遵守车速限制以及车距规定，从而保证了交通的畅通。主动巡航系统工作情况如图 2-15 所示。

图 2-15　主动巡航控制系统工作情况

二、任务目标

1）掌握主动巡航控制系统及部件结构。

2）掌握主动巡航控制系统的前车行驶情况的测定方法。

3）掌握主动巡航控制系统操作和驾驶人信息显示的功能。

三、相关知识

1. 主动巡航控制系统及部件结构

（1）系统简介　主动巡航控制系统不但与传统定速巡航系统一样保证了驾驶人可选定某一车速匀速行驶，而且能保持与前方车辆的车距，即它是车速与车距的结合控制。ACC 系统可通过安装在前保险杠下方的雷达探测器来探知本车与前车的车速及车距。如果两车距离大于设定的距离，车辆就会加速到驾驶人事先设定的车速；当两车距离小于设定的车距时，车辆就会通过发动机降低功率、传动系统切换档位，甚至在必要时启用制动来减缓车速，以保证设定的车距。此系统进一步提高了驾驶的舒适性，消除了驾驶疲劳，且益于提高行车安全性。ACC 系统主要适用于高速公路、低交通密度和宽路面道路远程驾驶的情况。

（2）主动巡航控制（ACC）系统的局限性　主动巡航控制系统是一个驾驶人辅助系统，绝不可以将其看成安全系统，它也不是全自动驾驶系统。该系统的局限性表现在：

1）主动巡航控制系统在车速为 30~200km/h 时才工作。

2）主动巡航控制系统对固定不动的目标无法做出反应。

3）雨水、浮沫以及雪水、泥水会影响雷达的工作效果。在转弯半径很小时，由于雷达视野受到限制，所以会影响系统的功能。

4）主动巡航控制系统工作时应满足的前提条件见表 2-2。

表 2-2 主动巡航控制系统工作时应满足的前提条件

序号	信息	图示
1	车距测量	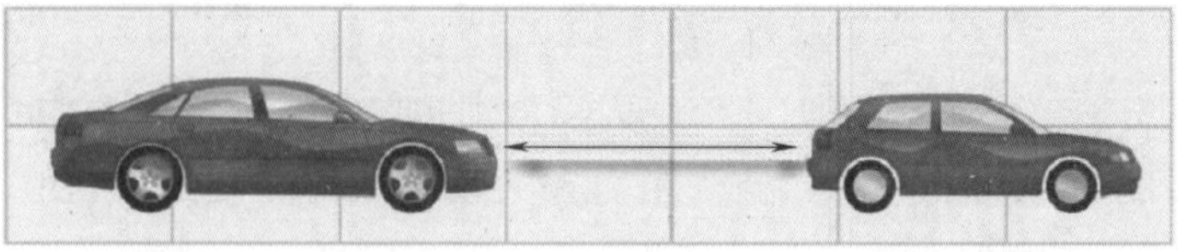
2	前车车速测定	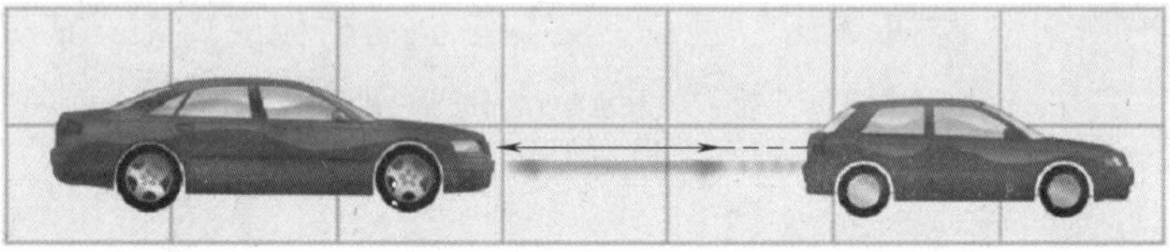
3	前车位置测定	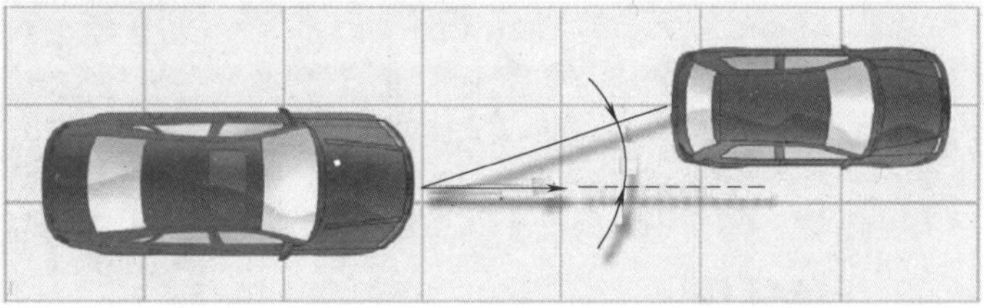
4	跟踪车辆的选择	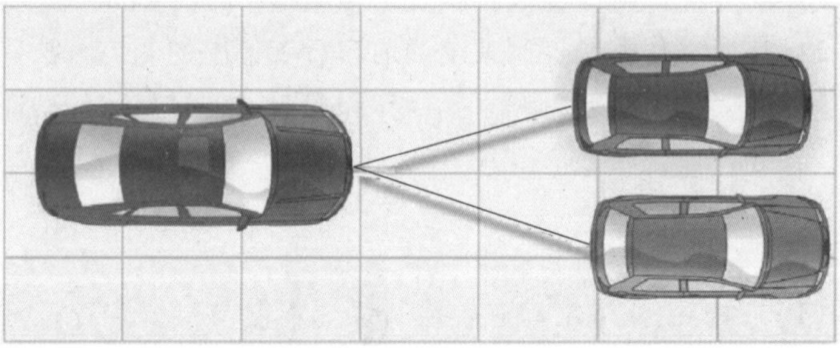

（3）系统部件结构 主动巡航控制系统部件的组成与位置如图 2-16 所示。

2. 前车行驶情况的测定

雷达是一种给物体定位的电子手段，其基本原理很简单，根据物体表面会反射电磁波的原理，反射回来的那部分电磁波就被当作一种“回声”而接收。

1）车距测量。发射信号和接收到反射信号所需要的时间取决于物体之间的距离。图 2-17b 中的距离是图 2-17a 中的两倍，那么图 2-17b 中反射信号到达接收器所需时间就是图 2-17a 中的两倍。

由于直接测量发射信号和接收到反射信号所需要的时间十分复杂，因此实际采用一种间接测量法，称为调频连续（等幅）波（FMCW）法。这种方法是将连续发射的超高频振荡波（其频率随时间变化）作为发射信号，频率变化（调频）速率为 200MHz/ms，作为“运输工具”的载波信号频率为 76. 5GHz。通过这种方法就可以避免使用很复杂的直接测量时间

图 2-16　主动巡航控制系统部件的组成与位置

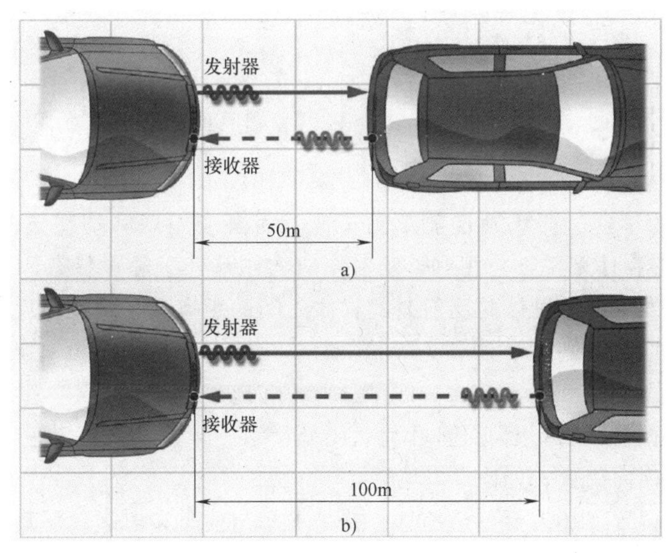

图 2-17　发射器/接收器与物体之间的距离与信号传递时间的关系

的方式，只需简单地比较一下发射信号和接收（反射）信号的频率差就可以了，如图 2-18 所示。

发射信号和接收（反射）信号的频率差直接取决于物体之间的距离。物体之间的距离越大，反射信号被接收前“运行的时间”就越长，于是发射频率和接收频率之间的差就越

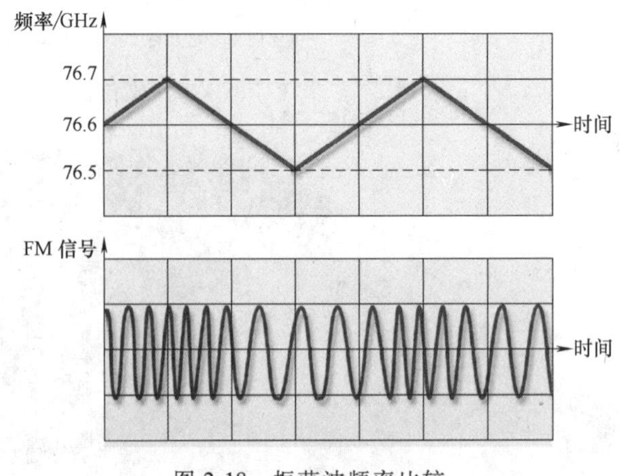

图 2-18　振荡波频率比较

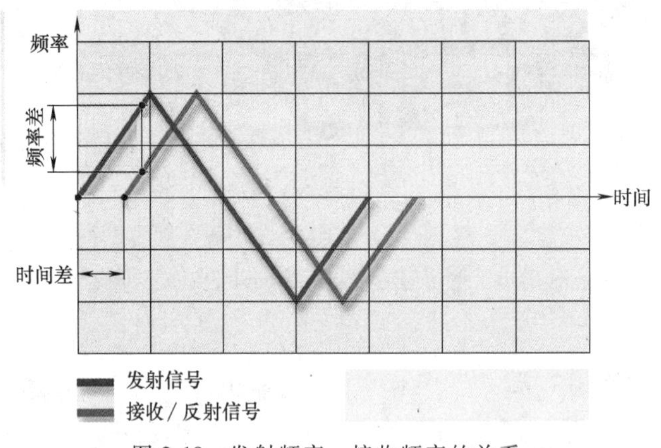

图 2-19　发射频率、接收频率的关系

大，如图 2-19 所示。

2）确定前车的车速。要想确定前车的车速，需要应用一种物理效应，即“多普勒效应”。对于反射波的物体来说，它相对于发射波的物体是处于静止状态还是运动状态，是有本质区别的。如果发射波的物体与反射波的物体之间的距离减小了，则反射波的频率就提高了；反之，若距离增大，则这个频率就降低。电子装置会分析这个频率变化，从而得出前车的车速。

3）确定前车的位置。雷达信号呈叶片状向外扩散，信号的强度随着与车上发射器的距离变远而呈纵向和横向降低，如图 2-20 所示。

要想确定车辆位置，还需要一个信息，就是本车与前车相对运动的角度。这个角度信息是通过一个三束雷达获得的。各束雷达接收（反射）信号的振幅比（信号强度）传递的就是这个角度信息，如图 2-21 所示。

4）确定具体目标。实际行车中，如在高速公路、多车道路面以及转弯时，在雷达的视野中一般会出现多辆汽车，这时就要识别哪一辆与本车行驶在同一条车道上，或者说本车应与哪辆车保持设定的距离，这就需要车距调节控制单元来确定车道。这个过程是相当复杂的，还需要其他附加输入信号。需要的信号中最重要的是摆动传感器信号、车轮转速传感器

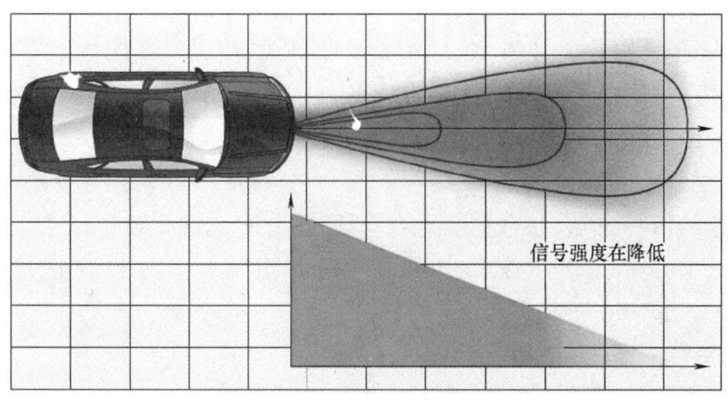

图 2-20　雷达信号距离变化

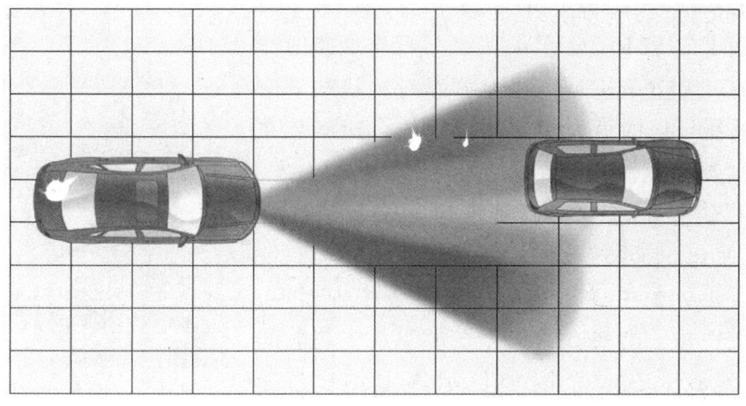

图 2-21　三束雷达测定与前车相对运动的角度

信号以及转向盘转角信号，对这些信号进行分析就可获得车辆在公路上转弯时的信息。

图 2-22 所示的“假想”车道是根据带有主动巡航控制系统车辆的当前转弯半径和特定

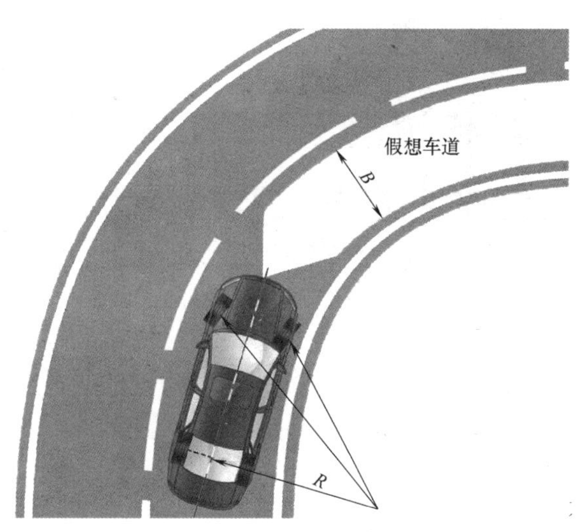

图 2-22　假想车道

R—转弯半径　*B*—车道平均宽度

的车道平均宽度得出来的。传感器把测到的本车道上距离本车最近的物体作为车距调节的参照物。由于弯路在不断变化，或在驶入弯道及驶离弯道时，可能出现本车短时失去目标（前车）或将相邻车道上的某车当成目标的情况，这就可能导致车辆短时加速或减速。这种情况是系统本身的原因，并不表示有故障。

图 2-23 所示为车辆以规定的车距跟着前车（右侧）行驶，当车辆经过 90°的弯路时，前车就会脱离雷达的信号发送/接收区，而相邻车道上的一辆车进入了雷达的视野。虽然车距调节控制单元计算了弯道的情况，但还是会短时出现调节过程（这是由另外一辆车引起的）。

3. 操作和驾驶人信息显示

主动巡航控制系统使用转向盘左侧的主动巡航系统操纵手柄进行操纵，主动巡航控制系统的操纵手柄比以前多了一个标有 DIST（距离）的调整滑块，如图 2-24 所示。按下手柄上的 SET（设置）开关，当前车速即作为希望车速存储，希望车速是指在无障碍行驶状态下由主动巡航控制系统设定的最大车速。设定的车速将会在车速里程表刻度盘上以淡红色的发光液晶块显示出来，同时在车速里程表上出现主动巡航定速系统激活的符号，如图 2-25 所示。与系统有关的重要信息，显示在仪表板中央显示屏上，如图 2-26 所示。但由于很少出现，因而不需要长久地显示出来。用于详细说明系统功能的辅助信息可由驾驶人在一个附加显示屏上调出，如图 2-27所示，按下刮水器拨杆下方的 RESET 按钮就可完成这个操作。

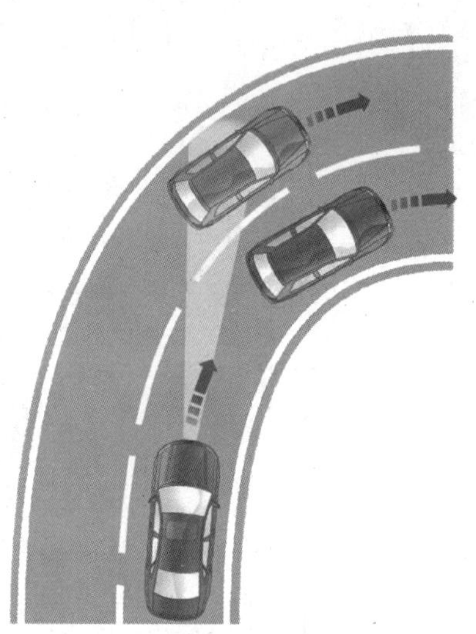

图 2-23　跟踪车辆

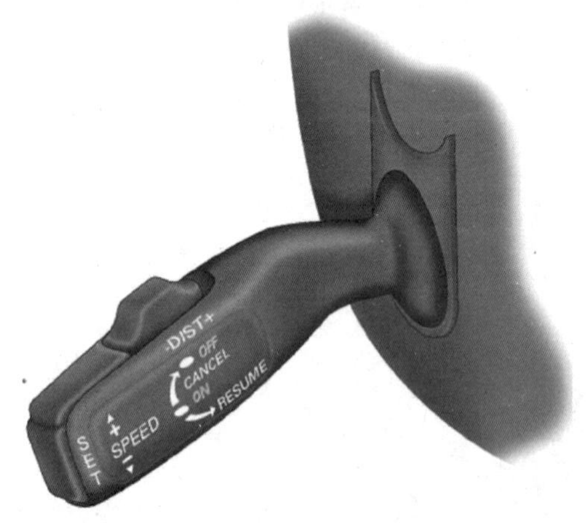

图 2-24　主动巡航控制系统操纵手柄实物图

图 2-25　车速里程表中央显示区

主动巡航控制系统一共有 AUS（操纵手柄在 ON 位置）、BEREIT（操纵手柄在 OFF 位置）、AKTIV（自适应巡航系统正在工作）及 ÜBERTRETEN（控制）四种工作模式与状态。AUS 为主动巡航控制系统关闭状态，这时系统已被关闭，无法进行任何操作。BEREIT 为主

图 2-26　仪表板中央显示屏

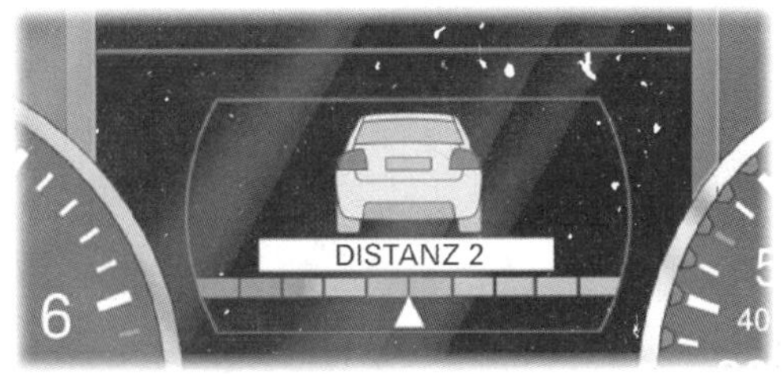

图 2-27　附加显示屏

动巡航控制系统已准备完毕，这个模式表示一种“待机”状态，这时该系统处于接通状态，但并未真正进行调节，如果先前主动巡航控制系统工作过，那么所要求的车速会存入存储器。AKTIV 为主动巡航控制系统正在工作状态，主动巡航控制系统以设定好的车速行驶（在公路上）或调节与前车的车距。ÜBERTRETEN 为主动巡航控制状态，即此时驾驶人踏下了加速踏板，使车速超过了主动巡航控制系统设定的车速。

操纵杆有两个位置控制系统的接通与关闭。接通系统只需将该操纵杆向驾驶人方向推至主动巡航系统的 ON 位置即可；关闭系统只需将该操纵杆推至主动巡航系统的 OFF 位置即可，如图 2-28 所示。

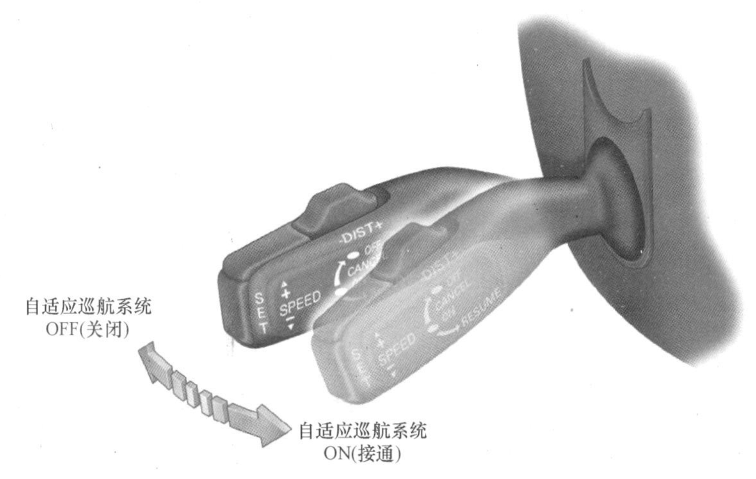

图 2-28　系统的接通与关闭

起动发动机后，根据这个操纵杆的位置情况，主动巡航控制系统会处于 BEREIT 模式（操纵杆在 ON）或 AUS 模式（操纵杆在 OFF 位置）。系统在接通后就处于 BEREIT 模式，这时转速表上还没有显示任何信息，只有在按下 SET 按键后，主动巡航控制系统才会真正进入 AKTIV 模式。

4. 巡航车速、车距的设定及前车识别

（1）巡航车速设定　巡航车速就是汽车在公路上行驶时，主动巡航控制系统所能调节的最高车速，取决于巡航车速控制系统。按下 SET 按键就可以将当前的车速作为要求的巡航车速存储起来，如图 2-29 所示。车速里程表指示环上的一个淡红色发光二极管（LED）指示的就是设定的巡航车速。同时，表示主动巡航系统正在工作的符号也出现在车速表上。

为了识别主动巡航系统正在工作这个状态，车速表上 30~200km/h 之间的所有发光二极管都呈暗红色发光状态，如图 2-30 所示。如果驾驶人打开了其他显示屏，那么中央显示屏会出现一个显示内容。关闭点火开关后，已存储的巡航车速会被清除掉（出于安全原因）。

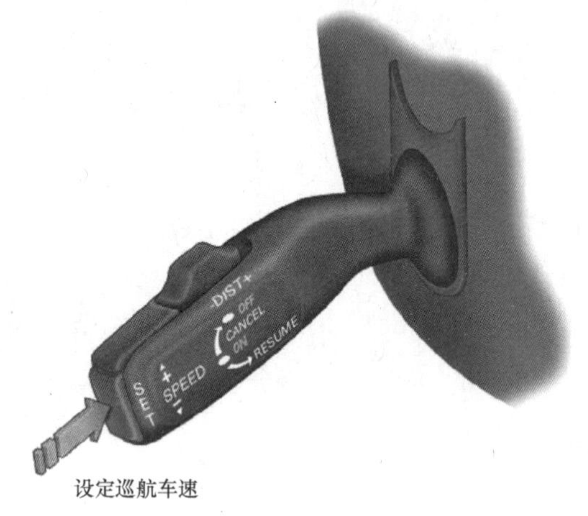

图 2-29　巡航车速设定

图 2-30　车速表上发光二极管暗色状态

（2）巡航车距设定（与前车的距离）　本车与前车之间的车距可由驾驶人设定为 4 个级别，如图 2-31 所示。主动巡航控制系统设定的车距取决于当时的车速。如图 2-32 所示，操纵杆上的滑动开关就是用来设定巡航车距的。每推动一次该开关，车距就提高或降低一个档。所选定的巡航车距就确定了车辆加速时的动力性能。所选定的巡航车距短时显示在仪表板中央显示屏上。第一次按下按键时，中央显示屏接通，显示的两车之间的横条数目表示所选定的车距级别。起动发动机后，车距级别的基本设定可由驾驶人进行调整。

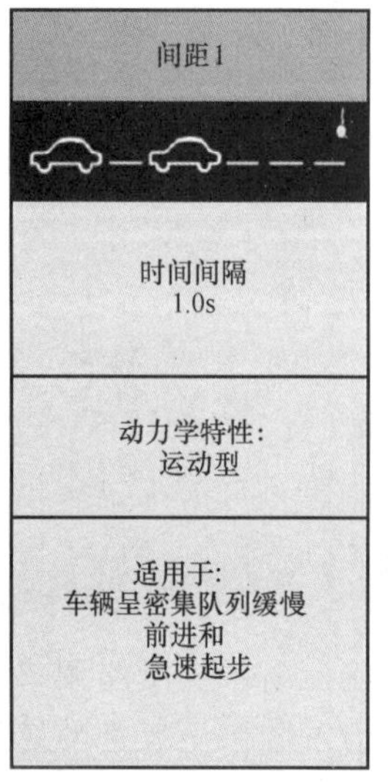

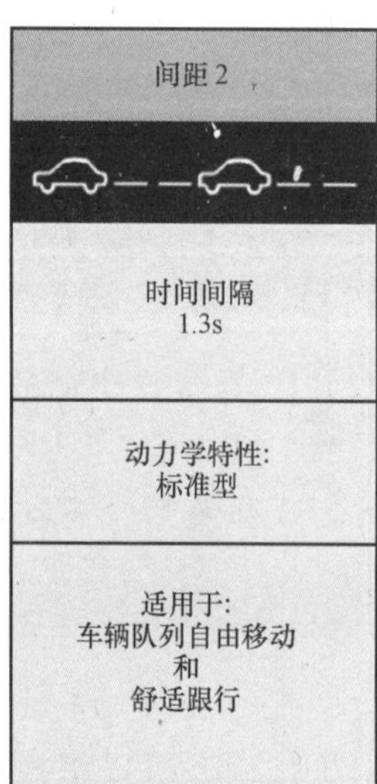

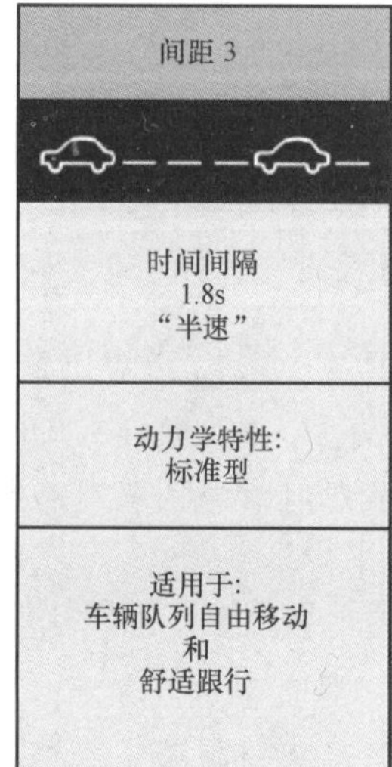

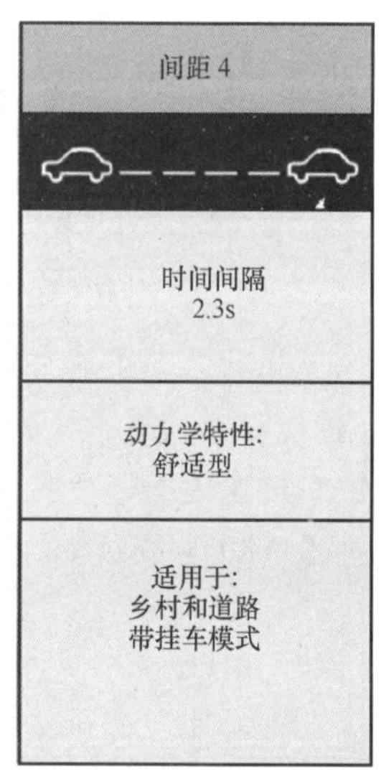

图 2-31　本车与前车之间的车距级别

（3）识别前车　如果识别出前车，那么车速里程表上会显示出来，如图 2-33 所示。在主动巡航控制系统工作的过程中（车速在 30 ~ 200km/h 时），驾驶人可以向上推操纵杆（增速“+”）或向下推操纵杆（减速“-”）来改变已设定的巡航车速，如图 2-34 所示。向“+”和“-”方向拨动操纵杆，每拨一次，设定的巡航车速就变动一次，变动量为车速里程表刻度盘上的一个格。已经改变了的巡航车速由车速里程表上相应的 LED 指示出来。

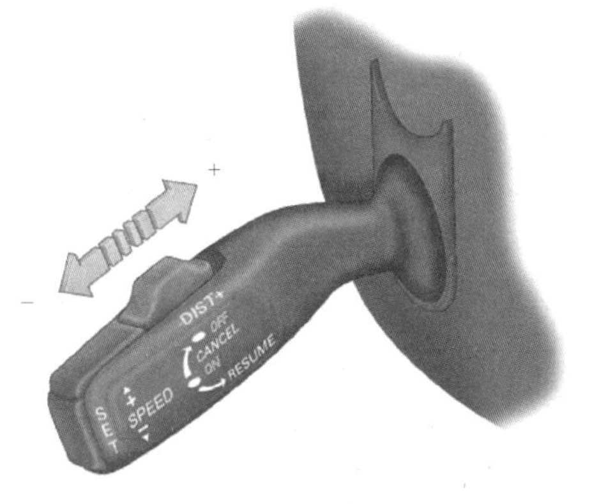

图 2-32　巡航系统车距操作开关

5. 驾驶人接管请求

如果系统识别出施加的制动不能使车辆达到规定的车距，就会响起声音信号（“锣”声）。另外，车速表上会显示红色，如图 2-35 所示。这个显示内容以 0.5Hz 频率闪动，提醒驾驶人应主动施加制动。如果驾驶人先前起动了其他显示屏，那么中央显示屏上会出现警告，如图 2-36 所示。警告音可由驾驶人来设定，如果驾驶人踩加速踏板使车速超过了巡航车速，那么车速表上的那个符号就会消失；若驾驶人起动了辅助显示屏，该屏幕上就会显示出该状态。

图 2-33　前车在车速里程表上的显示

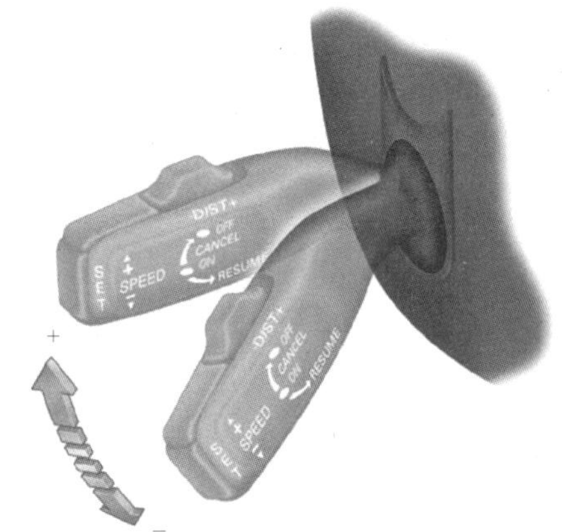

图 2-34　增加或降低车速

图 2-35　车速表上车距红色警示

图 2-36　需驾驶人进行制动的警示

6. 系统设定与故障显示

(1) 系统设定

1) 车距的设定。汽车在出厂时预设的是间距 3，ACC 系统被激活后，该设定一直保持有效状态，直到驾驶人输入另外一个车距。

2) 提示音音量的设定。提示音音量的设定有关闭、轻音、中音、高音 4 种状态，出厂时预设的是高音。

(2) 故障显示　如果系统或其外围设备出现严重故障，如车距调节控制单元失效，主动巡航控制系统会被关闭，故障存储器内会记录故障。外围设备故障会限制系统的功能，例如因制动器温度过高而导致主动巡航控制系统无法使用，故障存储器内无故障记录。

驾驶人进行的制动具有优先权，只需踏下制动踏板就可以使系统关闭。车辆在静止时就可以检查主动巡航控制系统是否能正常工作。

当系统出现故障且发动机正在运转时，如果将主动巡航控制系统操纵杆从位置 OFF 拨到位置 ON，则暗红的发光二极管（30~200km/h 范围内）应该亮 3s，故障会在中央显示屏上显示。如果主动巡航控制系统已关闭，会有警告声提示。

7. 系统的关闭与激活

1) 主动巡航控制系统的关闭。向汽车的行驶方向轻触操纵杆即可关闭主动巡航控制系统，这时就从 AKTIV 模式切换到 BEREIT 模式。踏下制动踏板也可关闭主动巡航控制系统（系统切换到 BEREIT 模式）。

2) 主动巡航控制系统（RESUME）的激活。如果主动巡航控制系统已经被关闭且处于 BEREIT 模式，则在已经设定了巡航车速的情况下，向驾驶人方向拉操纵杆就可以激活主动巡航控制系统，如图 2-37 所示。

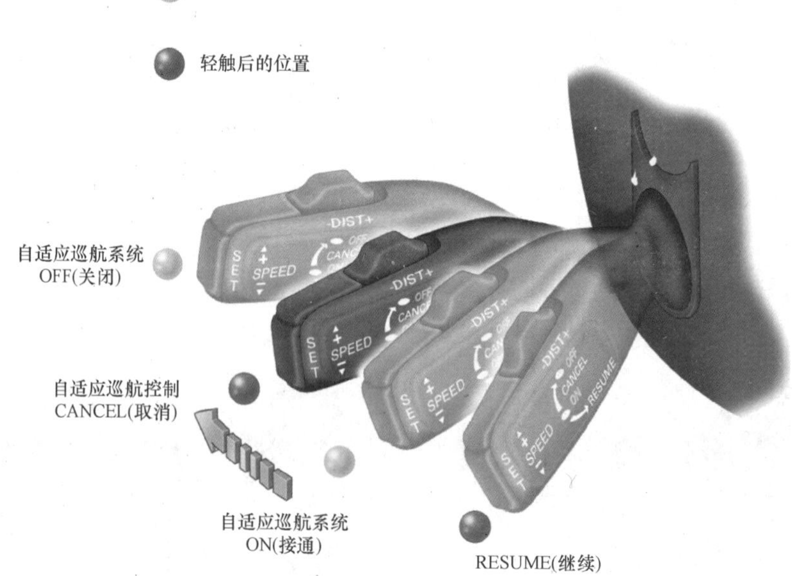

图 2-37　巡航系统开关操作示意图

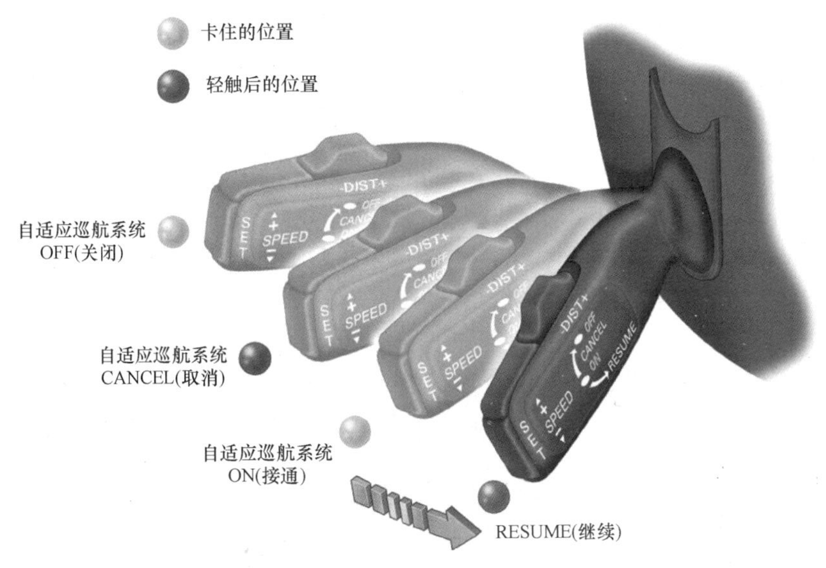

图 2-37　巡航系统开关操作示意图（续）

8. 系统的工作原理与调整诊断

（1）系统工作情况　当脱离 25~220km/h 的车速范围或在车速低于 30km/h 时按下 SET 按键，在识别目标时会出现问题，即目标“太弱”，例如前方车辆是摩托车，或者是在比较广阔的平原且目标区内静止的物体又较少，其工作分为以下两种情况：

1）在开阔的公路上行驶时（前边无车），如果外界气温在−5~+5℃或刮水器已经接通时出现目标识别故障，该系统立即关闭。

2）在正常行驶时（前边有车），第一个预警告不会导致系统马上切断，10s 后主动巡航控制系统关闭，随后会出现带有惊叹号的故障显示。并不是只要出现目标识别不充分，就会显示故障和关闭系统。只要导致系统关闭的原因不再存在，就可以通过 RESUME 或 SET 来重新激活主动巡航控制系统。但如果出现严重故障，则无法激活系统。

（2）系统工作原理　主动巡航控制系统的工作原理见表 2-3。主动巡航控制系统的工作状态如图 2-38 所示，主动巡航控制系统的通信过程如图 2-39 所示，CAN 总线信息的交换内容如图 2-40 所示。

表 2-3　主动巡航控制系统的工作原理

状态 1	后车驾驶人已经激活主动巡航控制系统，并选定了巡航车速 v 和巡航车距 D_W，后车已经加速到选定巡航车速	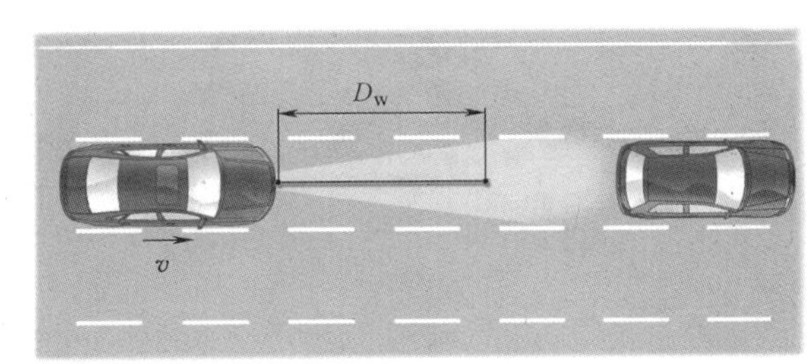

（续）

状态 2	后车识别出前车与自己行驶在同一条车道上，于是后车减小节气门开度，必要时也会施加制动来减速，直至两车之间的距离达到设定的巡航距离	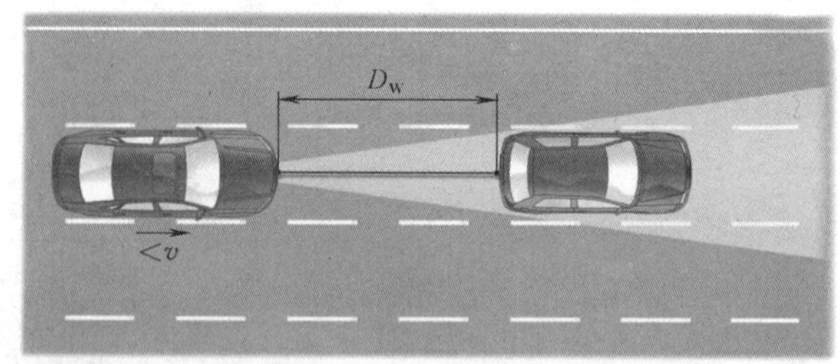
状态 3	如果这时有另一辆车（摩托车）闯入两车之间，那么主动巡航控制系统施加的制动就不足以使后车和摩托车之间的距离达到设定的巡航车距，于是就有声、光报警信号来提醒驾驶人，应踏下制动踏板施加制动	
状态 4	如果前摩托车驶离车道，那么雷达传感器会侦测到这一情况，于是后车开始加速，直至达到设定的巡航车速	

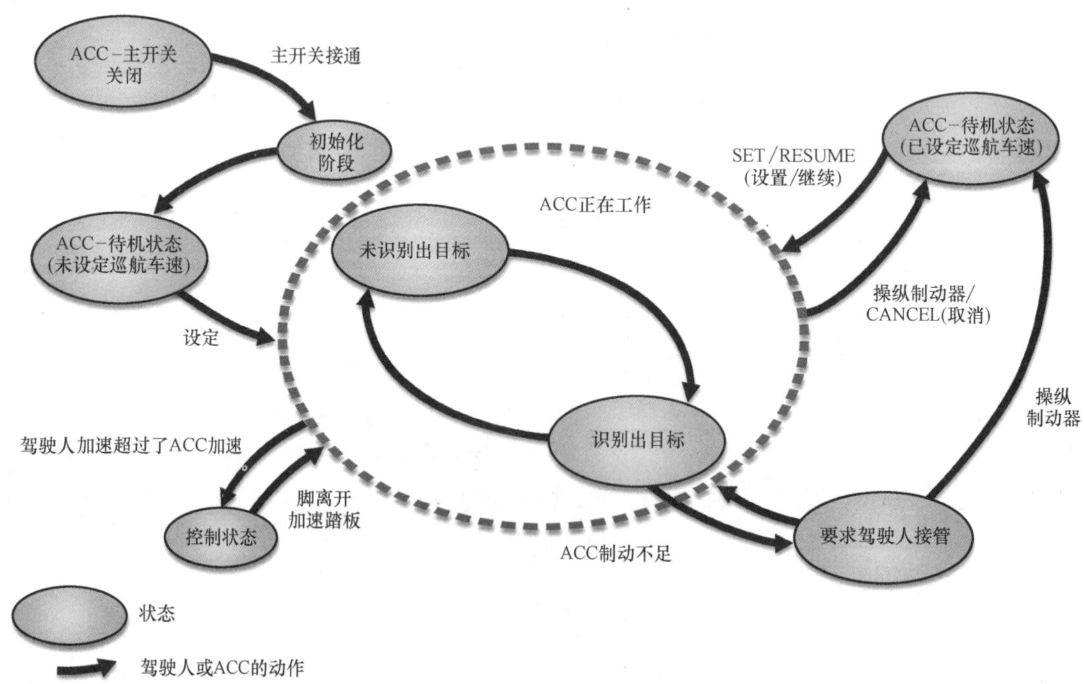

图 2-38　主动巡航控制系统的工作状态

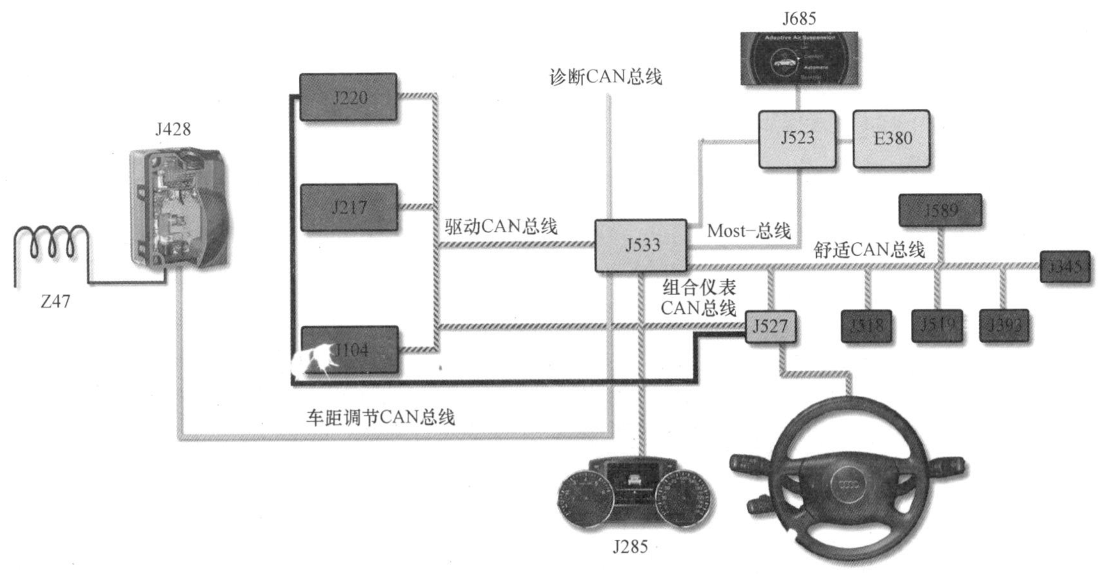

图 2-39　主动巡航控制系统的通信过程

J428—车距调节控制单元　J220—多点喷射控制单元　J217—自动变速器控制单元　J104—ESP 控制单元
J533—数据总线诊断接口（网关）　J285—组合仪表内带显示屏的控制单元　J527—转向柱电气控制单元
J523—信息显示和操纵控制单元　Z47—车距调节传感器加热元件　E380—多媒体操纵单元
J685—前部信息显示单元　J589—驾驶人识别控制单元　J518—使用和起动授权控制单元
J519—供电控制单元　J393—舒适系统中央控制单元　J345—挂车识别控制单元

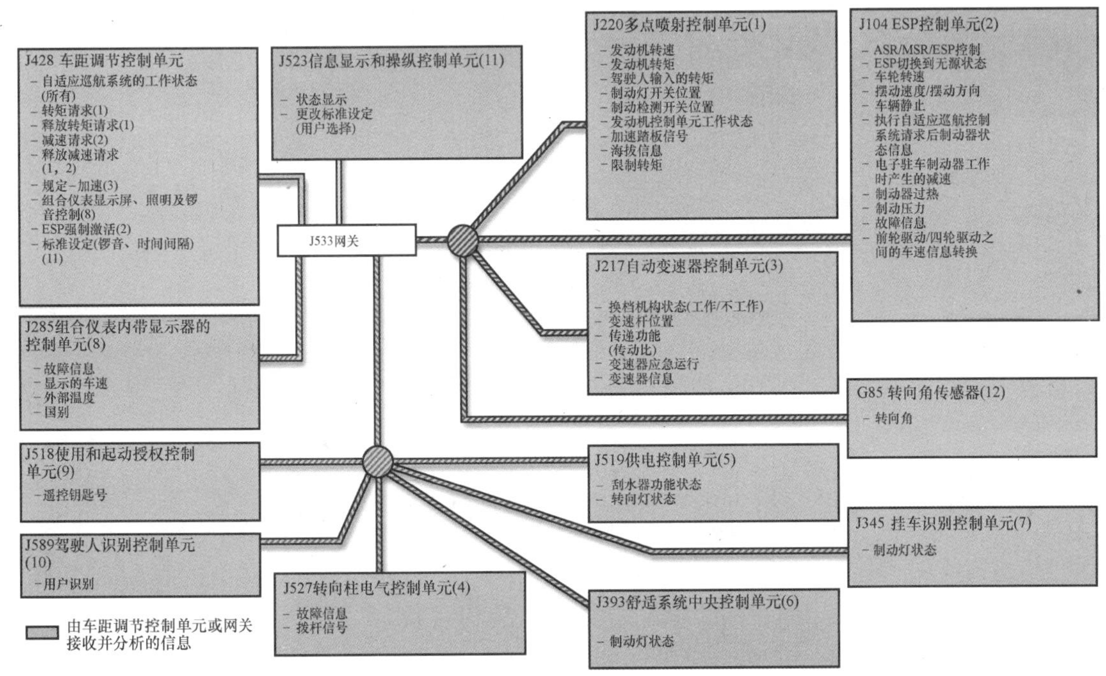

图 2-40　主动巡航系统 CAN 总线信息的交换内容

车距调节控制单元信息后括号内的数字表示由哪个控制单元处理相应的信息。例如，“转矩请求”信息就是由控制单元 No. 1-J220 来处理的。

（3）系统的调整与诊断　图 2-41 所示雷达信号测出与前车的车距为 130m。如果传感器在水平方向上偏离正确位置 1°，在 130m 处就会产生 2. 1m 的偏差。因而，在极端情况下，该车就可能按照相邻车道上的一辆车来调节车距。

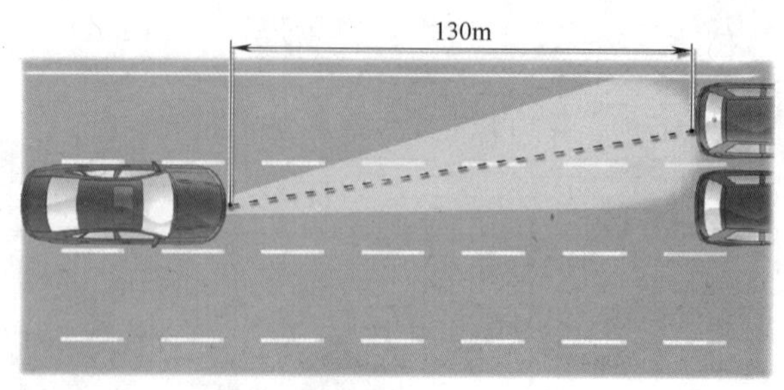

图 2-41　行车示例图

当传感器或传感器支架损坏需要更换时，必须对传感器进行机械调节。这个调节需要在车轮定位仪器上进行。主动巡航控制系统的所有元件始终被监控着，出现的故障会被存入故障存储器内。用 VAS 5051 可读出存储的故障码并进行故障导航查询。

模块三　汽车车载网络系统

任务一　认识车载网络系统

一、任务引入

随着车载电子装置的数量不断增加、汽车电气系统之间的信息交换和资源共享、控制的精细化和汽车故障处理的智能化，使得汽车电气系统布线日趋复杂。车载网络技术的应用，在汽车整体性能的优化和整车控制方面蕴藏着巨大的潜力，从根本上改变了汽车电气系统的布线方式和控制模式。传统的汽车电气系统让位于网络控制的汽车电气系统成为必然。汽车电气的网络化发展引起汽车元件作用的变化，汽车电气系统的故障分析方法及检测方式也发生了相应的变化。

二、任务目标

1）了解汽车车载网络系统的发展。

2）掌握车载网络系统的常用术语。

3）掌握车载网络系统的组成。

三、相关知识

1. 车载网络的发展

（1）线束的变化　随着汽车动力、安全、舒适、信息娱乐等系统的不断增加，采用常规的布线方式（即电线一端与开关相接，另一端与用电设备相接）导致汽车上导线数目急剧增加。常规布线方式的不足表现在以下几方面：

1）布线复杂。一根线束包裹着几十根导线的现象很普遍。

2）占用空间大。在有限的汽车空间内布线越来越困难，限制了功能的扩展。

3）可靠性低。增加的复杂电路降低了汽车的可靠性。

4）线束成本高。电控单元并不是仅仅与用电设备简单地连接，更多的是与外围设备及其他电控单元进行信息交流，并经过复杂的控制运算，发出控制指令。按传统的连接方式，线束成本较高。

汽车新技术的发展应用与汽车线束根数及线径急剧增加的矛盾相当突出。为解决以上问题，车载网络（也称数据传输总线）应运而生。

（2）汽车数据传输总线简介　数据传输总线是指在一条数据线上传递的信号可以被多个系统共享，从而将一线一用的专线制改为一线多用制，最大限度地提高系统的整体效率。

采用总线数据传输（多路传输）的优点主要表现在以下几个方面：

1）简化线束：减少重量，减少成本，减少尺寸，减少插接器的数量。

2）可以进行设备之间的通信，丰富了功能。

3）通过信息共享减少传感器信号的重复数量。

（3）总线传输系统发展简史　早在1968年，艾塞库斯就提出了利用单线多路传输信号的构想。1980年起，汽车上开始装用车载网络。1983年，丰田汽车公司在世纪牌汽车上采用了应用光缆的车门控制系统；1986年起，在车身系统上装用了铜线传输媒介网络，并在日产汽车和通用汽车的控制系统中得到应用。20世纪80年代末，博世公司和英特尔公司开发了专门用于汽车电气系统的总线——控制器局域网（Controller Area Network，CAN）。接着，美国汽车工程师学会（SAE）提出了J1850通信协议规范。20世纪90年代，由于集成电路技术和电子器件制造技术的迅速发展，用廉价的单片机作为总线的接口端，采用总线技术布线的价格逐步降低，总线技术布线进入使用化阶段。

随着汽车电子技术的发展，欧洲提出了控制系统的新协议（Time Triggered Protocol，TTP）。随着汽车信息系统对网络传输信息量的要求不断提高，先后出现了D2B协议和MOST协议。2000年后，随着车载网络的进一步细分，低端LIN网络产生。

一些厂家和公司也对汽车多路总线传输制定了进一步的标准，各大公司还在不断推出新的总线形式及相关标准，具体见表3-1。几种网络的成本比例及通信速度如图3-1所示。

表3-1　主要车载网络的基本情况

车载网络的名称	概　　要	通信速度	组织/推动单位
CAN(Controller Area Network)	车身/动力传动系统控制用LAN协议，最有可能成为世界标准的车用LAN协议	1Mbit/s	Robert Bosch公司(开发)，ISO
VAN(Vehicle Area Network)	车身系统控制用LAN协议，以法国为中心	1Mbit/s	ISO
J1850	车身系统控制用LAN协议，以美国为中心	10.4kbit/s 41.6kbit/s	Ford Motor公司
LIN(Local Interconnect Network)	车身系统控制用LAN协议，液压组件专用	20kbit/s	LIN联合体
IDB-C(ITS Data Bus on CAN)	以CAN为基础的控制用LAN协议	250kbit/s	IDM论坛
TTP/C(Time Triggered Protocol by CAN)	重视安全、按用途分类的控制用LAN协议 时分多路复用(TDMA)	2Mbit/s 25Mbit/s	TIT计算机技术公司
TTCAN(Time Triggered CAN)	重视安全、按用途分类的控制用LAN协议 时间同步的CAN	1Mbit/s	Robert Bosch公司 CIA
ByteFlight	重视安全、按用途分类的控制用LAN协议 通用时分多路复用(FTDMA)	10Mbit/s	BMW公司
FlexRay	重视安全、按用途分类的控制用LAN协议	5Mbit/s	BMW公司 Daimler Chrysler公司
DDB/Optical(Domestic Digital Bus/Optical)	音频系统通信协议 将DDB作为音频系统总线采用光通信	5.6Mbit/s	C&C
MOST(Media Oriented System Transport)	信息系统通信协议 以欧洲为中心，由克莱斯勒公司与BMW公司推动	22.5Mbit/s	MOST合作组织
IEEE1394	信息系统通信协议 有转化成IDB1394的动向	100Mbit/s	1394工业协会

2. 车载网络系统的常用术语

（1）数据总线　数据总线是模块间运行数据的通道，即所谓的信息高速公路，如图3-2所示。

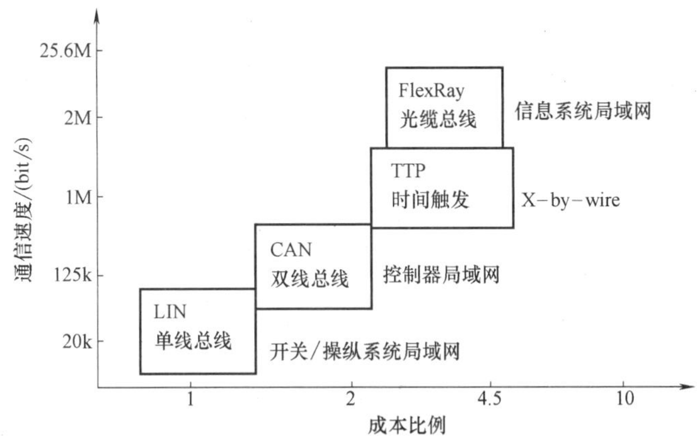

图 3-1　几种网络的成本比例及通信速度

数据总线一条数据线上传递的信号可以被多个系统（控制单元）共享，从而最大程度地提高系统整体效率，充分利用有限的资源。如果系统可以发送和接收数据，则这样的数据总线就称为双向数据总线。数据总线实际是一条导线或两条导线。两线式数据总线的其中一条导线用作额外的通道，它的作用有点像公路的路肩，上面立有交通标志和信号灯。一旦数据通道出了故障，这“路肩”在有些数据总线中被用来承载“交通”，或者令数据换向通过一条或两条数据总线中未发生故障的部分。为了抗电子干扰，双线制数据总线的两条线是绞在一起的。

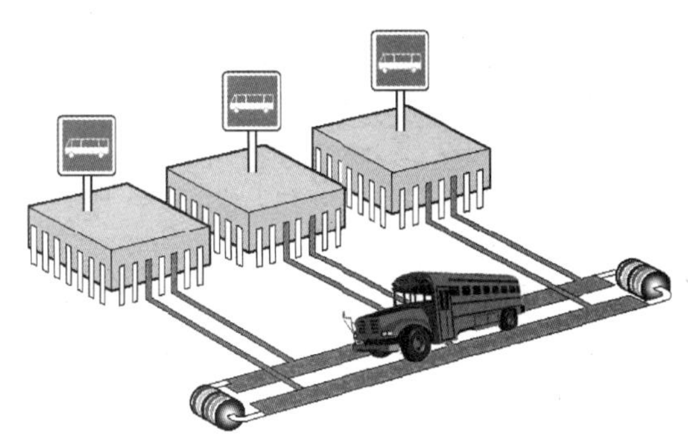

图 3-2　数据总线示意图

（2）多路传输　多路传输是指在同一通道或线路上同时传输多条信息，如图 3-3b 所示。

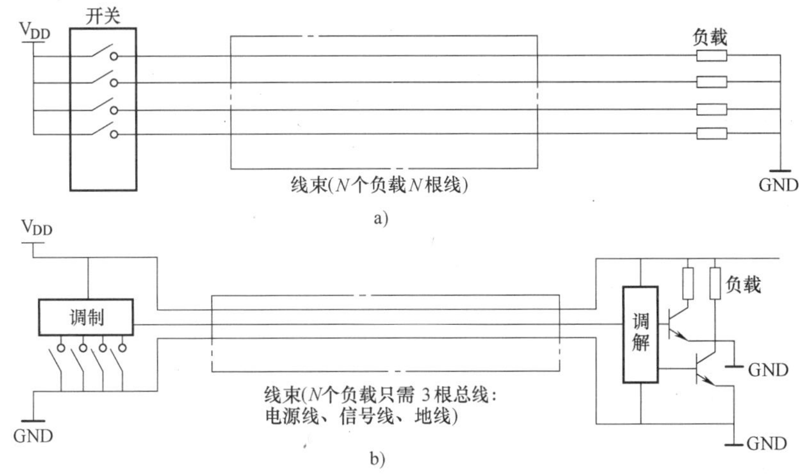

图 3-3　常规线路与多路传输线路的简单对比

a）通常传输方式　b）多路传输系统（串行分时通信）

（3）局域网　局域网（Local Area Network，LAN）是在一个有限区域内连接的计算机网络，一般这个区域具有特定的职能，通过网络实现这个系统内的资源共享和信息通信。连接到网络上的节点可以是计算机、基于微处理器的应用系统或控制装置。局域网一般的数据传输速度为105～1Gbit/s，传输距离在250m范围内，误码率低。汽车上的总线传输系统（车载网络）是一种局域网。

（4）模块/节点　模块是一种电子装置，简单一点的如温度和压力传感器，复杂的如计算机（微处理器）。传感器是一个模块装置，根据温度和压力的不同产生不同的电压信号。这些电压信号在计算机的输入接口被转变成数字信号。在计算机多路传输系统中的控制单元模块称为节点。一般来说，普通传感器是不能作为多路传输系统的节点的，如果传感器要想成为一个模块/节点，则该传感器必须具备支持多路传输功能的电控单元，如大众车系的转角传感器。

（5）链路（传输媒体）　链路指网络信息传输的媒体，分为有线和无线两种类型。目前车上使用的大多数都是有线网络，通常用于局域网的传输媒体有双绞线、同轴电缆和光纤。

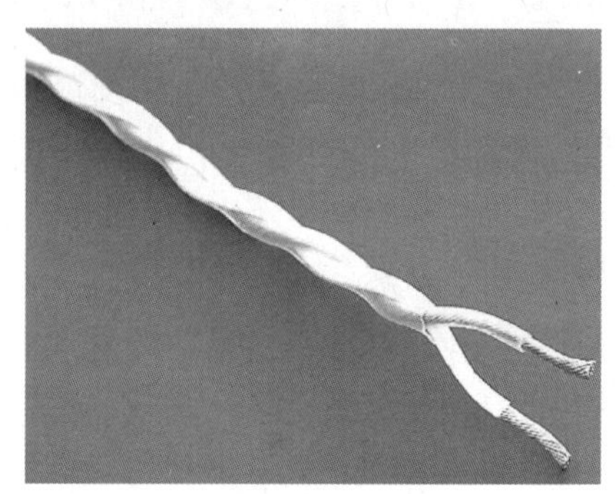
图3-4　双绞线

1）双绞线。如图3-4所示，双绞线是局域网中最普通的传输媒体，一般用于低速传输，最大传输速率可达数Mbit/s；双绞线成本较低，传输距离较近，非常适合汽车网络的情况，也是汽车网络使用最多的传输媒体。

2）同轴电缆。同轴电缆的基本结构如图3-5所示。像双绞线一样，同轴电缆也由两个导体组成，但其结构不同。

它由一个空心的外圆柱面导体包着一条内部线形导体组成。外导体可以是整体的或金属编织的，内导体是整体的或多股的。用均匀排列的绝缘环或整体的绝缘材料将内部导体固定在合适的位置，外导体用绝缘护套覆盖。几个同轴电缆线往往套在一个大的电缆内，有些里面还装有二芯扭绞线或四芯线组，用于传输控制信号。同轴电缆的外导体是接地的，由于它的屏蔽作用，外界噪声很少能进入其内。

3）光纤。光纤在电磁兼容性等方面有独特的优点，数据传输速度高，传输距离远；在车载网络上，特别在一些要求传输速度快的车载网络（如车上信息与多媒体网络）上有很好的应用前景。但受到成本和技术的限制，现在使用得并不多。最常用的光纤是塑料光纤和玻璃纤维光纤，在汽车上多用塑料光纤，如图3-6所示。

（6）比特率　比特率是指每秒传输的比特（bit）数，单位为bit/s。比特率越高，单位

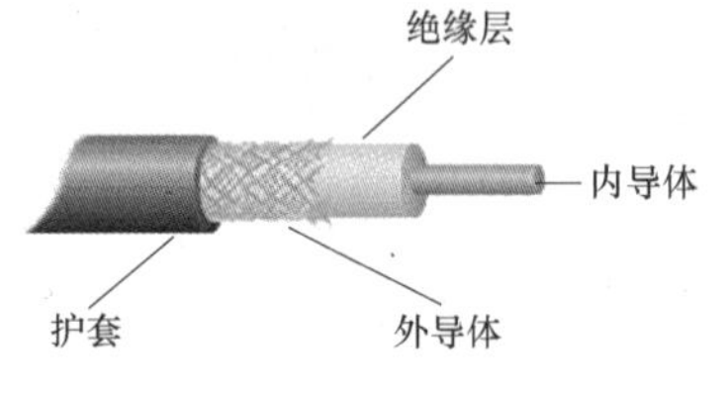

图3-5　同轴电缆

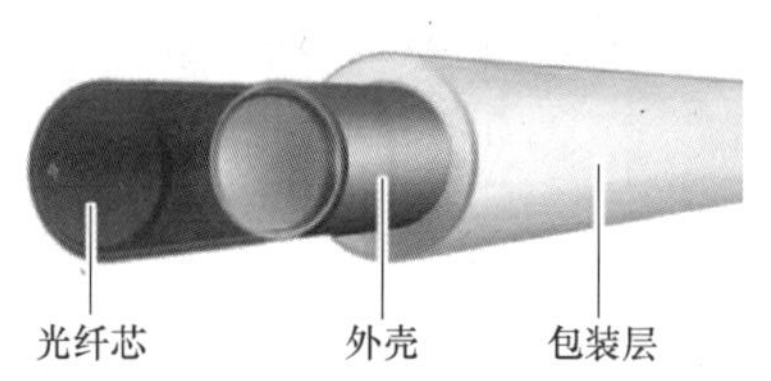

图3-6　塑料光纤

时间传输的数据量（位数）越大。计算机中的信息都用二进制的0和1来表示，其中每一个0或1被称作一个位，用小写b表示，即bit（位）。大写B表示byte，即字节，1个字节=8个位，即1B = 8b。一般都使用千字节（kB）来表示文件的大小。

kbit/s指的是网络速度，也就是每秒传输多少个千位的信息（k表示千位，kbit表示的是多少千个位）。为了在直观上显得网络的传输速度较快，一般公司都使用kb（千位）来表示，如果是kB/s，则表示每秒传输多少千字节。

（7）传输仲裁　当出现数个使用者同时申请利用总线发送信息时，会发生数据传输冲突，就像同时有两个或者多个人想要过独木桥一样。传输仲裁可以避免数据传输冲突，保证信息按其重要程度来发送。

3. 车载网络系统的组成

车载网络系统主要由控制器、数据总线、网络、传输协议和网关等组成。

（1）控制器　控制器即ECU，是探测信号或进行信号处理的电子装置。

（2）数据总线　数据总线（BUS）是控制单元之间进行数据传输的通道，即信息高速公路。如果一个控制单元可以通过总线发送数据，又可以从总线接收数据，这样的数据总线称为双向数据总线。汽车上的数据总线实际是一条导线或两条导线。

（3）网络　汽车上的总线传输系统（车载网络）是一种局域网。通常汽车网络结构采用多条不同速率的总线分别连接不同类型的车载计算机模块，并使用网关服务器来实现整车的信息共享和网络管理。例如，Audi A8轿车的车载网络系统就采用了CAN、LIN、MOST、Bluetooth™等多种总线传输系统，其车载网络拓扑如图3-7所示。其中网关是汽车内部通信的核心，通过它可以实现多种总线上信息的交换、共享以及实现汽车内部的网络管理和故障诊断功能。

（4）传输协议　传输协议也称通信协议，是控制通信实体间有效完成信息交换的一组约定和规则。换句话说，要想交流成功，通信双方必须“说同样的语言”（如相同的语法规则和语速等）。汽车车载网络常见的传输协议有数种，传输协议的选择取决于车辆要传输多少数据，要用多少模块，数据总线的传输速度要多快。大多数传输协议（以及使用它们的数据总线和网络）都是专用的，因此，维修诊断时需要专门的软件。

目前存在的多种汽车网络标准，其侧重的功能有所不同。为方便研究和设计应用，美国汽车工程师学会（SAE）的车辆网络委员会将汽车数据传输网络划分为A、B、C、D和E五类，见表3-2。

表3-2　汽车数据传输网络的类型

类型	功　能
A类	面向传感器/执行器控制的低速网络，数据传输位速率通常小于20kbit/s，主要用于后视镜调整、电动窗、刮水器、空调、照明等车身低速控制
B类	面向独立模块间数据共享的中低速网络，位速率为10~125kbit/s，主要应用于车身电子舒适性模块、仪表显示等系统
C类	面向实时性控制的中高速多路传输网络，位速率为125kbit/s~1Mbit/s，主要用于牵引控制、发动机控制、自动变速器控制、ABS控制等系统
D类	面向媒体信息的高速传输网络，位速率一般在1Mbit/s以上，主要应用于车载视频、车载音像、车载电话、导航等信息娱乐系统
E类	面向乘员的安全系统高速、实时网络，位速率在10Mbit/s以上，主要用于车辆被动性安全领域

车距调节控制单元J428
组合仪表内带显示屏的控制单元J285
诊断接口T16
车距调节CAN总线(500kbit/s)
组合仪表CAN总线(500kbit/s)
数
诊断CAN总线(500kbis/s)
驱动CAN总线(500kbit/s)
舒适CAN总线(100kbit/s)
电动驻车和驻车制动J540
前照灯照程调节J431
安全气囊J234
带EDS的ABS J104
发动机电子系统1 J623
发动机电子系统2 J624
自水平调节 J197
自动变速器控制单元J217
内部总线连接
自水平和防盗 J529
行李箱盖 J605
刮水器电动机 J400
车库门开启 J530
多功能转向盘 E221
LIN (20kbit/s)
舒适系统 J393
供电 J519
供电2 J520
转向柱电子装置 J527
转向角传感器 G85
车门控制单元 J386
车门控制单元 J387
车门控制单元 J388
车门控制单元 J389
座椅调节 J136
前排乘员座椅调节 J521

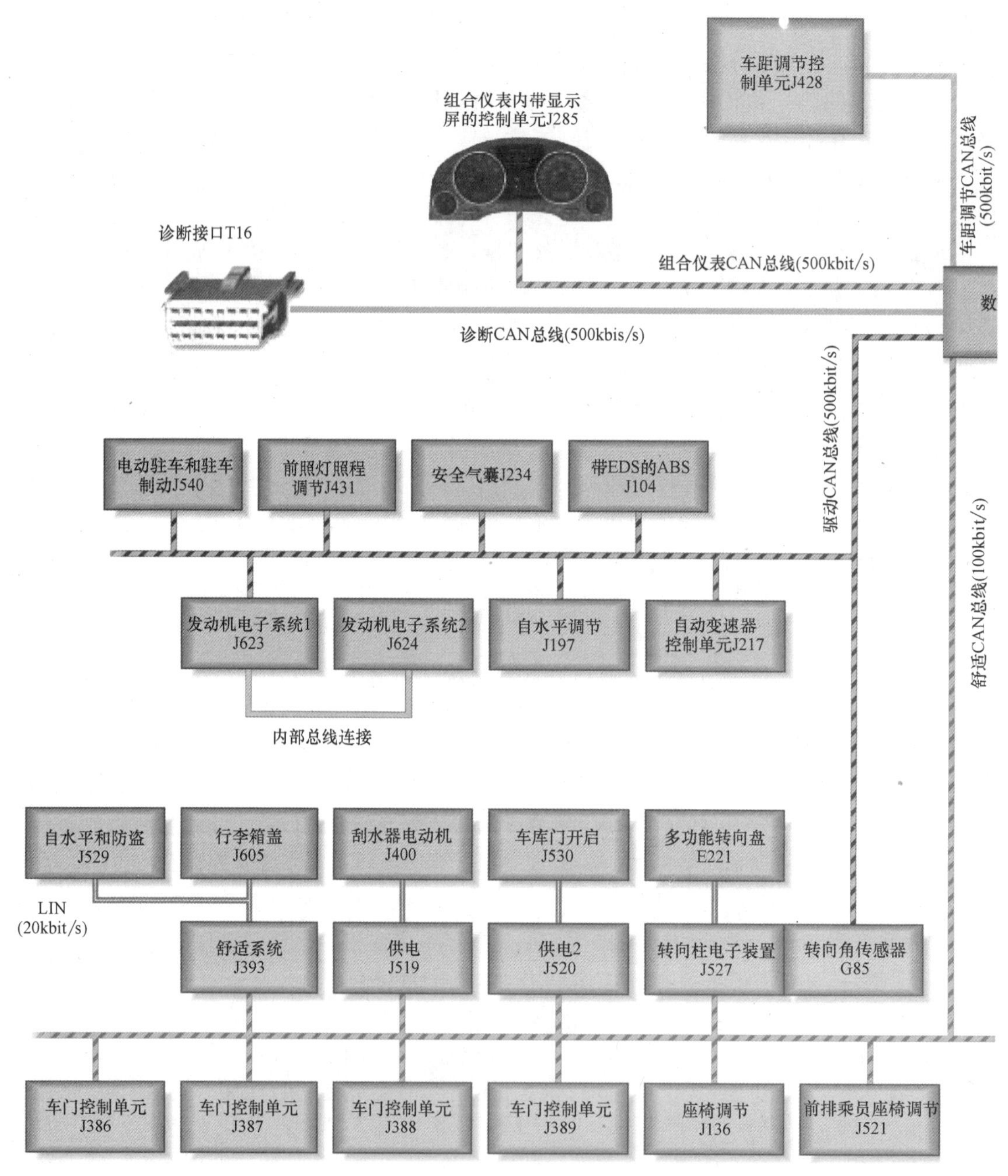

图 3-7 奥迪 A8 轿车

Bluetooth™
后部DVD R162
电话/ Telematik J526
电话听筒 R37
右后信息显示和操纵 J649
左后信息显示和操纵 J648
前部信息显示和操纵 J523
DSP放大器 J525
据总线诊断接口(网关) J533
MOST-总线(21Mbit/s)
导航系统 J401
CD播放机 R92
TV-调谐器 R78
CD-换碟机 R41
数字式收音机 R147
芯片卡阅读器 J676
收音机模块 R
新鲜空气鼓风机 J126
前风窗玻璃加热 J505
左后加热元件 Z42
右后加热元件 Z43
驾驶人座椅通风 J672
前乘员座椅通风 J673
LIN
全自动空调 J255
带记忆的座椅调节后 J522
挂车识别 J345
电能管理 J644
使用和起动授权 J518
停车辅助 J446
全自动空调后 E265
轮胎压力监控 J502
车顶电气 J528
驻车加热 J364
驾驶人识别 J589
LIN
座椅通风左后 J674
座椅通风右后 J675
滑动车顶电动机 V1
驻车加热遥控接收器 R64

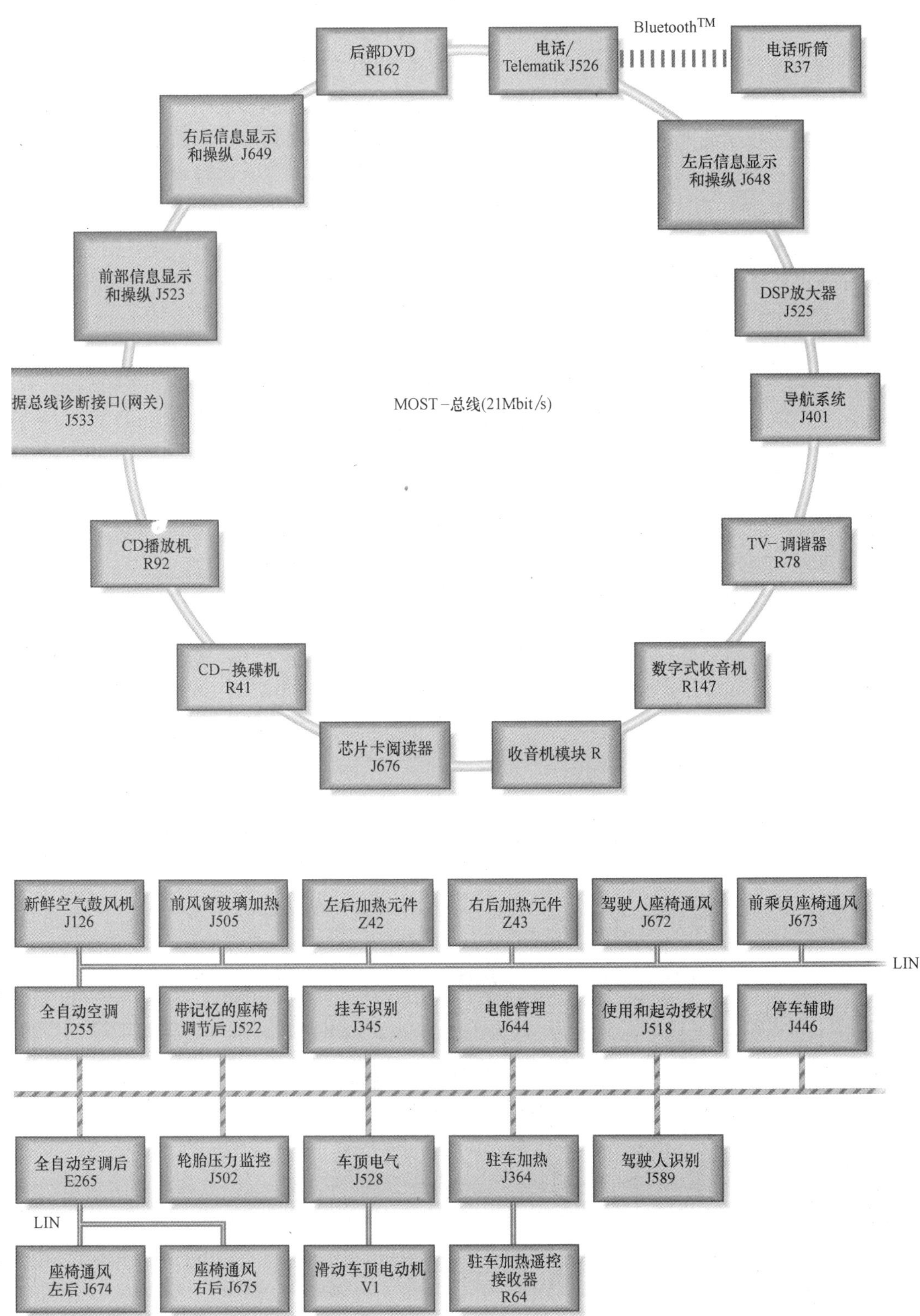

车载网络拓扑

(5) 网关　从一个房间走到另一个房间需要经过一扇门，从一个网络向另一个网络发送信息，也需要经过一道“关口”，这道关口就是网关。顾名思义，网关（Gateway，GW）就是一个网络连接到另一个网络的“关口”。作为汽车网络系统的核心控制装置，网关负责协调不同结构和特性的总线网络之间的协议转换、数据交换、故障诊断等工作。

由于不同区域车载网络的速率和识别代号不同，一个信号要从一个总线区域进入到另一个总线区域，必须把它的识别信号和速率进行改变才能够让另一个系统接收，这个任务由网关来完成（图 3-8)。由于通过数据总线的所有信息都供网关使用，所以网关也用作诊断接口。另外，网关还具有改变信息优先级的功能。例如车辆发生碰撞事故时，气囊控制单元会发出负加速度传感器的信号，这个信号的优先级在驱动系统是非常高的，但转到舒适系统后，网关调低了它的优先级，因为它在舒适系统的功能只是打开车门和灯。

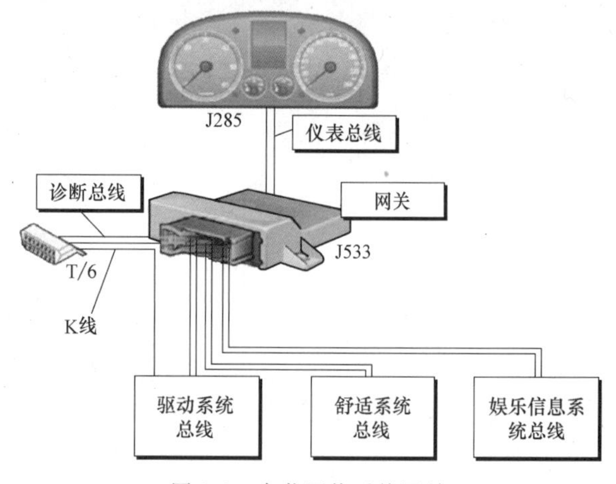

图 3-8　车载网络系统网关

网关的主要任务是使各总线系统之间能进行信息交换。网关原理可以用火车站的例子来清楚地说明：如图 3-9 所示，在站台 A 到达了一列快车（驱动系统 CAN 总线，500kbit/s)，车上有数百名旅客，在站台 B 已经有一辆火车（舒适/信息娱乐系统 CAN 总线，100kbit/s）在等待，有一些乘客就换到站台 B 这辆火车上，另一些乘客要换乘快车继续旅行。车站/站

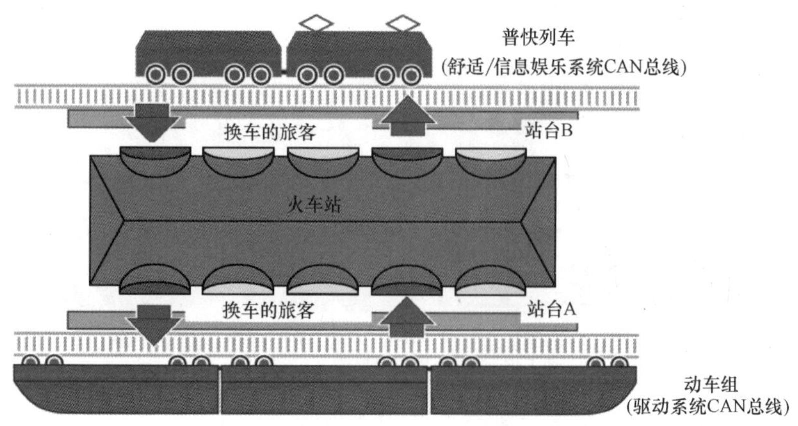

图 3-9　车载网络系统网关原理

台的这种功能，即让旅客换车，以便通过速度不同的交通工具到达各自目的地的功能，与各数据总线系统网络的网关功能是相同的。

任务二　CAN总线传输系统

一、任务引入

CAN是Controller Area Network（控制器局域网）的缩写，是国际标准化的串行通信协议。目前，CAN总线是汽车网络系统中应用最多，也最为普遍的一种总线技术。

如果数据传输总线系统出现故障，故障就会存入相应的控制单元故障存储器内，可以用诊断仪读出这些故障。控制单元拥有自诊断功能，通过自诊断功能，可识别出与数据传输总线相关的故障。用诊断仪读出数据传输总线故障记录后，即可按这些信息准确地查寻故障。控制单元内的故障记录用于初步确定故障，还可用于读出排除故障后的无故障说明。

数据传输总线正常的一个重要前提条件是：车在任何工况均不应有数据传输总线故障记录。为了能够确定及排除故障，需要了解数据传输总线上的数据交换基本原理。

二、任务目标

1）了解网络系统的信息交换。

2）掌握车载网络系统的功能元件的结构与功能。

3）掌握车载网络系统数据传递过程。

三、相关知识

1. 信息交换

用于交换的数据称为信息，每个控制单元均可发送和接收信息。信息以二进制值（一系列0和1）来表示，其中包含着要传递的物理量，例如，发动机转速为1800r/min可表示成00010101，如图3-10所示，二进制数据流也称为比特流。

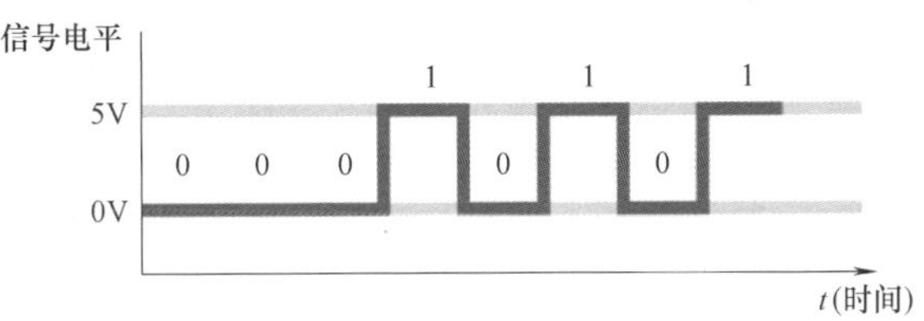

图3-10　二进制数据流

在发送过程中，二进制值先被转换成连续的比特流，该比特流通过TX线（发送线）到达收发器（放大器），收发器将比特流转化成相应的电压值，最后这些电压值按时间顺序依次被传输到数据传输总线的导线上。

在接收过程中，这些电压值经收发器转换成比特流，再经RX线（接收线）传至控制单元，控制单元将这些二进制连续值转换成信息。例如：00010101这个值被转换成1800r/min。

每个控制单元均可接收由收发器发送出的信息。该原理称为广播，就像一个广播电台发送某一节目一样，每个连接的用户均可接收。这种广播方式可以使连接的所有控制单元总是处于相同的信息状态，如图 3-11 和图 3-12 所示。

图 3-11　广播原理

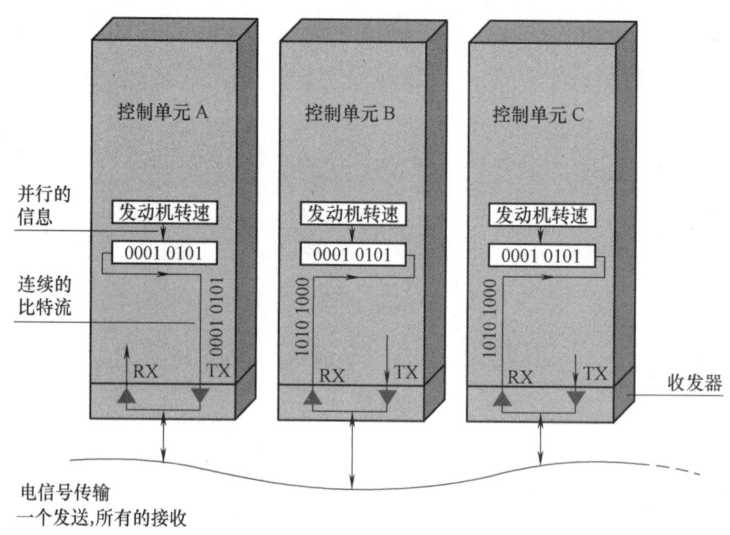

图 3-12　车载网络系统的数据传输

2. 功能元件

（1）控制单元　控制单元接收来自传感器的信号，将其处理后再控制执行元件。控制单元中的重要构件为一个微控制器，其上带有输入/输出存储器和程序存储器。控制单元接收到的传感器值（如发动机温度或转速）会被定期查询并按顺序存入输入存储器中。这个过程在原理上相当于一个带有旋转式输入选择开关的选择器，如图 3-13 所示。

微控制器按事先规定好的程序来处理输入值，处理后的结果存入相应的输出存储器内，然后到达各个执行元件。为了能够处理数据传输总线信息，各控制单元内还有一个数据传输总线存储区，用于容纳接收到的和要发送的信息。

（2）收发器　收发器就是一个发送/接收放大器，它把数据传输总线构件连续的比特流（逻辑电平）转换成电压值（线路传输电平），或反之。这个电压值适合铜导线上的数据传输。收发器通过 TX 线（发送导线）或 RX 线（接收导线）与数据传输总线构件相连。RX 线通过一个放大器直接与数据传输总线相连，总在监听总线信号。

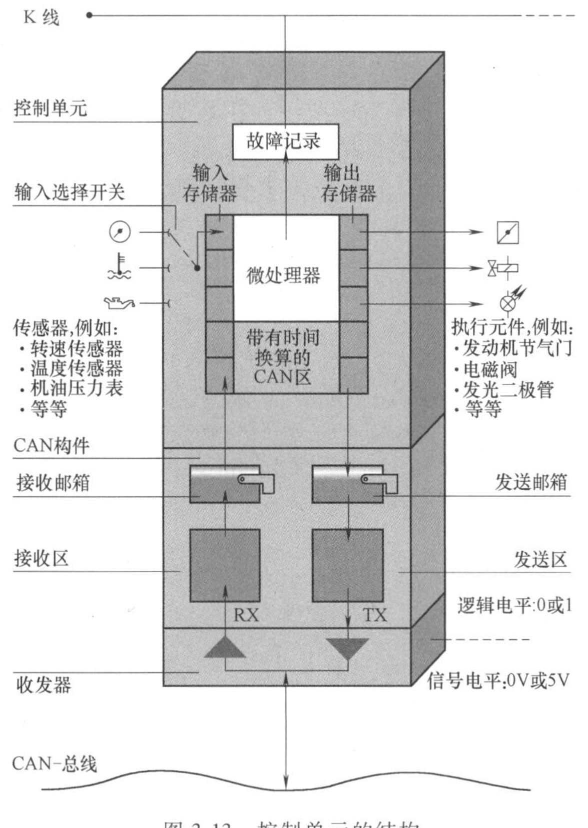

图 3-13　控制单元的结构

3. 数据传递过程

(1) 发送过程　下面以转速信息交换过程为例，阐述数据传递的时间顺序以及数据传输总线构件与控制单元之间的配合关系，如图 3-14 所示。工作过程如下：

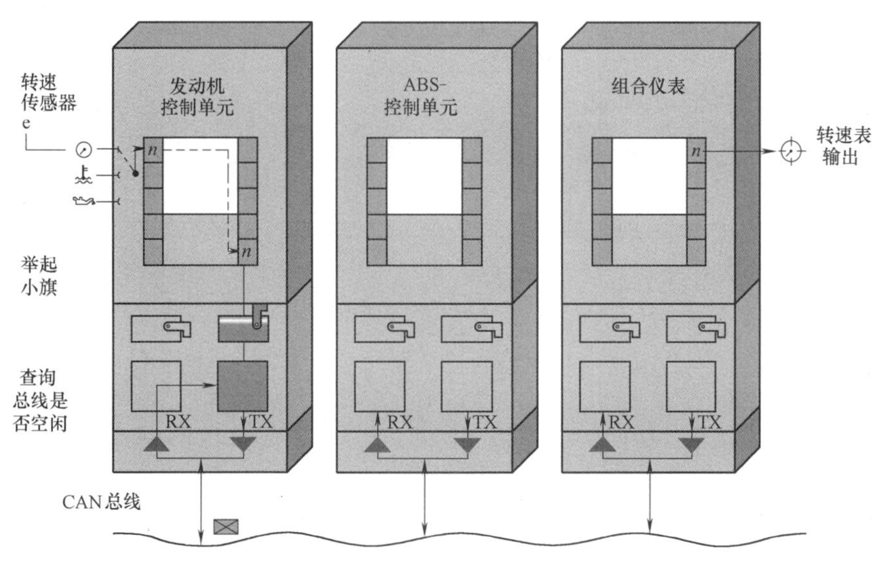

图 3-14　信息发送过程

1）发动机控制单元的传感器接收转速值。该值以固定的周期到达微控制器的输入存储器内。由于该转速值还用于其他控制单元（如组合仪表），所以该值应通过数据传输总线来传递。

2）该转速值被复制到发动机控制单元的输出存储器内。

3）该信息从输出存储器进入数据传输总线构件的发送邮箱内。如果发送邮箱内有一个实时值，那么该值就会由发送特征位（举起的小旗示意有传输任务）显示出来。将发送任务委托给数据传输总线构件，发动机控制单元就完成了此过程中的任务。

4）发动机转速值按协议被转换成数据传输总线的特殊格式，如图 3-15 所示。

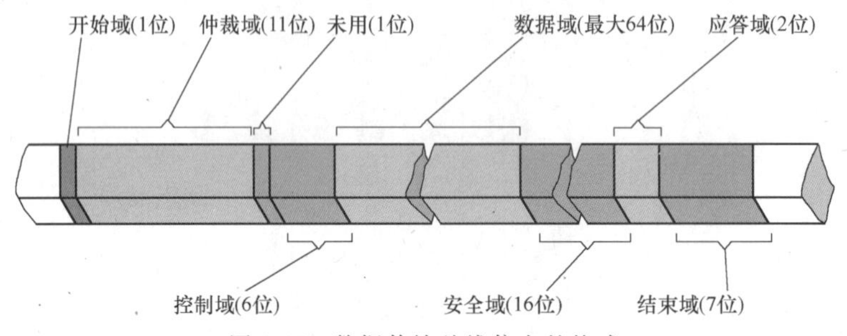

图 3-15　数据传输总线信息的格式

5）数据传输总线构件通过 RX 线来检查总线是否有源（是否正在交换别的信息），如图 3-16所示，必要时会等待，直至总线空闲下来为止。如果总线空闲下来，发动机信息就会被发送出去。

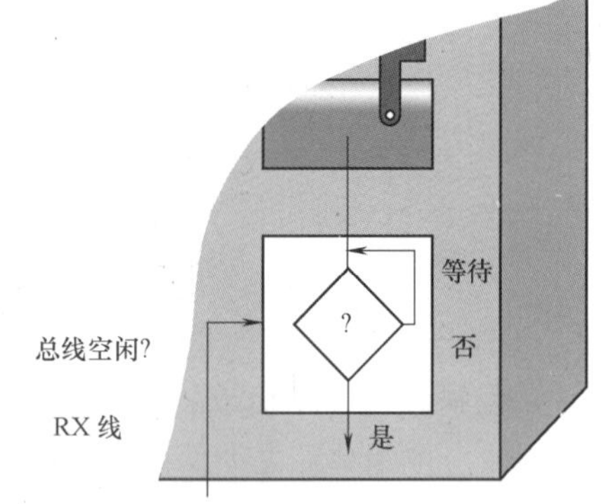

图 3-16　总线状态查询

（2）接收过程　信息接收过程分为两步，如图 3-17 所示。

第一步：检查信息是否正确（在监控层）。

第二步：检查信息是否可用（在接收层）。

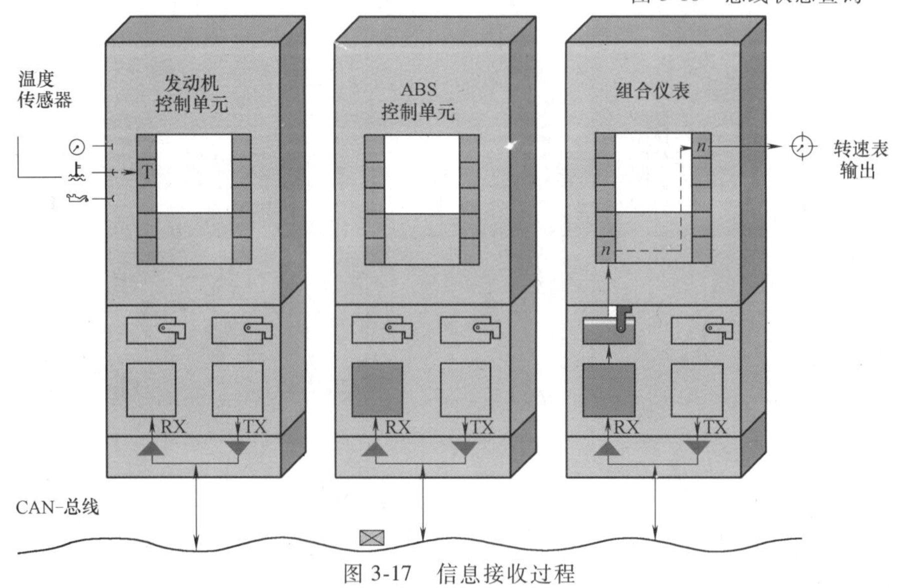

图 3-17　信息接收过程

1）信息接收。连接的所有装置都接收发动机控制单元发送的信息。该信息通过 RX 线到达数据传输总线构件各自的接收区。

2）信息检验。接收器接收发动机的所有信息，并且在相应的监控层检查这些信息是否正确。这样就可以识别出在某种情况下某一控制单元上出现的局部故障。所有连接的装置都接收发动机控制单元发送的信息，可以通过监控层内的 CRC（Cycling Redundancy Check，循环冗余码检验）检验和数来确定是否有传递错误。在发送每个信息时，所有数据位会产生并传递一个 16 位的检验和数。接收器按同样的规则从所有已经接收到的数据位中计算出检验和数。随后接收到的检验和数与计算出的检验和数进行比较，如果确定无传递错误，那么连接的所有装置会给发射器一个回应，这个回应就是所谓的“信息收到符号”，它位于检验和数后。

3）信息接受。已接收到的正确信息会到达相关数据传输总线构件的接收区，在那里决定该信息是否用于完成各控制单元的功能。如果不是，该信息就被拒收；如果是，该信息就会进入相应的接收邮箱。控制单元根据接收信号（升起的“接受小旗”）就会知道：现在有一个信息（如转速）在排队等待处理，如图 3-18 所示。

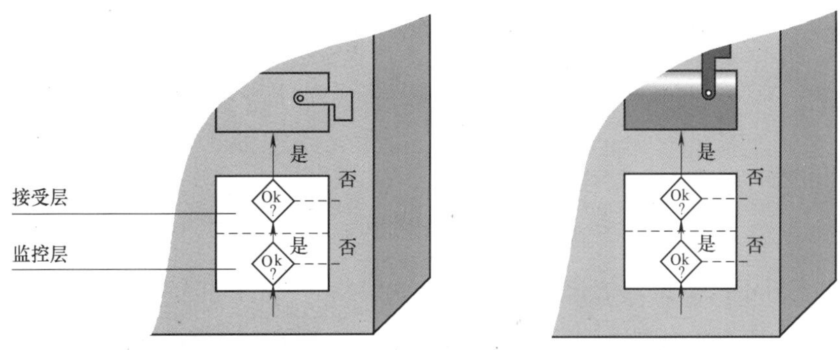

图 3-18　信息接收判断

组合仪表调出该信息并将相应的值复制到它的输入存储器内，至此通过数据传输总线构件发送和接收信息的过程结束。在组合仪表内，转速经微控制器处理后控制转速表显示相应的转速。

（3）传输仲裁　如果多个控制单元同时发送信息，那么数据总线上就必然会发生数据冲突。为了避免发生这种情况，CAN 总线具有冲突仲裁机制。按照信息的重要程度分配优先权，十万火急的信息（如事关汽车被动安全、汽车稳定性控制的信息）优先权高，不是特别紧急的信息（如车窗玻璃升降、车门锁止等）优先权低，确保优先权高的信息能够优先发送。

1）每个控制单元在发送信息时通过发送标识符来标识信息类别，信息优先权包含在标识符中。

2）所有控制单元都通过各自的 RX 线来跟踪总线上的一举一动并获知总线状态。

3）每个控制单元的发射器都将 TX 线和 RX 线的状态一位一位地进行比较（它们可以不一致）。

4）数据传输总线的调整规则：用标识符中位于前部的“0”的个数代表信息的重要程

度，“0”的位数越多越优先，从而保证按重要程度的顺序来发送信息。越早出现“1”的控制单元，越早退出发送状态而转为接收状态。基于安全考虑，涉及安全系统的数据优先发送。

例如，由 ABS/EDL 控制单元提供的数据比自动变速器控制单元提供的数据（驾驶舒适）更重要，因此具有优先权。数据列的状态域是由 11 位组成的编码，其数据的组合形式决定了数据的优先权，如图 3-19 所示。3 个控制单元同时发送数据列，此时，在 CAN-BUS 数据传输线上进行一位一位的比较，如果 1 个控制单元发送了 1 个低电位而检测到 1 个高电位，那么该控制单元就停止发送数据列而转为接收器。

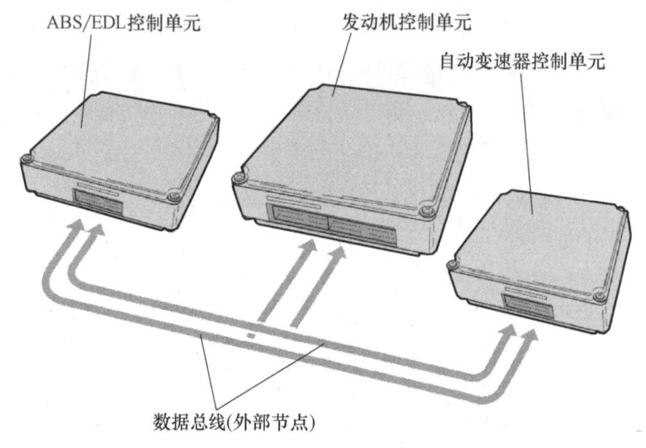

图 3-19　优先权判定 CAN-BUS 数据总线举例

表 3-3 是 3 组不同数据列的优先权，如图 3-20 所示，在数据列的状态域位 1，ABS/EDL 控制单元发送了 1 个高电位，发动机控制单元也发送了 1 个高电位，自动变速器控制单元发送了 1 个低电位而检测到 1 个高电位，那么自动变速器控制单元将失去优先权而转为接收器。在数据列的状态域位 2，ABS/EDL 控制单元发送了 1 个高电位，发动机控制单元发送了 1 个低电位并检测到 1 个高电位，那么，发动机控制单元也失去优先权而转为接收器。在数据列的状态域位 3，ABS/EDL 控制单元拥有最高优先权并接收分配的数据，该优先权保证其持续发送数据直至发送终了，ABS/EDL 控制单元结束发送数据后，其他控制单元再发送各自的数据。

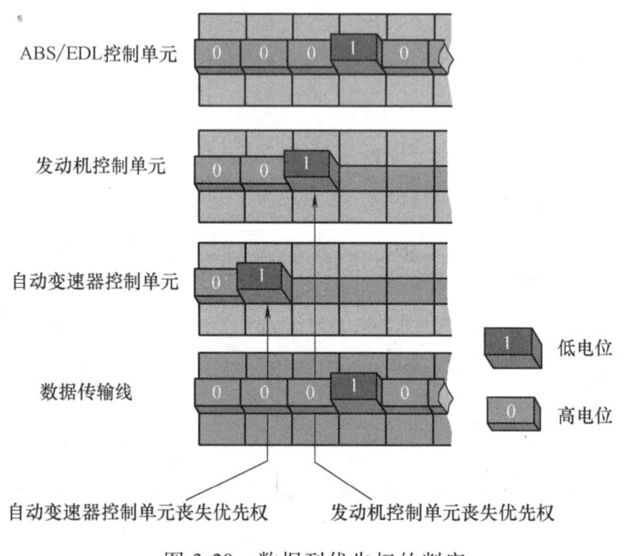

图 3-20　数据列优先权的判定

表 3-3　不同数据列的优先权

优先权	数据报告	状态域测试
1	Brake1(制动1)	001 1010 0000
2	Engine1(发动机1)	010 1000 0000
3	Gearbox1(变速器1)	100 0100 0000

4. 高速 CAN 数据总线

CAN 数据总线是一种双线式数据总线，汽车上采用的一般分为两种：低速 CAN 数据总线和高速 CAN 数据总线。高速 CAN 数据总线广泛用于汽车动力与安全系统的数据传递，传输速率为 500kbit/s。

（1）高速 CAN 数据总线的主要联网单元　高速 CAN 数据总线的主要联网单元包括发动机控制单元、ABS 控制单元、ESP 控制单元、变速器控制单元、安全气囊控制单元、组合仪表，控制单元通过高速 CAN 数据总线的 CAN-High 线和 CAN-Low 线来进行数据交换。

（2）高速 CAN 数据总线上的信号电压变化　在静止状态时，这两条导线上有相同预先设定值，该值称为静电平。对于高速 CAN 数据总线来说，这个值大约为 2.5V。静电平也称为隐性状态，连接的所有控制单元均可修改它。

在显性状态时，CAN-High 线上的电压值会升高一个预定值，这个值至少为 1V；而 CAN-Low 线上的电压值会降低一个同样值。于是在高速 CAN 数据总线上，CAN-High 线就处于激活状态，其电压不低于 3.5V（2.5V+1V=3.5V）；而 CAN-Low 线上的电压值最多可降至 1.5V（2.5V-1V=1.5V）。

因此在隐性状态时，CAN-High 线与 CAN-Low 线上的电压差为 0V，在显性状态时该差值最低为 2V，如图 3-21 所示。

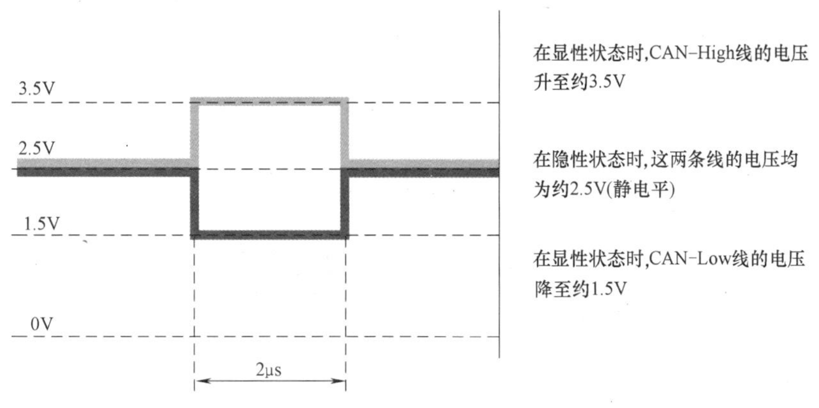

图 3-21　CAN 数据总线上的信号电压变化

（3）高速 CAN 的收发器　收发器内的 CAN-High 线和 CAN-Low 线上的信号转换控制单元，是通过收发器连接到高速 CAN 总线上的。在这个收发器内有一个接收器，该接收器是安装在接收一侧的差动信号放大器，如图 3-22 所示。

差动信号放大器用于处理来自 CAN-High 线和 CAN-Low 线的信号，除此以外还负责将转换后的信号传至控制单元的 CAN 接收区。

（4）高速 CAN 数据总线差动信号放大器内的干扰过滤　由于 CAN 总线线束要布置在发

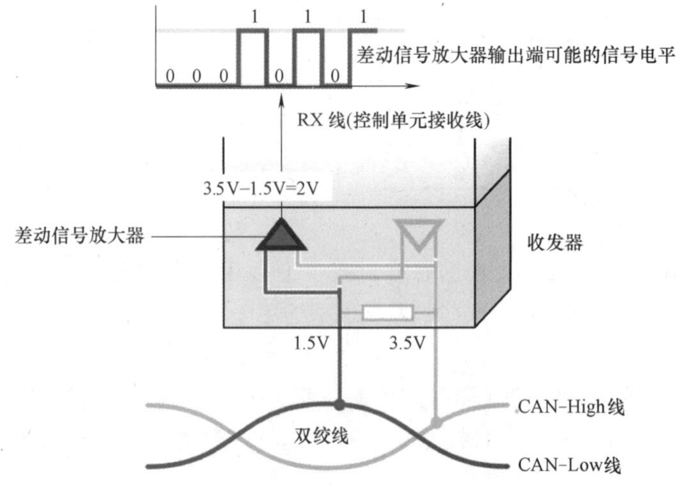

图 3-22 高速 CAN 数据总线的差动信号放大器

动机舱内，所以 CAN 总线难免会遭受各种电磁干扰。在对车辆进行维修、保养时，要充分考虑线束对地短路（搭铁）和蓄电池电压、点火装置的火花放电和静态放电等因素对 CAN 总线的干扰。

CAN-High 信号和 CAN-Low 信号经过差动信号放大器处理后，可最大限度地消除干扰的影响。这种差动放大技术的另一个优点是：即使车上的供电电压有波动（例如在起动发动机时），也不会影响各个控制单元的数据传递的可靠性。

（5）高速 CAN 数据总线上的阻抗匹配　数据传输终端是一个终端电阻，防止数据在导线终端被反射产生反射波，反射波会破坏数据。终端电阻接在 CAN-High 线和 CAN-Low 线之间。标准 CAN-BUS 的原始形式中，在总线的两端接有两个终端电阻，如图 3-23 所示。高速 ACN 数据总线的终端总电阻为 60Ω。

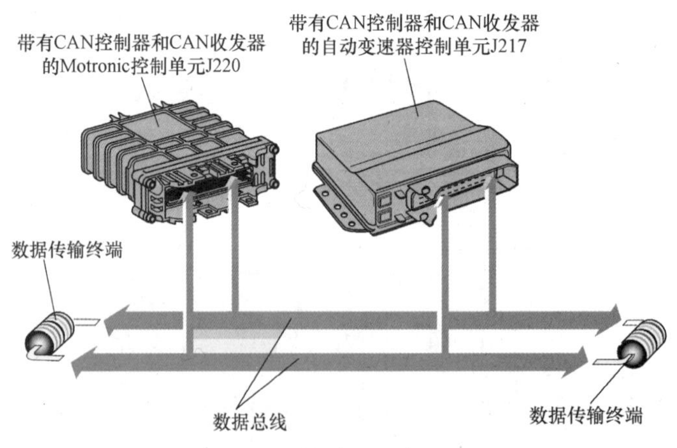

图 3-23 终端电阻布置图

有些车型中设置有两种终端电阻，包括 66Ω 和 2. 6kΩ，如图 3-24 所示。将负载电阻分布在各个控制单元内，其中在发动机控制单元中装有“中央终端电阻”，其他控制单元中安装大电阻。

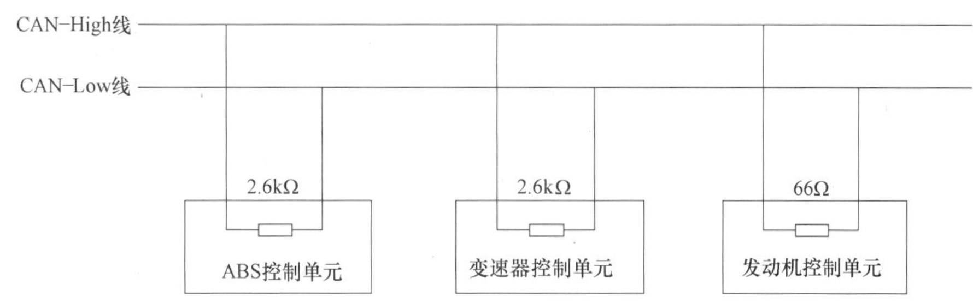

图 3-24　分散型终端电阻布置图

5. 低速 CAN 数据总线

低速 CAN 数据总线广泛用于车身、舒适与信息系统的数据传递，传输速率为 100kbit/s。

(1) 低速 CAN 数据总线的联网单元　低速 CAN 数据总线的联网单元主要包括：全自动空调/空调控制单元、车门控制单元、舒适控制单元、收音机和导航显示控制单元等。控制单元通过低速 CAN 数据总线的 CAN-High 线和 CAN-Low 线来进行数据交换，如车门开/关、车内灯开/关、音像控制信号、车辆定位（GPS）等。

(2) 低速 CAN 数据总线上的信号电压变化　为了使低速 CAN 数据总线抗干扰性强且电流消耗低，与高速 CAN 数据总线相比做了一些改动：

1）由于使用了单独的驱动器（功率放大器），这两个 CAN 信号不再有彼此依赖的关系了。与高速 CAN 数据总线不同，低速 CAN 数据总线的 CAN-High 线和 CAN-Low 线不是通过电阻相连的，即 CAN-High 线和 CAN-Low 线不再彼此相互影响，而是彼此独立作为电压源来工作。

2）放弃了共同的中压。对于 CAN-High 信号，隐性状态（静电平）时为 0V，显性状态时≥3.6V。对于 CAN-Low 信号，隐性状态（静电平）时为 5V，显性状态时≤1.4V，如图 3-25 所示。于是在差动信号放大器内相减后，隐性电平为−5V，显性电平为 2.2V，则隐性电平和显性电平之间的电压变化（电压提升）就提高到≥7.2V。

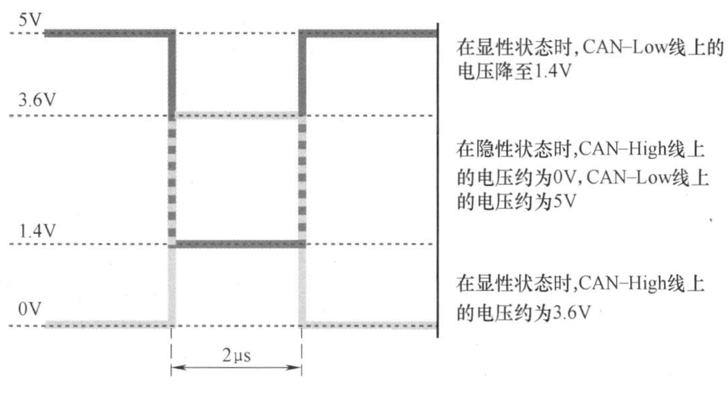

图 3-25　舒适/信息系统 CAN 总线的信号变化

(3) 低速 CAN 数据总线的 CAN 收发器　低速 CAN 数据总线的收发器如图 3-26 所示，其工作原理与高速 CAN 数据总线收发器基本是一样的，只是输出的电压电平和出现故障时切换到 CAN-High 线或 CAN-Low 线（单线工作模式）的方法不同。另外，CAN-High 线和 CAN-Low 线之间的短路会被识别出来，并且在出现故障时会关闭 CAN-Low 驱动器，在这种情况下，CAN-High 和 CAN-Low 信号是相同的。

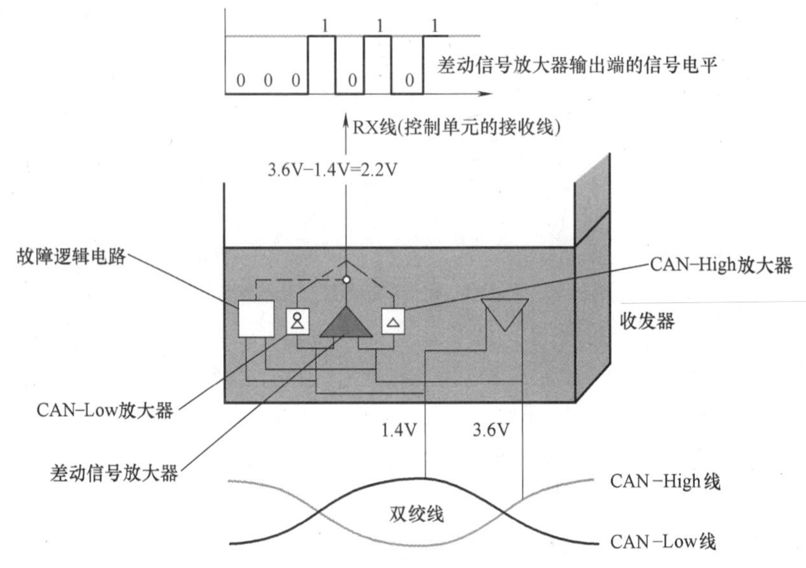

图 3-26　低速 CAN 数据总线的收发器

在正常的工作模式下，使用的是 CAN-High“减去”CAN-Low 所得的信号（差动数据传递），这样就可将干扰对低速 CAN 数据总线的两条导线的影响降至最低（与动力 CAN 数据总线一样）。

（4）单线工作模式下的低速 CAN 数据总线　如果因断路、短路或与蓄电池电压相连而导致两条 CAN 数据线中的一条不工作了，就会切换到单线工作模式。在单线工作模式下，只使用完好的 CAN 数据线中的信号，低速 CAN 数据总线仍可工作。同时，控制单元记录一个故障信息：系统工作在单线模式。

（5）低速 CAN 数据总线上的阻抗匹配　低速 CAN 数据总线的控制单元的负载电阻不是在 CAN-High 线和 CAN-Low 线之间，而是在导线与搭铁之间。电源电压断开时，CAN-Low（舒适系统和信息系统）上的电阻也断开，因此不能用电阻表进行测量。

任务三　其他类型总线传输系统

一、任务引入

目前汽车车载网络系统除了最普遍应用的 CAN 总线系统外，在一些车型上也使用 LIN 总线、MOST 总线、车载蓝牙系统、VAN 总线、LAN 总线等。下面简要介绍 LIN 总线、MOST 总线和车载蓝牙系统的特点及其应用。

二、任务目标

1）掌握 LIN 总线的功能及应用。

2）掌握 MOST 总线的功能及应用。

3）掌握车载蓝牙系统的功能及应用。

三、相关知识

1. LIN 总线

（1）概述　LIN 是 Local Interconnect Network（局域互联网）的缩写。Local Interconnect（局域互联）表示所有的控制单元都装在一个有限的空间内（如车顶），所以它也被称为“局域子系统”。

LIN 的诞生时间还不长，在汽车上的应用才刚刚起步。从某种意义上来讲，LIN 就相当于 CAN 的经济版通信网络，可定位于低于 CAN 的通信层。目前，LIN 总线在汽车上的应用领域主要有防盗系统、自适应前照灯、氙气前照灯、驾驶人侧开关组件、外后视镜、中控门锁、电动天窗、空调系统的鼓风机、加热器控制等。

LIN 总线系统的突出特点是：LIN 总线是单线式总线，仅靠一根导线传输数据。如图 3-27所示，LIN 总线系统的构成有三个部分：LIN 上级控制单元，亦即 LIN 主控制单元；LIN 从属控制单元，亦即 LIN 从控制单元；单根导线。

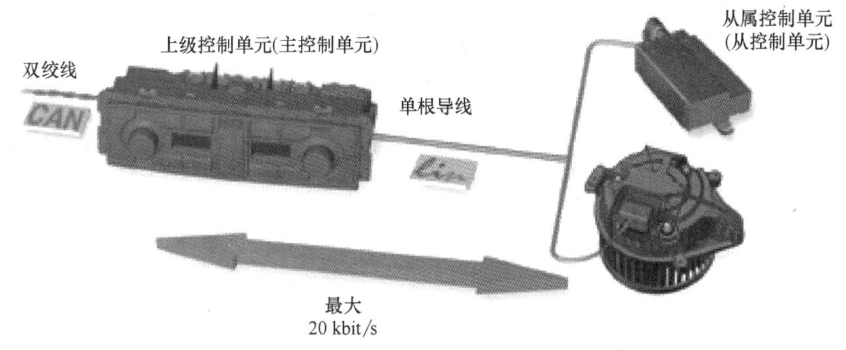

图 3-27　LIN 总线系统的构成

（2）LIN 主控制单元　LIN 主控制单元连接在 CAN 数据总线上，它执行 LIN 的主功能。其主要作用如下：

1）监控数据传递和数据传递的速率，发送信息标题。

2）LIN 主控制单元的软件内已经设定了一个周期，这个周期用于决定何时将哪些信息发送到 LIN 数据总线上多少次。

3）LIN 主控制单元在 LIN 数据总线与 CAN 数据总线之间起“翻译”作用，它是 LIN 数据总线系统中唯一与 CAN 数据总线相连的控制单元。

4）通过 LIN 主控制单元进行与之相连的 LIN 从控制单元的自诊断。

（3）LIN 从控制单元　在 LIN 数据总线系统内，单个的控制单元、传感器及执行元件都可看作 LIN 从控制单元。传感器内集成有一个电子装置，该装置对测量值进行分析。数值是作为数字信号通过 LIN 总线传递的。有些传感器和执行元件只使用 LIN 主控制单元插口上的一个针脚，即可实现信息传输（即单线传输，见图 3-28）。

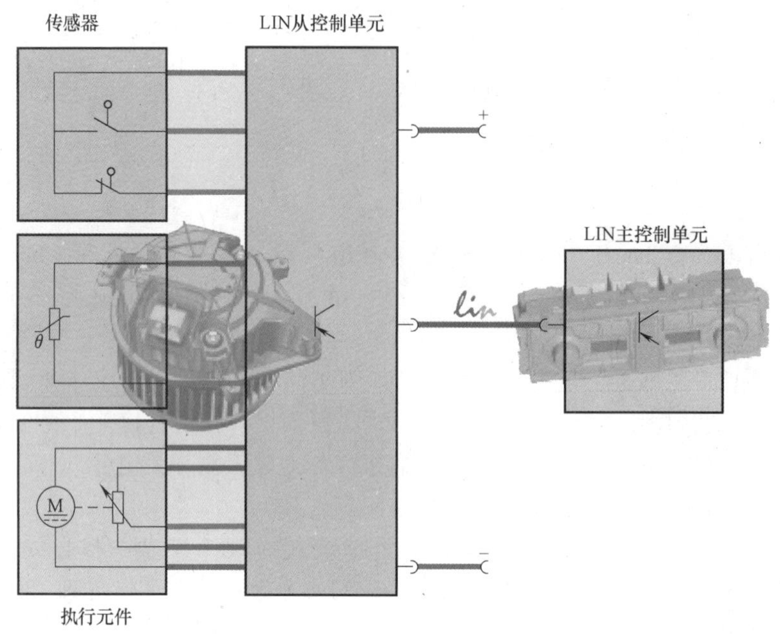

图 3-28　LIN 总线信息的单线传输

LIN 执行元件都是智能型的电子或机电部件，这些部件通过 LIN 主控制单元的 LIN 数字信号接受任务。LIN 主控制单元通过集成的传感器来获知执行元件的实际状态，然后就可以进行规定状态和实际状态的对比，并发出相应的控制指令。只有当 LIN 主控制单元发送出控制指令后，传感器和执行元件才会做出反应（执行主控制单元的控制指令）。LIN 从控制单元的特点如下：

1）接收、传递或忽略与从主系统接收到的信息标题相关的数据。

2）可以通过一个"叫醒"信号叫醒主系统。

3）对所接收数据的检查总量进行检查。

4）对所发送数据的检查总量进行计算。

5）同主系统的同步字节保持一致。

6）只能按照主系统的要求同其他子系统进行数据交换。

（4）数据传输

1）传输速率。数据传递速率为 1~20kbit/s，在 LIN 控制单元的软件内已经设定完毕，该速率最大能达到舒适 CAN 数据总线传输速率的 1/5，如图 3-29 所示。

2）LIN 数据总线信号。LIN 数据总线上的信号电平如图 3-30 所示。

隐性电平：如果所有节点都没有驱动收发器晶体管导通，此时在 LIN 数据总线上的电压就是蓄电池电压，为隐性电平，表示逻辑"1"。

显性电平：当有节点需要向外发送信息时，发送控制单元内的收发器驱动晶体管导通，将 LIN 数据总线导线搭铁，此时在 LIN 总线上的电压为 0V，为显性电平，表示逻辑"0"。

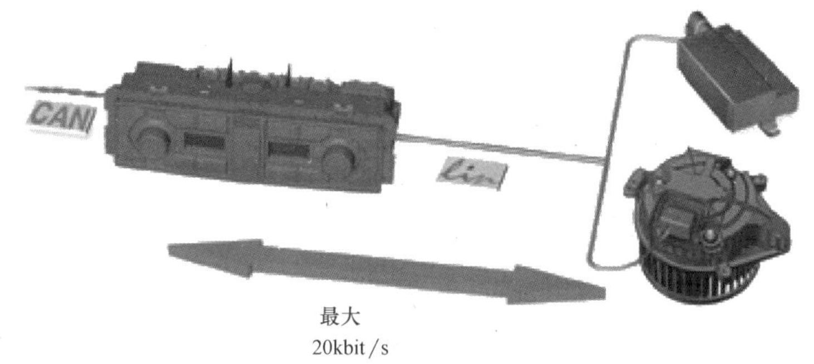

图 3-29　LIN 总线的数据传输速率

2. MOST 总线

（1）概述　MOST 是 Media Oriented Systems Transport 的缩写。MOST 总线是一种用于多媒体数据传输的网络系统，该系统将符合地址的信息传输到某一接收器上，在这一点上，与 CAN 数据总线是不同的。通过采用 MOST 总线，不仅可以减轻连接各部件的线束的质量、降低噪声，而且可以减轻系统开发技术人员的负担，最终在用户处实现各种设备的集中控制。

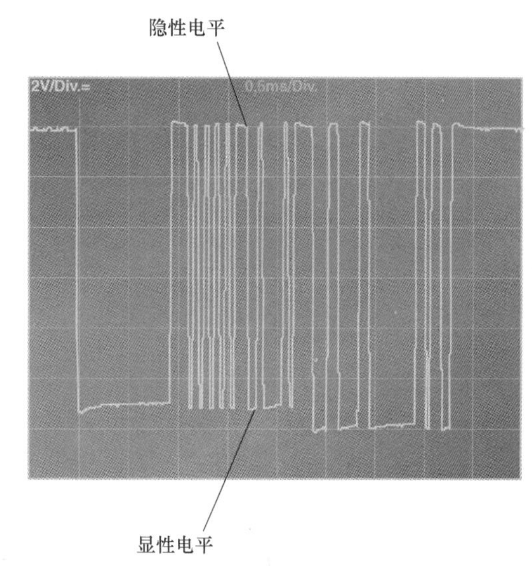

图 3-30　LIN 数据总线上的信号电平

MOST 总线可连接汽车音像系统、视频导航系统、车载电视、高保真音频放大器、车载电话、多碟 CD 播放器等模块，其数据传输速率最高可达 22.5Mbit/s，而且没有电磁干扰。因此，目前高端汽车上大多采用 MOST 系统连接其车载影音娱乐系统（图 3-31）。

在 MOST 总线中，相关部件之间的数据交换是以数字方式来进行的。通过光波进行数据传递有导线少且重量轻的优点，另外传输速率也快得多。与无线电波相比，光波的波长更短，因此它不会产生电磁干扰，同时对电磁干扰也不敏感。这些特点就决定了其传输速率很高且抗干扰性很强。

（2）MOST 总线系统状态

1）休眠模式。处于休眠模式时，MOST 总线内没有数据交换，静态电流降至最小值，系统处于待命状态（图 3-32），只能由系统管理器发出的光波起动脉冲来激活。

进入休眠模式的条件是：

① MOST 总线系统上的所有控制单元都已准备好要切换到休眠状态。

② 其他总线系统没有通过网关提出任何要求。

③ 故障自诊断系统没有处于工作状态。

在上述的条件下，MOST 总线可通过下述方法切换到休眠状态：

① 在蓄电池放电时，由蓄电池管理器经网关切换到休眠状态。

图 3-31　Audi A8 轿车的信息及娱乐多媒体系统

② 通过自诊断仪器（如 VAS 5051）激活“传输模式”，使 MOST 总线系统切换到休眠状态。

2）备用模式。如图 3-33 所示，MOST 总线系统处于备用模式时，无法为用户提供任何服务，给人的感觉就像系统已经关闭一样。但这时 MOST 总线系统仍在后台运行，所有的输出介质（如显示屏、收音机放大器等）都不工作或不发声。备用模式在发动机起动及系统持续运行时被激活。备用模式的激活条件为：

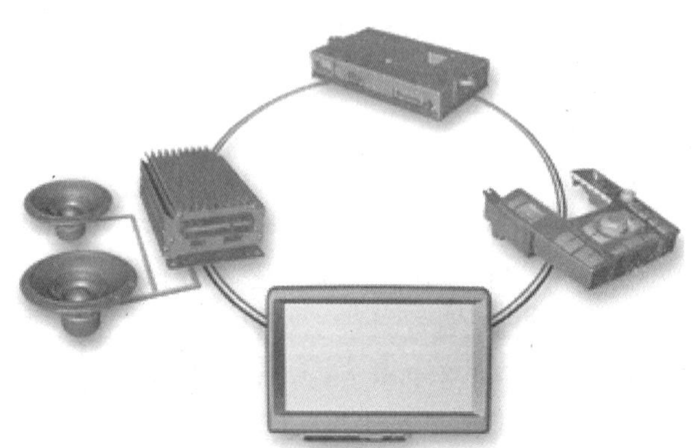

图 3-32　处于休眠模式下的 MOST 总线系统

① 由其他数据总线通过网关激活，如驾驶人侧车门门锁打开、车钥匙插入点火开关等。

② 由 MOST 总线上的某个控制单元来激活，如外界打入的电话等。

3）通电工作模式。如图 3-34 所示，MOST 总线系统处于通电工作模式时，控制单元完全接通，MOST 总线上有数据交换，用户可使用影音娱乐、通信、导航等所有功能。

进入通电工作模式的前提条件是：

① MOST 总线处于备用状态。

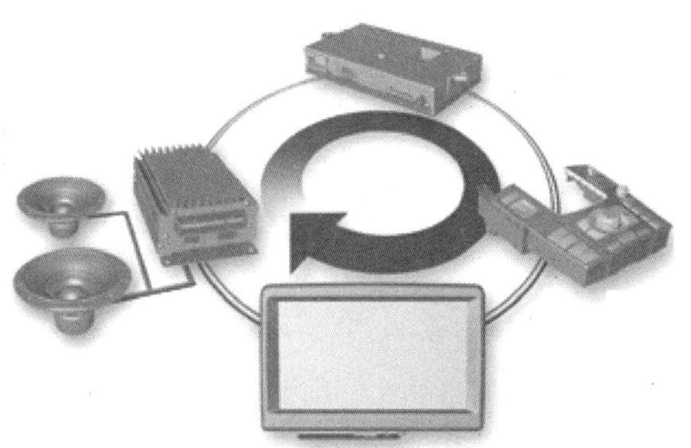
图 3-33　处于备用模式下的 MOST 总线系统

② 其他数据总线通过网关激活 MOST 总线系统（如将汽车钥匙插入使用和起动授权开关内，S 触点闭合）。

③ 通过用户操作影音娱乐设备来激活 MOST 总线系统（如操作多媒体操纵单元 E380 的功能选择按钮）。

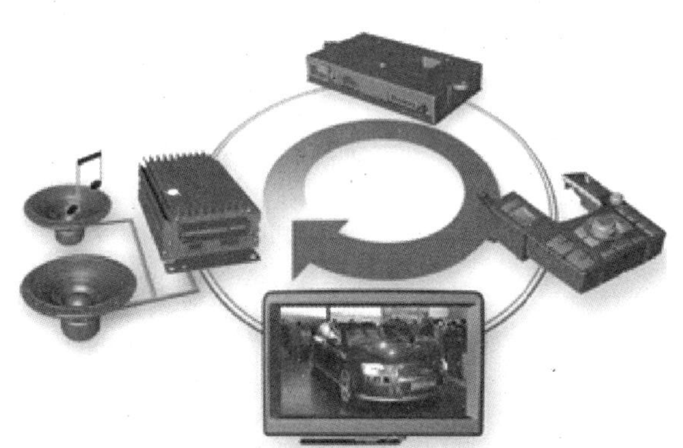
图 3-34　处于通电工作模式下的 MOST 总线系统

（3）光学传输控制单元的结构　在光学总线中，每一个总线用户（收音机、CD 唱机、视频导航仪等）都有一个光学传输控制单元，用于实现光学传输的信号调制、解调和控制。光学传输控制单元（图 3-35）由内部供电装置、收发单元-光导发射器（FOT）、光波收发器、标准微控制器（CPU）、专用部件等组成。

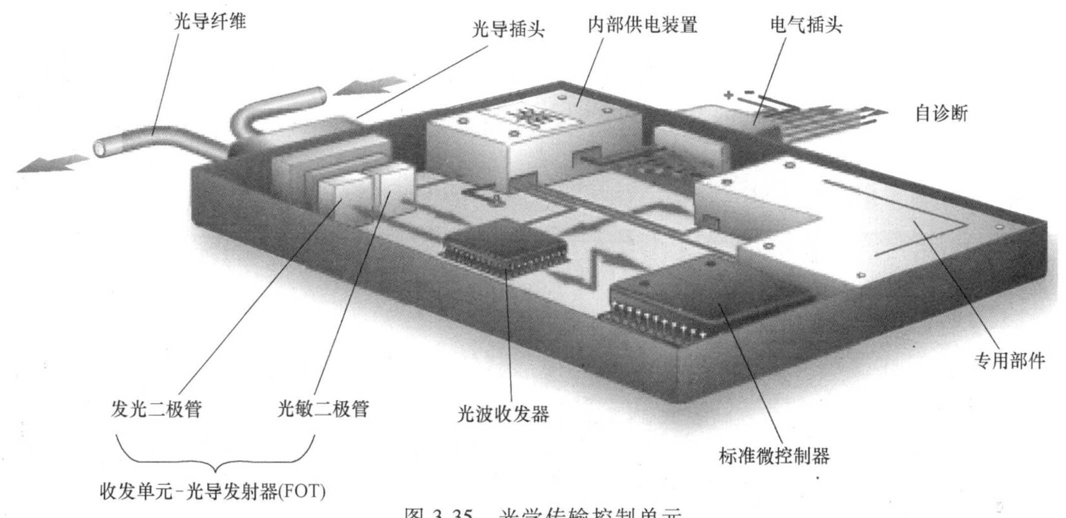

图 3-35　光学传输控制单元

（4）光导纤维　光导纤维又称光缆，作用是将在某一控制单元发射器内产生的光波传输到另一个控制单元的接收器（图 3-36）。

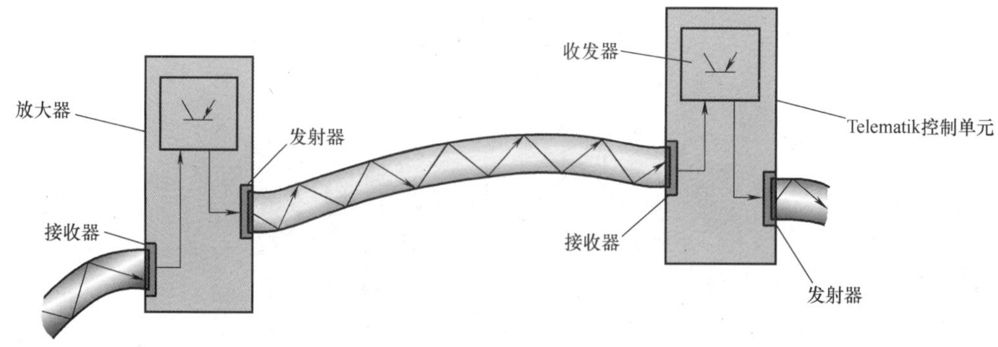

图 3-36　光导纤维传输光波

1）使用光导纤维注意事项。

① 光波是沿直线传播的，且不可弯曲，但光波在光导纤维内必须以弯曲的形式传播。

② 发射器与接收器之间的距离可以达到数米。

③ 机械应力作用（如振动、安装等）不应损坏光导纤维。

④ 在车内温度剧烈变化时应能保证光导纤维的功能。

2）光导纤维的结构。如图 3-37 所示，光导纤维由以下几层构成：

① 纤芯，是光导纤维的核心部分，是光波的传输介质，也可以称为光波导线。纤芯一般用有机玻璃或塑料制成，纤芯内的光波根据全反射原理几乎无损失地传输。

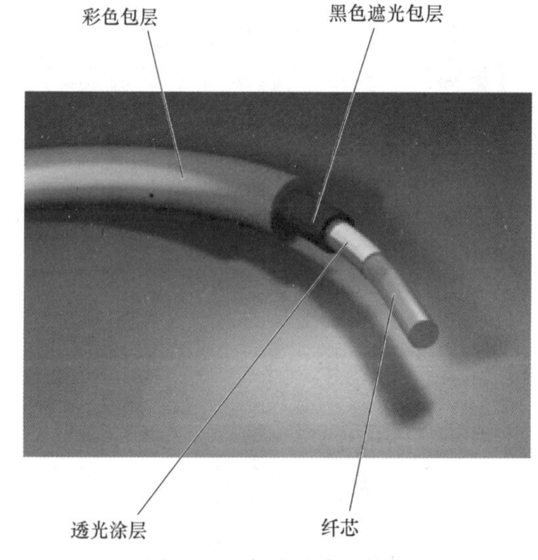

图 3-37　光导纤维的结构

② 透光涂层，是由氟聚合物制成的，它包在纤芯周围，对全反射起关键作用。

③ 黑色遮光包层，是由尼龙制成的，用来防止外部光源照射，避免产生干扰。

④ 彩色包层，起到识别、保护及隔热作用。

3）光波在光导纤维中的传输。

① 直的光导纤维。在直的光导纤维中，光纤以直线方式在内芯线中传导部分光波，如图 3-38 所示。大多数光波是按全反射原理在纤芯表面以 Z 字形曲线传输的，其结果在内芯线的表面产生了全反射。

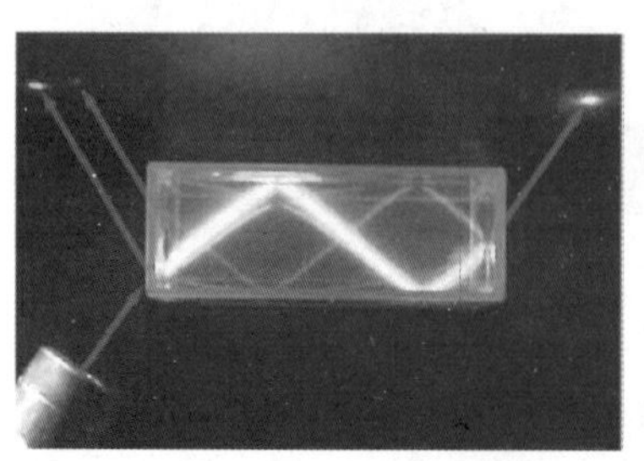

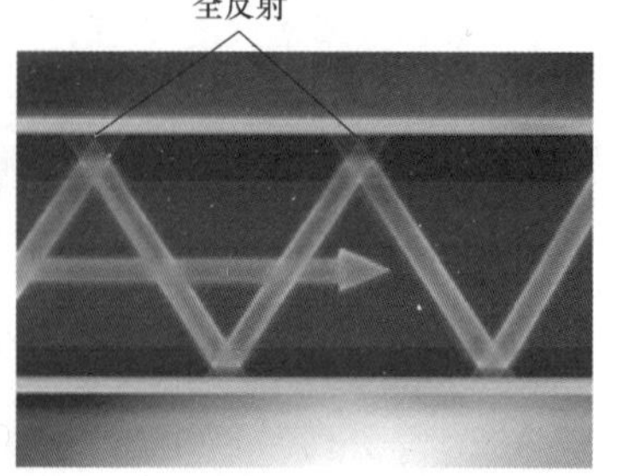

图 3-38　光波在直的光导纤维中的传输

② 弯曲的光导纤维。如图 3-39 所示，在弯曲的光导纤维中，通过在纤芯的涂层界面上进行全反射，可以实现光波的正常传输，但光导纤维的曲率不宜过大。

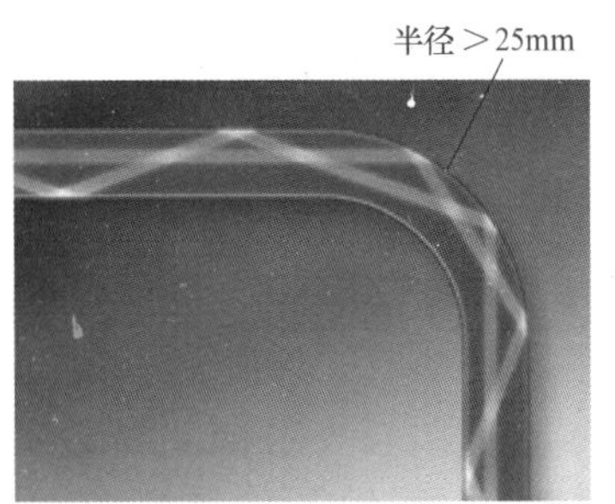

图 3-39　光波在弯曲的光导纤维中的传输

（5）MOST 总线的环形拓扑结构

1）环形拓扑结构。图 3-40 所示为 MOST 总线系统的环形拓扑结构。控制单元通过光导纤维沿环形方向将数据发送到下一个控制单元。这个过程一直在持续进行，直至首先发出数据的控制单元又接收到这些数据为止。可以通过数据总线自诊断接口和诊断 CAN 总线来对 MOST 系统进行故障诊断。

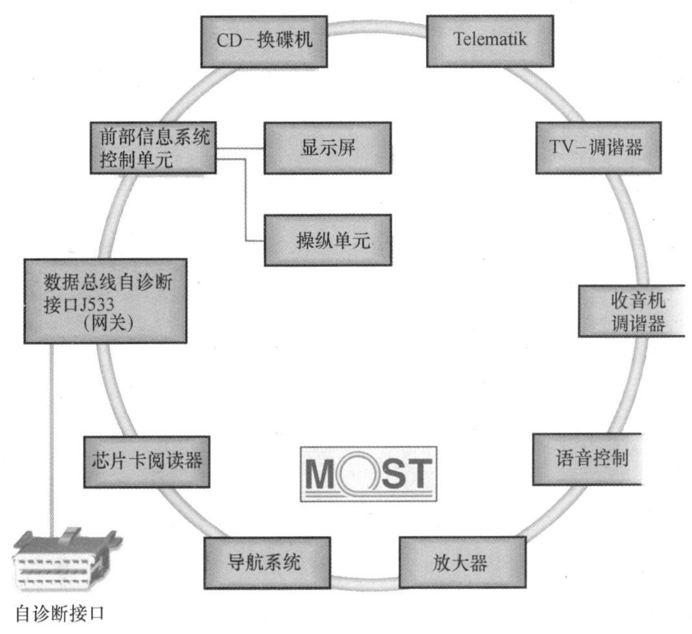

图 3-40　MOST 总线系统采用环形拓扑结构

2）MOST 总线系统管理器。MOST 总线系统管理器与诊断管理器共同负责 MOST 总线内的系统管理。系统管理器的作用如下：①控制系统状态；②发送 MOST 总线信息；③管理传输容量。

（6）MOST 总线的诊断

1）诊断管理器。除系统管理器外，MOST 总线还有一个诊断管理器。诊断管理器执行环路断开诊断，并将 MOST 总线上的控制单元诊断数据传给诊断控制单元。

2）系统故障。如果在数据传输过程中，MOST 总线上的某一位置处发生数据传输中断，就无法完成正常的数据传输任务。由于 MOST 总线是环形结构，因此将这种数据传输中断称为环路中断，亦即总线断路。发生环路中断后，音频和视频播放会终止，通过多媒体操纵单元无法控制和调节影音娱乐系统；同时，诊断管理器的故障存储器中存有故障信息——“光纤数据总线断路”。

光导纤维断路、发射器或接收器控制单元的供电电路故障以及发射器或接收器控制单元本身损坏等原因均可能导致 MOST 总线系统出现环路中断。要想确定出现环路中断的具体位置，就必须进行环路中断诊断。环路中断诊断是诊断管理器执行元件诊断内容的一部分。

3）环路中断诊断。如果 MOST 总线上出现环路中断，就无法进行数据传递，需要使用诊断线来进行环形中断诊断。将诊断线通过中央导线插接器与 MOST 总线上的各个控制单元相连（图 3-41）。环路中断诊断开始后，诊断管理器通过诊断线向各控制单元发送一个脉冲，这个脉冲会使所有控制单元用光导发射器内的发射单元发出光信号。控制单元会在一定时间内做出应答，诊断管理器根据这段时间的长短和控制单元发送的信息就可以识别出系统是否有电气故障，哪两个控制单元之间的光导数据传递中断了。

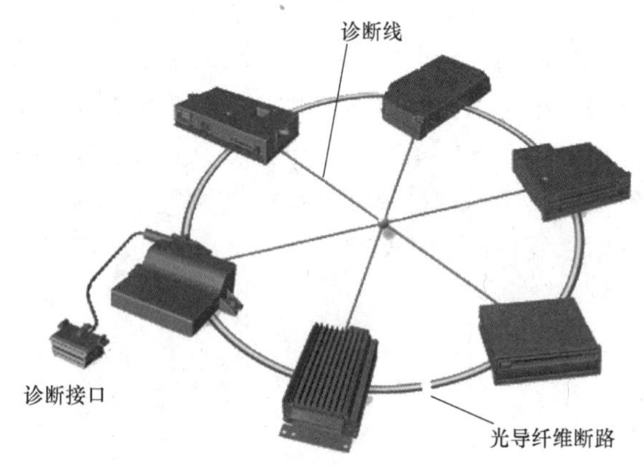

图 3-41　诊断导线与 MOST 总线上的各个控制单元相连

4）信号衰减增大的环路中断诊断。通过降低光功率来进行环路中断诊断如图 3-42 所示，其过程与图 3-41 所示环路中断诊断相同。但有一点是不同的，即控制单元接通光导发射器内的发光二极管时有 3dB 的衰减。如果光导纤维信号衰减增大，则到达接收器的光信号就非常微弱，接收器会报告“光学故障”，诊断管理器就可识别出故障点，最终向外接的检测仪器输出故障信息。

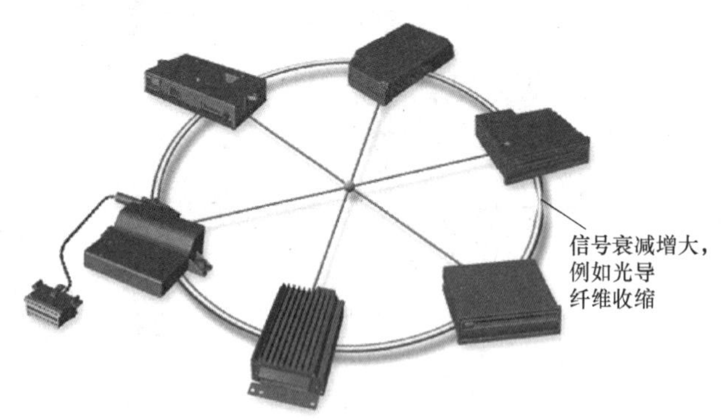

图 3-42　信号衰减幅度增大的诊断

3. 车载蓝牙系统

（1）概述　蓝牙技术（Bluetooth）是一种短距离无线数据与语音通信的开放性全球规范。蓝牙是一种支持设备短距离通信（一般 10m 内）的无线电技术，能在移动电话、PDA、无线耳机、笔记本计算机、无线鼠标、计算机相关外设等众多设备之间进行无线信息交换。

（2）蓝牙系统的组成　蓝牙系统由蓝牙模块、蓝牙协议、应用系统和无线电波组成。由于蓝牙技术使用的无线电波的波长非常短，因此可将天线、控制装置、编码器、发送器和接收器集成在一个模块上，简称蓝牙模块。蓝牙模块结构非常小巧，可以很方便地安装在移动装置内，或集成在适配器（如 PC 卡、USB 等）内。

例如，蓝牙耳机是由蓝牙模块和微型耳机、微型麦克风集成为通信的一方，通信的另一方由蓝牙模块和车载音响系统组成，乘员戴着蓝牙耳机听音乐，没有数据线，很方便。再如，轮胎中压力传感器的信号也是通过蓝牙模块中的发送器传给固定在车架上的蓝牙模块中的接收器，再经有线通信传给电控单元，监视轮胎内的压力，保证行车安全。

(3) 车载蓝牙免提系统的功能　车载蓝牙免提系统是专为行车安全和舒适性而设计的，其主要功能是：自动辨识移动电话，不需要电缆或电话托架便可与手机联机；使用者不需要碰触手机（双手保持在转向盘上）便可控制手机，用语音指令控制接听或拨打电话，使用者可以通过车上的音响或蓝牙或无线耳机进行通话。若选择通过车上的音响进行通话，当有来电或拨打电话时，车上音响会自动静音，通过音响的扬声器/麦克风进行语音传输。若选择蓝牙无线耳机进行通话，只需要耳机处于开机状态，当有来电时按下接听键就可以实现通话。

(4) 数据安全性　蓝牙技术非常重视对传输数据的保护，如数据的处理和防窃听。数据是用128位长的电码来编制代码的，接收器的真实性也由一个128位电码来校验，这时各装置用一个密码来彼此识别。蓝牙技术的有效作用距离比较短，对数据的处理操作也只能在这个范围内进行，这样也提高了数据的安全性。同时，在蓝牙系统中采用的抗干扰措施也能提高保护数据流免受干扰的能力。

此外，生产厂家还可以通过使用更为复杂的编码方式、不同的安全等级、网络协议等来提高数据的安全性。

任务四　车载网络系统故障与检测

一、任务引入

对于车载网络系统故障的维修，应根据车载网络系统的具体结构和控制回路进行具体分析，然后对车载网络系统的故障进行检测。

二、任务目标

1）了解总线系统故障的类型。

2）掌握车载网络系统的基本诊断步骤和检测方法。

3）掌握CAN数据总线的检测方法。

三、相关知识

1. 总线系统的故障类型

一般来说，引起车载网络系统故障的原因有三种：

(1) 控制单元电源故障　车载网络传输系统的核心部分是含有通信芯片的电控模块（ECM），电控模块的正常工作电压为10.5~15.0V。如果汽车电源系统提供的工作电压低于该值，就会造成一些对工作电压要求高的电控模块停止工作，从而使车载网络系统出现无法通信的故障。这种现象就如同用故障诊断仪在未起动发动机时就已经设定好要检测的传感器界面，当发动机起动时，由于电压下降导致通信中断，致使故障诊断仪回到初始界面。

(2) 节点故障　节点是车载网络传输系统中的电控模块，因此节点故障就是电控模块故障，包括软件故障和硬件故障。软件故障即传输协议或软件程序有缺陷或冲突，从而使车载网络传输系统通信出现混乱或无法工作，这种故障一般成批出现，且无法维修；硬件故障一般由于通信芯片或集成电路故障，造成车载网络传输系统无法正常工作。

（3）链路故障　当车载网络传输系统的链路出现故障时，如通信线路的短路、断路以及线路物理性质引起的通信信号衰减失真，都会引起多个电控单元无法工作或电控系统错误动作。判断是否为链路故障时，一般采用示波器或汽车专用光纤诊断仪来观察通信数据信号是否与标准通信数据信号相符。

2. 车载网络系统的基本诊断步骤和检测方法

（1）基本诊断步骤　通过对以上三种车载网络系统故障的分析，可以总结出诊断该系统的一般步骤如下：

1）了解该车型的车载网络传输系统特点（包括传输介质、几种子网及车载网络传输系统的机构形式等）。

2）车载网络传输系统的功能，如有无唤醒功能和休眠功能等。

3）检查汽车电源系统是否存在故障，如交流发电机的输出波形是否正常（若不正常将导致信号干扰故障）等。

4）检查车载网络传输系统的链路是否存在故障，采用替换法或采用跨接法进行检测。

5）如果是节点故障，只能采用替换法进行检测。

（2）双线式车载网络传输系统的检测方法　在检查车载网络传输系统前，需保证所有与车载网络传输系统相连的控制单元无功能故障。功能故障指不会直接影响车载网络传输系统，但会影响某一系统的功能流程的故障。例如传感器损坏，其结果就是传感器信号不能通过车载网络系统传递。这种功能故障对车载网络系统有间接影响，会影响需要该传感器信号的控制单元的通信。如果存在功能故障，应先排除该故障。记下该故障并消除所有控制单元的故障码。排除所有功能故障后，如果控制单元间数据传递仍不正常，检查车载网络系统。检查车载网络系统时，需区分以下两种可能的情况：

1）两个控制单元组成的双线式车载网络传输系统的检测。检测时，关闭点火开关，断开两个控制单元，如图 3-43 所示。检查车载网络传输系统是否断路、短路或对正极/地短路。如果车载网络传输系统无故障，更换较易拆下（或较便宜）的一个控制单元；如果车载网络传输系统仍不能正常工作，更换另一个控制单元。

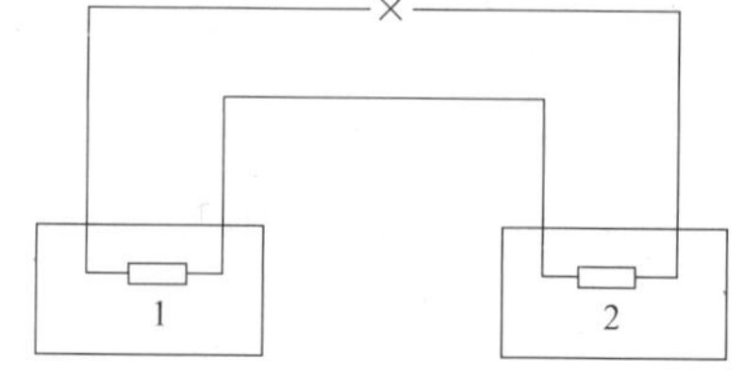

图 3-43　两个控制单元组成的双线式车载网络传输系统

2）三个或更多控制单元组成的双线式车载网络传输系统的检测。检测时，先读出控制单元内的故障码。如图 3-44 所示，如果控制单元 1 与控制单元 2 及控制单元 3 之间无通信，则关闭点火开关，断开与车载网络传输系统相连的控制单元，检查车载网络系统是否断路。如果车载网络系统无故障，则更换控制单元 1。如果所有控制单元均不能发送和接收信号（故障存储器存储“硬件故障”），则关闭点火开关，断开与车载网络传输系统相连的控制单元，检测车载网络传输系统是否短路，是否对正极/地

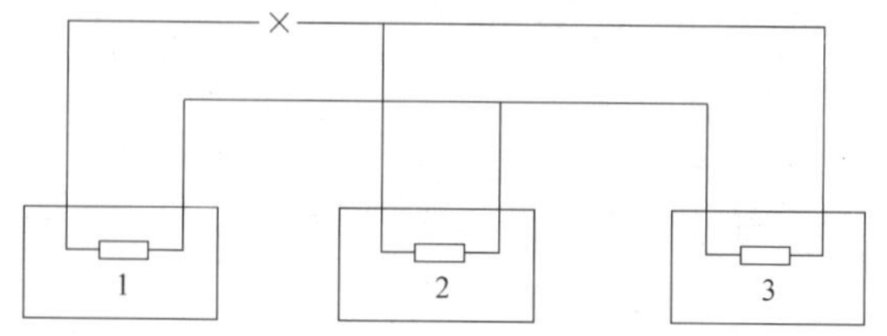

图 3-44　三个控制单元组成的双线式车载网络传输系统

短路。

如果车载网络传输系统上查不出引起硬件损坏的原因，那么检查是否由某一控制单元引起该故障。断开所有通过 CAN 车载网络传输系统传递数据的控制单元，关闭点火开关，接上其中一个控制单元，连接 VAS 5051，打开点火开关，清除刚接上的控制单元的故障码。关闭并再打开点火开关，打开点火开关 10s 后用故障诊断仪读出刚接上的控制单元故障存储器内的内容。如显示“硬件损坏”，则更换刚接上的控制单元；如未显示“硬件损坏”，则接下一个控制单元，重复上述过程。

3. CAN 数据总线的检测方法

(1) CAN 总线的万用表检测　以宝来轿车为例，其动力传动系统和舒适系统中装有两套 CAN 数据传输系统，系统网关内置于仪表内，负责驱动系统 CAN 总线和舒适系统 CAN 总线的数据交换，如图 3-45 所示。

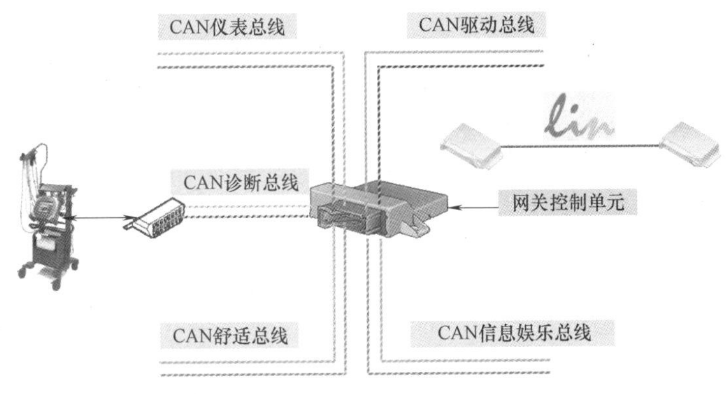

图 3-45　宝来轿车 CAN 数据传输结构

用万用表电阻档测量 CAN-High 线和 CAN-Low 线之间的电阻，正常情况应符合规定值（电阻值大小随车型而异），不应直接导通；用万用表电阻档测量 CAN-High 线或 CAN-Low 线分别与搭铁或蓄电池正极之间的导通情况，正常情况下应不导通。

CAN 总线可以采用万用表进行电压信号测试，判断数据总线的信号传输是否存在故障，检测方法如图 3-46 所示。

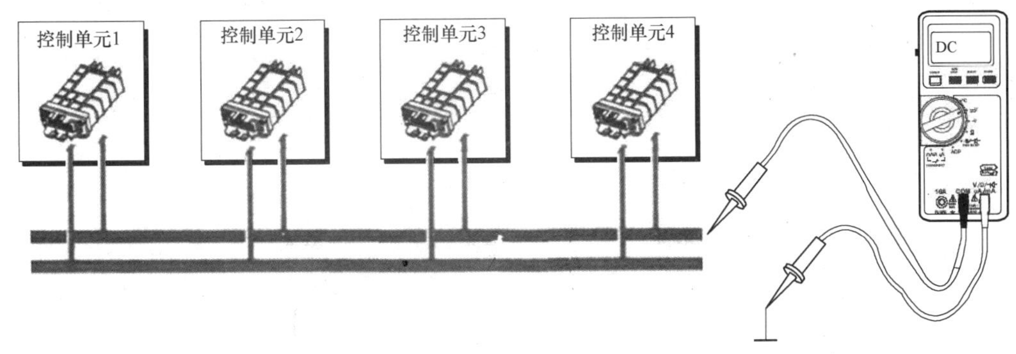

图 3-46　用万用表检测 CAN 总线

1）用万用表检测驱动系统 CAN 总线。CAN-High 线上有信号传输时，总线上的电压值在 2.5~3.5V 高频波动，因此 CAN-High 线的主体电压应是 2.5V，万用表的测量值为 2.5~3.5V，大于 2.5V 且靠近 2.5V。

同理，CAN-Low 线信号在总线空闲时的电压约为 2.5V，总线上有信号传输时，总线上的电压值在 1.5~2.5V 高频波动，因此 CAN-Low 线的主体电压应是 2.5V，万用表的测量值为 1.5~2.5V，小于 2.5V 且靠近 2.5V。

2）用万用表测量舒适系统 CAN 总线。CAN-High 线信号在总线空闲时的电压约为 0V，总线上有信号传输时，总线上的电压值在 0~5V 高频波动，因此 CAN-High 线的主体电压应为 0V，万用表的测量值为 0.35V 左右。同理，CAN-Low 线信号在总线空闲时的电压约为 5V，总线上有信号传输时，总线上的电压值在 0~5V 高频波动，因此 CAN-Low 线的主体电压应是 5V，万用表的测量值为 4.65V 左右。

（2）CAN 总线的波形检测　由于 CAN 信号变化非常快，必须使用数字存储式示波器（DSO）存储并在显示屏上观察 CAN 信号，以此来评价 CAN 总线的状况。

1）CAN 总线标准波形和睡眠模式。检测电路连接如图 3-47 所示。CAN 总线的标准波形和睡眠模式如图 3-48 所示。

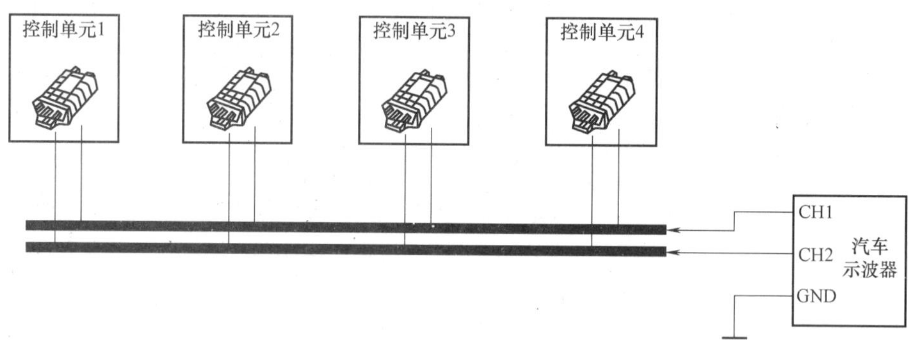

图 3-47　双通道模式检测电路连接

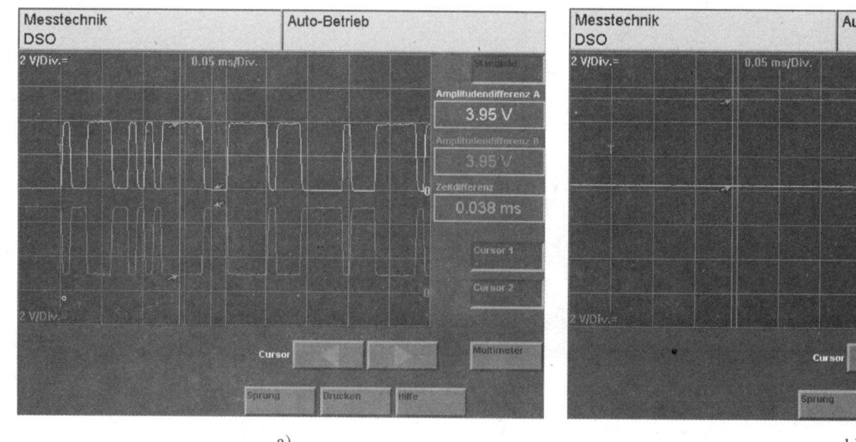

a)

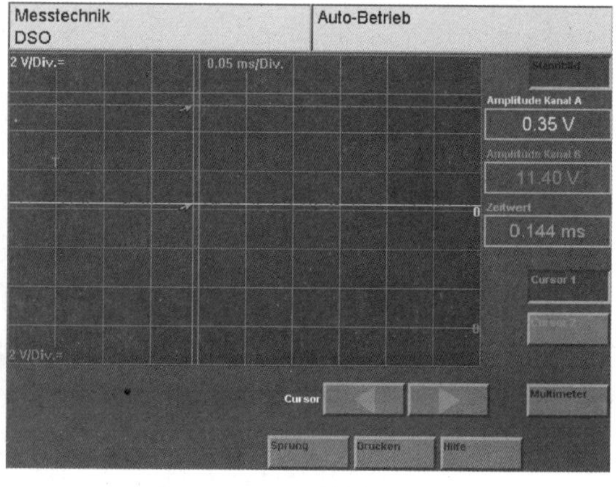

b)

图 3-48　CAN 总线的标准波形和睡眠模式

a）标准波形　b）睡眠模式

2）CAN 总线故障波形。CAN 总线典型故障及波形如图 3-49～图 3-54 所示。

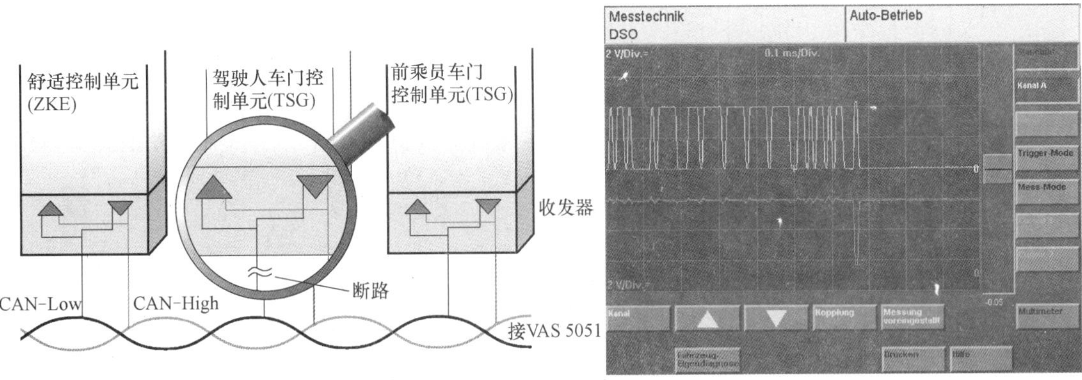

图 3-49　CAN-Low 断路

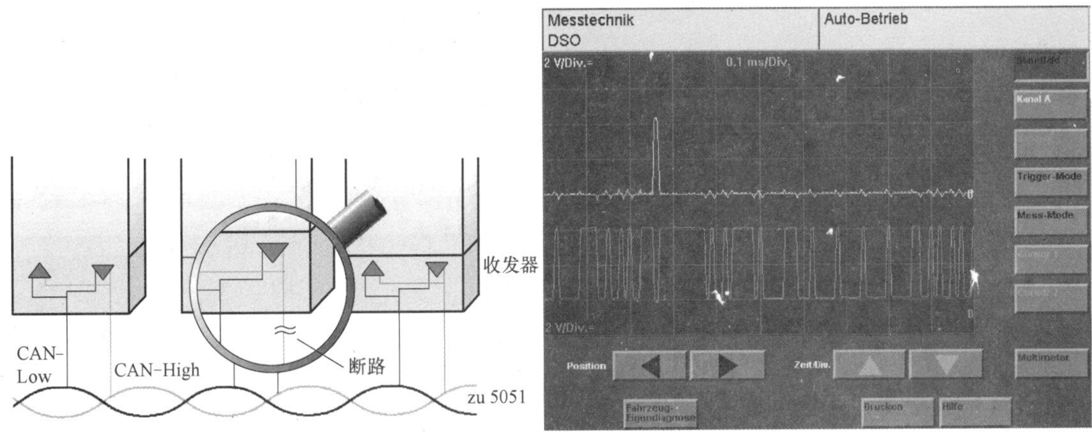

图 3-50　CAN-High 断路

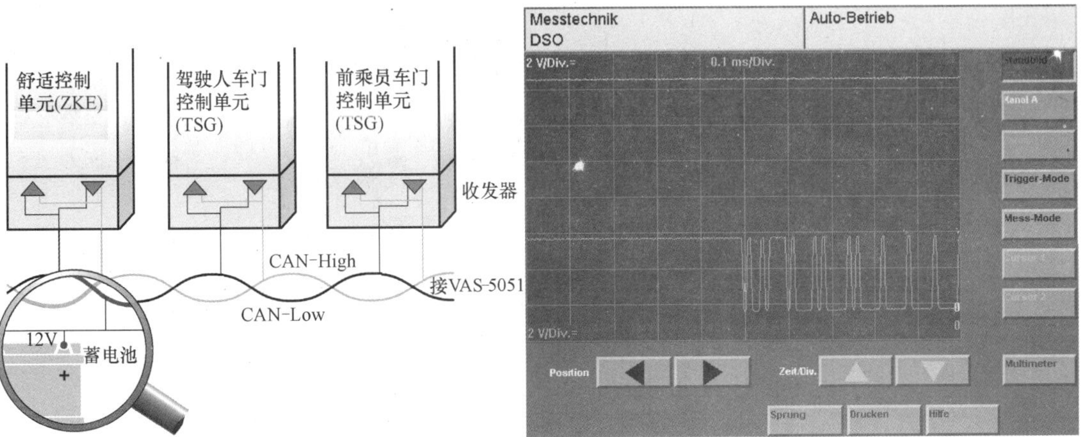

图 3-51　CAN-Low 与正极短接

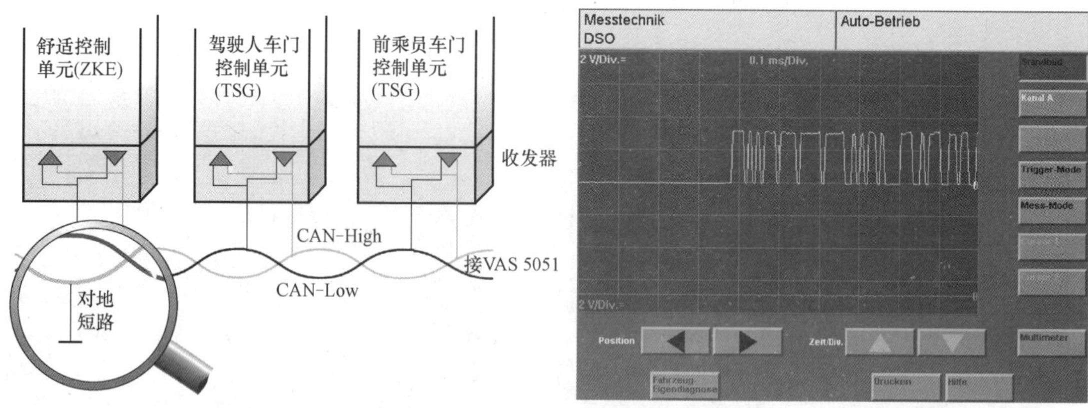

图 3-52　CAN-Low 与地短接

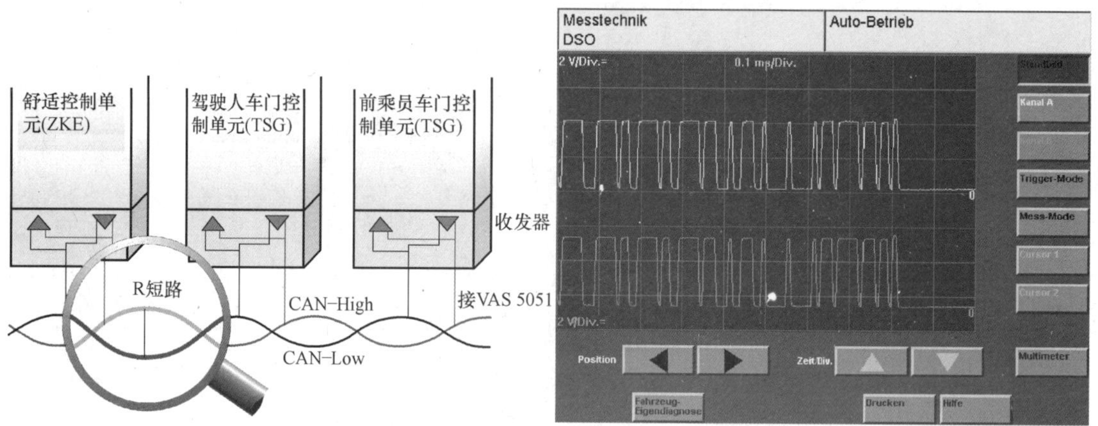

图 3-53　CAN-Low 与 CAN-High 短接

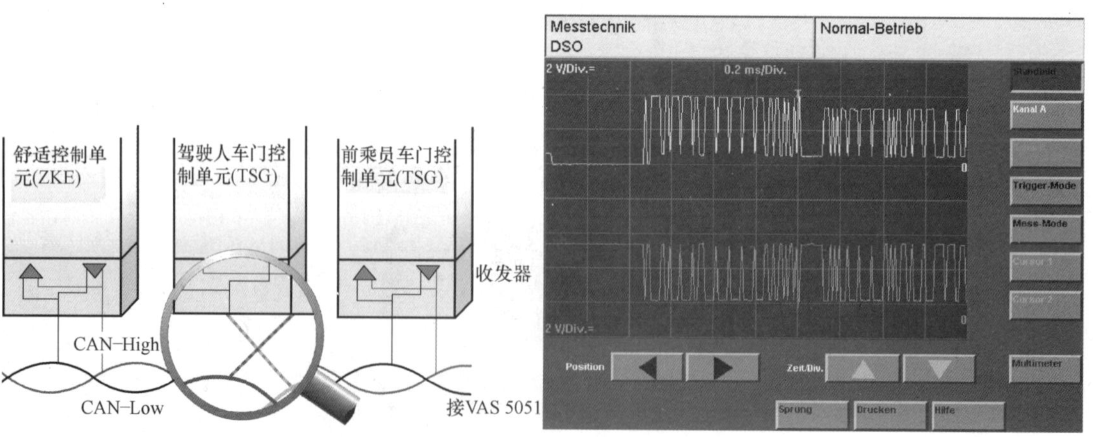

图 3-54　CAN-Low 与 CAN-High 交叉连接

模块四　汽车电动车窗与天窗系统

任务一　认识汽车电动车窗

一、任务引入

电动车窗是指其玻璃升降机能自动升、降车窗玻璃，即使在行车过程中也能方便地开、关车窗的车窗控制系统。

电动车窗系统通过开关操作开闭车窗，当电动车窗开关操作时，电动车窗电动机旋转，车窗调节器把电动车窗电动机的旋转运动转换成上下运动来关闭或打开车窗。

二、任务目标

1）了解电动车窗的结构。

2）掌握防夹电动车窗的原理。

三、相关知识

1. 电动车窗的结构

一般汽车电动车窗系统的组成部件有电动车窗电动机、电动车窗主控开关（由电动车窗开关和车窗锁止开关组成）、电动车窗开关、点火开关、门控开关（驾驶人侧）等，其在车上的布置如图 4-1 所示。电动车窗的结构如图 4-2 所示。

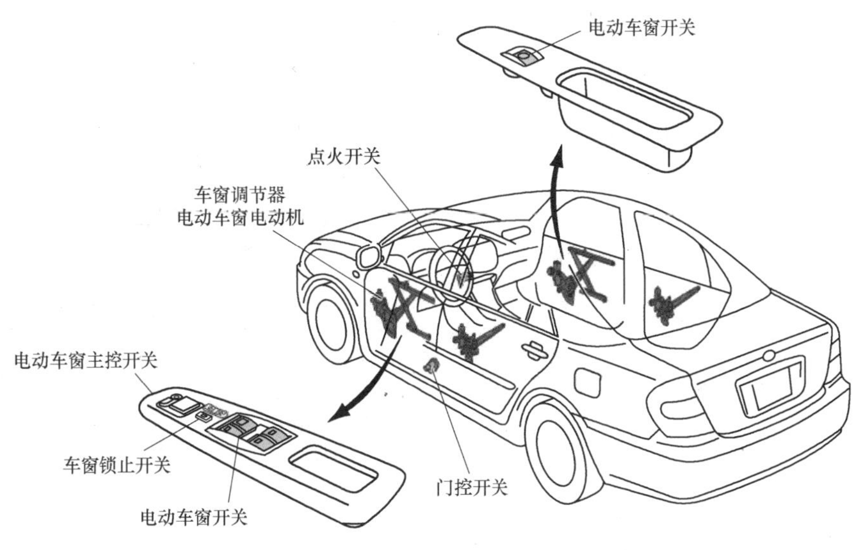

图 4-1　电动车窗系统在车上的布置

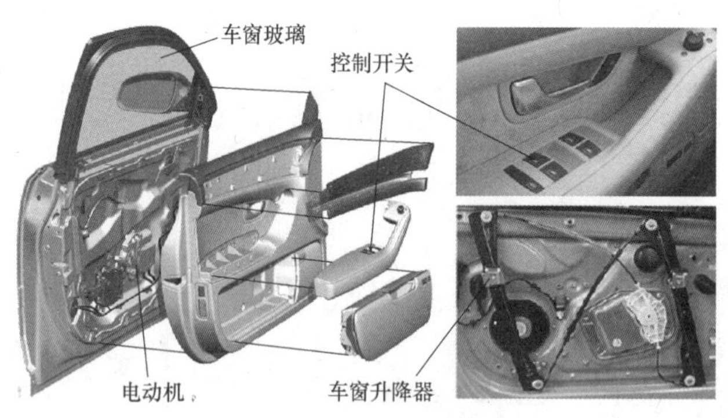

图 4-2　电动车窗的结构

有些汽车上的电动车窗由电动机直接作用于升降机，而有些则是通过驱动机构作用于升降机，从而把电动机的转动变成车窗的上下移动。

（1）车窗升降机　车窗升降机是调整车窗玻璃开度大小的专用部件，按传动机构的结构不同可分为齿扇式、齿条式和绳轮式等。

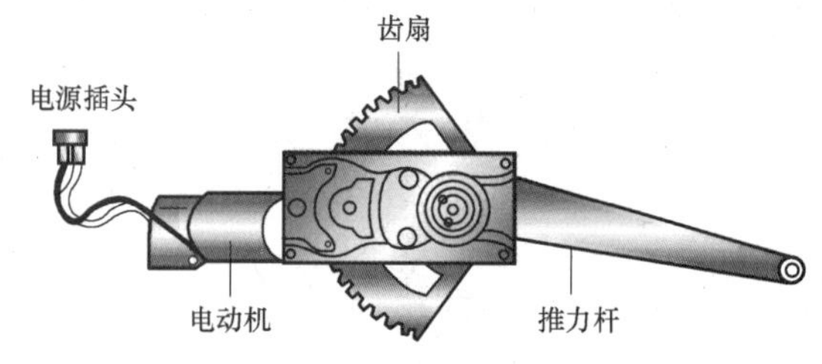

图 4-3　齿扇式升降机的结构

1）齿扇式升降机。齿扇式升降机的结构如图 4-3 所示。双向直流电动机带动蜗杆减速器，改变方向后驱动齿扇，从而使玻璃上下移动。齿扇上连有螺旋弹簧，当车窗上升时，弹簧展开，放出能量，以减轻电动机负荷；当车窗下降时，弹簧压缩，吸收能量，从而使车窗无论上升还是下降，电动机的负荷基本相同。

2）齿条式升降机。齿条式升降机使用柔性齿条和小齿轮，车窗连在齿条的一端，电动机带动轴端小齿轮转动，使齿条移动带动车窗升降，其结构如图 4-4 所示。

3）绳轮式升降机。绳轮式升降机如图 4-5 所示。双向直流电动机前端安装有减速机构，其上安装一个绕有拉索的绳轮，玻璃卡座固定在拉索上且可在滑动支架上移动。

（2）车窗电动机　电动机用来为车窗的升降提供动力，车窗电动机的旋转方向都是双向的，分为永磁式和双绕组串励式两种。按电动机是否直接搭铁分为电动机不直接搭铁（外搭铁）式和电动机直接搭铁（内搭铁）式两种。这两类电动机都是通过改变电流方向来实现正、反转，以控制车窗的上升或下降的。

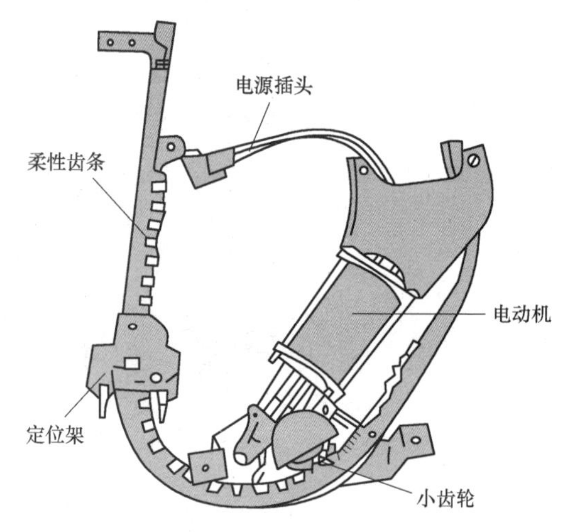

图 4-4　齿条式升降机的结构

1）双绕组串励式直流电动机。当电动

车窗装用双绕组串励式直流电动机时，均采用电动机直接搭铁的控制电路方式，即电动机的一端直接搭铁（即内搭铁），如图 4-6 所示。此类电动机有两组磁场绕组，通过接通不同的磁场绕组使电动机的转向不同，进而达到使车窗玻璃上升或下降的目的。

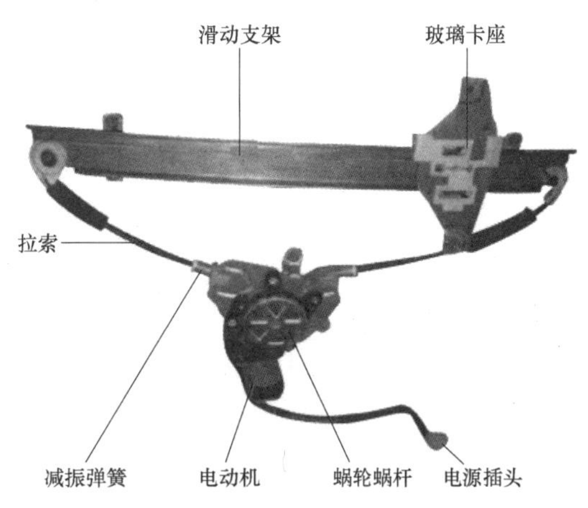

图 4-5　绳轮式升降机的结构

双绕组串励式直流电动机有两个绕向相反的磁场绕组，一个称为“上升”绕组，一个称为“下降”绕组。在给不同的绕组通电时会产生方向相反的磁场，电动机的旋转方向也就不同，从而实现车窗玻璃的上升或下降。

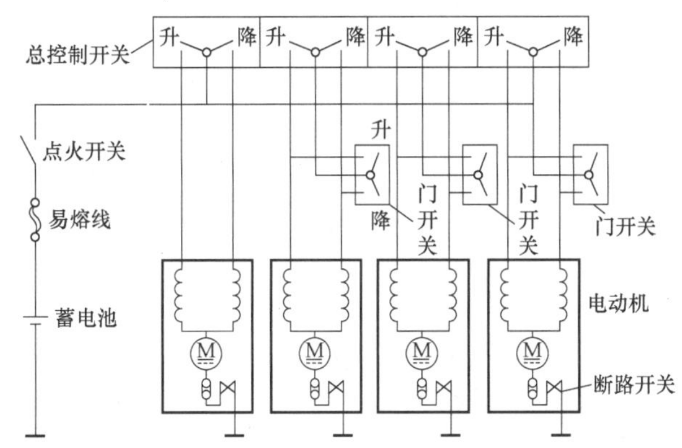

图 4-6　双绕组串励式直流电动机

电动车窗通常装用双金属片式断路器，其作用是当电动机超载，电路中电流过大时（例如按下车窗开关，使玻璃下降后，开关因故不弹起复位时，电路中电流就会增大），双金属片因电流过大导致温度上升，产生翘曲变形，断路器触头断开，电流被切断。电流消失后，双金属片冷却，断路器触头再次闭合。如此周期动作，使车窗电动机不因过热而损坏。有的汽车设有玻璃升降终点的限位开关，当玻璃到达终点时会压住限位开关，电流被切断，从而起到保护电动机的作用。

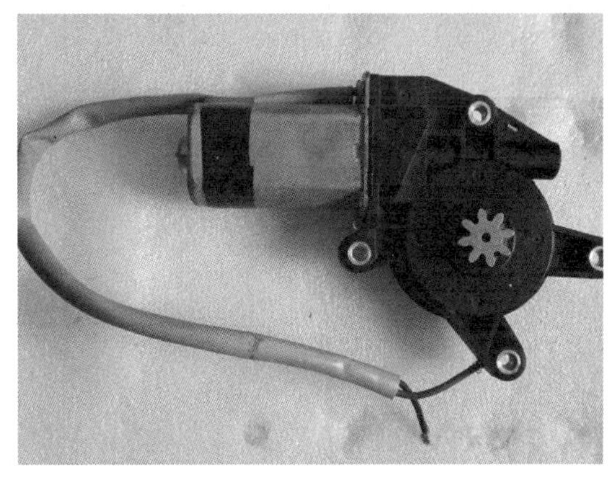
图 4-7　永磁式直流电动机

2）永磁式直流电动机。现代汽车电动玻璃升降机广泛采用永磁式直流电动机，如图 4-7 所示。随着电子控制技术的发展，电动车窗系统采用电子控制。图 4-8 所示为带车门控制器（单元）的车窗电动机。电动机的减速装置由蜗轮蜗杆组成，其轴端设有蜗轮蜗杆机构作为一级减速，由蜗轮轴上的小齿轮驱动升降机的扇形齿轮进行二级减速，进一步带动升降臂。为了防止负载过大或控制开关失灵而烧毁电动机，电动机内部设置有断路器。当电动车窗装用永磁式直流电动机时，均采用电动机不直接搭铁（即外搭铁）的控制电路方式，即电动机的搭铁受开关控制，通过改变电动机的电流方向来改变电动机的旋转方向，从而实现车窗玻璃的上升或下降，其控制电路如图 4-9 所示。

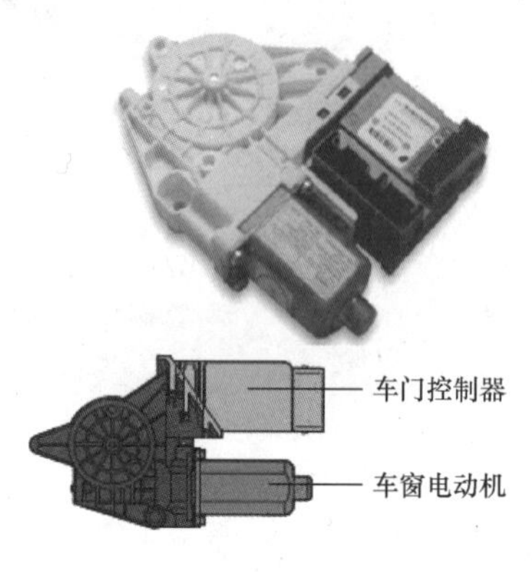

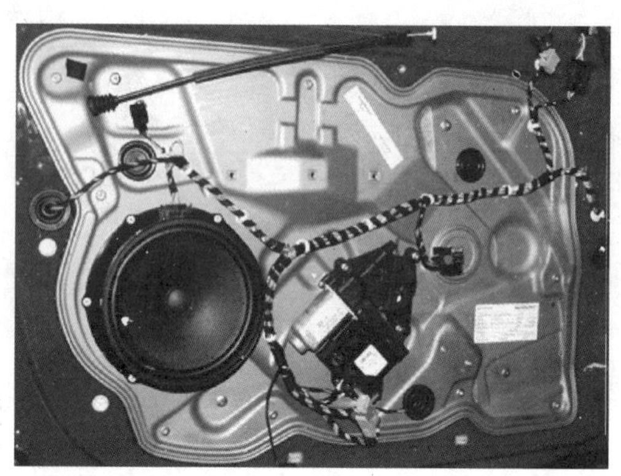

图 4-8　带车门控制器的车窗电动机

（3）电动车窗控制开关　电动车窗系统使驾驶人在驾驶室通过开关控制车窗玻璃升降机构来实现车窗玻璃的自动升降，即使在行车过程中，也能安全方便地开、关车窗。

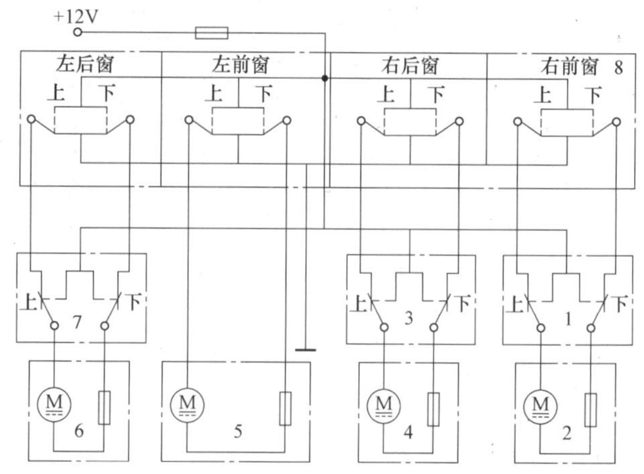

图 4-9　外搭铁式车窗电动机的控制电路

1—右前车窗开关　2—右前车窗　3—右后车窗开关　4—右后车窗　5—左前车窗　6—左后车窗　7—左后车窗开关　8—驾驶人侧主控开关

电动车窗的控制开关一般有两套。一套为主控开关（总开关），装在仪表板或驾驶人侧的车门扶手上，如图 4-10a 所示，以方便驾驶人操作，这样驾驶人可以控制每个车窗玻璃的升降。在主控开关上装有车窗锁止开关，按下该开关后，乘员车窗的分开关被锁止。此时，乘员不能通过分开关操控车窗玻璃的升降，其作用是防止儿童意外打开或关闭乘员车窗。另一套为分控开关（分开关），如图 4-10b 所示。此套开关分别安装在每个车门扶手附近处，这样，乘员也可以对各个车窗进行升降控制（注：仅能操控各自的乘员车窗玻璃）。

电动车窗的控制开关除了用主控开关和分控开关操控车窗玻璃的升降外，一般还具有以下功能：

1）在电动车窗电路或电动机内装有一个或多个热敏开关，又叫断路保护器。当车窗玻璃到达关闭的终端时，因阻力变大，电动机过载电流也变大，断路保护器会自动切断电路，

a)

b)

图 4-10　电动车窗主控开关和分控开关
a）主控开关　b）分控开关

使电动机停止运转。

2）有的电动车窗装有延迟开关，其作用是在点火开关断开后 1min 内，或在打开车门以前，仍有电源提供，使驾驶人和乘员不必再次点火就可关闭车窗。

3）有些电动车窗具有熄火自动关闭的功能。当点火开关转回到“OFF”位置或拔出车钥匙后，若车窗处于非关闭状态，具有此功能的车窗会马上自动关闭。

2. 防夹电动车窗的原理

汽车配备电动车窗后，驾驶人按下按钮就可以控制车窗的升降，十分方便。但是电动车窗没有感觉，如果驾驶人没有注意乘员的手或物件伸出窗口，就容易被上升的玻璃夹到。为了安全起见，许多乘用车的电动车窗都增加了防夹功能。

在电动车窗正常上升过程中，当在任意位置有物体被夹住时，控制器会立即停止上升动作，并自动返回到下死点，然后立即断电停机，以释放被夹物，保护司乘人员的安全（特别是 6 岁以下的儿童）。

防夹电动玻璃升降机是在原电动玻璃升降机的基础上增加电动车窗 ECU（电子模块）及传感器等构成的，其基本原理是：当车窗玻璃上升到一定距离（一般为 120~220mm）时，进入防夹区，在防夹区内，如果车窗玻璃遇到一定的外来阻力，车窗玻璃就会停止上升并立即下降 120mm，如图 4-11a 所示（下降距离由汽车制造厂家确定）；如果车窗玻璃没有遇到外来阻力，则继续上升。

防夹电动车窗的结构如图 4-12 所示。在关闭车窗的过程中，驱动机构中的电动车窗 ECU 及霍尔传感器（脉冲发生器）时刻检测电动机的转速。当霍尔传感器检测到电动机的转速有变化时，就会向 ECU 传输信号，ECU 接收信号后向继电器发出指令，使电动机停转或反转，车窗玻璃随之停止上升或开始下降。

3. 电动车窗的新功能

电动车窗的新功能如图 4-13 所示。

1）手动开/关的功能。当电动车窗开关被推或拉到一半时，窗户打开或关闭直至开关被松开。

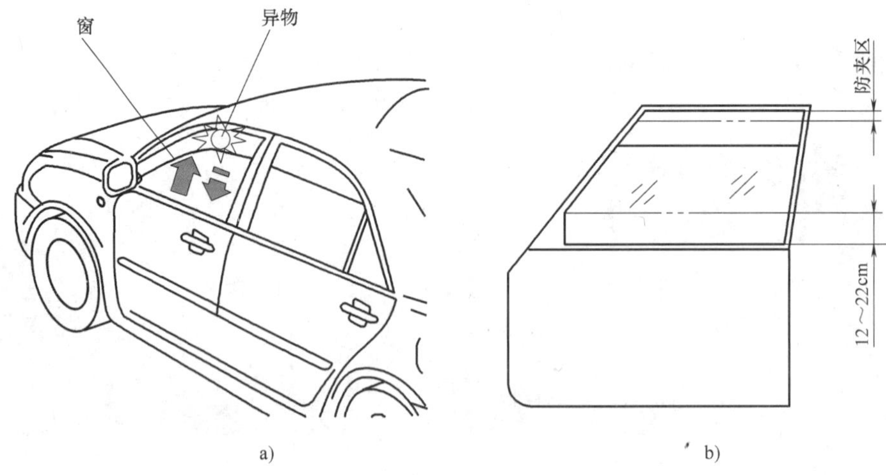

图 4-11　防夹保护功能

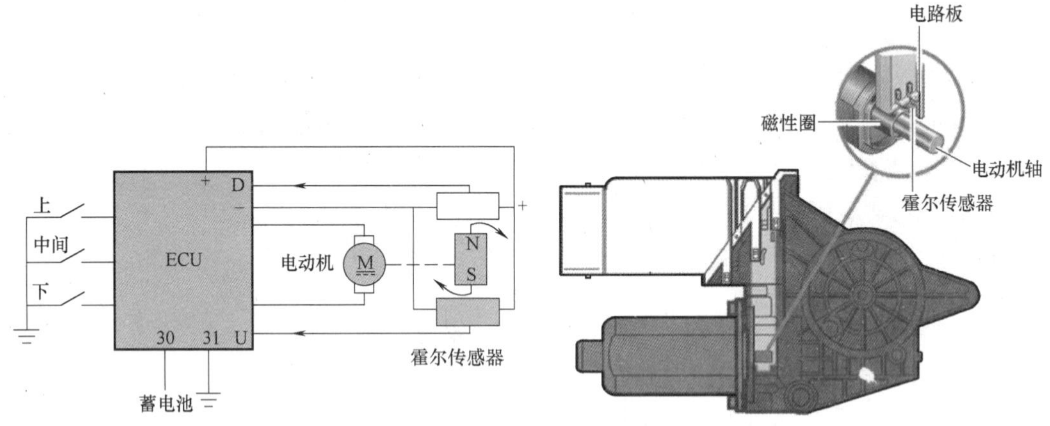

图 4-12　防夹电动车窗的结构

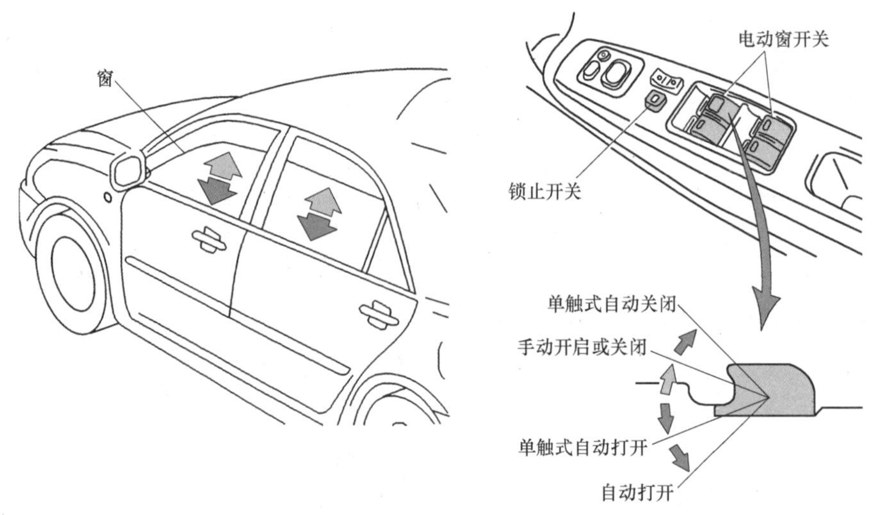

图 4-13　电动车窗的新功能

2）单触式自动开/关功能。当电动车窗开关被推或拉到底时，窗户全开或全关。有些车型只有自动打开的功能，有些车型只有驾驶人侧车窗有自动开关功能。

3）车窗锁止功能。当车窗锁止开关打开时，除驾驶人车窗外，所有车窗打开和关闭功能失效。

4）无钥匙电动车窗功能。如图 4-14 所示，如果驾驶人车门不打开，在点火开关置于“ACC”或“LOCK”位置后大约 45s 的时间里，此功能允许电动车窗系统的操作。

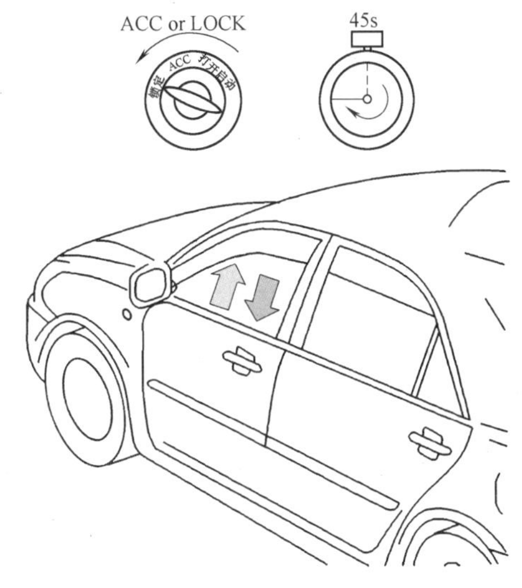

图 4-14 无钥匙电动车窗功能

5）驾驶人车门锁芯联动功能。此功能按照驾驶人车门锁芯和无线控制门锁的操作打开和关闭车窗。

6）电动机热敏保护。为避免车窗升降电动机过热，每个电动机都有热敏保护装置，电动机运行时间在一个计数器内累加，计数器的初始值由环境温度确定。如果计数器超过了一个设定的阈值，就不能再接受新的操作功能，但正在进行的移动仍可继续进行；如果电动机关闭了计数器数值，会重新减小阈值，当减小到小于设定的阈值后，就又能接受操作要求了。

7）负荷中断。为保护蓄电池，在起动发动机时车窗升降机不能操作，每个正在进行的动作（如打开或点动自动功能）会立即结束，车窗升降机停止运行。起动过程结束后，车窗可完全恢复功能。

8）低压断电。供电电压在本地车门模块内被监控，如果供电电压小于 9V，车窗升降机将闭锁，每个正在进行的动作将中断。

9）便捷开启/关闭功能。便捷功能用于上车前或下车后能够关闭或打开所有车窗，借助于无线遥控钥匙或通过钥匙在驾驶人侧车门锁上的机械操作，可以触发便捷开启/关闭功能。每个车窗按后部车窗升降机、前部车窗升降机的顺序依次关闭。

任务二 汽车电动车窗的工作原理

一、任务引入

电动车窗的控制电路中，一般都设有由驾驶人操作的主控开关（总开关）和每一个车窗的独立操作开关（分控开关），每个车窗的操作开关可由乘员自己操作。有些汽车的主控开关备有安全锁止开关，可以切断其他各车窗的电源，这个开关只能由驾驶人操作。

二、任务目标

1）掌握电动车窗的基本原理。

2）掌握桑塔纳电动车窗的工作原理。

三、相关知识

1. 电动车窗的基本原理

下面以电动机不直接搭铁（外搭铁）的电动车窗系统为例，说明由驾驶人和乘员分别操作，使右前车窗上升和下降的工作过程。

1）当驾驶人操作主控开关让右前车窗开关处在“下”的位置时，电动机转动，右前车窗向下运动，其电流方向如图 4-15 中箭头所示。

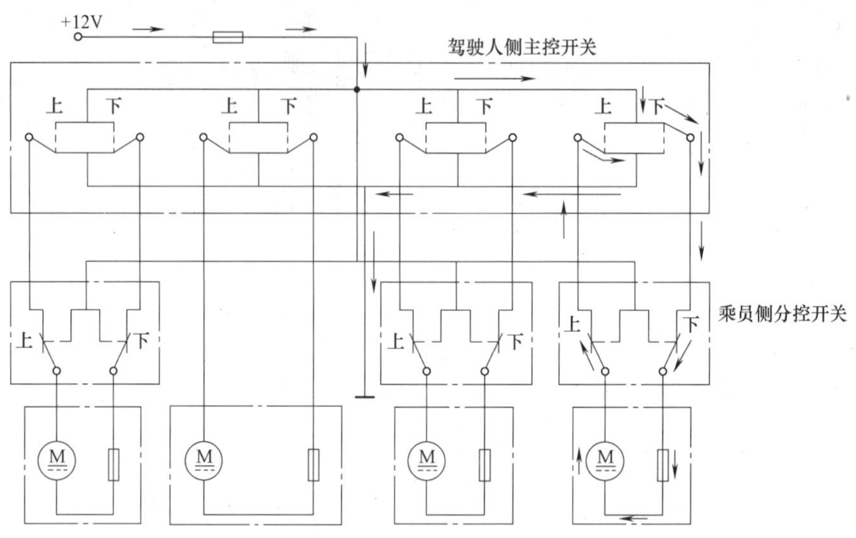

图 4-15　驾驶人控制右前车窗下降时的电流流向

2）当驾驶人操作主控开关让右前车窗开关处在“上”的位置时，电动机转动，右前车窗向上运动，其电流方向如图 4-16 中箭头所示。

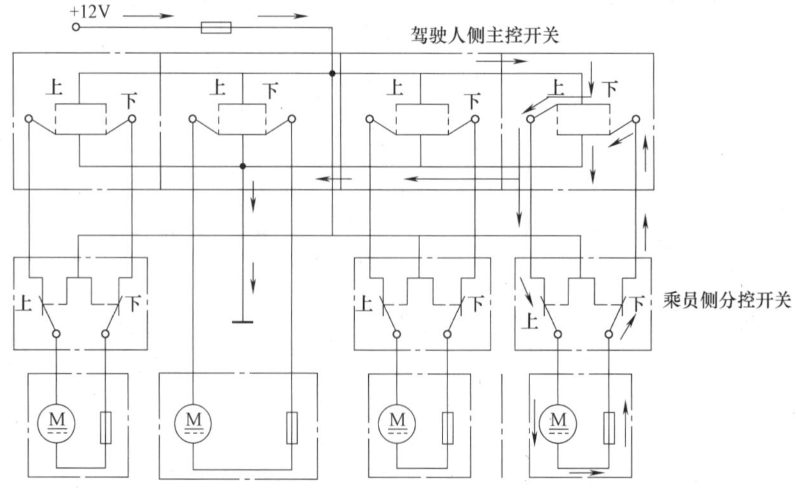

图 4-16　驾驶人控制右前车窗上升时的电流流向

3）当乘员操作右前车窗的分控开关使其处在“下”的位置时，电动机转动，右前车窗向下运动，其电流方向如图 4-17 中箭头所示。

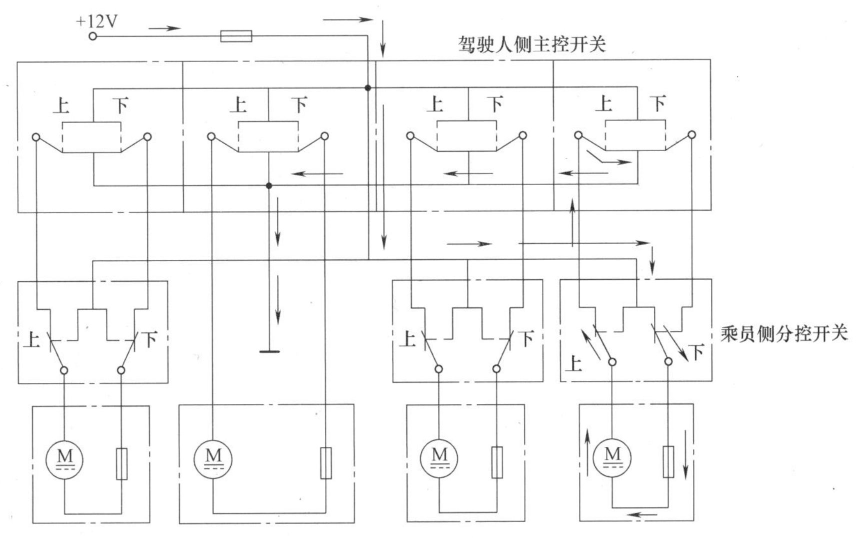

图 4-17　乘员控制右前车窗下降时的电流流向

4）当乘员操作右前车窗的分控开关使其处在“上”的位置时，电动机转动，右前车窗向上运动，其电流方向如图 4-18 中箭头所示。

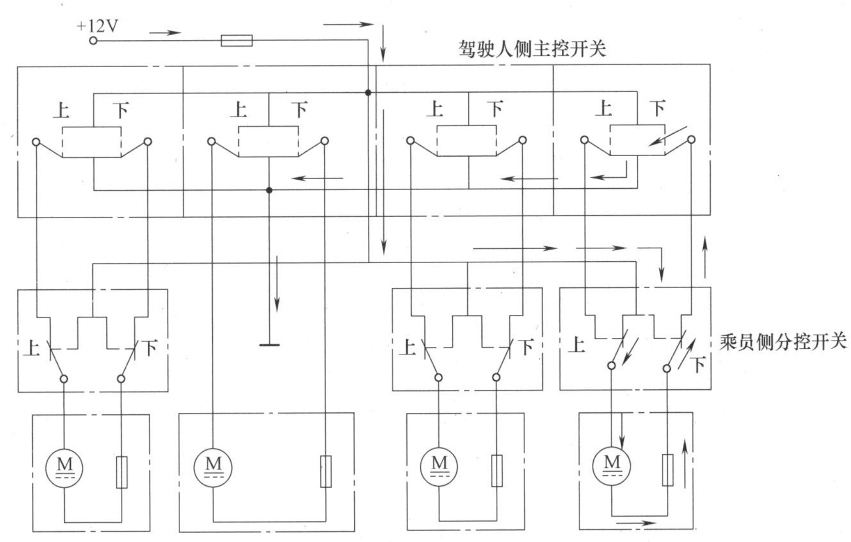

图 4-18　乘员控制右前车窗上升时的电流流向

2. 电动车窗的工作实例

现以桑塔纳 2000 轿车的电动车窗为例，说明电动车窗的工作原理。

桑塔纳 2000 型轿车采用的电动车窗装置由翘板按键开关、传动机构、升降机及电动机组成，控制电路如图 4-19 所示。按键开关 E_{39}、E_{40}、E_{41}、E_{52}和 E_{54}被安置在中央通道面板上的开关盘上，其中，黄色按键开关 E_{39}为安全开关，可以使后车窗开关 E_{53}和 E_{55}不起作用；E_{40}、E_{41}、E_{52}和E_{54}分别为左前、右前和左后、右后门玻璃升降开关。为使左后和右后门玻璃能独立地升降，在两后门上分别设置了E_{53}和E_{55}两个按键开关。V_{14}、V_{15}、V_{26}和V_{27}分别是左前、右前、左后、右后车窗电动机，电动机为永磁直流电动机，正常工作电流为4~15A，电动机内带有过载断路保护器，以免电动机超载烧坏。延时继电器J_{52}保证在点火开关断开后，使车窗电路延时约50s后再断开，使用方便、安全。自动继电器J_{51}用于控制左前门车窗电动机，实现点动控制。

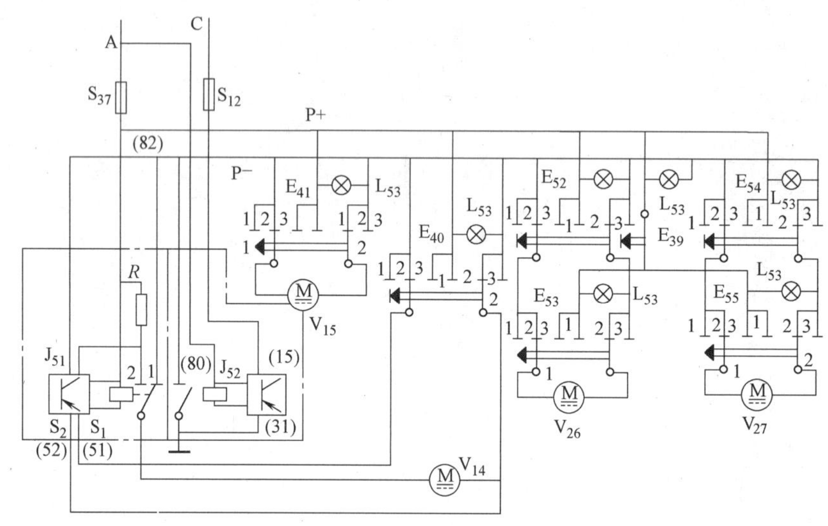

图4-19　桑塔纳2000轿车电动车窗控制电路

S_1、S_2、S_{12}、S_{37}—熔丝　E_{39}—安全开关　E_{40}、E_{41}—右前、左前电动摇窗机开关　E_{52}、E_{53}—左后电动摇窗机开关　E_{54}、E_{55}—右后电动摇窗机开关　L_{53}—电动摇窗机开关照明灯　J_{51}—电动摇窗机自动继电器　J_{52}—电动摇窗机延时继电器　V_{14}—左前电动摇窗机电动机　V_{15}—右前电动摇窗机电动机　V_{26}—左后电动摇窗机电动机　V_{27}—右后电动摇窗机电动机

接通点火开关后，延时继电器J_{52}与C路电源相通，其动合触点闭合，按键开关内的P−通过该触点搭铁，而P+通过熔断器S_{37}与A路电源相通，此时，按动按键开关便可使车窗电动机转动。

（1）发动机熄火后的延时控制　关闭点火开关后，C路电源断电，延时继电器J_{52}由A路电源供电，延时50s后，继电器触点断开，按键开关的搭铁线被切断，所有按键开关失去控制作用。

（2）后车窗电动机的控制　左后门和右后门的车窗电动机各由两个按键开关E_{52}、E_{53}和E_{54}、E_{55}控制，E_{52}和E_{54}安装在中央通道面板上，由驾驶人控制，E_{53}和E_{55}分别安装在两后门上，由后座乘员控制。同一后门的两个开关采用级联方式连接，当两个开关被同时按下时没有控制作用，只有当某一开关被按下时，才有控制作用。在安全开关E_{39}被按下的情况下，E_{39}的动断触点断开，切断了后车门上按键开关E_{53}和E_{55}的电源，使其失去对各自车窗电动机的控制。因而，起到了保护乘员安全的作用。

1）车窗玻璃上升。在安全开关E_{39}没有被按下的情况下，将E_{52}（E_{54}）置上升位，车窗电动机V_{26}（V_{27}）正转，带动左后（右后）车门玻璃上升。其电路为：A路电源→熔断

器 S_{37}→P+→E_{52}（E_{54}）→E_{53}（E_{55}）→左后（右后）门窗电动机 V_{26}（V_{27}）→E_{53}（E_{55}）→E_{52}（E_{54}）→P-→J_{52}触点→搭铁→电源负极。如果按下左后（右后）车门上 E_{53}（E_{55}）的上升键位，车窗电动机 V_{26}（V_{27}）同样可带动车门玻璃上升，此时其电路为：A 路电源→熔断器 S_{37}→P+→E_{39}→E_{53}（E_{55}）→左后（右后）门窗电动机 V_{26}（V_{27}）→E_{53}（E_{55}）→E_{52}（E_{54}）→P-→J_{52}触点→搭铁→电源负极。

2）车窗玻璃下降。在安全开关 E_{39}没有被按下的情况下，按下 E_{52}（E_{54}）或 E_{53}（E_{55}）的下降位，车窗电动机 V_{26}（V_{27}）电枢电流的方向与上述情况相反，电动机反转，带动左后（右后）车门玻璃下降。

（3）前车窗电动机的控制　右前门车窗电动机 V_{15}由按键开关 E_{41}控制，而左前门车窗电动机 V_{14}由按键开关 E_{40}和自动继电器 J_{51}控制，且具有点动自动控制功能。

1）车窗玻璃上升。按下按键开关 E_{41}的上升键时，车窗电动机 V_{15}正转，带动右前门车窗玻璃上升，其电路为：A 路电源→熔断器 S_{37}→P+→E_{41}→车窗电动机 V_{15}→E_{41}→P-→J_{52}触点→搭铁→电源负极。

按下按键开关 E_{40}的上升键位时，P+和 P-经 E_{40}分别接至自动继电器 J_{51}的输入端 S_2 和 S_1，此时，自动继电器 J_{51}的触点 1 闭合，触点 2 断开，车窗电动机 V_{14}正转，带动左前门玻璃上升，车窗电动机的电路为：A 路电源→熔断器 S_{37}→P+→E_{40}→车窗电动机 V_{14}→J_{51}的动断触点 1→P-→J_{52}触点→搭铁→电源负极。按键开关 E_{40}复位时，上述电路被切断，电动机 V_{14}停转。

2）车窗玻璃下降。按下按键开关 E_{41}的下降键时，车窗电动机 V_{15}反转，带动右前门车窗玻璃下降，其电流通路与上升时相反。

按下按键开关 E_{40}的下降键时，P+和 P-经 E_{40}分别接至自动继电器 J_{51}的输入端 S_1 和 S_2，此时，自动继电器 J_{51}的触点 2 闭合，触点 1 断开。车窗电动机 V_{14}的电路为：A 路电源→熔断器 S_{37}→P+→取样电阻 R→J_{51}的触点 2→V_{14}→E_{40}→P-→J_{52}触点→搭铁→电源负极，流过电动机 V_{14}的电流方向与上升时相反，电动机反转，带动玻璃下降。将手抬起时 E_{40}复位，J_{51}的触点也复位（触点 2 断开，触点 1 闭合），切断了上述电路，电动机停转。

3）点动自动控制。当按下按键开关 E_{40}下降键的时间 $\leq$300ms 时，自动继电器 J_{51}判断为点动自动下降操作，于是继电器动作，使触点 2 闭合。流过车窗电动机 V_{14}的电流方向与正常下降操作时相同，电动机反转，车窗玻璃下降。如果在下降期间 E_{40}的上升键不被按下，继电器 J_{51}的触点 2 将一直处于闭合状态，直至玻璃下降到底，电动机 V_{14}停转，此时，电枢电流将增大。当电流增至约 9A 时，取样电阻 R 上的电压使继电器 J_{51}动作，触点 2 断开，自动切断车窗电动机的通电回路，电动机停转。如果在下降期间，按下按键开关 E_{40}的上升键，继电器 J_{51}将判断为下降操作结束，触点 2 断开，车窗电动机 V_{14}停转。这样，通过对按键开关 E_{40}进行点动控制就可以使左前车窗玻璃停止在任意位置。

任务三　汽车电动车窗故障的检修

一、任务引入

汽车电动车窗系统故障大多是车窗不动作。遇此类故障时，应先检查点火开关闭合后电动车窗总开关端子上的蓄电池电压是否正常。如果不正常，应重点检查主电源继电器是否损坏，POWER 熔丝是否熔断，连接线是否良好。

二、任务目标

1）掌握电动车窗常见故障的检修方法。

2）掌握北京现代电动车窗的检修方法。

三、相关知识

1. 电动车窗常见故障的检修

电动车窗常见的故障有：所有车窗升降功能均失效；某一车窗升降功能失效；某一车窗只能向一个方向运动；车窗升降机工作时阻力大、发卡；升降机不工作，但电动机运转正常和某车窗升降时出现异常响声等。其具体检修方法如下：

1）所有车窗升降功能均失效。导致此故障的原因可能是：组合开关接地线脱开，总电源线断裂、脱开，车窗继电器触点接触不良、损坏或线圈损坏，安全开关接触不良或未接通等（指被安全开关控制的车窗控制功能失效）。

检修方法：检修此类故障时，应先检查电源线与接地线是否断开，检查车窗继电器是否故障等。

2）某一车窗升降功能失效。导致此故障的原因可能是：控制该车窗的开关、电动机、升降机等损坏或电路断路。

检修方法：先操作相应的组合开关（或分控开关），若车窗工作正常，则说明分控开关（或组合开关）损坏。若车窗仍不动作，则可能是相应的电动机、升降机或相应的电路有故障。

3）某一车窗只能向一个方向运动。导致此故障的原因可能是：开关触点接触不良、控制导线或车窗升降机不良等。

检修方法：先操作相应的组合开关（或分控开关），若车窗升降机均正常，则说明分控开关（或组合开关）触点有接触不良现象。若车窗仍只能向一个方向运动，则应检查分控开关到组合开关之间的控制电路是否断路，车窗升降机是否有故障。

4）车窗升降机工作时阻力大、发卡。导致此故障的原因可能是：导轨凹槽部位有异物；导轨变形或损坏；钢丝绳磨损打滑或损坏，电动机局部损坏，驱动功率不足等。

检修方法：对导轨凹槽内的异物进行清理，修理或更换损坏的零部件。

5）升降机不工作，但电动机运转正常。导致此故障的原因可能是：钢丝绳断开，滑动支架断裂或支架内的传动钢丝夹铆接点松动等。

检修方法：对于断开的钢丝绳，只能更换新钢丝绳；对于松动的传动钢丝夹，要将其拆下来重新对其接点进行铆接。

6）车窗升降机升降时出现异常响声。导致此故障的原因是：卷丝筒内钢丝绳出现了跳槽，滑动支架内的传动钢丝夹转动，电动机盖板或固定架与玻璃碰擦，机械系统异物过多等。

检修方法：先对车窗升降机进行清洗、调整，看故障是否排除（主要是调整升降机的安装螺钉以及卷丝筒内钢丝绳的位置），然后检查安装支架的弧度是否正确。

2. 北京现代电动车窗的检修

北京现代索纳塔轿车电动车窗的电路如图 4-20 所示。

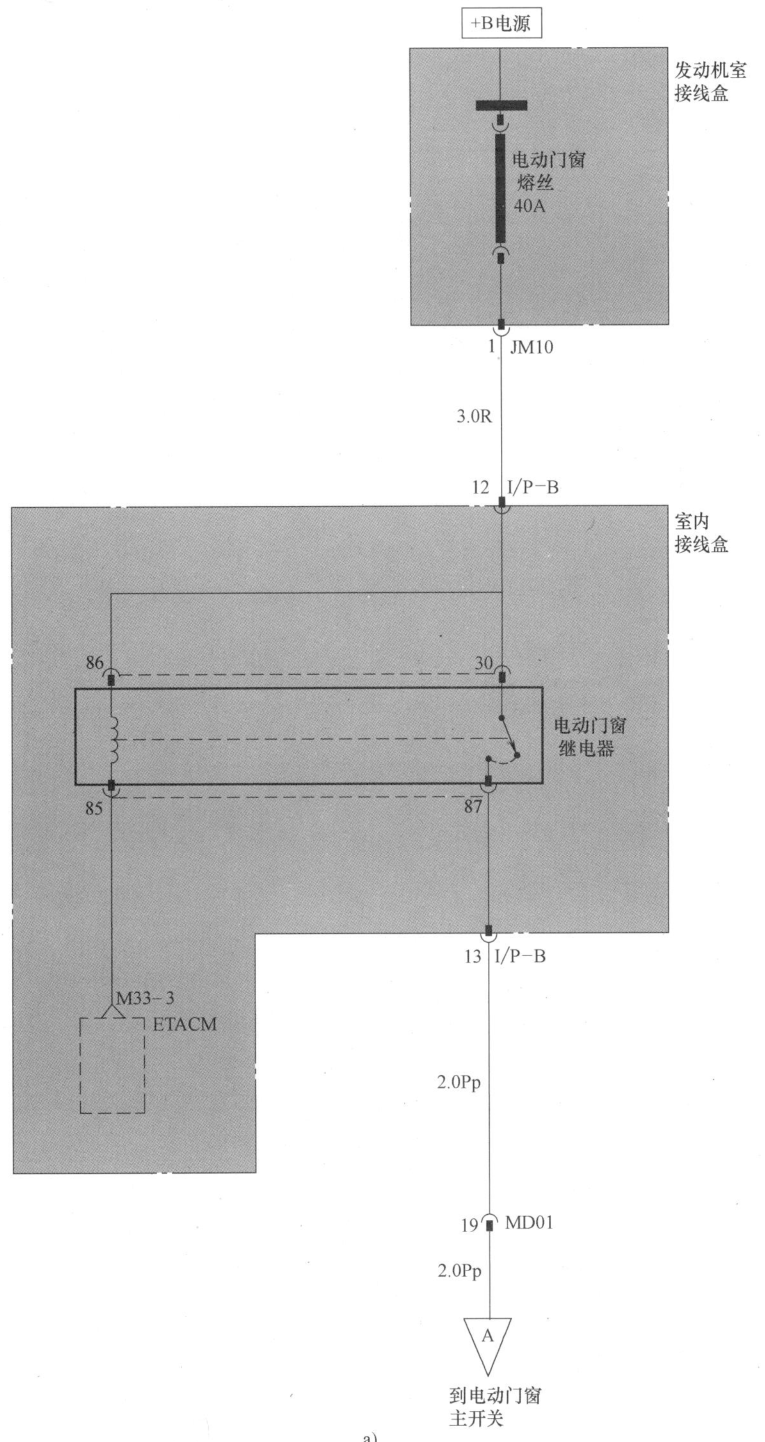

a)

图 4-20　北京现代索纳塔轿车电动车窗电路

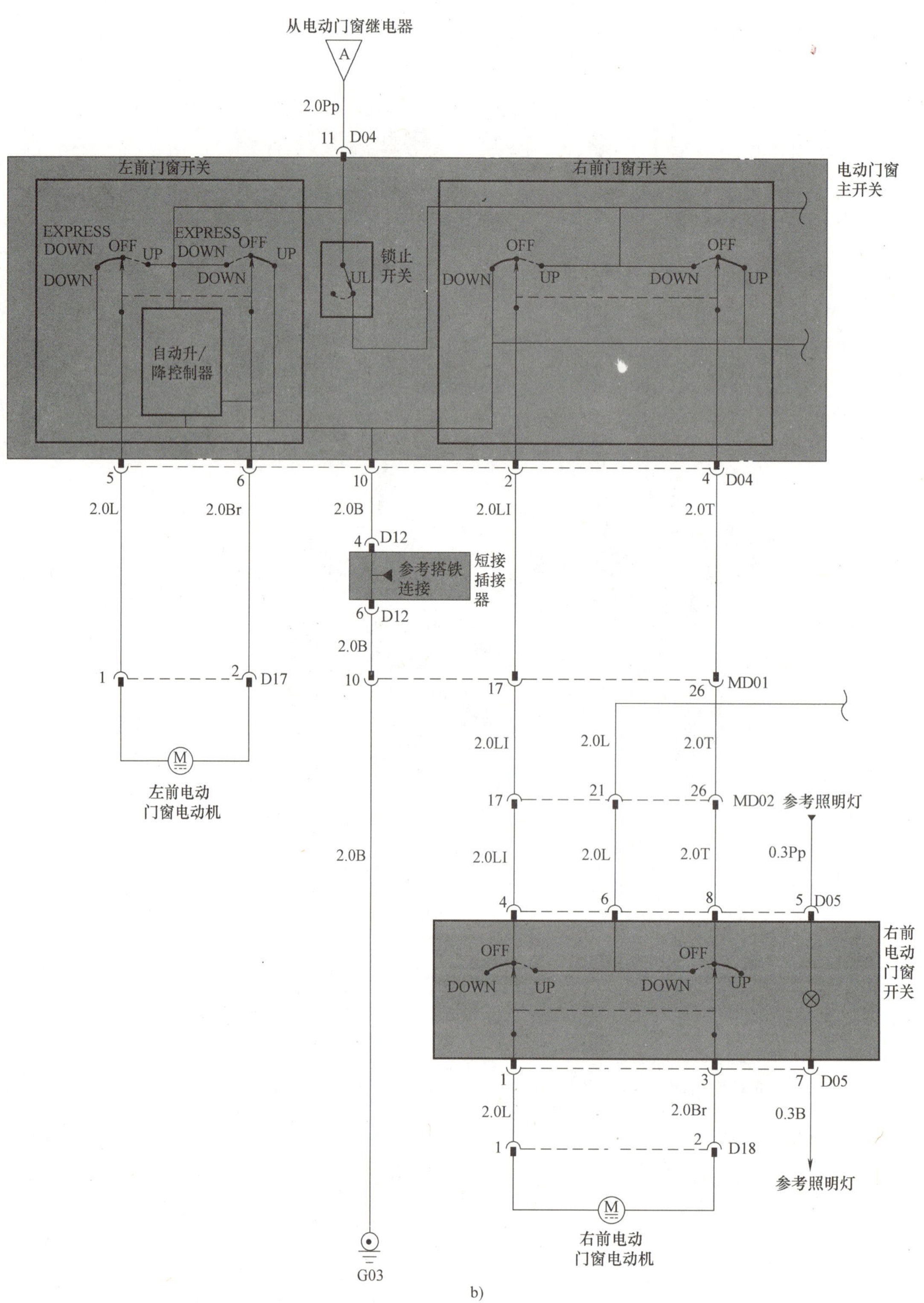

图 4-20　北京现代索纳塔轿车电动车窗电路（续）

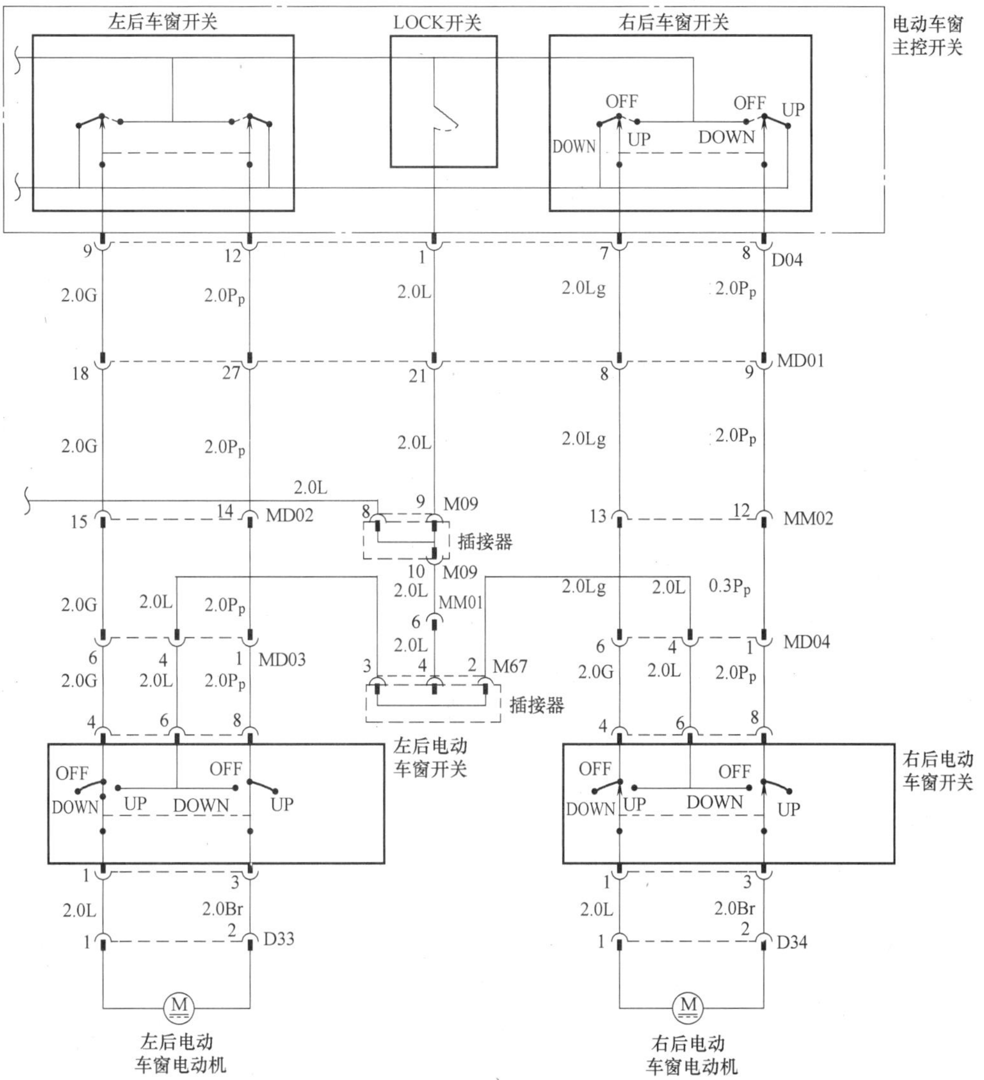

c)

图 4-20 北京现代索纳塔轿车电动车窗电路（续）

（1）索纳塔轿车电动车窗主控开关的检修

1）从驾驶人侧装饰板上拆下电动车窗主控开关（索纳塔轿车的电动车窗主控开关和中控门锁主控开关是一体的）。电动车窗主控开关端子如图 4-21 所示。

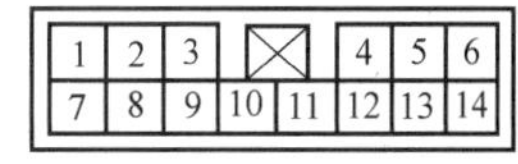

图 4-21 电动车窗主控开关端子

2）用万用表的电阻档检查主控开关在车窗处于上升、下降和关闭状态时各个端子的导通情况。若测得结果和表 4-1 不相符，说明车窗主控开关损坏，需要进行更换。

（2）电动车窗闭锁开关的检修 当“LOCK”开关位于断开位置时，端子 1 和 11 之间应断路；当“LOCK”开关位于接通位置时，端子 1 和 11 之间应导通，见表 4-2。否则说明开关损坏，应该进行更换。

表 4-1 电动车窗主控开关的检查

位置 \ 端子	左前				右前				左后				右后			
	5	6	10	11	2	4	10	11	9	10	11	12	7	8	10	11
上升	○	—	—	○	○	—	—	○	○	—	○		○	—	—	○
		○	○			○	○			○	—	○		○	○	
关闭	○	○	○		○	○	○		○	○	○		○	○	○	
下降		○	—	○		○	—	○			○	○		○	—	○
	○	—	○		○	—	○		○	○			○	—	○	

表 4-2 电动车窗闭锁开关的检查

位置 \ 端子	1	11
正常	○	○
锁住		

(3) 电动车窗继电器的检修 索纳塔轿车电动车窗电路如图 4-20 所示，车窗继电器的端子检查如图 4-22 所示。

1) 静态检查。将万用表置于 R×1 档，测量端子 85 和端子 86 之间是否导通。若不导通，说明线圈烧坏，应进行更换。测量端子 30 和端子 87 之间是否断路，若导通，说明开关触点烧蚀或常闭，应进行更换。

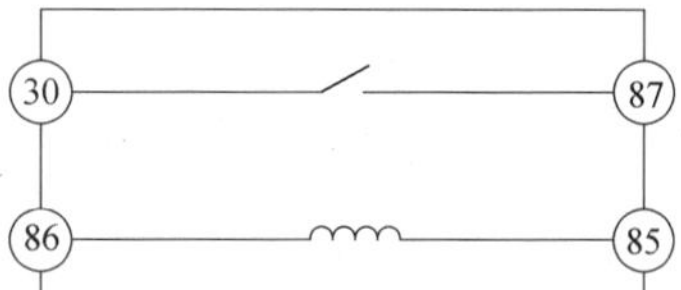

2) 工作状况检查。用蓄电池的正、负极分别接端子 85 和 86，然后用万用表测量端子 30 和 87 之间是否导通，若不导通应更换。

30 87 86 85

图 4-22 车窗继电器的端子检查

(4) 电动车窗分控开关及车窗电动机的检查

1) 电动车窗分控开关工作情况的检查。用万用表的电阻档检查分控开关在车窗处于上升、下降和关闭状态时各个端子的导通情况（表 4-3）。

表 4-3 电动车窗分控开关工作情况的检查

位置 \ 端子	1	3	4	6	8
上升	○	—	—	○	
		○	—	—	○
关闭	○	—	○		
		○	—	—	○
下降		○	—	○	
	○	—	○		

2) 车窗电动机的检测。车窗电动机检查的基本思路：把蓄电池的正、负极分别接在车窗电动机的两个端子上并互换一次，电动机应能够正转、反转，且转速平稳为正常。否则，说明电动机有故障，应进行更换。

注意：在进行车窗电动机的测试时，若电动机停止转动，要立刻断开端子引线，否则会烧坏电动机。

任务四　电动天窗的结构与原理

一、任务引入

汽车的天窗已有100多年的历史，已成为汽车文化的一部分。安装汽车天窗能够有效地使车内空气流通，增加新鲜空气进入，提升汽车内部环境的舒适性。

二、任务目标

1）了解电动天窗的作用。

2）掌握电动天窗的功能和特点。

3）掌握电动天窗的结构。

三、相关知识

1. 电动天窗的作用

汽车天窗按驱动方式的不同可分为手动式和电动式；按开启方向的不同可分为内藏式、外倾式和敞篷式等。手动天窗主要有外倾式和敞篷式，此类天窗结构比较简单，价格也较便宜，且便于安装；电动天窗主要有内藏式、外倾式，此类天窗档次较高，价格较贵，安装时由于需要布线，安装难度较大。汽车天窗有如下作用：

（1）通风换气　换气是汽车加装天窗最主要的目的。天窗是利用负压换气的原理，依靠汽车在行驶时气流在车顶快速流动形成负压，将车内污浊的空气抽出。由于不是直接进风，而是将污浊的空气抽出，以及从进气口补充新鲜空气的方式进行通风换气，车内气流极其柔和，没有风直接刮在身上的不适感觉，也不会有尘土卷入。

（2）节能　夏日里汽车在阳光下暴晒，车内温度可高达60℃，这时打开天窗比开空调降温速度快很多，也可节约能耗30%左右。

（3）除雾　春夏两季雨水多、湿度大，前风窗玻璃常有雾气，车内空气也容易污浊，这时打开天窗至后翘通风位置，雾气很快消失且无雨水进入车内，给开车增加了舒适与安全。

（4）开阔视野　天窗可以使视野开阔，并且能够亲近自然和沐浴阳光，驱除被封在车厢内的压抑感。当独自长时间驾车在高速公路上行驶时，风噪声会使人心烦意乱，侧窗风吹在身上也不太舒服，这时可以打开天窗享受一下自然，而且没有噪声的干扰。

（5）提升汽车的档次　安装天窗可以使汽车变得更美观、更舒适。

2. 汽车电动天窗的功能

打开点火开关后，天窗通过旋转开关来开闭，或者通过推、拉开关来倾斜和关闭。在关闭点火开关后，天窗仍然可以开闭。

（1）自动关闭功能　当关闭点火开关大约4s后，天窗会自动关闭。在天窗完全关闭前按动按钮（任何方向），此功能会被取消，玻璃会停留在开启位置上。如果想关闭天窗，无须打开点火开关，只需按动关闭按钮（开关前部）即可，操作方式可以是手动的或全自动的。

（2）防夹功能　天窗在全自动关闭过程中遇到障碍物时会自动返回，直到障碍物消除再关闭。在点火开关关闭后，天窗的自动关闭过程中此项功能依然有效。

3. 天窗的特点

1）天窗前部的控制模块可使天窗玻璃停留在全闭、倾斜通风或外倾打开位置，并使天窗具有自动关闭和防夹的功能。

2）在天窗电动机内设有一个压力感应装置，当天窗在移动过程中遇到过大的阻力或者处于超负荷状态时，压力感应器会在6s内自动断电，以保护天窗各部件完好和不受损坏。

3）电动型天窗开关为双位摇杆型，电动操作天窗。

4）天窗在经历过安装或熔丝被移动等断电事件后，都必须重新做一次编程。否则，天窗的全自动操作、自动关闭和防夹功能等将暂时无法起作用，而只能用手动操作的方式来控制天窗。

5）天窗上框架内侧靠近玻璃板处装配有密封条，用以对玻璃板和天窗上框架之间的间隙进行密封。

6）天窗上框架翻边的沟槽内装有密封胶条，用以对天窗上框架和车顶盖之间的间隙进行密封。

4. 电动天窗的结构

电动天窗主要由滑动机构、驱动机构、开关和控制系统等组成，如图4-23所示。

（1）滑动机构　电动天窗滑动机构主要由导向块、导向销、连杆、托架和前后枕座等组成。

（2）驱动机构　电动天窗驱动机构主要由电动机、传动机构和滑动螺杆等组成。

1）电动机。电动机通过传动装置为天窗的开闭提供动力。电动机能双向转动，即通过改变电流的方向来改变电动机的旋转方向，实现天窗的开闭。

2）传动机构。传动机构主要由蜗杆传动机构、中间齿轮传动机构（主动中间齿轮、过渡中间齿轮）和驱动齿轮等组成。齿轮传动机构接受电动机的动力，改变旋转方向，并减速增矩后将动力传给滑动螺杆，使天窗实现开闭；同时将动力传给凸轮，使凸轮顶动限位开关进行开闭。主动中间齿轮与蜗轮固装在同一根轴上，并与蜗轮同步转动；过渡中间齿轮与驱动齿轮固装在同一根输出轴上，被主动中间齿轮驱动，使驱动齿轮带动玻璃开闭。

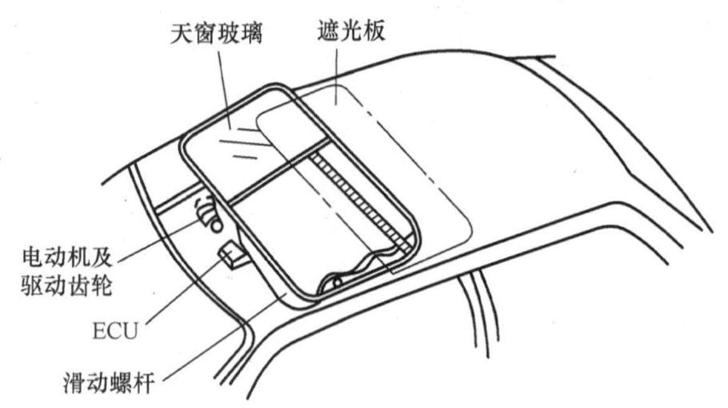

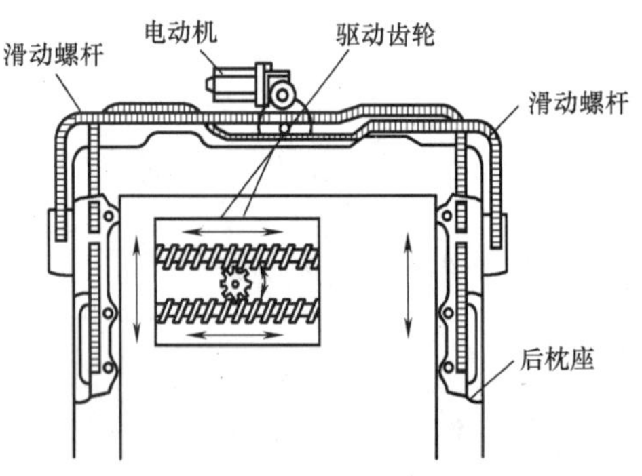

图4-23　电动天窗的组成

（3）控制系统　控制单元（ECU）是一个数字电路，设有定时器、蜂鸣器和继电器等，其作用是接收开关输入的信息，通过数字电路进行逻辑运算，确定继电器的动作，控制天窗的开闭。

（4）开关　电动天窗的开关由控制开关和限位开关组成。

1）控制开关。如图 4-24 所示，控制开关主要包括滑动开关和斜升开关。滑动开关有滑动打开、滑动关闭和断开（中间位置）3 个档位。斜升开关有斜升、斜降和断开（中间位置）3 个档位。通过操作这些开关，可使天窗驱动机构的电动机实现正反转，使天窗实现不同状态。

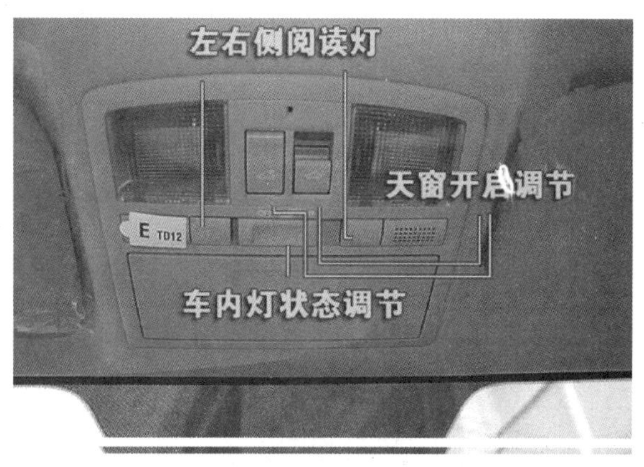

图 4-24　电动天窗的控制开关

2）限位开关。限位开关（又称行程开关）主要用来检测天窗所处的位置。限位开关是靠凸轮转动来实现断开和闭合的，如图 4-25 所示，凸轮安装在驱动机构的动力输出端。当电动机将动力输出时，通过驱动齿轮和滑动螺杆减速以后带动凸轮转动，于是凸轮周缘的突起部位顶动限位开关使其开闭，以实现对天窗的自动控制。

5. 电动天窗控制电路分析

以广汽本田雅阁轿车电动天窗的控制电路为例，分析电动天窗的工作过程。广汽本田雅阁轿车电动天窗的玻璃具有遮挡视线（避免由外向内看）和前后倾斜的功能。在没有打开任何车门的情况下，将点火开关从“ON”（Ⅱ）位置旋转至关闭位置时，电动天窗仍可工作约 10min。因此，一旦车辆发生意外，车内乘员能有更多的途径脱离危险。

广汽本田雅阁轿车电动天窗的控制元件在车上的安装位置如图 4-26 所示，其控制电路如图 4-27 所示。

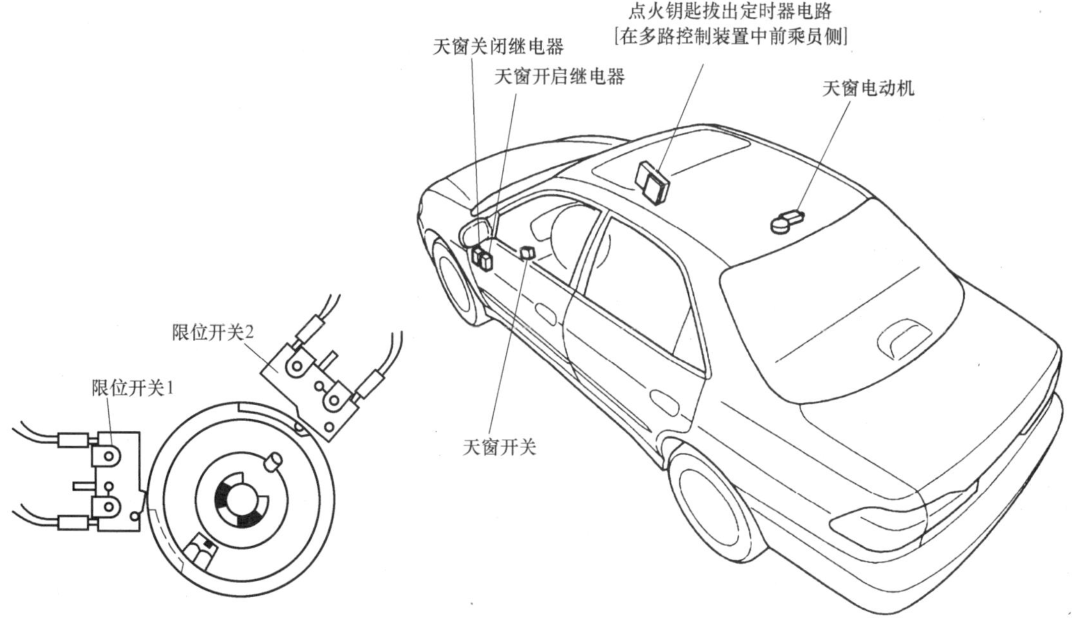

图 4-25　电动天窗的限位开关

图 4-26　广汽本田雅阁轿车电动天窗的控制元件在车上的安装位置

广汽本田雅阁轿车电动天窗的控制方式为开关配合继电器控制天窗电动机，通过改变天窗电动机的工作电流方向，实现天窗电动机的正反转，从而分别完成天窗的开启、关闭和倾斜功能。

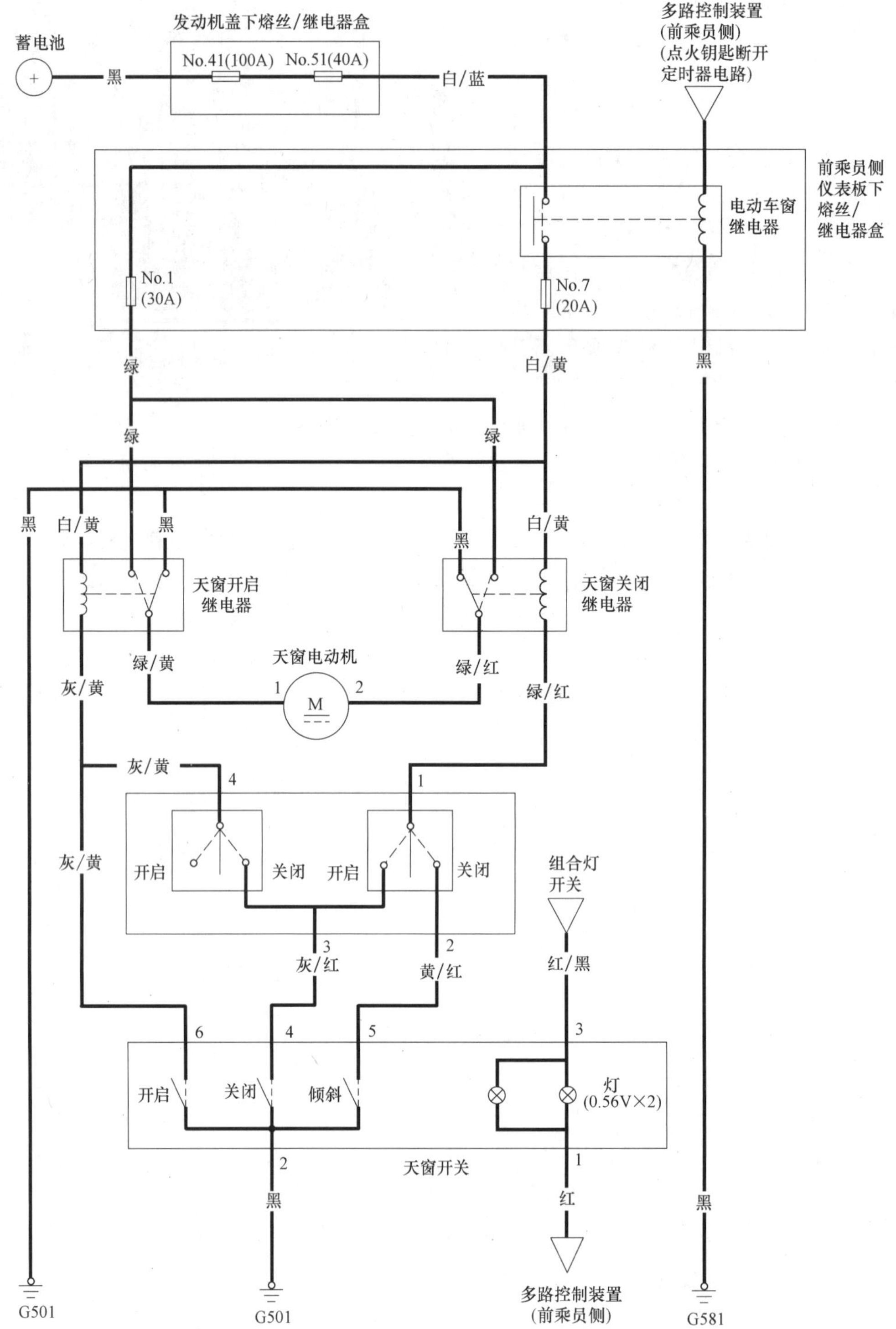

图 4-27 广汽本田雅阁轿车电动天窗的控制电路

1）关闭天窗的延时工作电路。控制电路：多路控制装置（点火开关关闭定时电路）→电动车窗继电器的电磁线圈→G581 搭铁→蓄电池负极。主电路：蓄电池正极→No.41（100A）熔丝→No.51（40A）熔丝→电动车窗继电器的触点→No.7（20A）熔丝→天窗开启继电器的电磁线圈。

2）天窗开启电路。将天窗开关拨至开启位置时，天窗开启继电器的控制电路如下：蓄电池正极→No.41（100A）熔丝→No.51（40A）熔丝→电动车窗继电器的触点→No.7（20A）熔丝→天窗开启继电器的电磁线圈→天窗开关（此时开启触点闭合）→G501 搭铁→蓄电池负极。此时，天窗开启继电器的电磁线圈通电，动合触点闭合，接通天窗电动机电路。

天窗电动机工作电路：天窗开启继电器线圈通电后触点闭合，天窗电动机通电工作，带动开窗开启，电流路线为蓄电池正极→No.41（100A）熔丝→No.51（40A）熔丝→No.1（30A）熔丝→天窗开启继电器触点（此时动合触点通电闭合）→天窗电动机 1 号端子→天窗电动机→天窗电动机 2 号端子→天窗关闭继电器触点（动断触点闭合）→G501 搭铁→蓄电池负极。

3）天窗倾斜电路。在天窗关闭状态时，将天窗开关拨至倾斜档时，天窗关闭继电器的控制电路如下：蓄电池正极→No.41（100A）熔丝→No.51（40A）熔丝→电动车窗继电器的触点→No.7（20A）熔丝→天窗关闭继电器的电磁线圈→状态开关 1 号端子→状态开关的关闭触点→状态开关 2 号端子→天窗开关 5 号端子→天窗开关倾斜触点→天窗开关 2 号端子→G501搭铁→蓄电池负极。此时，天窗关闭继电器的电磁线圈通电，动合触点闭合。

此时，天窗电动机的主电路如下：蓄电池正极→No.41（100A）熔丝→No.51（40A）熔丝→No.1（30A）熔丝→天窗关闭继电器触点（此时动合触点通电闭合）→天窗电动机 2 号端子→天窗电动机→天窗电动机 1 号端子→天窗开启继电器触点（动断触点闭合）→G501 搭铁→蓄电池负极。

任务五 电动天窗的维修

一、任务引入

电动天窗的检测内容一般包括电动天窗开关的检测，电动天窗电动机的检测，天窗关闭力及开启力的检测以及电动天窗的故障分析等几个方面。现以广汽本田雅阁轿车电动天窗为例介绍电动天窗的维修方法。图 4-28 所示为广汽本田雅阁轿车电动天窗组件分解图。

二、任务目标

1）掌握电动天窗开关及电动机的检测方法。

2）掌握天窗关闭力及开启力的检测方法。

3）掌握电动天窗的故障分析方法。

三、相关知识

1. 电动天窗开关的检测

1）拆下驾驶人侧仪表板下盖及膝垫。

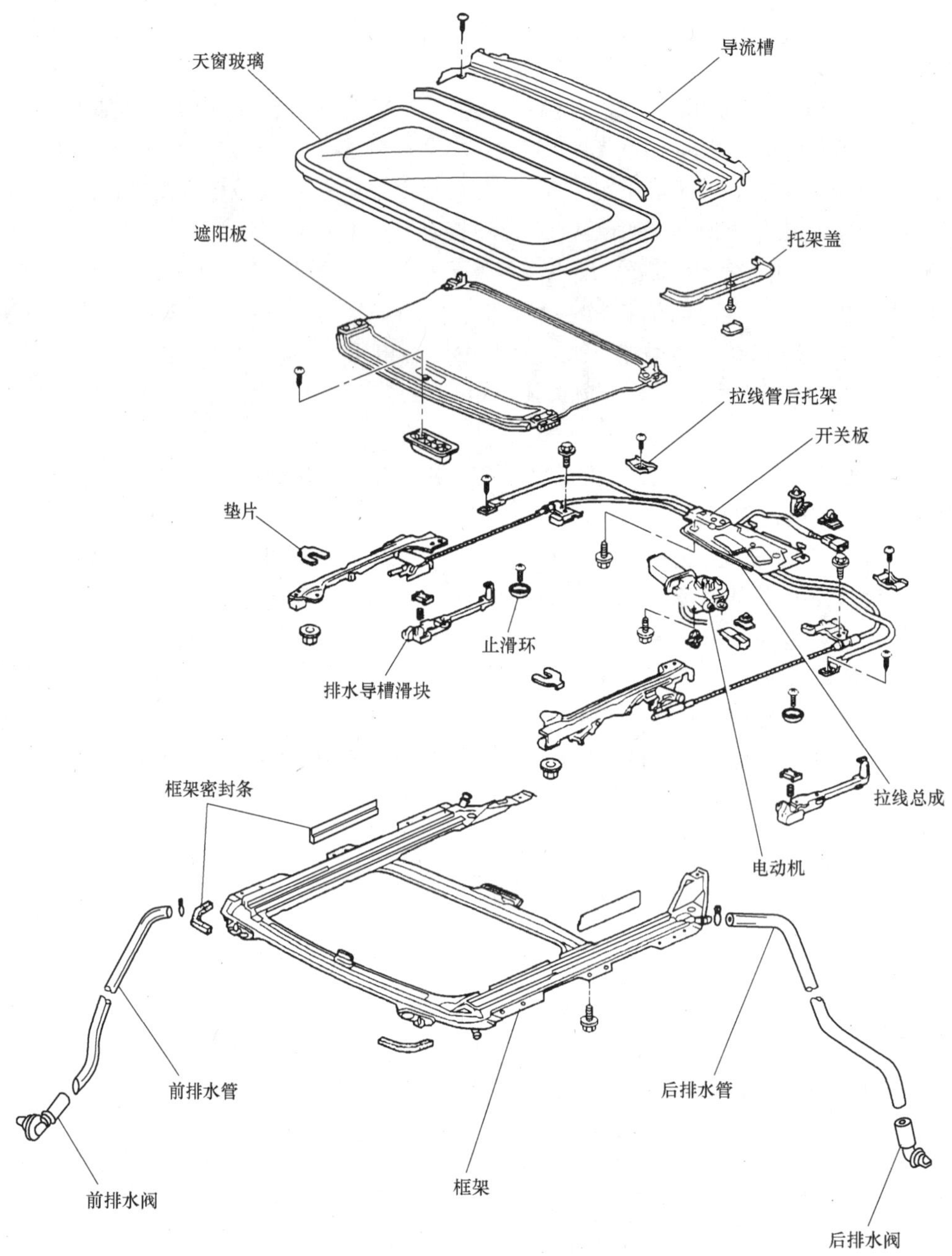

图 4-28　广汽本田雅阁轿车电动天窗组件分解图

2）小心地将开关从仪表板中撬出，如图 4-29 所示。

3）从开关处断开 6 芯插头。

4）按照表 4-4 所列，检查天窗开关处于不同位置时其各端子之间的导通情况。

表 4-4　天窗开关处于不同位置时其各端子之间的导通情况

位置＼端子	1		3	2	4	5	6
关闭	○	⊗	○	○	○		
倾斜	○	⊗	○	○		○	
开启	○	⊗	○	○			○

2. 天窗电动机的检测

1）拆下车顶内衬。

2）从天窗电动机上断开 2 芯插头，如图 4-30 所示。

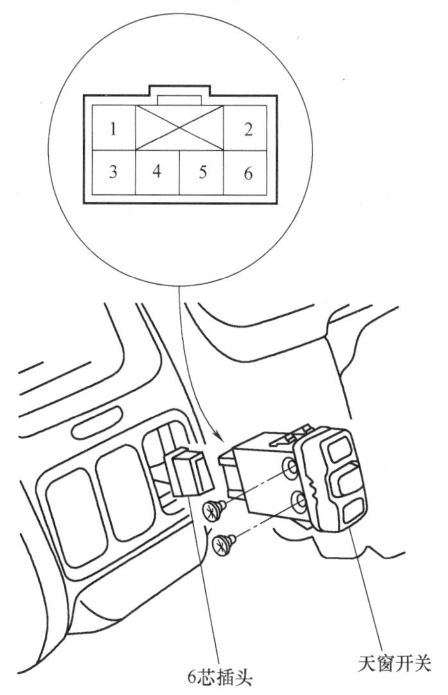

图 4-29　天窗开关及其 6 芯插头

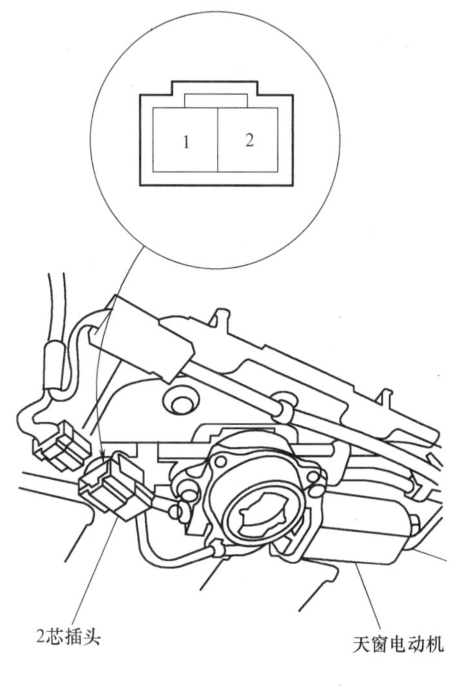

图 4-30　天窗电动机及其 2 芯插头

3）按照表 4-5 所列，将 2 芯插头的两端子分别与蓄电池的正、负极相连接，以检测天窗电动机的工作情况。如果天窗电动机不运转，则说明其有故障，应予以更换。

表 4-5　天窗电动机工作情况的检测

位置＼端子	1	2
开启	⊕	⊖
关闭	⊖	⊕

3. 天窗关闭力及开启力的检测

在检查天窗关闭力及开启力时，应事先拆下车顶内衬。

（1）天窗关闭力的检测

1）如图 4-31 所示，将一块维修用布放在打开的天窗玻璃前边缘，在维修用布上挂一只弹簧秤。

2）让助手按下天窗开关使天窗关闭，当天窗玻璃受弹簧秤拉动而停止移动（天窗关闭力等于弹簧秤弹力）时，读出弹簧秤的读数，然后迅速松开天窗开关和弹簧秤。天窗的关闭力应为 200~290N。如果天窗关闭力不在规定的范围内，则需拆下天窗电动机，并检查以下内容：

① 天窗电动机齿轮和内部拉索是否破裂或损坏。

② 天窗电动机工作是否正常，运转是否平顺。

（2）天窗开启力的检测

1）使用天窗开关前，先将天窗玻璃打开少许，然后按图 4-31 所示在天窗玻璃前边缘垫放维修用布，并固定好弹簧秤。

2）用手拉动弹簧秤，观察天窗玻璃被弹簧秤拉开所需的开启力。天窗的开启力应≤40N。如果所测的开启力超过 40N，则应检查以下内容：

① 天窗玻璃导块与滑块之间是否有异物阻滞。

② 天窗玻璃导块与其框架之间是否间隙过小。

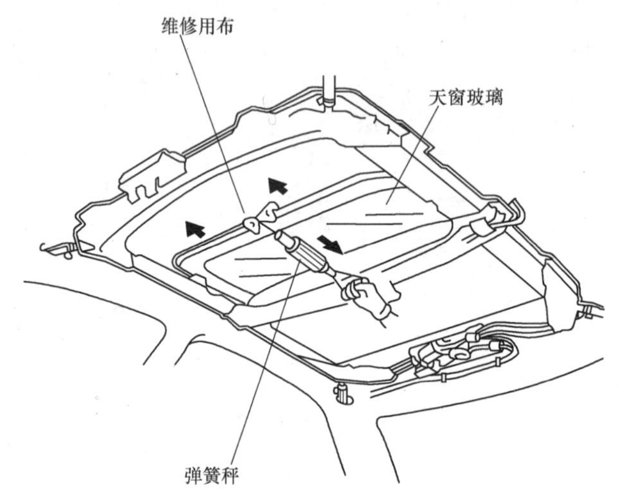

图 4-31　天窗开启力和关闭力的检测

4. 电动天窗的故障分析

电动天窗的常见故障及其故障分析见表 4-6。

表 4-6　电动天窗的常见故障及其故障分析

常见故障	故障分析
天窗漏水	天窗排水管堵塞 排水管密封条与车体顶板之间有间隙 天窗玻璃密封条与车体顶板之间有间隙 天窗玻璃密封条安装不当
风声	天窗玻璃密封条和车体顶板之间的间隙过大
天窗电动机噪声	天窗电动机的安装松动 天窗拉索总成变形 天窗齿轮与轴承磨损
天窗电动机能运转，但天窗玻璃不能移动	天窗的导块与滑块之间有异物阻滞 天窗内部拉索的安装不正确、松动 天窗齿轮的安装不正确
天窗电动机不能运转，天窗玻璃不能移动，但使用天窗扳手能使天窗玻璃移动	前乘员侧仪表板下的熔丝/继电器盒中的 1 号（30A）熔丝熔断 天窗开关有故障 天窗开启/关闭和倾斜/关闭开关不正常 蓄电池电压不正常 天窗电动机有故障 天窗开启继电器有故障

模块五　汽车电动座椅与电动后视镜系统

任务一　认识汽车电动座椅

一、任务引入

电动座椅利用电动机的动力，通过操纵控制开关来调整座椅的高低、前后位置和靠背的倾斜度，以适应不同体形的驾驶人与乘员的乘坐舒适性要求。驾驶人通过按键操纵，既可以将座椅调整到最佳的位置上，以获得最好的视野，得到易于操纵转向盘、脚踏板、变速杆等操纵件的位置，还可以获得舒适和最习惯的乘坐角度。电动座椅与普通座椅的主要区别是调整装置及其调整功能不同，如图 5-1 所示。

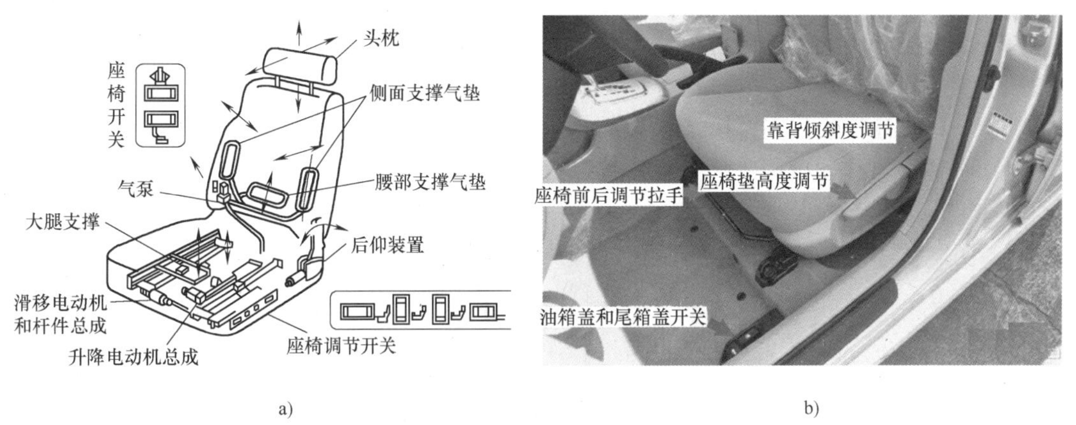

a)　　　　b)

图 5-1　电动座椅与普通座椅的区别

a）电动座椅　b）普通座椅

二、任务目标

1）了解电动座椅的类型。

2）掌握普通电动座椅的结构。

三、相关知识

1. 电动座椅的类型

（1）根据使用电动机的数量分类　根据使用电动机的数量不同，电动座椅可分为单电动机式、双电动机式、三电动机式和四电动机式等。

1）单电动机式。单电动机式只能对电动座椅的前、后两个方向进行调整。

2）双电动机式。双电动机式可以对电动座椅的 4 个方向进行调整，即不仅前、后两个方向的位置可以移动，其高、低也可以进行自动调整。

3）三电动机式。三电动机式可以对电动座椅的 6 个方向进行调整，即不仅能向前、后两个方向移动，还可分别对座椅的前部和后部的高、低进行调整。

4）四电动机式。四电动机式的调整功能除了具有以上三电动机式的调整功能以外，还可对靠背的倾斜度进行调整。

电动座椅装用的电动机最多可达 8 个，除了保证上述基本运动外，还可对头枕高度、座椅长度和扶手的位置进行调整。

（2）根据有无加热器分类　根据有无加热器，电动座椅可分为无加热器式与有加热器式两种。有加热器式电动座椅可以在冬季寒冷的时候对座椅的坐垫进行加热，以使驾驶人或乘客乘坐更舒适。

（3）根据有无存储功能分类　根据有无存储记忆功能，电动座椅可分为无存储记忆功能和带存储记忆功能两种。

无存储记忆功能的电动座椅由座椅开关、电动机、传动和执行机构以及控制装置等组成，通常称为普通电动座椅。

带存储记忆功能的电动座椅是在普通电动座椅的基础上增加了一套电子控制系统，该电子控制系统能把驾驶人调定的座椅位置靠电子控制单元存储下来，以作为以后调节的依据。驾驶人需要对座椅进行调节时，只要按一下按钮即可按记忆自动调节到理想的位置。带存储记忆功能的电动座椅的控制系统主要由座椅开关（图 5-2）、座椅位置传感器、电子控制单元、电动机和座椅传动机构等组成，通常称为自动座椅。

图 5-2　带有存储记忆功能的电动座椅的控制系统

此外，在座椅中还附加了一些特种功能的装置，如在气垫座椅上使用电动气泵，对各个专用气囊（腰椎支撑气囊、侧背支撑气囊、座位前部的大腿支撑气囊）进行充气，起到调节支撑腰椎、侧背、大腿的作用。具有全方位可调节功能的电动座椅如图 5-3 所示。

2. 普通电动座椅

普通电动座椅由座椅、电动机、控制开关、控制电路、座椅传动机构和调节装置组成。电动座椅的结构如图 5-4 所示。

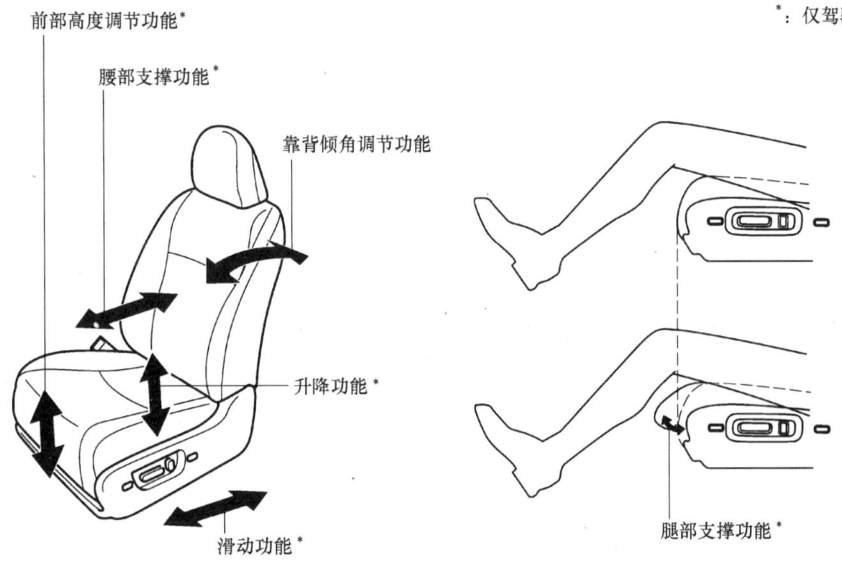

图 5-3　具有全方位可调节功能的电动座椅

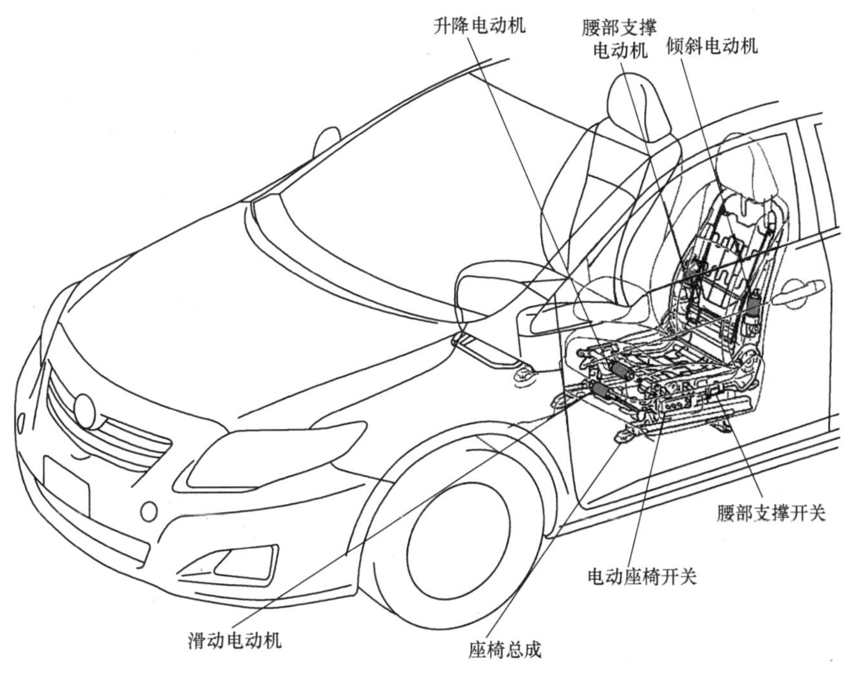

a)

图 5-4　电动座椅的结构

a）在车上的布置

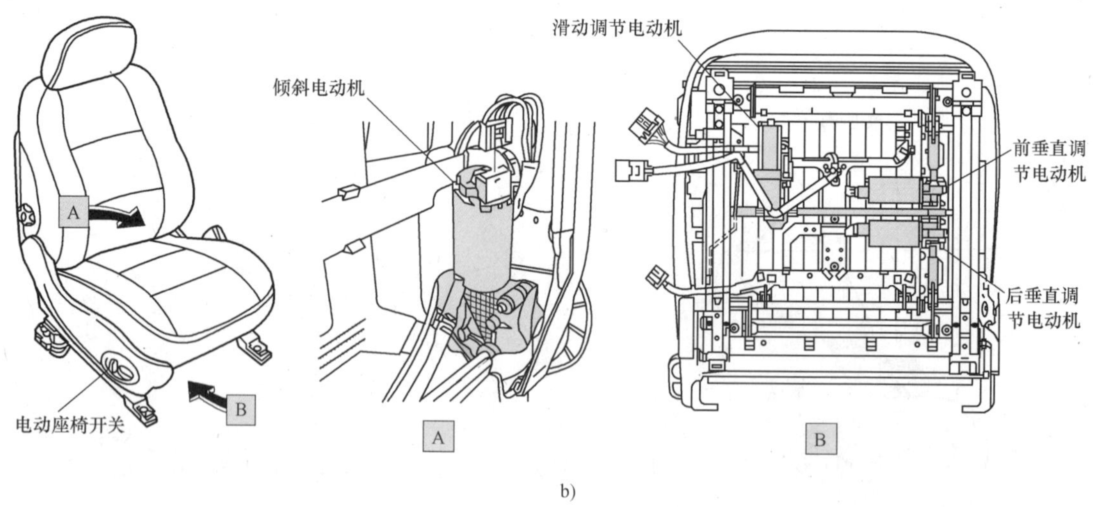

图 5-4　电动座椅的结构（续）

b）八向电动座椅的结构

（1）电动机　电动机的作用是为电动座椅的调节机构提供动力，通过传动装置驱动调整机构对座椅进行调整。电动座椅的电动机多采用双向电动机，即电枢的旋转方向随电流的方向改变而改变，使电动机按不同的电流方向进行正转或反转，以达到调节座椅的目的。为防止电动机过载，电动机内装有断路器，以确保电器设备的安全。

电动机的数量取决于电动座椅的类型和功能，如 6 向电动座椅共有 3 个电动机，通过控制开关，控制电动机进行正转或反转，能移动 6 个不同的方向，从而调节汽车座椅的位置，如图 5-5 所示。

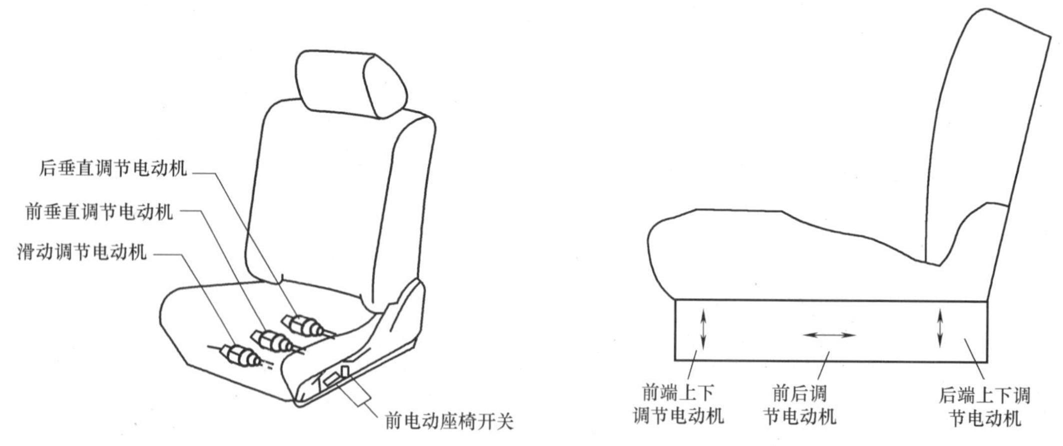

图 5-5　6 向电动座椅的示意图

1）在座椅的下面安装有一个滑动用电动机，用来调节座椅在水平方向的前、后移动。

2）在座椅的下面安装有座椅前垂直调节电动机，用来调节座椅前端在垂直方向的上、下移动。

3）在座椅的下面安装有座椅后垂直调节电动机，用来调节座椅后端在垂直方向的上、下移动。

图 5-6 所示为 8 向电动座椅。它在 6 向电动座椅的基础上增加一个靠背倾斜电动机，用来控制座椅靠背的角度变化，从而实现 8 个不同方向的调节。

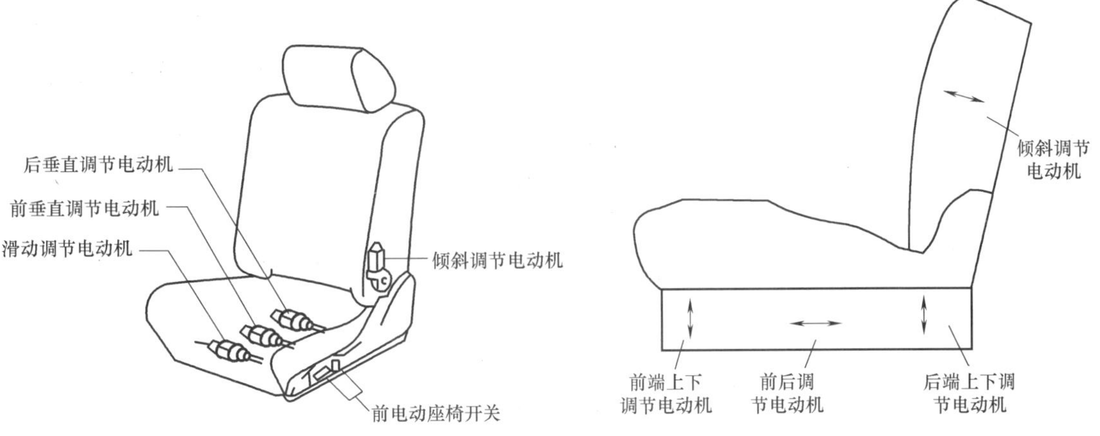

图 5-6　8 向电动座椅的示意图

（2）控制开关　电动座椅的控制开关通常安装在座椅旁边（图 5-7a），有的安装在车门扶手上（图 5-7b）或仪表板上（图 5-7c），以方便驾驶人或乘员操控。

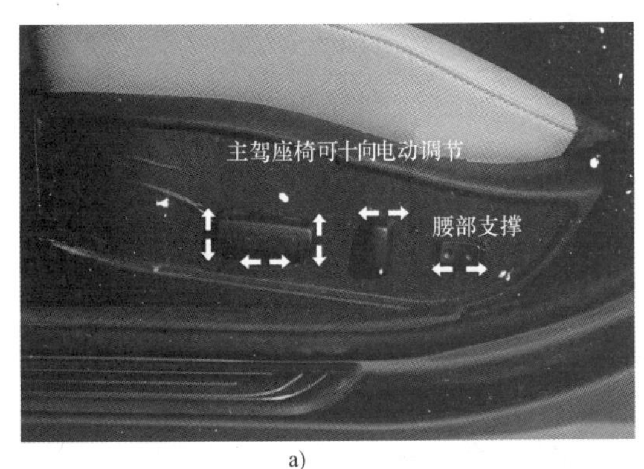

a)

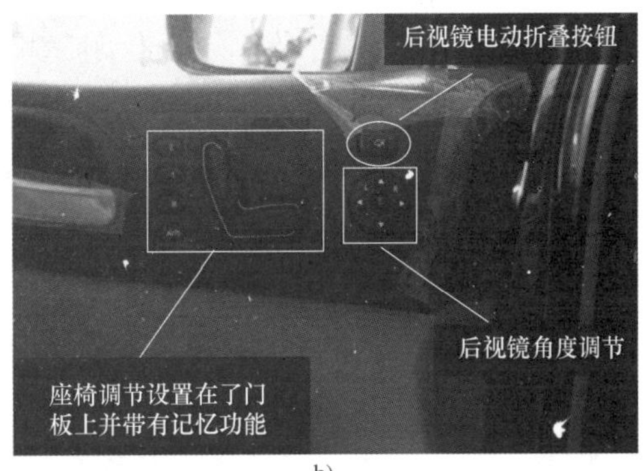

b)

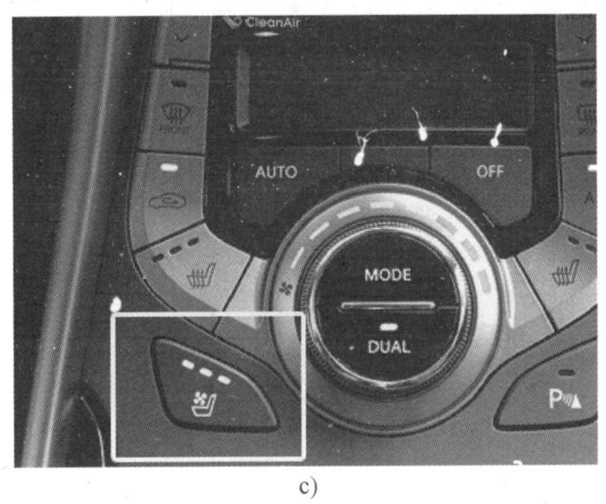

c)

图 5-7　电动座椅控制开关

电动座椅控制开关一般都设有前后滑动调节开关、高度垂直调节开关及靠背倾斜调节开关，部分高级轿车的电动座椅还设有腰部支撑调节开关和头枕调节开关等，如图 5-8 所示。各控制开关的功能见表 5-1。

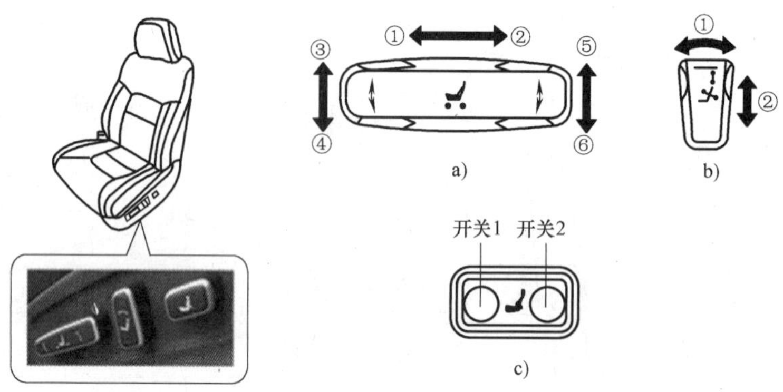

图 5-8　电动座椅的控制开关

a）滑动与垂直调节开关　b）靠背与头枕调节开关　c）腰部支撑调节开关

表 5-1　电动座椅控制开关的功能

座椅开关	功能	座椅开关动作	座椅位置
滑动与垂直调节开关	开关向①或②方向移动时,座椅就向前或向后移动		
	开关向③或④方向移动时,可调节座椅前端的高度		
	开关向⑤或⑥方向移动时,可调节座椅后端的高度		
靠背与头枕调节开关	1. 开关按①方向转动时,可调节座椅靠背的角度 2. 开关按②方向滑动时,可调节头枕的高度(只限带自动调节系统的车辆)		
开关1　开关2 腰部支撑调节开关	1. 压下开关 1 可增加腰部的支撑力 2. 压下开关 2 可减小腰部的支撑力		

(3) 调节机构　调节机构的作用是将电动机的动力传给座椅调节装置，使座椅按驾驶人或乘员的理想位置进行调节。典型电动座椅调节机构的组成如图 5-9 所示。下面介绍座椅前后调节、高低调节、靠背倾斜角度调节和头枕高度调节机构的原理。

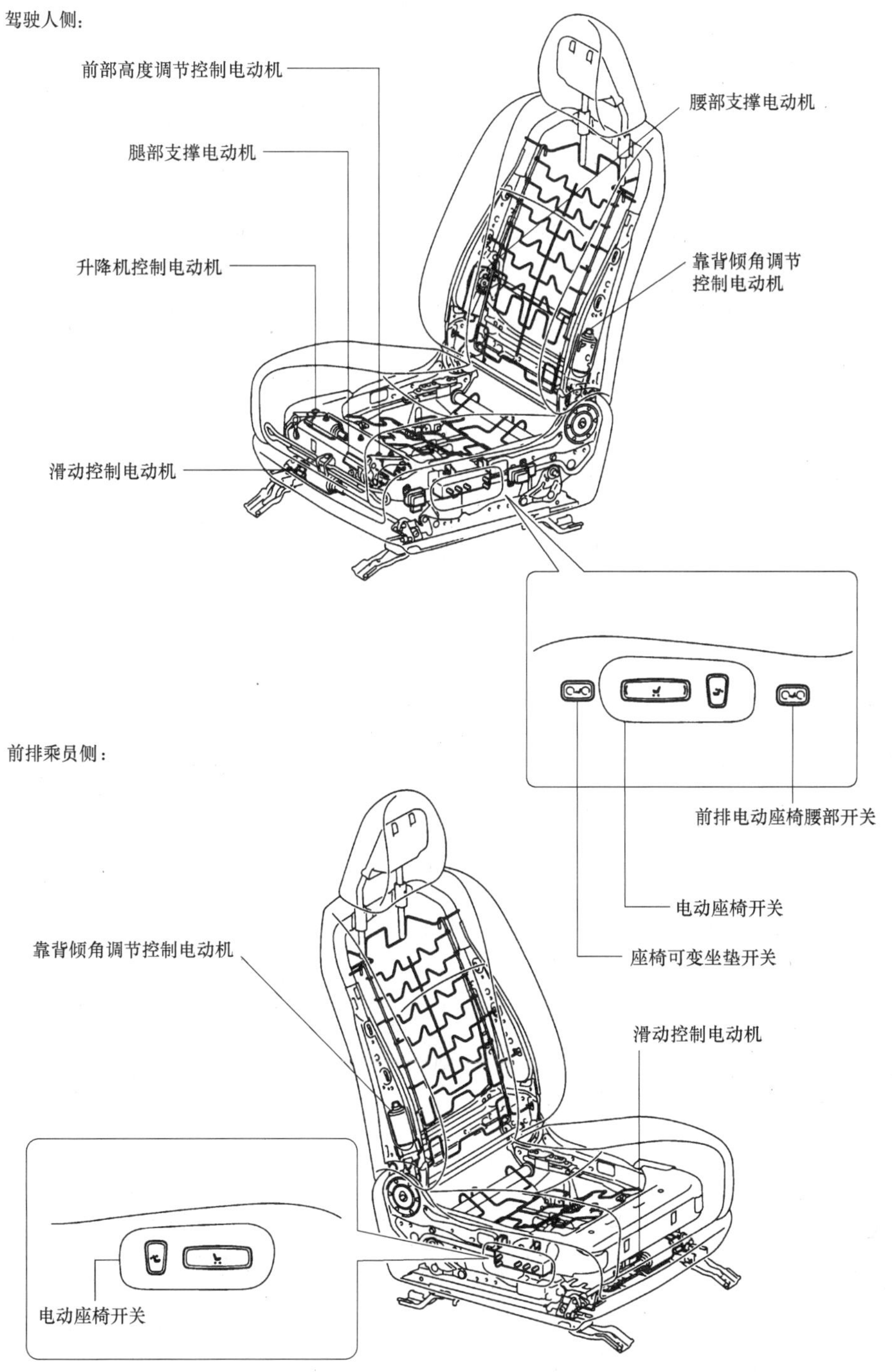

图 5-9　典型电动座椅调节机构的组成

1）座椅前后调节机构。座椅前后调节机构主要由电动机、传动螺杆、蜗杆传动件、齿条、导轨等组成，其中齿条分别安装在左、右两条导轨上。调整时，操控电动座椅的前后调节开关在向前（或向后）位置时，电动机的动力通过传动螺杆传至两侧的蜗轮和齿条，并使齿条沿导轨轴向移动，使座椅向前（或向后）移动，如图 5-10 所示。

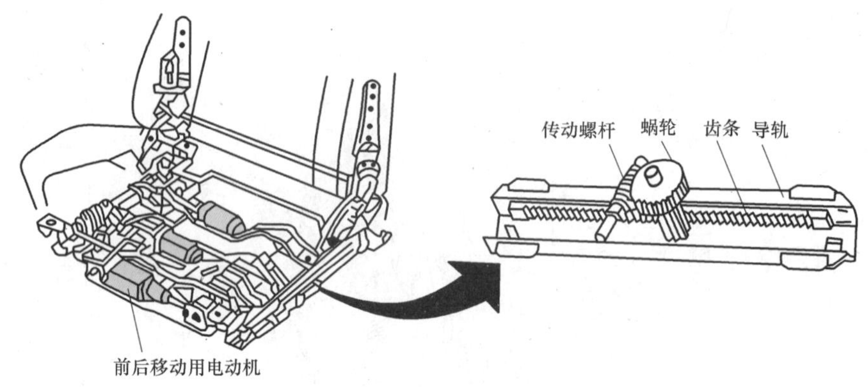

图 5-10　座椅前后调节机构

2）座椅高低调节机构。座椅高低调节机构利用剪式千斤顶原理，使座椅上升或下降，如图 5-11 所示。当操控高低调节开关在升高位置时，电动机正转，依次经外壳、螺杆传动，使塑料螺母按 a 所示的方向沿着螺杆移动；然后，连杆 2 经连杆 1，绕着支点 p 沿 b 方向转动，于是，座椅前端经连杆 3 和支架垂直升高。当操控高低调节开关在下降位置时，电动机反转，座椅向下垂直降低。

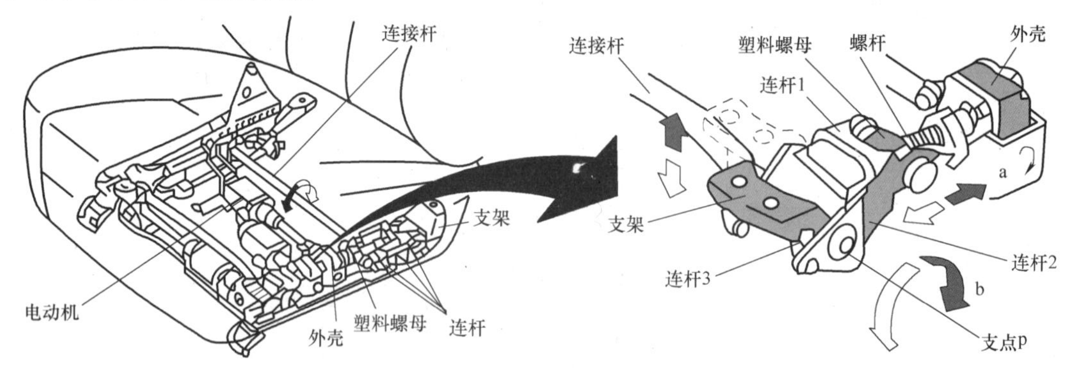

图 5-11　座椅高低调节机构

3）座椅靠背倾斜调节机构。座椅靠背倾斜调节机构主要由铰链销钉、链轮、内齿轮（30 个齿）、外齿轮（29 个齿）、电动机等组成，如图 5-12a、b 所示。靠背调节机构的铰链销钉有一个偏心凸轮，凸轮的中间轴 A 与安装在坐垫侧的外齿轮同轴；铰链销钉的中间轴 B 与安装在座椅靠背侧的链轮同轴，并与内齿轮同轴转动。

靠背调节机构的工作情况如图 5-12c 所示。当操控靠背与头枕调节开关在前倾或后倾位置时，靠背调节电动机运转，并带动链轮转动，安装在链轮上的铰链销钉以同样的转向一起转动。由于外齿轮安装在坐垫侧，因而铰链销钉的中间轴 B 围绕着带偏心凸轮的中间轴 A 旋转。这样，内齿轮就与外齿轮啮合，铰链销钉每转 1 圈，所啮合的齿轮转动 12°。座椅靠背调节的最大角度约为 54°。

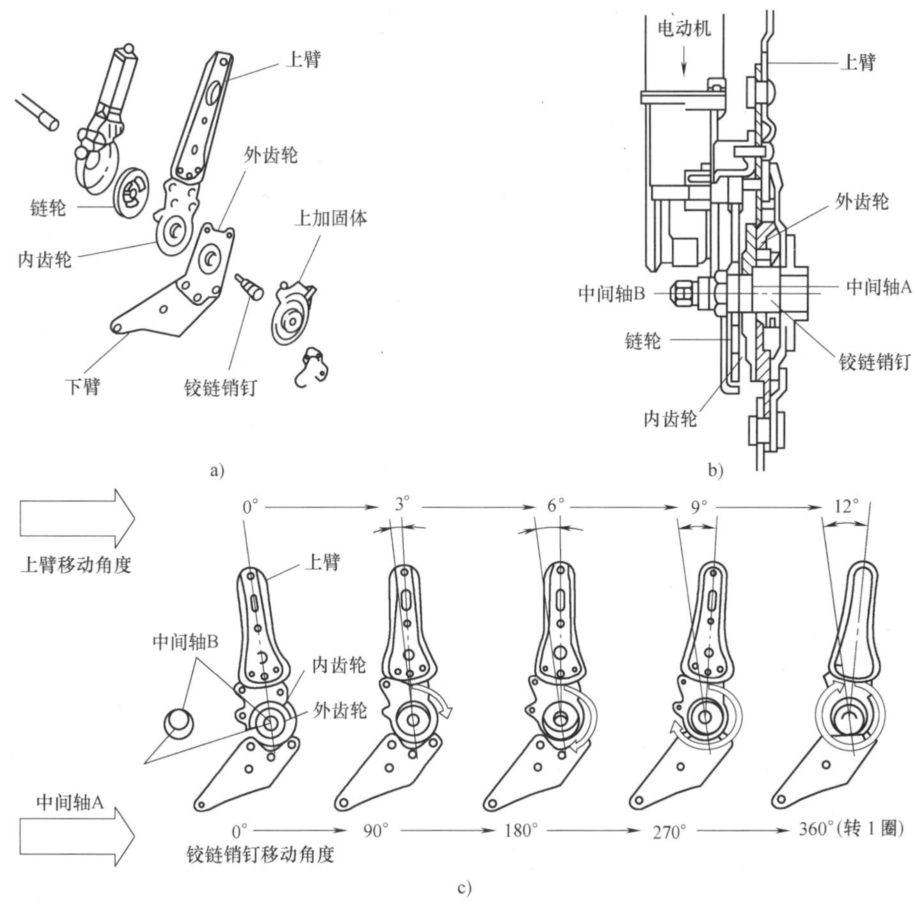

图 5-12　座椅靠背倾斜调节机构

4）头枕高度调节机构。头枕高度调节机构主要由电动机、外壳、螺杆以及固装在靠背框架上的轴等组成，如图 5-13 所示。工作时，当操控靠背与头枕调节开关在升高方向位置

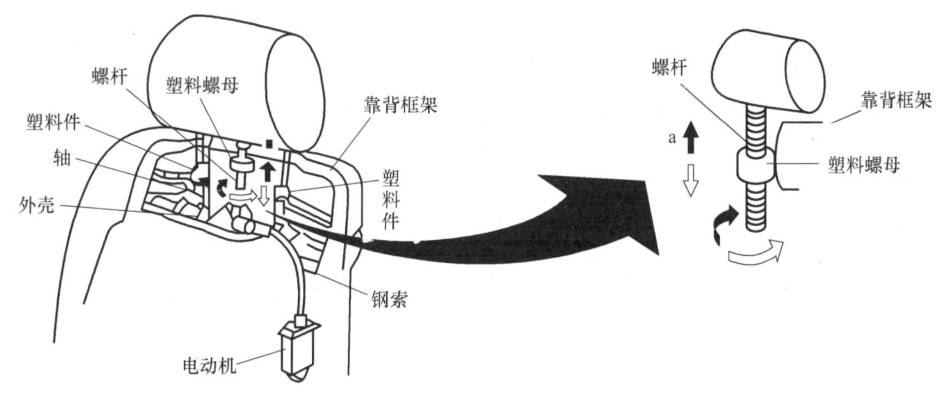

图 5-13　头枕高度调节机构

时，电动机运转，经钢索、外壳带动螺杆转动，与螺杆啮合的塑料螺母沿螺杆向 a（实箭头）方向移动，使头枕升高；当操控靠背与头枕调节开关在下降方向位置时，其工作过程与上述相反，使头枕降低。

任务二　电动座椅控制电路的检修

一、任务引入

电动座椅控制电路是电动座椅动作的控制部分，电动座椅功能是通过控制电路来实现的。电动座椅控制电路包括无存储功能的控制电路和有存储功能的控制电路。本节以无存储功能的控制电路为例进行介绍。

二、任务目标

1）掌握雷克萨斯 LS400 轿车电动座椅控制电路的工作过程。

2）掌握电动座椅控制电路的检修方法。

三、相关知识

1. 雷克萨斯 LS400 轿车电动座椅控制电路

雷克萨斯 LS400 轿车电动座椅的控制电路如图 5-14 所示。驾驶人根据需要操纵开关并接通电动座椅的调节电路，即可完成不同的调节功能。图中的电动座椅开关 12，内部有 4 套开关触头，从右到左分别是后垂直开关 a、倾斜开关 b、前垂直开关 c 和滑动开关 d。

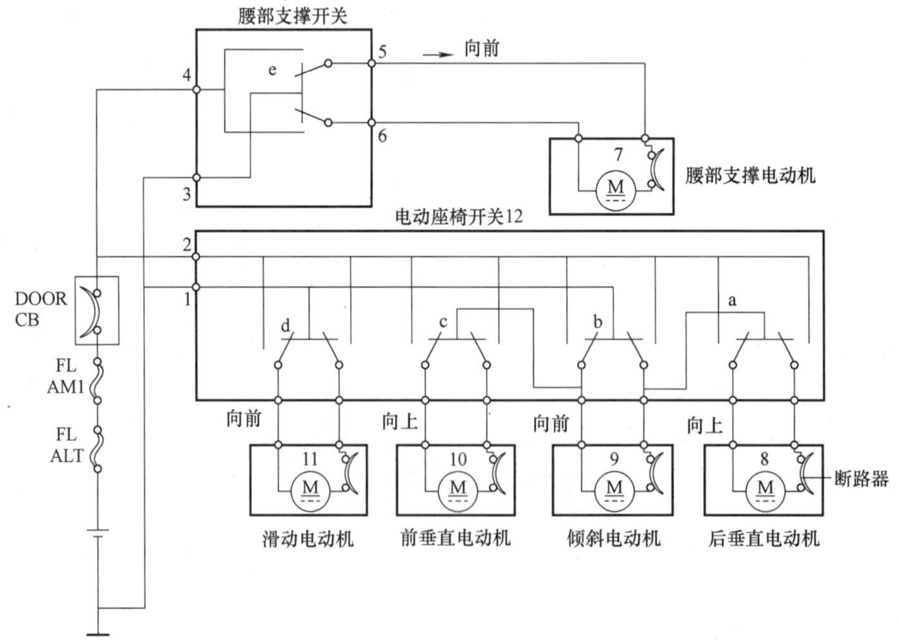

图 5-14　雷克萨斯 LS400 轿车电动座椅的控制电路

（1）电动座椅的前后滑动调节

1）座椅向前滑动调节。按下电动座椅开关上的相应位置，滑动开关 d 中的左触头向左结合，如图 5-15 所示，此时电路为：蓄电池正极→熔丝 FL ALT→熔丝 FL AM1→断路器 DOOR CB→座椅开关端子 2→滑动开关 d 左触头→滑动电动机 11→断路器→滑动开关 d 右触头→座椅开关端子 1→蓄电池负极。滑动电动机通电工作，座椅水平向前滑动。

2）座椅向后滑动调节。若需要座椅向后滑动，滑动开关 d 右触头向右闭合，此时流过滑动电动机 11 的电流方向与上述相反，电动机反转，座椅后移。

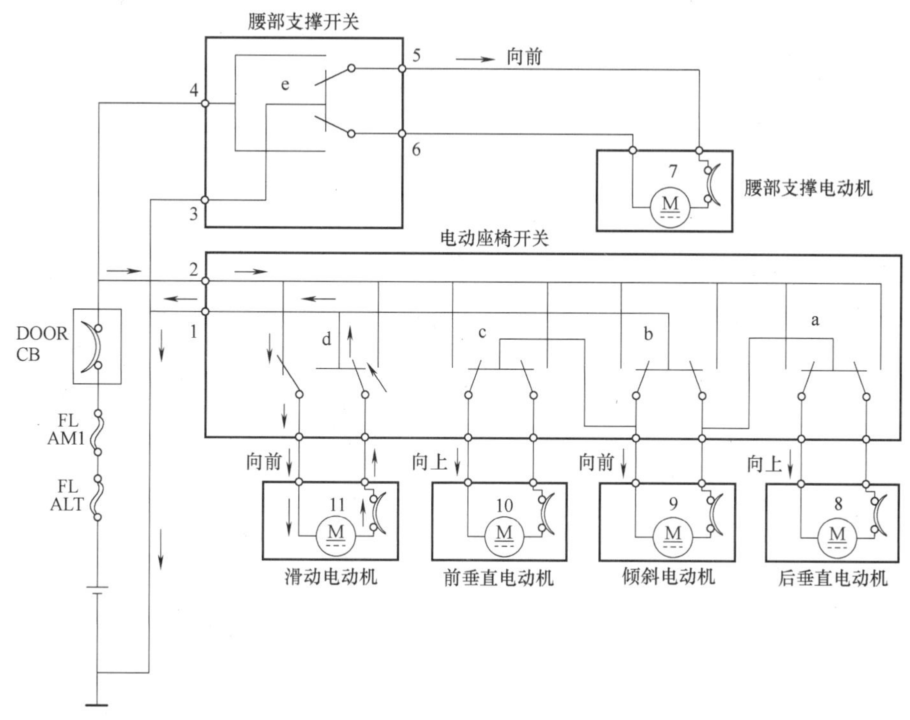

图 5-15　前后滑动调节的控制电路

（2）靠背倾斜的调节

1）座椅前倾调节。按下电动座椅开关上的相应位置，倾斜开关 b 中的左触头向左结合，如图 5-16 所示，此时的电路为：蓄电池正极→熔丝 FL ALT→熔丝 FL AM1→断路器 DOOR CB→座椅开关端子 2→倾斜开关 b 左触头→倾斜电动机 9→断路器→倾斜开关 b 右触头→座椅开关 1 号端子→蓄电池负极。倾斜电动机 9 通电转动，驱动靠背向前倾斜。

2）座椅后倾调节。如果需要靠背向后倾斜，只需要将电动座椅开关向与原来相反的方向扳动，其电流就会与原来的方向相反。由于电动机是双向永磁性电动机，所以电流相反时，电动机的旋转方向相反，靠背就向与原来相反的方向倾斜。

（3）座椅前部的垂直调节

1）座椅前部的垂直向上调节。按下电动座椅开关上的相应位置，前垂直开关 c 左触头向左结合，如图 5-17 所示，此时的电路为：蓄电池正极→熔丝 FL ALT→熔丝 FL AM1→断路器 DOOR CB→座椅开关端子 2→前垂直开关 c 左触头→前垂直电动机 10→断路器→前垂直开关 c 右触头→倾斜开关 b 左触头→座椅开关端子 1→蓄电池负极。此时前垂直电动机 10 通电而转动。电动机的动力通过蜗杆减速机构带动调整机构的螺杆旋转，将座椅架向上托起，座椅的前部向上垂直移动。

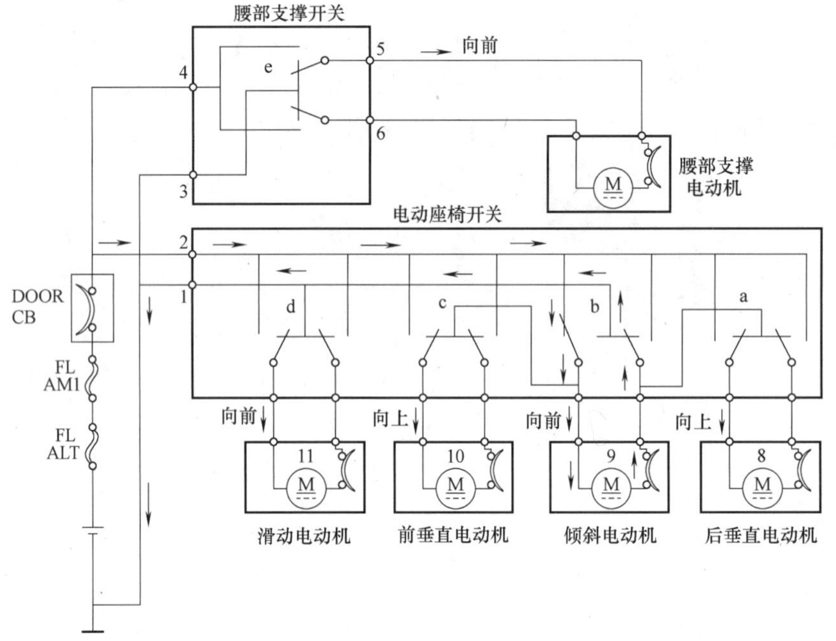

图 5-16　靠背倾斜调节的控制电路

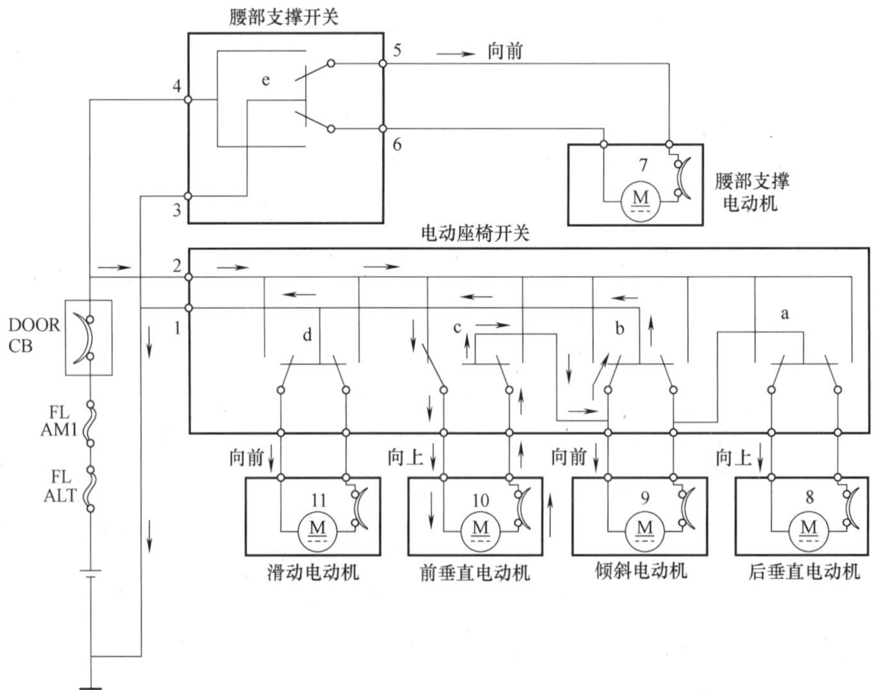

图 5-17　座椅前/后垂直调节的控制电路

2）座椅前部的垂直向下调节。按下电动座椅开关上的相应位置，前垂直开关 c 的右触头向右结合。此时流过电动机 10 的电流方向与上述相反，电动机反转，座椅的前部向下垂直移动。

（4）座椅后部的垂直调节

1）座椅后部的垂直向上调节。按下电动座椅开关上的相应位置，后垂直开关 a 中的左触头向左结合，电路为：蓄电池正极→熔丝 FL ALT→熔丝 FL AM1→断路器 DOOR CB→座椅开关端子 2→后垂直开关 a 左触头→后垂直电动机 8→断路器→后垂直开关 a 右触头→倾斜开关 b 右触头→座椅开关端子 1→蓄电池负极。此时后垂直电动机 8 通电而转动，座椅后部向上垂直移动。

2）座椅后部的垂直向下调节。按下电动座椅开关上的相应位置，后垂直开关 a 的右触头向右结合，此时流过电动机 8 的电流方向与上述相反，电动机反转，座椅后部向下垂直移动。

（5）座椅高度的调节　按下电动座椅开关上的相应位置，前、后垂直电动机同时通电运动，座椅便整体向上或向下运动。

（6）腰部支撑的调节　当腰部支撑开关 e 的上触头闭合时，如图 5-18 所示，电路为：蓄电池正极→熔丝 FL ALT→熔丝 FL AM1→断路器 DOOR CB→腰部支撑开关端子 4→腰部支撑开关 e 的上触头→腰部支撑开关端子 5→断路器→腰部支撑电动机 7→腰部支撑开关端子 6→腰部支撑开关 e 的下触头→腰部支撑开关端子 3→蓄电池的负极，构成闭合电路。此时，腰部支撑电动机 7 通电转动，腰部支撑向一个方向运动。

当腰部支撑开关 e 的下触头闭合时，其电路为：蓄电池正极→熔丝 FL ALT→熔丝 FL AM1→断路器 DOOR CB→腰部支撑开关端子 4→腰部支撑开关 e 的下触头→腰部支撑开关端子 6→腰部支撑电动机 7→断路器→腰部支撑开关端子 5→腰部支撑开关 e 的上触头→腰部支撑开关端子 3→蓄电池的负极。此时，腰部支撑电动机 7 通电，腰部支撑向另一个方向运动。

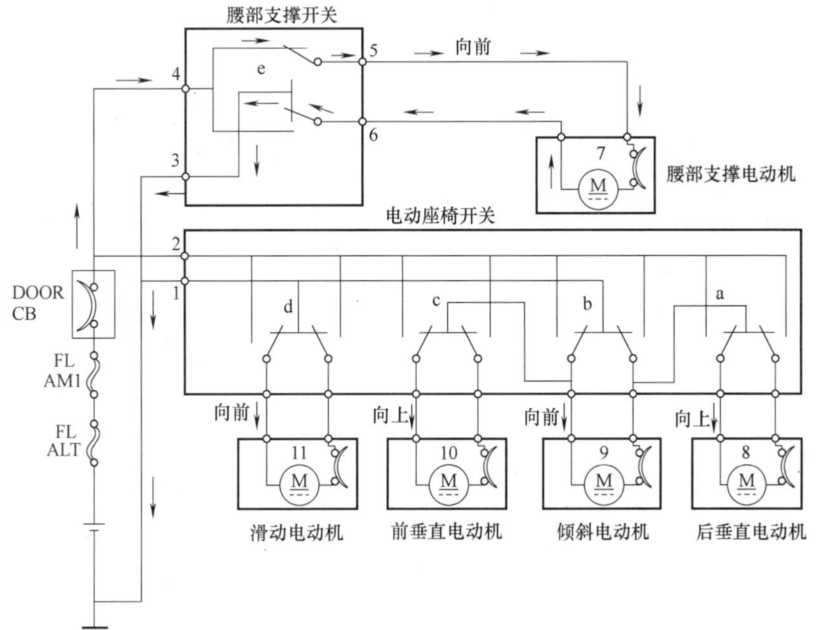

图 5-18　腰部支撑调节的控制电路

2. 电动座椅控制电路的检修

(1) 广汽本田雅阁轿车电动座椅检修　2003 款广汽本田雅阁轿车 8 向可调式驾驶人电动座椅电路如图 5-19 所示，其电动座椅电路分析与图 5-14 中的电路分析类似，此处不再重复。

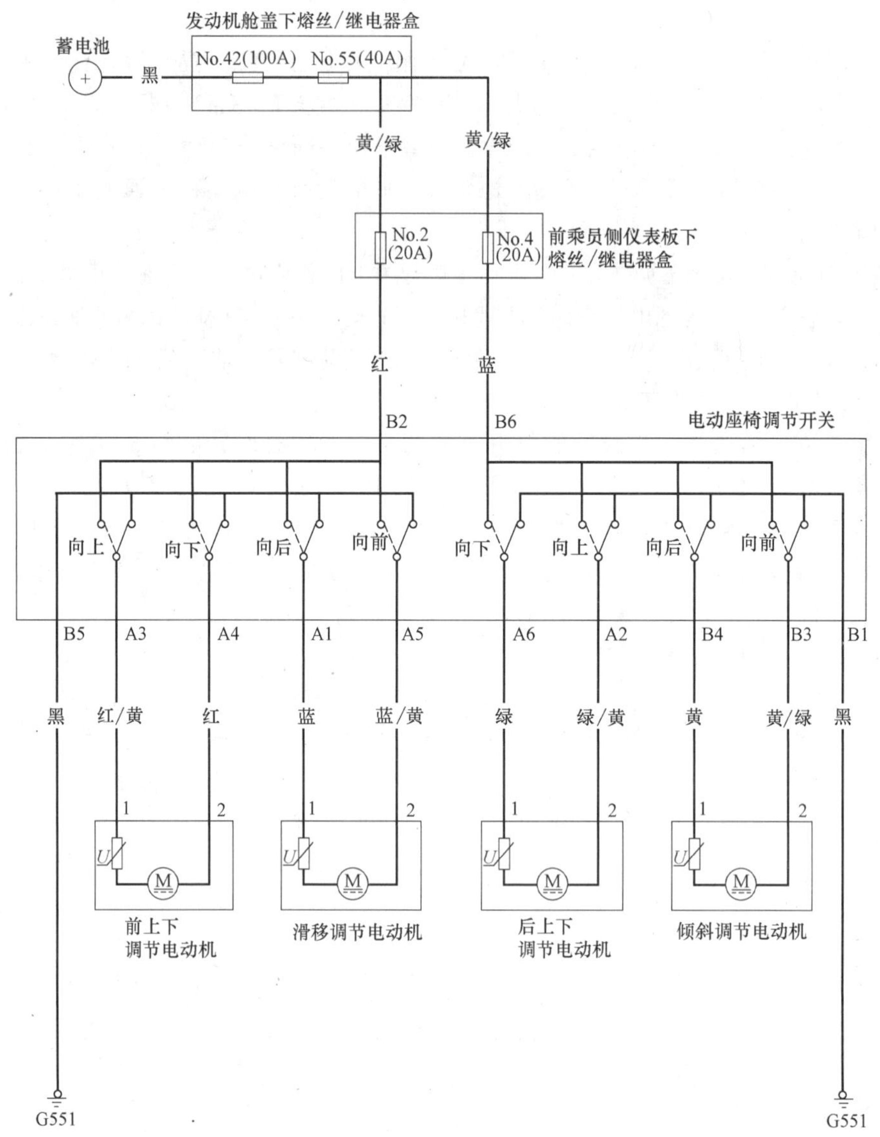

图 5-19　广汽本田雅阁轿车电动座椅电路

若电动机运转而座椅不动，首先看是否已到极限位置，然后检查电动机与变速器之间的相关元件是否磨损过大或损坏，必要时应更换。若电动机不工作，应检查电源线及电动机线路是否断路、搭铁是否牢固，然后进行如下元件检测：

1) 调节开关的检测。

① 拔出调节开关按钮，然后从驾驶人侧座椅处拆下调节开关罩。

② 拆开调节开关的两个 6 芯插头，如图 5-20 所示。再拆下该开关的两个固定螺钉，然后从开关罩上拆下调节开关。

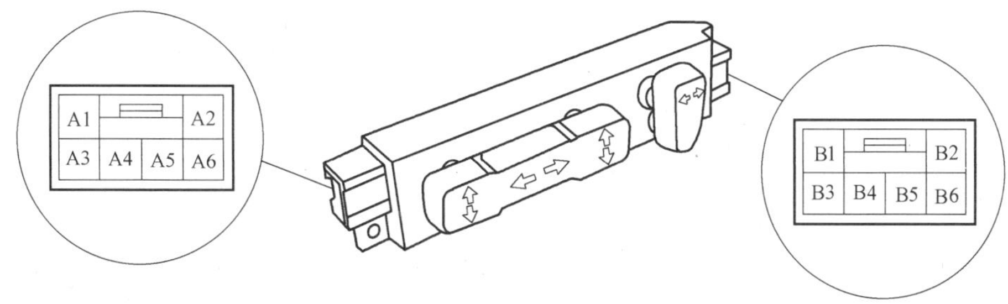

图 5-20　调节开关插头

表 5-2　调节开关的检测

位置＼端子		A1	A2	A3	A4	A5	A6	B1	B2	B3	B4	B5	B6
滑移调节开关	向前					○	—	—	—	—	—	—	○
		○	—	—	—	—	—	—	—	—	—	○	
	向后	○	—	—	—	—	—	—	—	—	—	—	○
						○	—	—	—	—	—	○	
倾斜调节开关	向前								○	○			
								○	—	—	○		
	向后								○	—	○		
								○	—	○			
前端上下调节开关	向上			○	—	—	—	—	—	—	—	—	○
					○	—	—	—	—	—	—	○	
	向下				○	—	—	—	—	—	—	—	○
				○	—	—	—	—	—	—	—	○	
后端上下调节开关	向上		○	—	—	—	—	—	○				
							○	○					
	向下						○	—	○				
			○	—	—	—	—	○					

③ 当调节开关处于各调节位置时，按表 5-2 检查两个 6 芯插头各端子间的导通情况，否则更换调节开关。

2）调节电动机的检测。

① 拆下驾驶人侧座椅轨道端盖，再拆下驾驶人侧座椅的 4 个固定螺栓。

② 拆开座椅线束插头和线束夹，然后拆下驾驶人侧座椅。

③ 拆开调节开关的两个 6 芯插头，如图 5-21 所示。

④ 将两个 6 芯插头的某两端子分别接蓄电池正、负极，按表 5-3 检查各调节电动机的工作情况。

注意：当电动机停止运转时，应立即断开端子与蓄电池的连接。

⑤ 如果某个调节电动机不运转或运转不平稳，则应检查 6 芯插头与该调节电动机的 2 芯插头之间的线束是否有断路或虚接故障。如果线路正常，则应更换调节电动机。

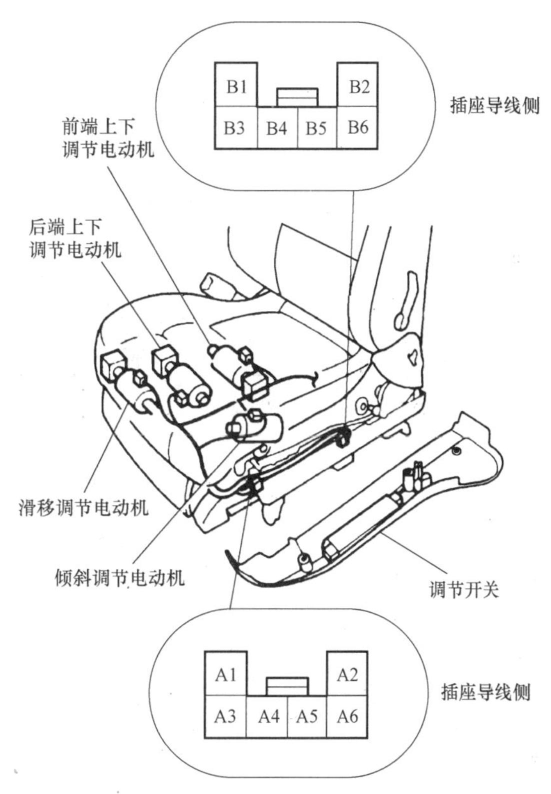

图 5-21　调节电动机的检测示意图

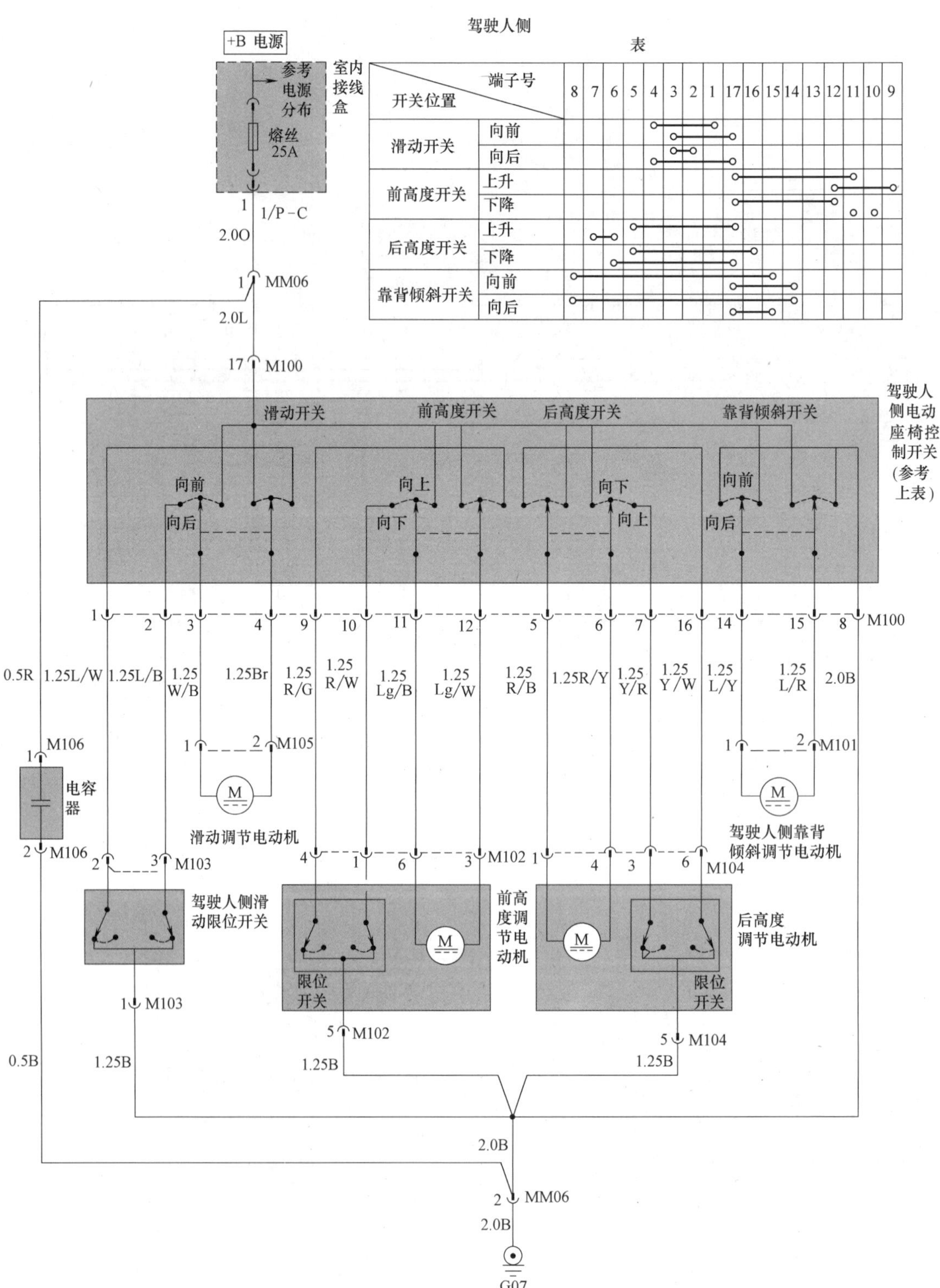

开关位置 \ 端子号		8	7	6	5	4	3	2	1	17	16	15	14	13	12	11	10	9
滑动开关	向前					○	—	—	○									
							○	—	—	○								
	向后						○	○										
						○	—	—	—	○								
前高度开关	上升									○	—	—	—	—	—	○		
															○	—	—	○
	下降									○	—	—	—	—	○			
																○	○	
后高度开关	上升				○	—	—	—	—	○								
			○	○														
	下降				○	—	—	—	—	—	○							
				○	—	—	—	—	—	○								
靠背倾斜开关	向前	○	—	—	—	—	—	—	—	—	—	○						
										○	—	—	○					
	向后	○	—	—	—	—	—	—	—	—	—	—	○					
										○	—	○						

图 5-22　北京现代索纳塔轿车电动座椅电路

表 5-3　调节电动机的检测

调节电动机的工作情况＼电源		(+)	(-)
前端上下调节电动机	向上	A3	A4
	向下	A4	A3
后端上下调节电动机	向上	A2	A6
	向下	A6	A2
前后调节电动机	向前	A5	A1
	向后	A1	A5
倾斜调节电动机	向前	B3	B4
	向后	B4	B3

(2) 北京现代索纳塔轿车电动座椅电路　图 5-22 所示为北京现代索纳塔轿车电动座椅电路，此处不做详细的分析，请按照该图的电路进行分析。

任务三　带有加热系统的电动座椅

一、任务引入

座椅加热系统可以对驾驶人和乘员的座椅进行加热，使乘坐更加舒适。有些汽车座椅的加热速度可以调节，有些不可以调节。

二、任务目标

1) 掌握加热速度不可调式座椅加热系统的控制过程。

2) 掌握加热速度可调式座椅加热系统的控制过程。

三、相关知识

1. 加热速度不可调式座椅加热系统

图 5-23 所示为北京现代索纳塔轿车电动座椅加热电路。该电路可以对驾驶人座椅和前乘员座椅同时进行加热，也可以分别进行加热。其中，座椅加热线圈和靠背加热线圈是串联连接。其工作过程如下：

1) 若只需对驾驶人座椅进行加热，只接通左前座椅加热开关。电路为：电源→熔丝 15→端子 12→端子 M21→加热开关→端子 4→恒温器开关→座椅加热器→靠背加热器→搭铁。此时，只对驾驶人的座椅进行加热，同时驾驶人座椅加热指示灯（IND）亮。单独对前乘员座椅加热时的电路分析相同。

2) 若要对两个座椅同时加热，则两座椅的加热开关同时接通，此时，两座椅的座椅加热器和靠背加热器串联以后再并联，两指示灯同时亮。电路分析不再赘述。

2. 加热速度可调式座椅加热系统

(1) 加热速度可调式座椅加热系统的工作过程　图 5-24 所示为本田雅阁轿车座椅加热

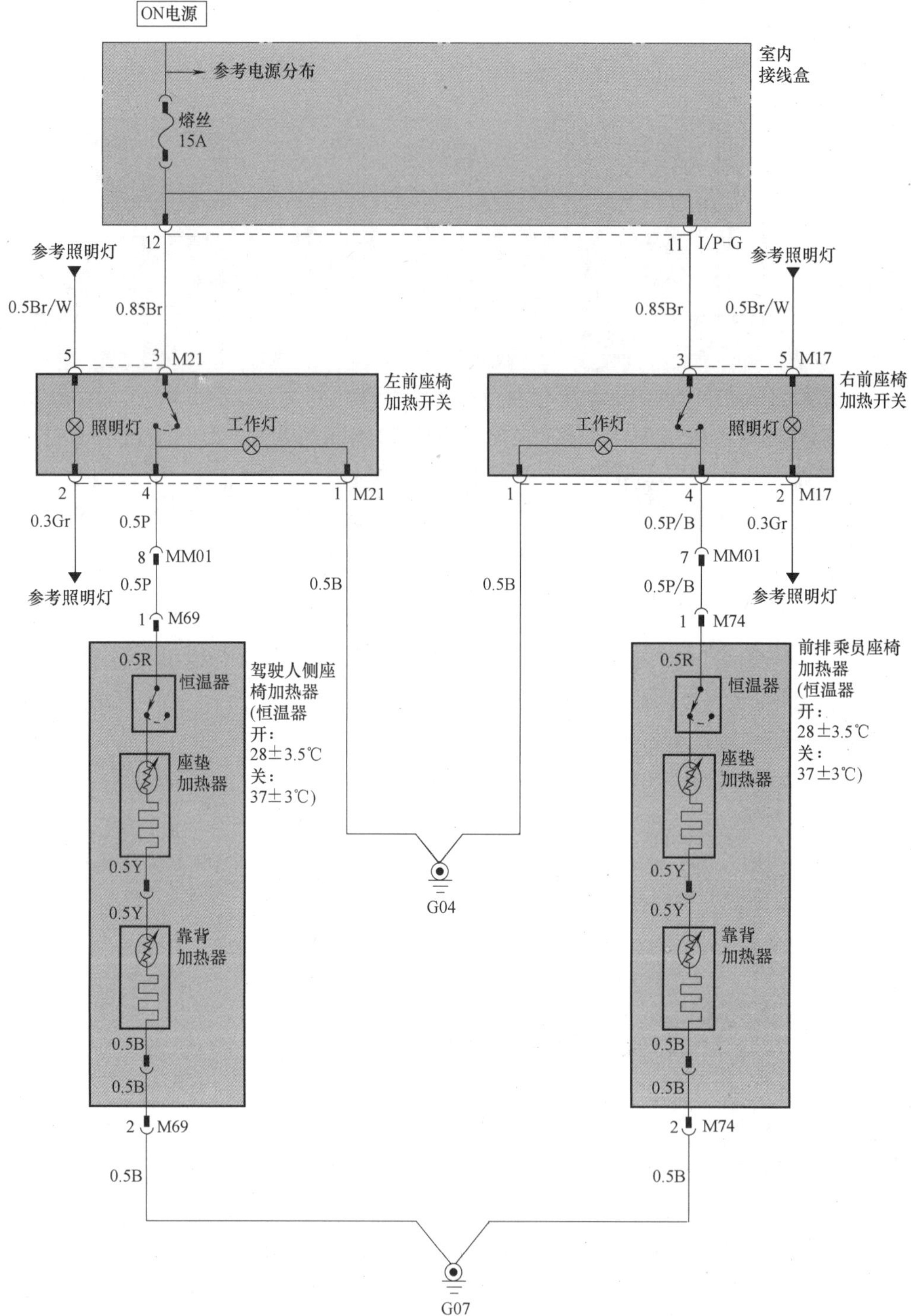

图 5-23　北京现代索纳塔轿车电动座椅加热电路

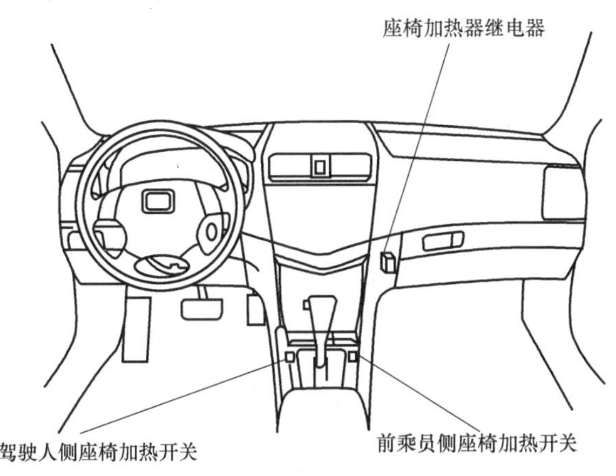

图 5-24　本田雅阁轿车加热器开关和继电器的安装位置

器开关和继电器的安装位置。

图 5-25 所示为本田雅阁轿车座椅加热系统电路，其座椅加热器的加热速度可以调节。驾驶人侧和前乘员侧座椅的加热器和加热控制开关相同。该座椅加热系统可以单独对驾驶人侧或前乘员侧座椅进行加热，也可以同时对两座椅进行加热。下面以驾驶人侧的座椅加热器为例，分析其工作过程。

1）不工作。当加热器开关断开时，加热系统不工作。

2）高速加热。当驾驶人侧加热器开关处于“高”位置时，电流首先经过点火开关给座椅加热器的继电器线圈通电，线圈产生磁场使继电器开关闭合。此时，加热器的电路为：蓄电池正极→熔丝 No. 41→熔丝 No. 59→座椅加热继电器触点→驾驶人侧座椅加热开关端子 6，电流分为三个支路：第一路经指示灯→驾驶人侧座椅加热器开关端子 3→搭铁 G501，指示灯亮；第二路经加热器开关端子 6→驾驶人侧座椅加热器开关端子 4→驾驶人侧座椅加热器端子 1→断电器→节温器→座椅靠背加热器→搭铁 G551；第三路经驾驶人侧座椅加热器开关端子 6→驾驶人侧座椅加热器开关端子 4→驾驶人侧座椅加热器端子 1→断电器→节温器→座椅垫加热器→驾驶人侧座椅加热器端子 2→驾驶人侧座椅加热器开关端子 5→驾驶人侧座椅加热器开关→驾驶人侧座椅加热器开关端子 3→搭铁 G501。此时，驾驶人侧座椅加热器高速开关指示灯亮，座椅垫加热器和座椅靠背加热器并联，驾驶人侧座椅加热器高速加热。

3）低速加热。当驾驶人侧座椅加热器开关处于“低”位置时，电流流向为：蓄电池正极→熔丝 No. 41→熔丝 No. 59→座椅加热继电器触点→驾驶人侧座椅加热器开关端子 6，然后分为两个支路：一路经指示灯→驾驶人侧座椅加热器端子 3→搭铁 G501，低位指示灯亮；另一路经指示灯→驾驶人侧座椅加热器开关端子 5→驾驶人座椅加热器端子 2→座椅垫加热器→座椅靠背加热器→搭铁 G551。此时，驾驶人侧座椅加热器低速开关指示灯亮，座椅垫加热器和座椅靠背加热器串联，电路中电流较小，因此加热的速度较慢。

（2）加热速度可调式座椅加热系统的检测

1）开关检测。

① 卸下中央控制台。

② 断开开关的 6 芯插头，然后从控制台托盘处拆下开关，如图 5-26 所示。

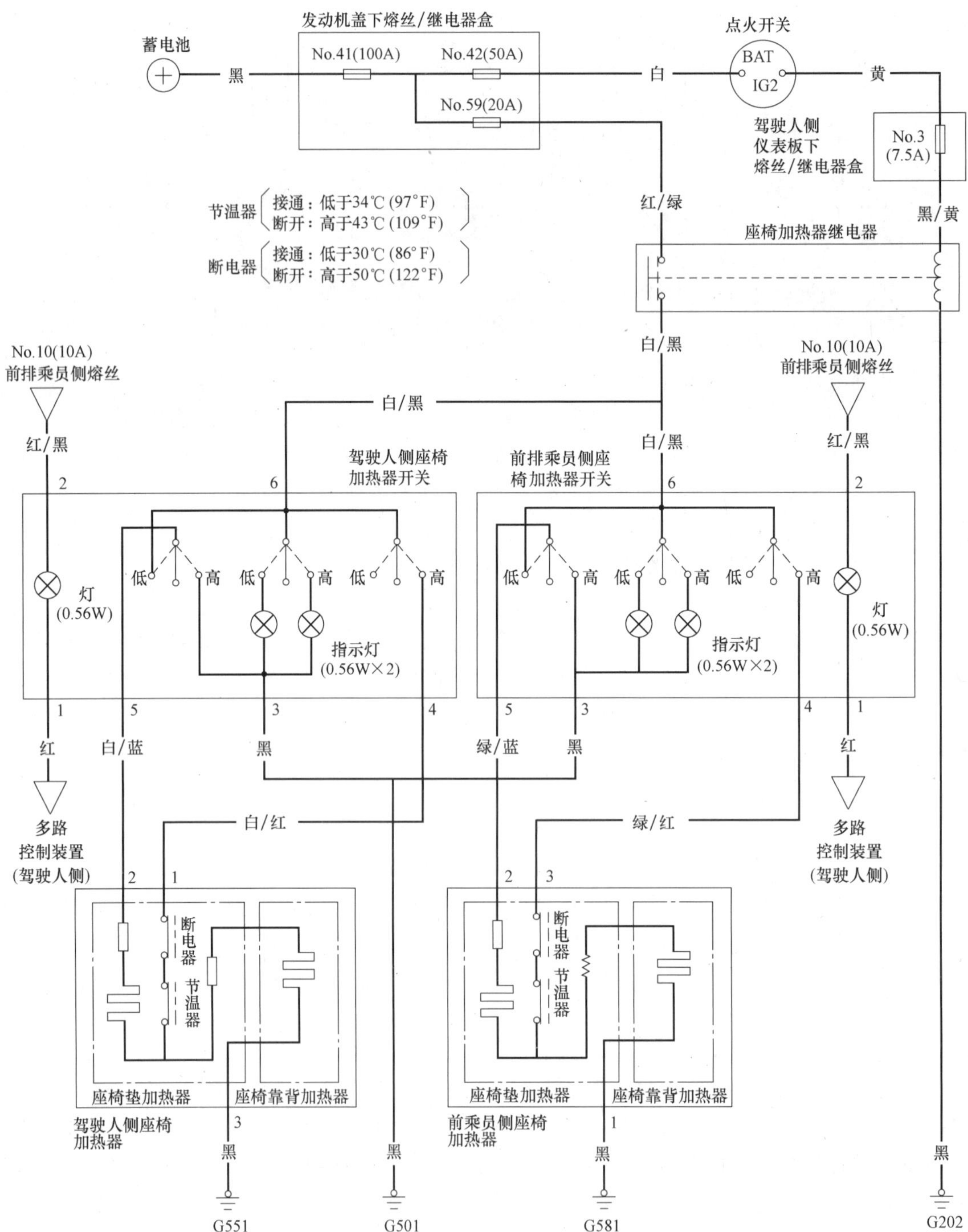

图 5-25　本田雅阁轿车座椅加热系统电路

③ 根据表 5-4，在开关的各个位置处检查各端子之间的导通性。

表 5-4　座椅加热开关各端子的导通性

位置＼端子		1		2	3		6	4	5
接通	高	○	⊗	○	○	⊗	○	○	○
	低	○	⊗	○	○	⊗	○		○
断开		○	⊗	○					

2）座椅加热器的检测（图 5-27）。

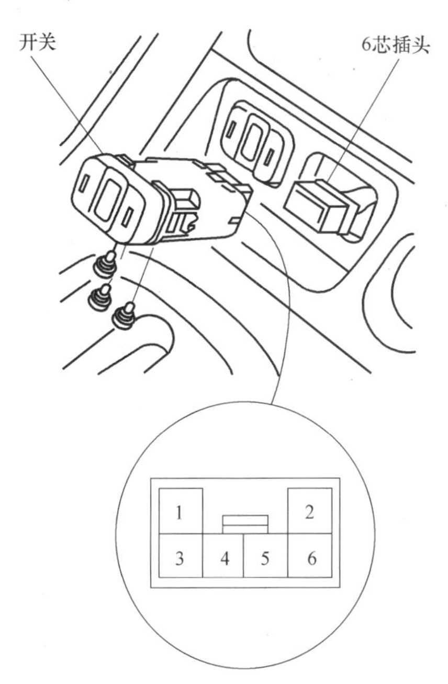

图 5-26　座椅加热开关的位置及端子排列

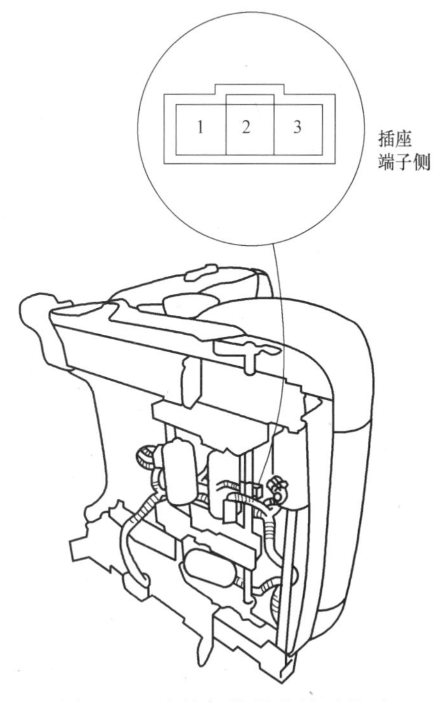

图 5-27　座椅加热器的端子排列

① 小心地拆下驾驶人侧和前乘员侧座椅。

② 检查驾驶人侧座椅加热器端子 1 与端子 2、端子 1 和端子 3 之间的导通性，应符合标准。

③ 检查前乘员侧座椅加热器端子 3 与端子 2、端子 3 与端子 1 之间的导通性，应符合标准。

任务四　自 动 座 椅

一、任务引入

自动座椅是带存储功能的电动座椅，它是人体工程学与电子技术相结合的产物，它能自动适应不同体形的乘员乘坐舒适性的要求。自动座椅的调整装置除能改变座椅的前后、高低、靠背倾斜及头枕等的位置外，还能存储座椅位置的若干个数据（或信息），只要乘员一按按钮，就能自动调出座椅的各个位置。如果此时不符合存储数据（或信息）的乘员乘坐，汽车便发出蜂鸣声响信号，以示警告。自动座椅现已在中高档轿车中广泛采用。

二、任务目标

1）了解自动座椅的组成与工作原理。

2）掌握自动座椅的部件结构及作用。

3）掌握别克君威轿车带记忆功能电动座椅控制电路的工作过程。

三、相关知识

1. 自动座椅的组成与工作原理

（1）自动座椅的基本组成　自动座椅的基本结构及驱动方式与普通电动座椅相似，不同之处是附加了一套电子控制系统。电子控制系统有两套控制装置：一套是手动的，它包括电动座椅开关、腰垫开关、腰垫电动机以及一组座椅位置调整电动机等，根据需要通过相应的座椅开关和腰垫开关来调整，此套控制方式与普通电动座椅完全相同；另一套是自动的，它包括一组位置传感器、存储和复位开关、ECU 及与手动系统公用的一组座椅位置调整电动机。

此套装置可以根据位置传感器的信号将座椅位置存储起来，以备下次恢复座椅位置时使用。两套装置驾驶人可以根据不同需要，通过操纵存储与复位开关选择使用。

（2）自动座椅的基本工作原理　雷克萨斯 LS400 自动座椅的控制电路如图 5-28 所示，其动作方式有座椅前后滑动调节、座椅前部的上下调节、座椅后部的上下调节、靠背的倾斜调节、头枕的上下调节及腰垫的前后调节等。其中腰垫的前后调节是通过腰垫开关和腰垫电动机直接控制的，并无存储功能。驾驶人通过操纵自动座椅开关可以控制其余的 5 种调整。当座椅位置调好后，按下存储和复位开关，电控装置就把各位置传感器的信号存储起来，以备下次恢复座椅位置时使用。当下次使用时，只要一按位置存储和复位开关，自动座椅 ECU 便驱动座椅电动机将座椅调整到原来位置。控制系统中各装置的功能见表 5-5。

表 5-5　自动座椅控制系统中各装置的功能

装置名称	功　　能
ECU	自动座椅 ECU 控制自动座椅的电流通断、存储执行和复位动作。当收到来自自动座椅开关的输入信号后，在 ECU 内部的继电器动作，控制自动座椅运动。座椅的存储和复位由电流驱动的倾斜和伸缩 ECU 以及座椅 ECU 之间的相互联系进行控制
自动座椅开关	该开关接通时向 ECU 输入滑动、前垂直、后垂直、倾斜或头枕位置信号
位置存储和复位开关	通过倾斜和伸缩 ECU 将记忆和复位信号输送给座椅 ECU
腰垫开关	该开关接受来自 DOOR CB 的电源，直接控制腰垫电动机的转向和电流的接通与关断。该开关不接至 ECU，而且调整位置不能存储在复位用的存储器中
位置传感器	该传感器将每个电动机（滑动、前垂直、后垂直、倾斜和头枕）位置信号送至 ECU，用作存储和复位
电动机	这些电动机由来自自动座椅 ECU 或腰垫开关的电流驱动，用来直接驱动座椅的各部分。每个电动机具有内设电路断路器

自动座椅 ECU 通过 A、B、C 三个插接器与外部相连，如图 5-29 所示，每个端子的名称见表 5-6。

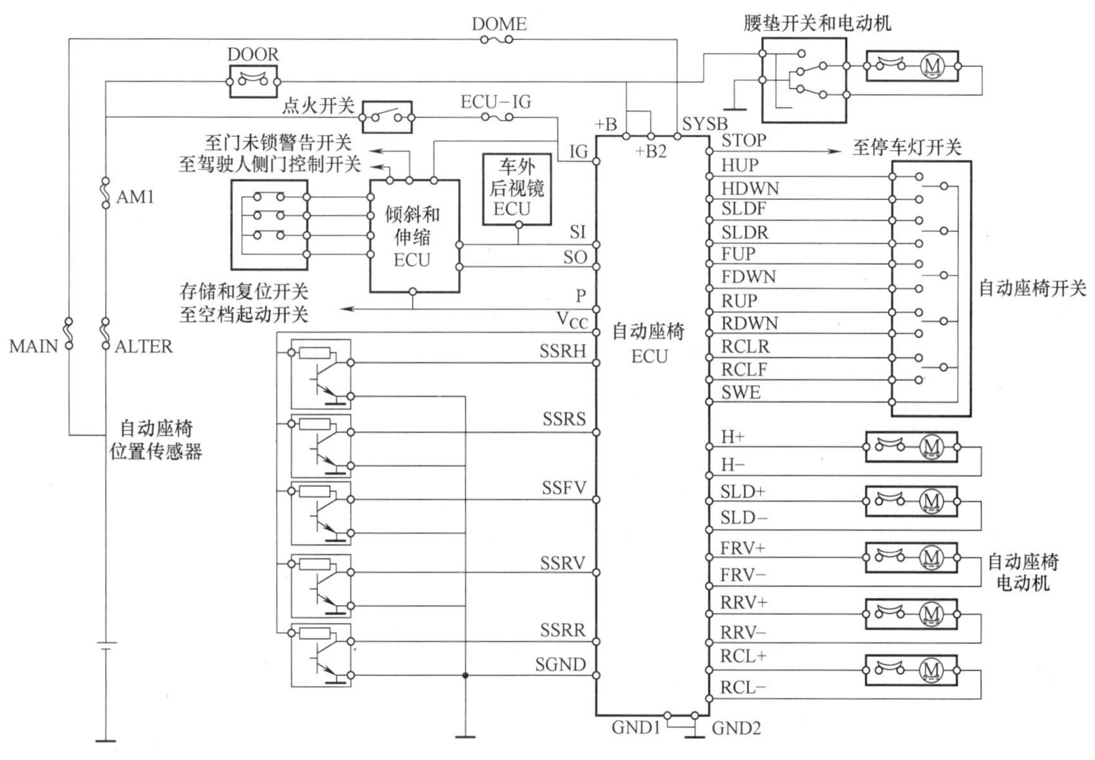

图 5-28　雷克萨斯 LS400 自动座椅的控制电路

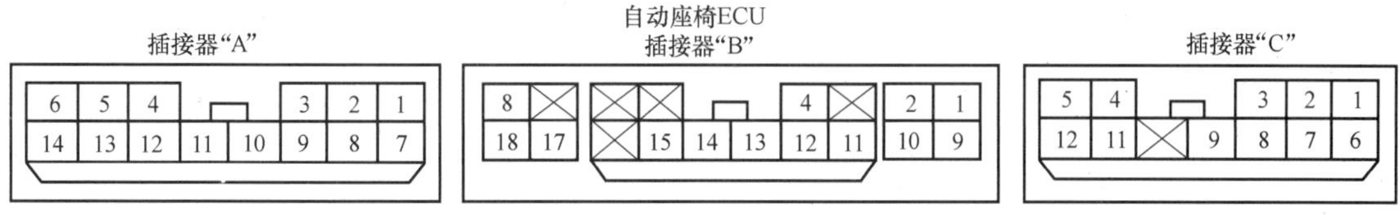

图 5-29　自动座椅 ECU 插接器

表 5-6　自动座椅 ECU 连接端子的名称

编号	代号	端子名称	编号	代号	端子名称	编号	代号	端子名称
A1	GND	搭铁	B2	SYSB	电源	B17	SO	串行通信
A2	H+	头枕电动机(向上)	B3	—	—	B18	SGND	传感器搭铁
A3	SLD+	滑动电动机(向前)	B4	SSRH	头枕传感器	C1	HUP	头枕开关(向上)
A4	FRV+	前垂直电动机(向上)	B5	—	—	C2	SLDE	滑动开关(向前)
A5	RRV+	后垂直电动机(向上)	B6	—	—	C3	RCLR	倾斜开关(向后)
A6	+B	电源	B7	—	—	C4	FUP	前垂直开关(向上)
A7	GND2	搭铁	B8	SI	串行通信	C5	RUP	后垂直开关(向上)
A8	H−	头枕电动机(向下)	B9	P	空档起动开关	C6	SWE	手动开关搭铁
A9	SLD−	滑动电动机(向后)	B10	VCC	位置传感器电源	C7	HDWN	头枕开关(向下)
A10	BCL−	倾斜电动机(向下)	B11	IG	点火开关	C8	SLDR	滑动开关(向后)
A11	RCL+	倾斜电动机(向上)	B12	SSRR	倾斜传感器	C9	RCLF	倾斜开关(向前)
A12	FRV−	前垂直电动机(向下)	B13	SSRV	后垂直传感器	C10	—	—
A13	RRV−	后垂直电动机(向下)	B14	SSFV	后垂直传感器	C11	FDWN	前垂直开关(向下)
A14	+B2	电源	B15	SSRS	滑动传感器	C12	RDWN	后垂直开关(向下)
B1	STOP	停车灯	B16	—	—			

2. 自动座椅的部件结构及作用

(1) 转向柱倾斜与伸缩 ECU　转向柱倾斜与伸缩 ECU 的作用主要是控制自动调节系统的存储器和驾驶姿势。当它从驾驶姿势存储和复位开关中接收到信号，便立即送出存储指令信号或位置信号给电动座椅 ECU 和外后视镜 ECU，转向柱倾斜与伸缩 ECU 还能根据电动座椅 ECU 接收存储结束信号和姿势调节完成信号，并能检查这些信号在两个 ECU 之间的转换是否正确。图 5-30 所示为丰田轿车转向柱倾斜与伸缩控制机构。

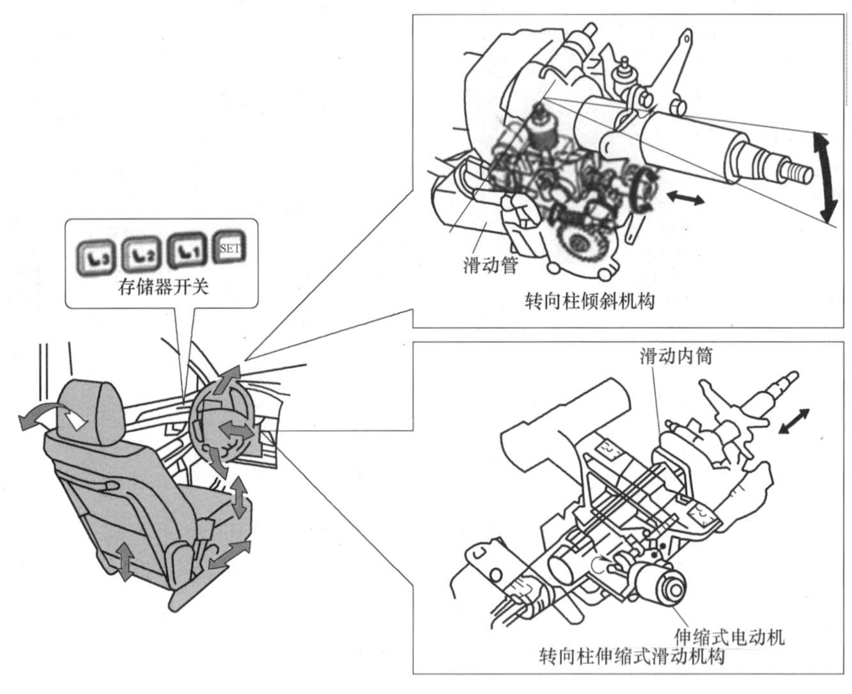

图 5-30　丰田轿车转向柱倾斜与伸缩控制机构

(2) 驾驶姿势存储和复位开关　驾驶姿势存储和复位开关通常称为记忆开关。操纵该开关，座椅位置即被存储于存储器内（如倾斜与伸缩转向柱、外后视镜、安全带的系紧等）。记忆开关会使电动座椅 ECU 调节两个预选座椅位置中的一个。记忆开关通常安放在驾驶人容易操纵的车门装饰物上。每个座椅调节装置均有一个位置传感器，将各种位置转换成电信号，并送至自动座椅 ECU。图 5-31 所示为雷克萨斯轿车的座椅位置记忆开关。

图 5-31　雷克萨斯轿车的座椅位置记忆开关

(3) 位置传感器　座椅的调节、倾斜与伸缩，转向柱的调节，安全带的系紧，转向盘和车外后视镜位置的移动，都是由自动机驱动的。为了检测这些装置的位置，分别给它们设置了位置传感器，其中自动座椅常用的位置传感器主要有滑动电位器式和霍尔式两种。

图 5-32 所示为滑动电位器式位置传感器，它主要由驱动齿轮、螺杆、滑块和电阻等组成。它的作用是将座椅的位置转变成电压信号输送给座椅 ECU 存储起来，其基本原理是调节座椅时，电动机将动力传给螺杆使螺杆转动，螺杆带动滑块在电阻上滑移，于是改变了电阻值，电阻值的变化引起电压的变化。当座椅的位置调定后，将电压输送给座椅 ECU，驾驶人只要按下存储按钮，就能将选定的调节位置进行存储，作为重新调节的基准。使用时，只要按压指定的按键，座椅就会自动调节到预先选定的座椅位置上。

图 5-33 和图 5-34 所示为霍尔式位置传感器，它主要由永磁铁和霍尔集成电路组成。永磁铁安装在电动机的驱动轴上，由驱动轴的旋转引起通过霍尔元件的磁通量的变化，使霍尔元件产生霍尔电压（信号），然后将此信号送往自动座椅 ECU。

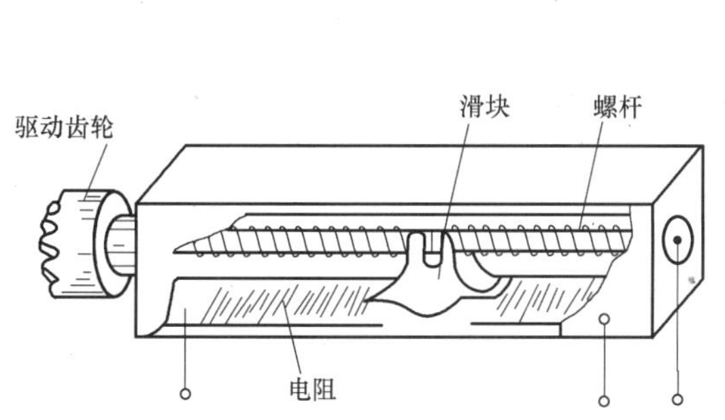

图 5-32　滑动电位器式位置传感器

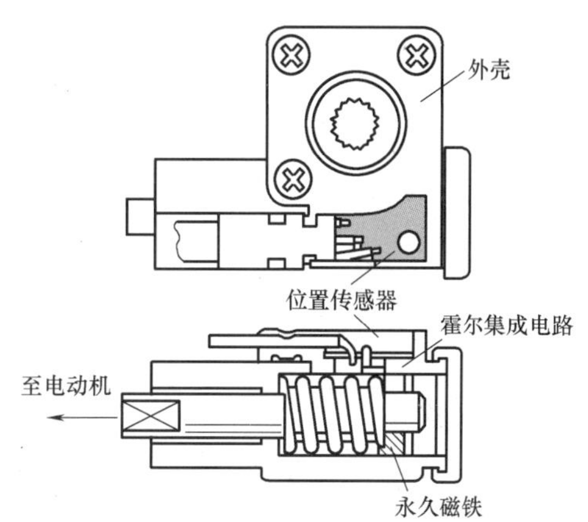

图 5-33　霍尔式滑动、垂直、头枕位置传感器

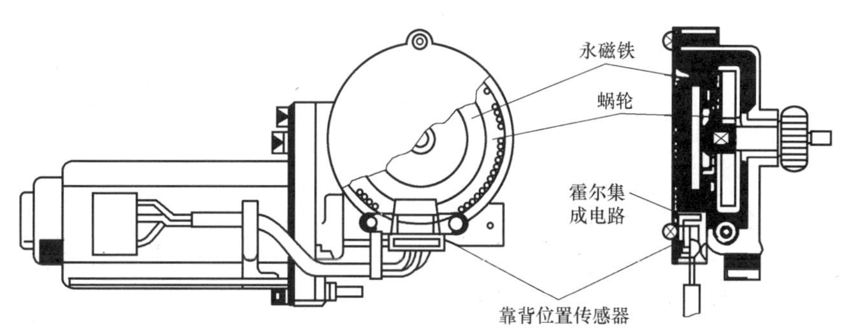

图 5-34　霍尔式靠背位置传感器

丰田雷克萨斯 LS400 轿车自动座椅装用的霍尔式位置传感器，包括靠背位置传感器和滑动、垂直、头枕位置传感器等，各位置传感器在自动座椅上的布置如图 5-35 所示。

（4）座椅 ECU 及其控制　座椅 ECU 主要用来控制靠手动调节的座椅调节装置，也能根据从转向柱倾斜与伸缩 ECU、位置传感器等送来的信号存储座椅位置。由于驾驶人的体形不同且驾驶姿势不同，自动调节系统能在座椅 ECU 中存储 2~3 种座椅位置供驾驶人选择，

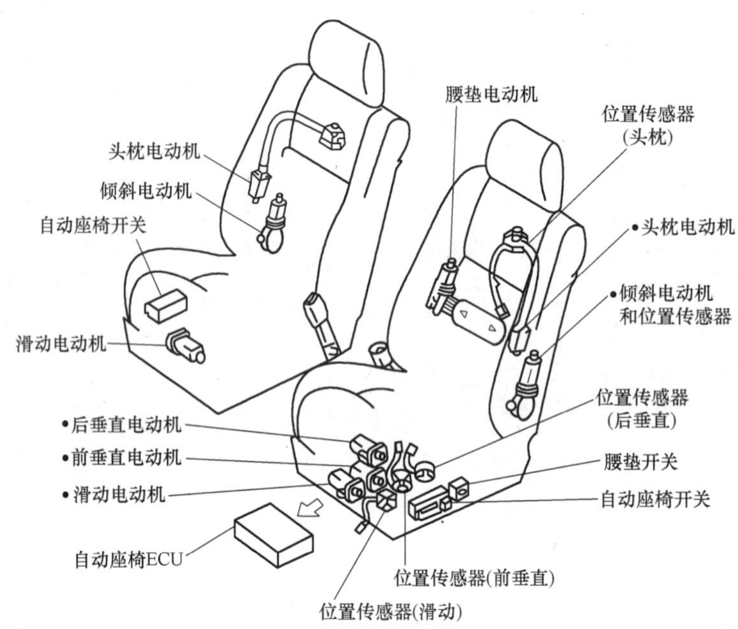

图 5-35　丰田雷克萨斯 LS400 轿车自动座椅位置传感器

靠一个“单触”开关的点动，座椅 ECU 即可将座椅调节到驾驶人期望的位置。

1）信息存储方法。接通点火开关 ON（Ⅱ），变速杆置于 P 位，并按如下步骤进行操作，即可存储所期望的电动座椅位置：

① 如图 5-36 所示，用手动开关将电动座椅（图 5-36a）、外后视镜（图 5-36b）、倾斜与伸缩转向柱（图 5-36c）调节至最舒适的位置。

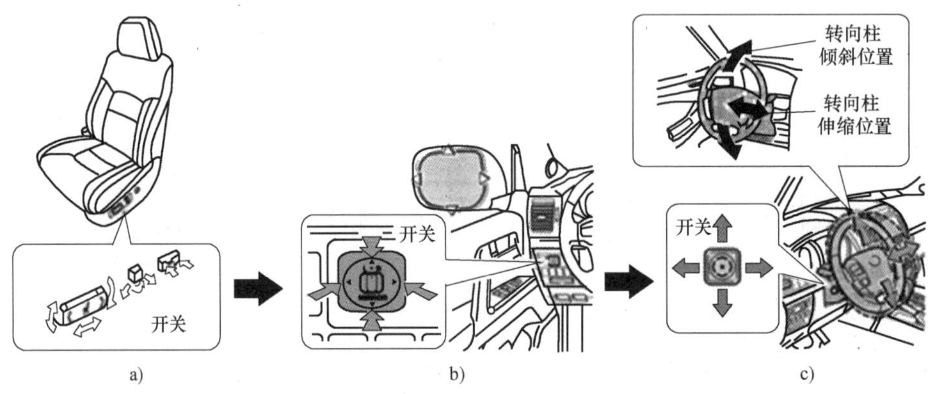

图 5-36　电动座椅、外后视镜、倾斜与伸缩转向柱的调节

a）电动座椅调节　b）外后视镜调节　c）倾斜与伸缩转向柱调节

② 按下记忆开关“SET”按钮的同时，按下按钮“L1”“L2”“L3”，直至听到蜂鸣声为止，如图 5-37 所示。

③ 这时，所选的按钮（“L1”“L2”“L3”）已被预设，将存储当时状态的驾驶位置，

之前记录的位置将被覆盖。

2）选择已存储的座椅位置。当点火开关置于“ON”、变速杆处于P位时，按下记忆开关按钮“L1”“L2”或“L3”（可听到蜂鸣声），即可选择到所期望的已存储的座椅位置。

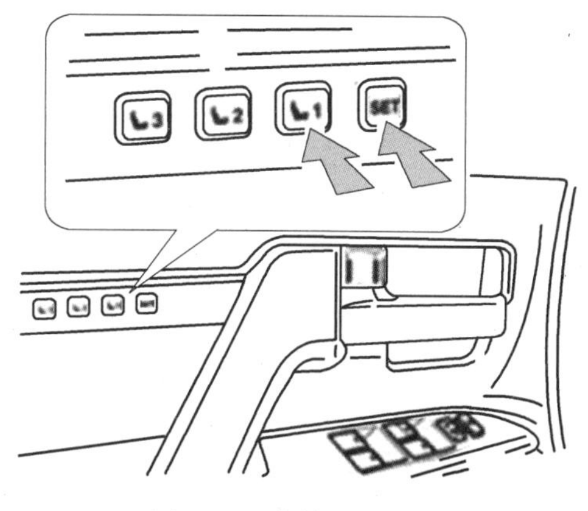

图 5-37　存储记忆操作

丰田雷克萨斯LS400轿车驾驶人座椅还具有以下实用功能，即自动座椅控制系统设定后，当驾驶人关闭点火开关离开座椅时，座椅前后移动电动机自动向后移动座椅，以增大座椅与转向盘间的距离，驾驶人可方便地从座椅上离开；当驾驶人回到座椅上，打开点火开关后，座椅前后移动电动机向前移动座椅到原来设定好的位置，其具体调节程序如下：

①点火钥匙插入时的位置自动调节。当点火钥匙插入点火开关的钥匙孔内，且将点火开关接通（ON），变速杆置于P位时，座椅便能按图5-38a、b、c、d、e中①→②→③→④→⑤→⑥→⑦的顺序自动调节至最舒适的位置。在自动调节位置的控制期间，如操纵任一手动开关，自动调节则被取消。

②点火钥匙拔出时的位置自动调节。当驾驶人关闭点火开关离开座椅时，座椅前后移动电动机自动移动座椅，增大座椅与转向盘间的距离，以方便驾驶人从座椅上离开，其工作过程与点火钥匙插入时基本相同（只是顺序有所不同），座椅位置的自动控制会在驾驶人侧车门被打开和保持打开之后30s内停止。

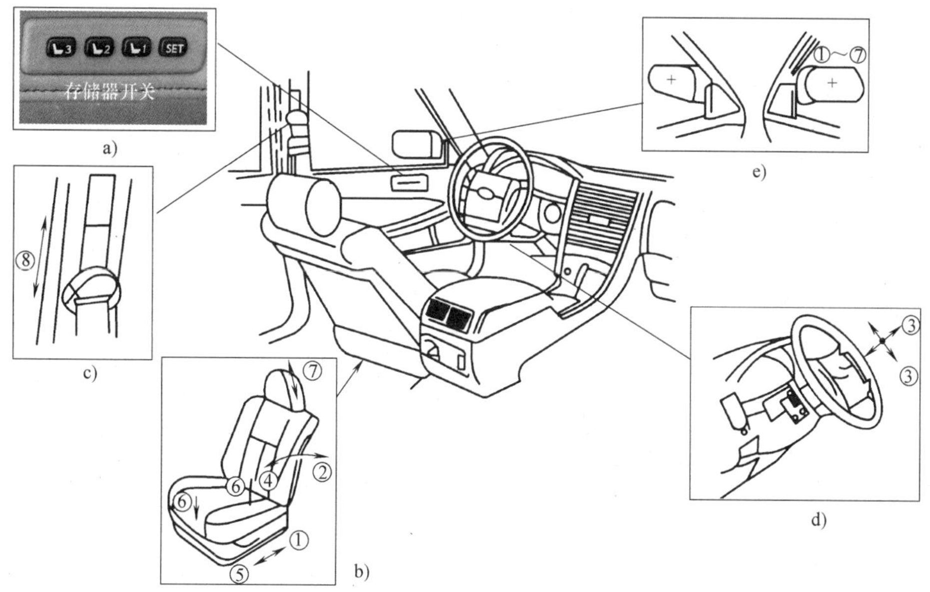

图 5-38　座椅、转向柱、后视镜和安全带的自动调节顺序

3. 别克君威轿车带记忆功能自动座椅的控制电路

别克君威轿车带记忆功能自动座椅调节开关和调节电动机电路如图 5-39、图 5-40 所示。

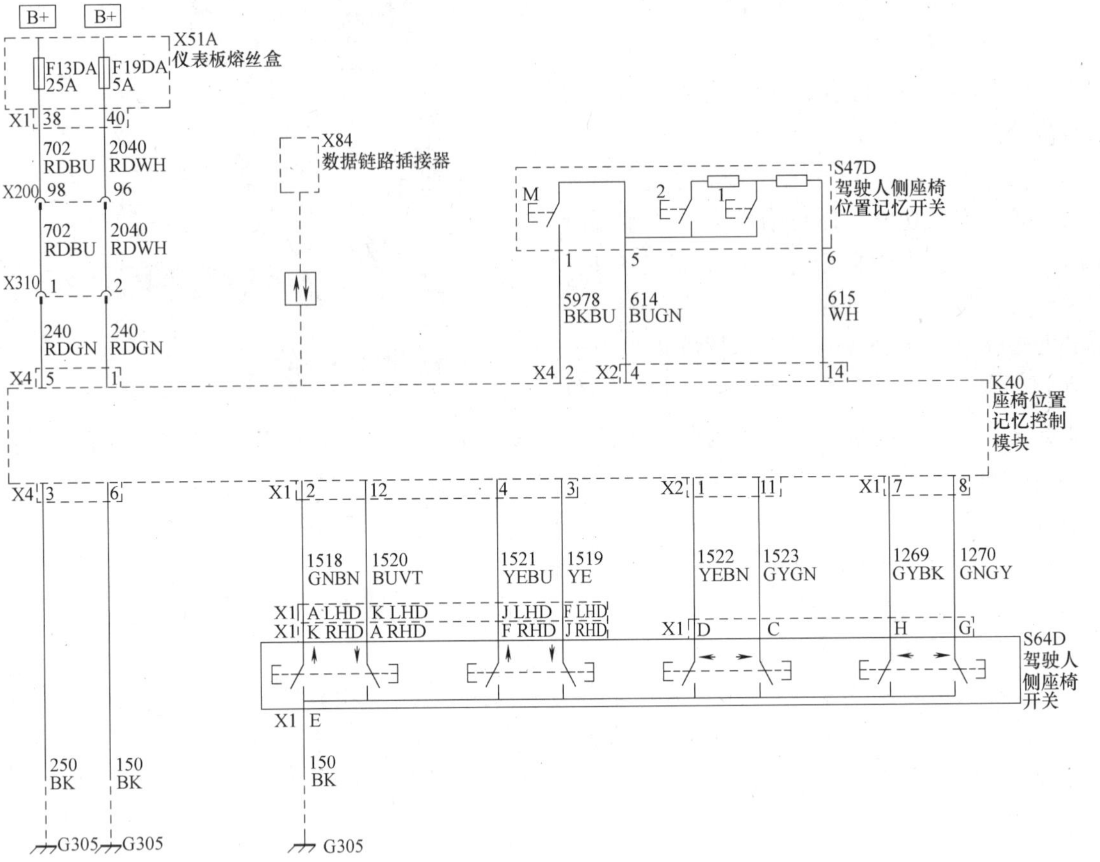

图 5-39　别克君威轿车带记忆功能自动座椅调节开关的电路

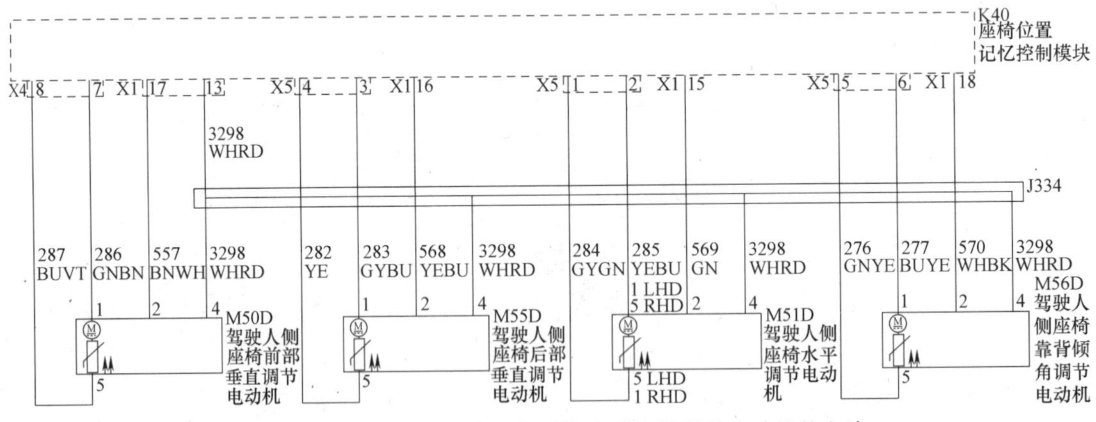

图 5-40　别克君威轿车带记忆功能自动座椅调节电动机的电路

（1）座椅位置传感器参考电压　座椅位置记忆模块提供 12V 参考电压至所有驾驶人座椅位置传感器。模块监测该参考电压，以确保从传感器返回的电压的精确性。如果电压低于正常的工作范围，则座椅的记忆位置回忆操作将出现故障。

（2）座椅调节器开关电路　座椅位置记忆模块向座椅调节器开关的每个信号电路提供参考电压。按下自动座椅开关时，来自座椅位置记忆模块的相应信号电路被拉低。随后，座椅位置记忆模块指令驾驶人座椅移动，以响应开关信号。

（3）霍尔效应位置传感器　座椅位置记忆模块利用各电动机内部的霍尔效应位置传感器监视座椅电动机的位置。模块向各传感器提供12V参考电压电路和低压侧信号电路。在座椅电动机操作期间，电动机轴每转一圈，霍尔效应位置传感器就提供一个确定数目的脉冲信号。故障诊断仪将这些脉冲信号显示为0~65535的计数。模块计算来自每个传感器的反馈脉冲数，以确定座椅位置和每个座椅电动机的行程终点。故障诊断仪的高计数值指示向前或向上的座椅位置，而低计数值指示向后或向下的座椅位置。

（4）记忆位置回忆开关电路　始终向座椅位置记忆调节器开关提供来自座椅位置记忆模块的搭铁。按下记忆位置回忆开关时，来自座椅位置记忆模块的相应信号电路被拉低，指示记忆位置回忆请求。为响应此信号，座椅位置记忆模块指令驾驶人座椅电动机移动至保存在存储器中的相应座椅位置。

（5）电动机控制　座椅位置记忆模块通过连接至模块内置电动纵梁的半桥控制座椅电动机。电动机控制电路不工作时，座椅位置记忆模块将每个电动纵梁上的所有电动机控制电路连接至公用的参考点上。该参考点偏差约2.5V。在启用任一座椅电动机前，座椅位置记忆模块查看该参考电压是否对搭铁或蓄电池短路。

按下电动座椅开关或请求回忆记忆位置时，各座椅电动机将通过电动机控制电路接收来自座椅位置记忆模块的蓄电池电压和搭铁。所有电动机都可双向运行，电动机转动的方向取决于电压和搭铁提供的控制电路。开关向相反方向操作时，该模块将极性颠倒，并向反向电路提供电压和搭铁，以反向移动座椅。

（6）位置记忆开关电路　低电平参考电压由座椅位置记忆模块提供至座椅位置记忆调节器开关。按下位置记忆开关时，低电平参考电压通过开关触点、一系列电阻器和整个位置记忆开关信号电路提供至座椅位置记忆模块，指示记忆位置回忆请求。随后，座椅位置记忆模块指令相应的座椅电动机移动至保存在存储器中的预先记录座椅位置，以响应开关输入。

（7）供电电源　蓄电池电压始终由位于仪表板熔丝盒中的F19DA 5A熔丝向座椅位置记忆模块提供。座椅位置记忆模块将该电压用于逻辑电源。同样始终从F13DA 25A熔丝向座椅位置记忆模块提供蓄电池正极电压。该电压连接到座椅位置记忆模块内置的电动纵梁并用于驱动电动座椅电动机、腰部支撑电动机和配有加热型座椅车辆的座椅加热器元件。每个座椅和腰部支撑调节器电动机由座椅位置记忆模块通过2个电动机控制电路来控制。电动机不工作时，座椅位置记忆模块将电动纵梁上的所有电动机控制电路连接至公共的参考点。该参考点偏差约2.5V。在启用任一座椅电动机前，座椅位置记忆模块查看参考电压是否对搭铁或蓄电池短路。

所有电动机都可双向运行。例如，当操作座椅开关使整个座椅向前移动时，通过开关触点和电动座椅水平向前开关信号电路，将蓄电池正极电压施加给座椅位置记忆模块。为响应该信号，座椅位置记忆模块通过驾驶人座椅水平调节电动机向前控制电路将蓄电池电压施加到电动机上，并通过驾驶人座椅水平调节电动机向后控制电路，将搭铁提供给电动机。电动机运行以驱动整个座椅向前移动，直到开关松开。向后移动整个座椅和向前移动整个座椅的操作过程类似，不同的是蓄电池正极电压和搭铁信号通过相反的电路施加在电动机上，从而使电动机反向运转。

任务五　认识电动后视镜

一、任务引入

后视镜作为一个汽车安全功能件，能使驾驶人在座位上直接获取汽车后方、侧方和下方等外部信息。现代汽车后视镜可电动调整镜面视野角度，并可实行防眩目、镜面除霜、转向指示、自动折叠、记忆存储等功能。

二、任务目标

1）了解电动后视镜的功能。

2）了解电动后视镜的类型。

三、相关知识

1. 电动后视镜的功能

目前，中、高档汽车上使用较多的是电动后视镜，其功能主要有以下几个方面：

（1）后视镜的记忆存储功能　每个驾驶人可根据个人身高与驾驶习惯的不同，以及座椅及转向盘的最佳舒适性，来调节后视镜的最佳视角，然后进行记忆存储。当其他人驾驶汽车后，或被他人调整已记忆的视角后，由于存储的信息存在，驾驶人可以非常轻松地开启记忆存储功能，使所有内在设施恢复至最佳设定状态。

（2）后视镜的自动折叠功能（图 5-41a、b）　该功能可防擦伤及缩小停车泊位空间，

a)

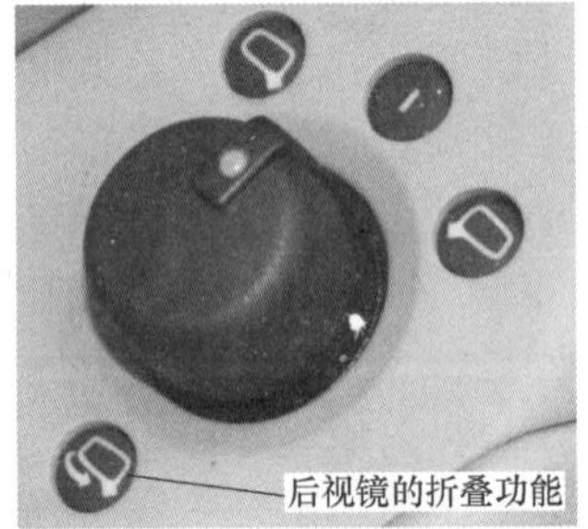

b)

c)

d)

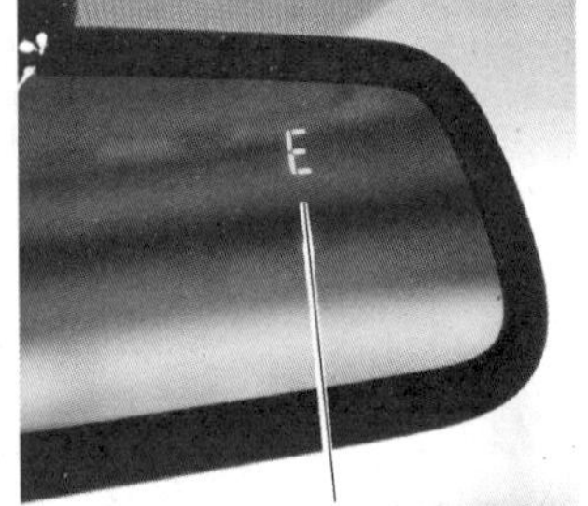

e)

图 5-41　多功能后视镜开关及后视镜

a）丰田雷克萨斯轿车电动后视镜开关　b）奥迪 A8 轿车后视镜开关　c）加热除霜功能的后视镜开关

d）自动防眩目后视镜　e）带有指南针功能的自动防眩目后视镜

保证在后视安全性上把损害程度降低到最小限度。有的后视镜设计成为电动折叠方式，驾驶人在车内就可方便地调节。

（3）后视镜的加热除霜功能（图5-41c）　有的后视镜增设了加热除霜功能，例如采用了电加热除霜镜片，驾驶人可以开启加热除霜功能，清洁镜面的积雾、冬天积霜和雨水等。

（4）自动调节的内后视镜　当照到内后视镜上的光线太强时，将导致驾驶人的视觉不舒服，此时自动调节的内后视镜将自动翘起，以减弱照到内后视镜上的光线。自动调节的内后视镜，在后视镜镜片内装有两块电池，其中一块用来测定车内光线的强度，另一块用来测定后视镜受光照的强度。若照到内后视镜的光线强度大于车内光线的强度，并且超过设定值，则驱动内后视镜的电磁线圈被励磁，将内后视镜翘起。

（5）自动防眩目（电控变色）的后视镜（图5-41d）　防眩目后视镜通常作为内后视镜，安装在驾驶室中央顶部，其结构通常是在CH液晶里面放置偏光板，玻璃板被放置在经过真空镀铝的反光镜后面。防眩目或非防眩目交替切换不用人工操作，自动进行操作。反光镜本体的一部分装有光敏二极管的照度传感器，能检测后方车辆的前照度并可进行切换控制。

（6）具有测距和测速功能的后视镜　驾驶人可通过这种特殊的后视镜，看清后面跟随而来的车辆的距离，并估计出其行驶的速度，保证汽车安全行驶。

2. 电动后视镜的类型

后视镜有很多种，其安装位置、形状、功能及操纵方式各有不同。其分类见表5-7。

表5-7　电动后视镜的分类

<table>
<tr><th>分类方式</th><th colspan="2">类　型</th><th>特　点</th></tr>
<tr><td rowspan="3">按安装位置不同</td><td colspan="2">内后视镜</td><td>用于驾驶人观察车内部情况或者透过后门窗观察汽车后方的道路状况</td></tr>
<tr><td colspan="2">外后视镜</td><td>用于驾驶人观察道路两侧后方情况</td></tr>
<tr><td colspan="2">下视镜</td><td>用于驾驶人观察车前或车后地面的情况</td></tr>
<tr><td rowspan="3">按镜面形状不同</td><td colspan="2">平面镜</td><td>镜面为一平面，用其观察到的物体映像不会失真，可以真实反映车后物体的外形和实际距离。后视范围小，视觉盲区过大</td></tr>
<tr><td colspan="2">球面镜</td><td>镜面为一球面，后视范围大，但是后视物体映像缩小失真，不能真实反映车后物体大小和实际距离</td></tr>
<tr><td colspan="2">双曲率镜</td><td>镜面球面部分采用较大的曲率半径，基本上解决了失真和盲区的问题，兼具有前两者的优点，但是其制造工艺复杂，成本昂贵</td></tr>
<tr><td rowspan="3">按防眩目功能不同</td><td colspan="2">普通内后视镜</td><td>多为反射膜是铝或银的平面镜，其结构简单、成本低，但无夜间行车时防眩目功能</td></tr>
<tr><td rowspan="2">防眩目型内后视镜</td><td>棱形防眩目内后视镜</td><td>镜表面与镜里面反射膜的反射率不同。白天使用里面反射膜来反射光线，反射率为70%～80%；夜间则使用镜表面反射膜，反射率为4%～5%。只需将内后视镜转动一个角度，就可以看见后面的车灯，又可以避免眩目</td></tr>
<tr><td>平面防眩目内后视镜</td><td>由两块平面玻璃组成，一块是透明的表面镜片，另一块是涂上反射膜的内镜片。白天行车时表面镜片与内镜片平行，反射率为80%以上；夜间行车时表面镜片和里面镜片成一定角度形成棱形镜，反射率为4%，从而起到防眩目作用</td></tr>
</table>

（续）

<table>
<tr><th>分类方式</th><th>类　型</th><th colspan="2">特　点</th></tr>
<tr><td>按防眩目功能不同</td><td>防眩目型内后视镜</td><td>液晶式防眩目内后视镜</td><td>在两块透明平面玻璃之间夹一块液晶片。白天使用时，液晶片的电源不接通，玻璃的透明度大，反射率可达 80% 以上；夜间使用时，接通液晶片的电源，玻璃透明度下降，反射率降低，从而具有防眩目功能。液晶片的电源开关可以由驾驶人通过按钮控制，也可以用光敏元件组成的控制开关根据白天与夜间光通量的不同来自动控制</td></tr>
<tr><td rowspan="2">按操纵方式不同</td><td>普通外后视镜</td><td colspan="2">普通外后视镜为机械式结构，驾驶人用手来调整后视镜的上、下、左、右镜面角度；或驾驶人操纵车厢内的手柄，通过 2 或 3 根软轴的推拉传递力来改变外后视镜的角度；或后视镜的调整机构装在车门内板上，结构为杠杆式，驾驶人操纵车厢内的手柄，通过杠杆传递力来改变外后视镜的角度</td></tr>
<tr><td>电动后视镜</td><td colspan="2">电动后视镜的调整机构包括两个小型直流电动机、减速齿轮和离合器等。驾驶人通过车厢内的按钮即可调整外后视镜的角度。此种机构操作方便，但是其结构复杂，价格较高，多用于高级轿车</td></tr>
</table>

任务六　电动后视镜的组成与原理

一、任务引入

电动后视镜主要由镜片、永磁式驱动电动机、传动机构和控制开关等组成。每个后视镜都有两套驱动装置，由电动后视镜开关进行操纵，其中一个电动机和传动机构用于后视镜水平方向的转动，另一个电动机和传动机构则用于后视镜垂直方向的转动。

二、任务目标

1）了解电动后视镜的组成。

2）掌握电动后视镜的工作原理。

3）掌握常见车型电动后视镜的电路。

三、相关知识

1. 电动后视镜的组成

电动后视镜的结构和典型开关如图 5-42 所示，它主要以枢轴为中心，由使后视镜能上下、左右方向灵活变换位置的两个独立的微电动机、永磁铁和霍尔集成电路等构成。根据霍尔集成电路产生的信号电压，可对后视镜的所在位置进行检测。

2. 电动后视镜的工作原理

图 5-43 所示为电动后视镜控制系统的基本原理。当控制开关向下扳时，触头 B 与触头 D、C 及 E 分别相通，电流经电源→触头 E→触头 C→电动机→触头 B→触头 D→搭铁，电动机转动使后视镜做垂直方向运动；当开关向上扳时，触头 B 与 E，C 与 D 分别接触，电流经电源→触头 E→触头 B→电动机→触头 C→触头 D→搭铁，由于流过电动机的电流发生改变，因此电动机反方向转动，后视镜做水平方向运动。

3. 常见车型电动后视镜电路

下面以本田雅阁轿车和通用别克君威轿车的电动后视镜电路为例，说明电动后视镜控制

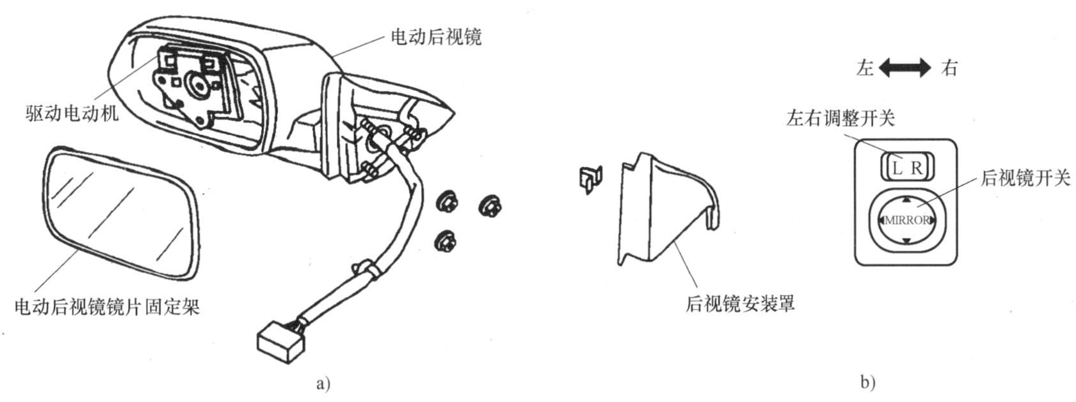

图 5-42　电动后视镜的结构和典型开关

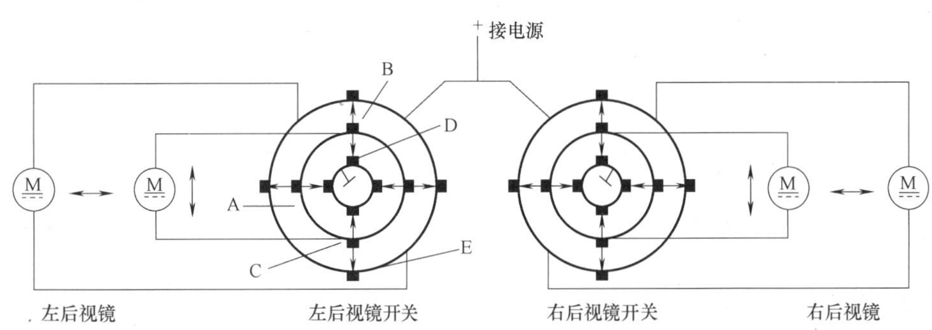

图 5-43　电动后视镜控制系统的基本原理

电路的工作原理。

（1）本田雅阁轿车电动后视镜控制电路（带除霜器）　图 5-44 所示为本田雅阁轿车电动后视镜的控制电路，下面以左侧后视镜为例简单分析其工作过程。此电动后视镜开关中上面的 4 个开关为共用的后视镜方向调节开关，下面 2 个开关为控制左侧或右侧电动后视镜的联动分开关。

1）左侧后视镜向下倾斜。如图 5-44 所示，首先将电动后视镜开关中下面的联动分开关拨至“左”位置，然后按下“下”，此时电路的电流方向为：蓄电池正极→熔丝 22 和 23→点火开关→熔丝 30→电动后视镜开关端子 6→联动开关“下”的左端→左侧后视镜开关→电动后视镜开关端子 9→左电动后视镜“上下”调节电动机→电动后视镜开关端子 2→左侧后视镜开关→联动开关“下”的右端→搭铁 G501（G601），左侧后视镜实现向下倾斜。

2）左侧电动后视镜向上倾斜。此时，电动后视镜开关中下面的联动开关依然在“左”的位置，按下“上”，电流的流向为：蓄电池正极→熔丝 22 和 23→点火开关→熔丝 30→电动后视镜开关端子 6→联动开关“上”的右端→左侧后视镜开关→电动后视镜开关端子 2→左电动后视镜“上下”调节电动机→电动后视镜开关端子 9→左侧后视镜开关→联动开关“上”的右端→搭铁 G501（G601），左侧后视镜实现向上倾斜。

电动后视镜左右运动的电路分析与此类似，此处不再赘述。

有的电动后视镜还带有可折回功能，由折回开关控制折回电动机工作，使整个后视镜回转伸出或缩回。本田雅阁轿车可折回电动后视镜控制系统电路如图 5-45 所示。

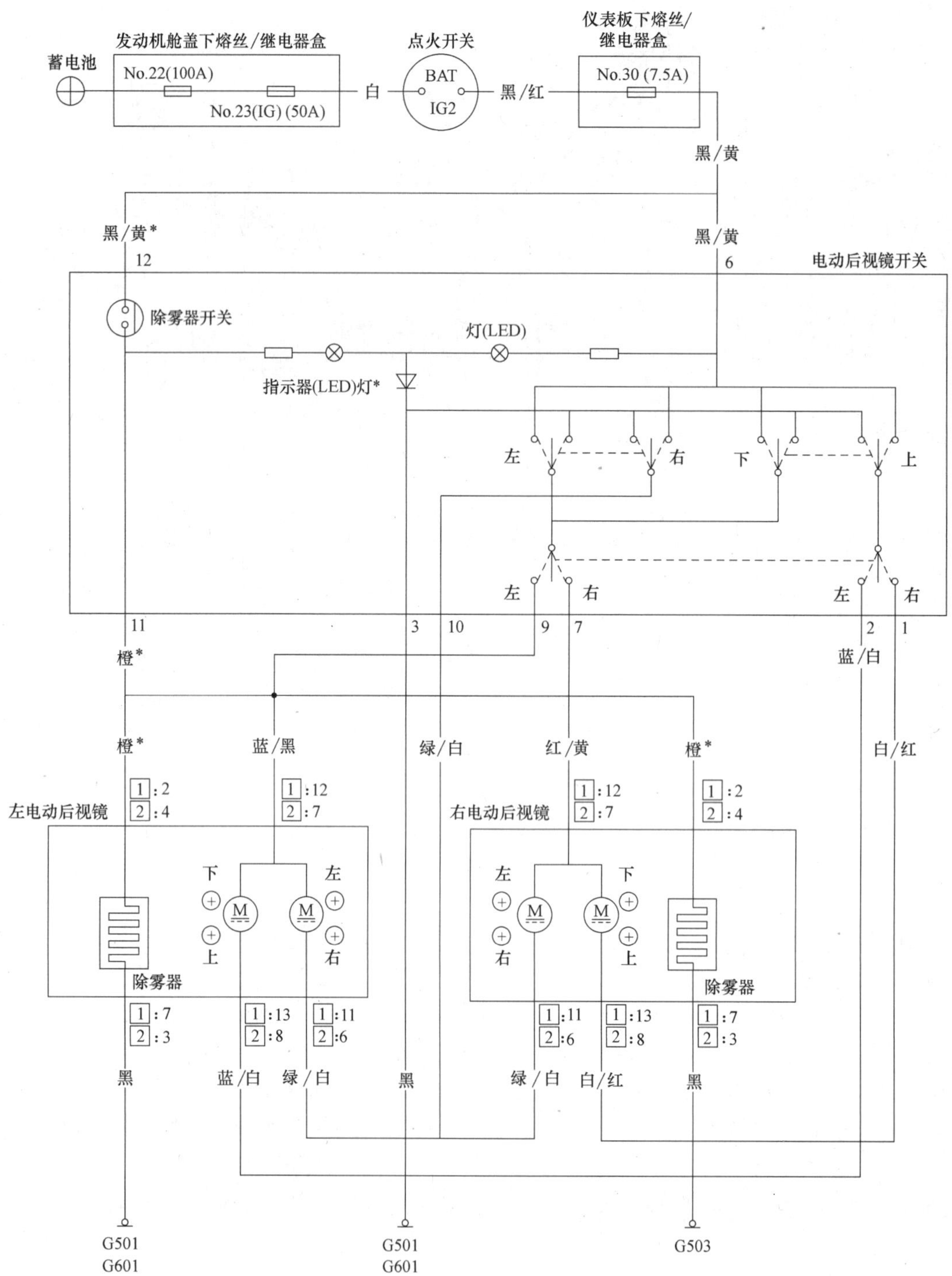

图 5-44　本田雅阁轿车电动后视镜的控制电路

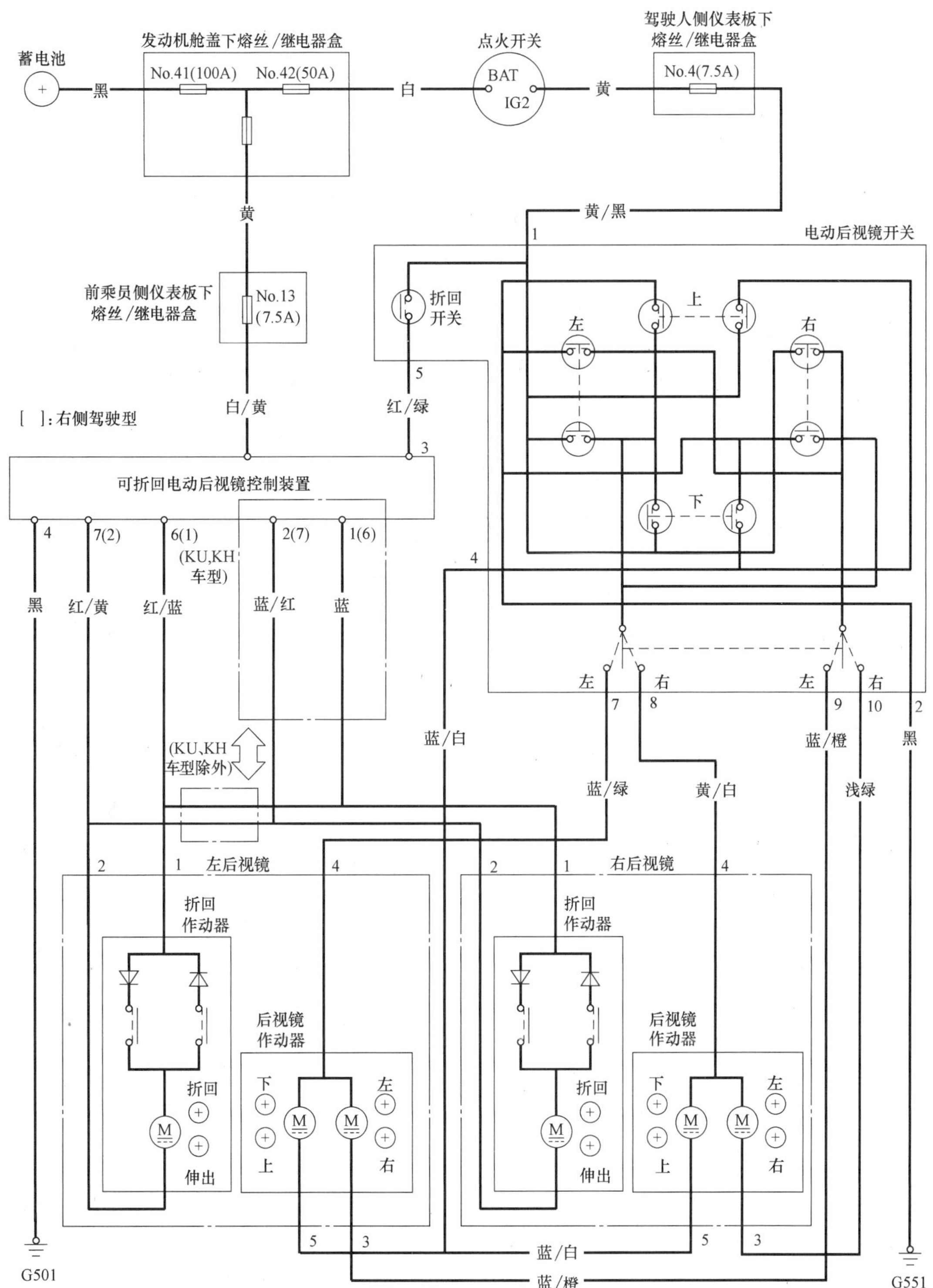

图 5-45　本田雅阁轿车可折回电动后视镜控制系统电路

电动后视镜的折回是通过后视镜开关上的折回开关（图 5-46）控制的，该开关通过可折回电动后视镜控制装置控制使左右两镜伸缩电动机工作，来完成折回功能。

图 5-46　带有折回功能的后视镜开关

（2）通用别克君威轿车电动后视镜控制电路

1）2003 款别克君威电动后视镜电路如图 5-47 所示。

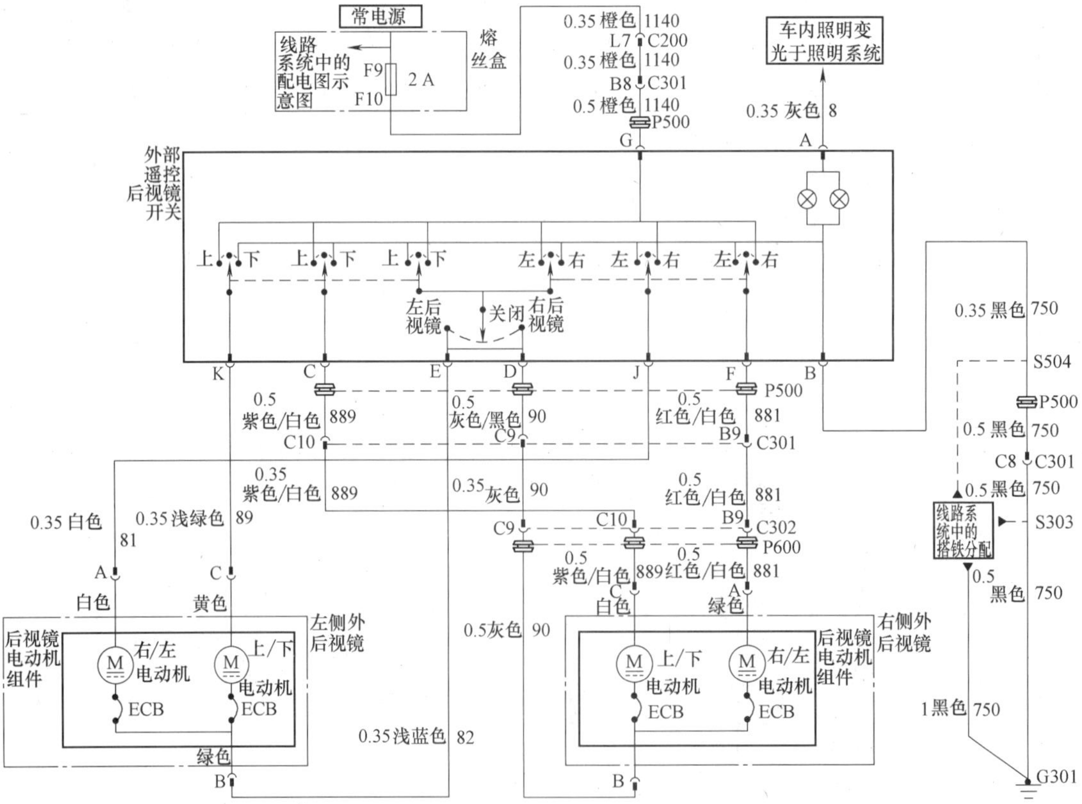

图 5-47　2003 款别克君威轿车电动后视镜电路

2）2009 款无记忆功能电动后视镜电路如图 5-48 所示。

3）2009 款带记忆功能电动后视镜电路如图 5-49、图 5-50 所示。

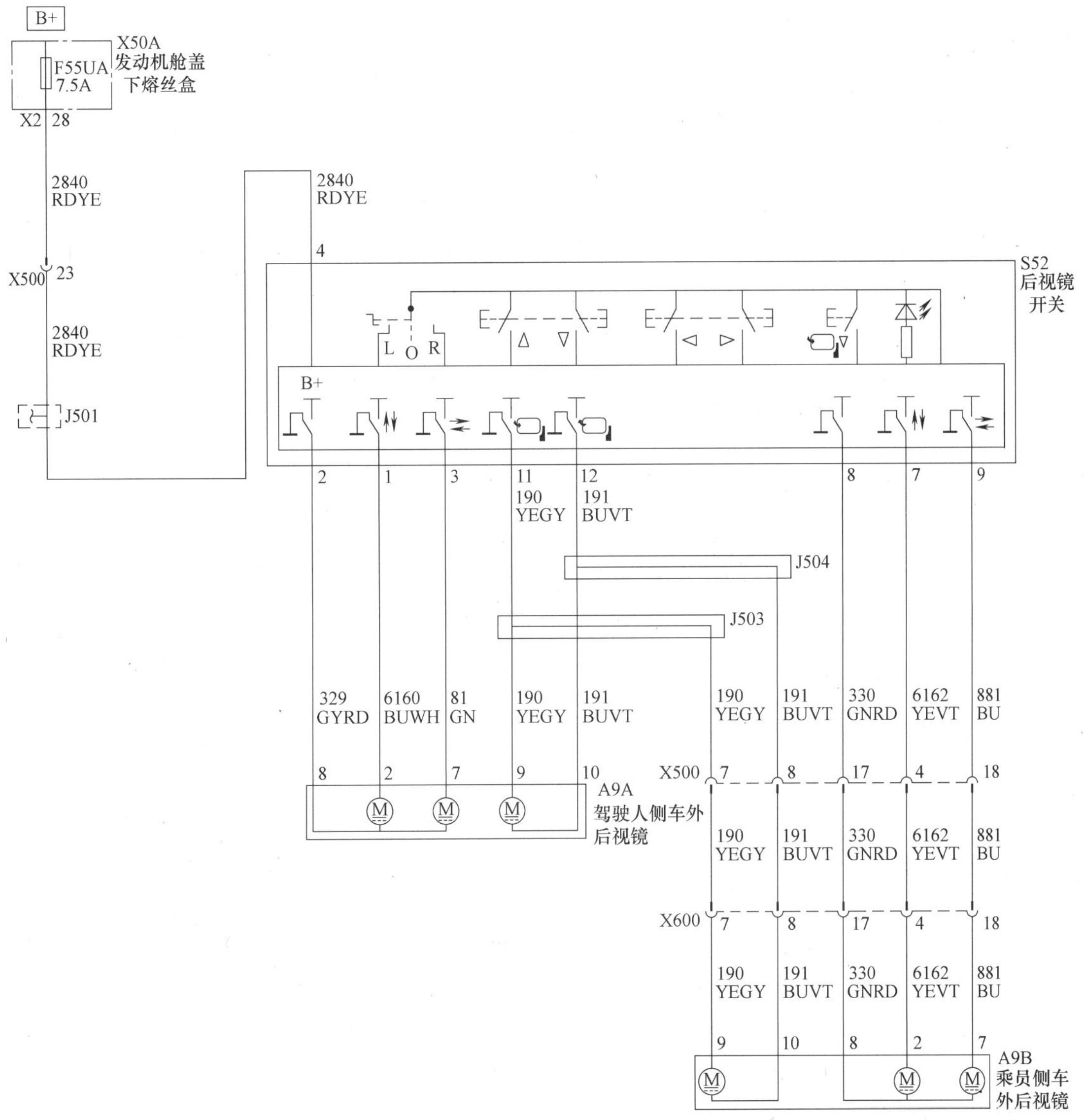

图 5-48　2009 款无记忆功能电动后视镜电路

车外后视镜开关和乘员侧车窗开关是连接在以座椅位置记忆模块作为主体的串行电路上的。后视镜选择和方向控制开关通过串行数据电路输入座椅记忆模块。当座椅记忆模块收到车外后视镜开关的开关信号输入时，后视镜输出指令会通过串行数据电路发送至相应的开关。车外后视镜开关和乘员侧车窗开关通过双向电动机控制电路来控制左侧和右侧的车外后视镜。电动机控制电路在未起动状态会浮动，开关会在必要时给控制电路提供电源和搭铁，以按指令的方向移动后视镜。后视镜位置由各电动后视镜的水平和垂直位置传感器来确定。车外后视镜开关和乘员侧车窗开关为这些传感器提供一个 5V 参考电压、低参考电压、水平和垂直位置信号电路。信号电路通过开关得到5V参考电压，信号电路电压水平表示后视镜位置。后视镜位置通过串行数据电路被发送至座椅记忆模块，此处是为后视镜操作存储数据的位置。当座椅记忆模块收到一个记忆调用指令时，座椅记忆模块会给车外后视镜开关和乘员侧车窗开关发送到达位置的指令。然后，开关将驱动相应的后视镜电动机，以完成所指令的位置传感器设置。

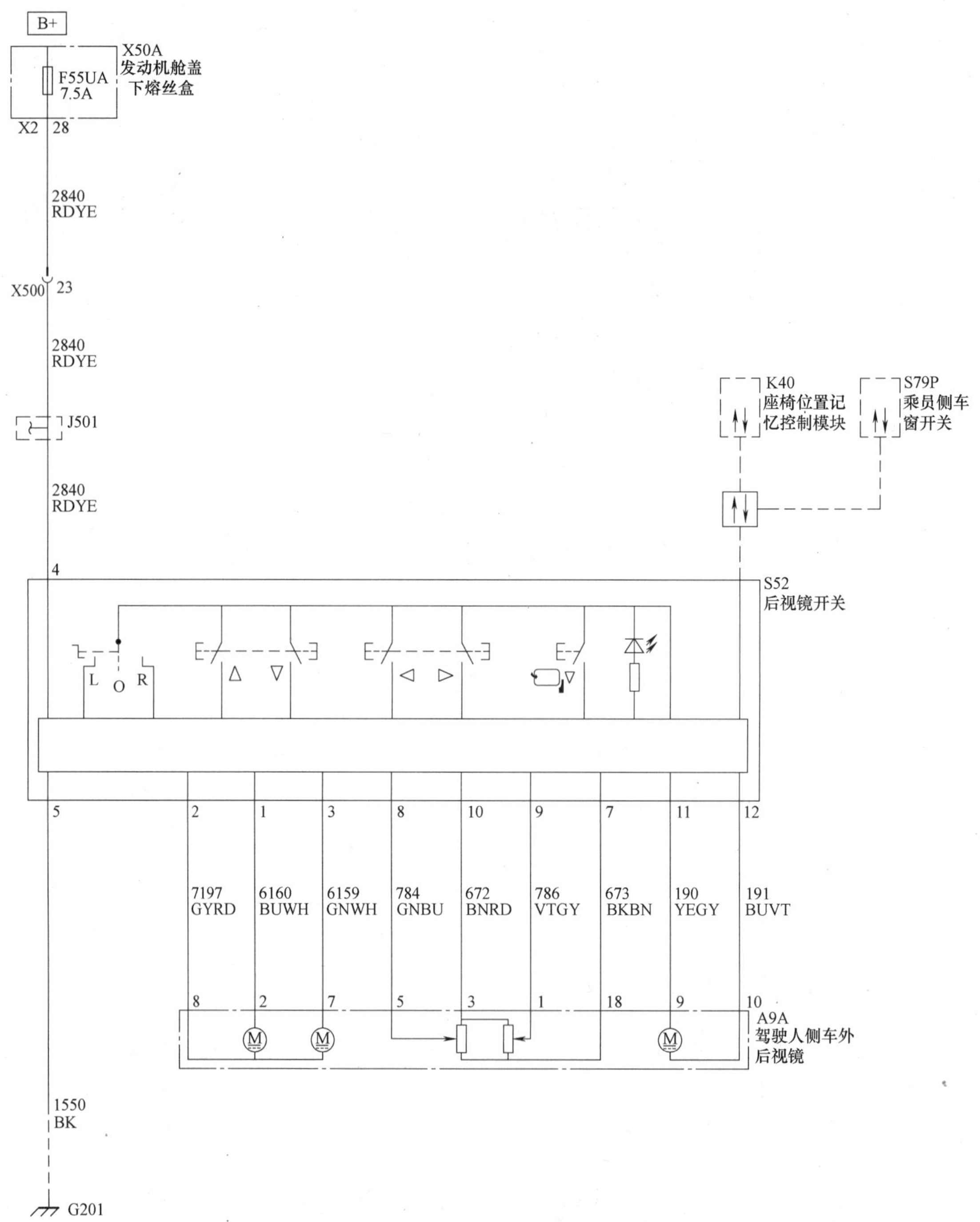

图5-49　2009款带记忆功能左侧电动后视镜电路

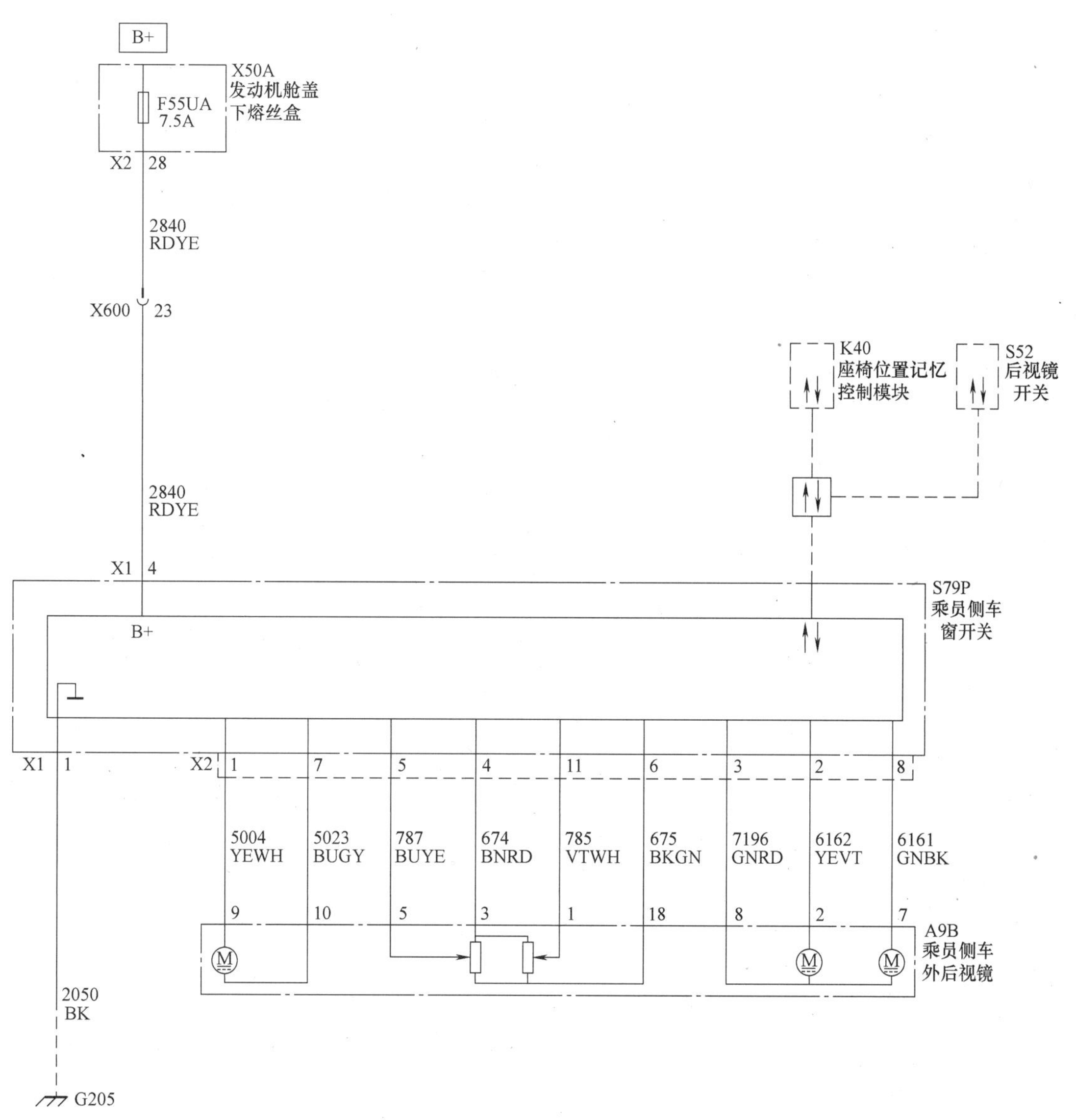

图 5-50　2009 款带记忆功能右侧电动后视镜电路

任务七　电动后视镜的检修

一、任务引入

电动后视镜常见故障有电动后视镜都不能调节和个别电动后视镜不能调节。电动后视镜都不能调节可能原因有熔丝断开、插接器松脱或线路断路、开关故障等。个别电动后视镜不能调节可能原因有插接器松脱或线路断路、电动机或开关故障。

二、任务目标

1）掌握电动后视镜部件的检测过程。

2）掌握电动后视镜的故障排除方法。

三、相关知识

1. 电动后视镜部件检测

（1）电动后视镜功能的检测　若电动后视镜工作不正常，应先拆下驾驶人侧车门板，再拆开电动后视镜开关的10芯插头，如图5-51所示，然后根据故障情况进行具体的检测。

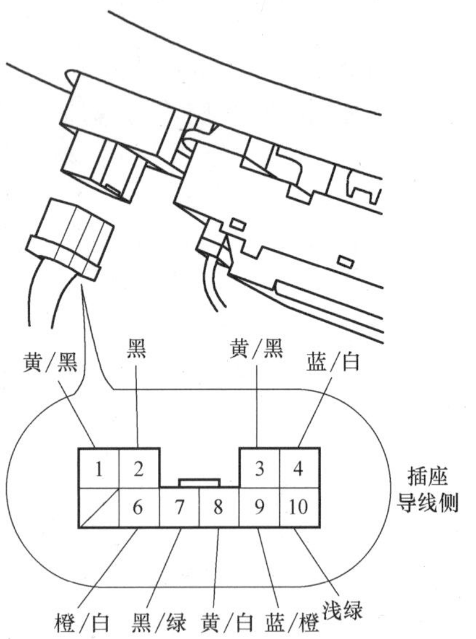

1）左、右后视镜的综合检测。如果左、右后视镜均不工作，则应首先进行此项综合检查。

①接通点火开关ON（Ⅱ），用万用表直流电压档检测端子1与车体搭铁之间的电压，其值应为蓄电池电压。如果被测电压很小或为零，则应检查：

a. 驾驶人侧仪表板下的熔丝/继电器盒中的4号（7.5A）熔丝是否熔断。

b. 检查图5-51所示与端子1相连接的黄/黑导线是否断路。

②如果上述检测的电压为蓄电池电压，则应用万用表电阻档检测端子2与车体搭铁之间的导通情况。如果检测结果为不导通，则应做以下检查：

a. 检查图5-51所示与端子2相连接的黑色导线是否断路。

b. 检查G551是否搭铁不良。

图5-51　拆开电动后视镜开关的10芯插头

c. 如果检测结果为导通，则应按上述方法分别检查左、右后视镜的工作情况。

2）左后视镜的检测。使用跨接线将端子1与7相连，再将端子4（或9）与车体搭铁线相连接。接通点火开关ON（Ⅱ），此时，左后视镜应向下倾斜（或向左转）。

①如果左后视镜不能向下倾斜（或向左转），则应检查左后视镜与10芯插头之间的蓝/白（或蓝/橙）导线是否断路。如果导线正常，则检查左后视镜起动器的工作是否正常。

②如果左后视镜既不能向下倾斜，也不能向左转，则说明其黑/绿导线有短路或断路故障。

③如果后视镜工作正常，则应检查左后视镜开关是否有故障。

3）右后视镜的检测。使用跨接线将端子1与8相连接，再将端子4（或10）与车体搭铁相连接。接通点火开关ON（Ⅱ），此时右后视镜应向下倾斜（或向左转）。

①如果右后视镜不能向下倾斜（或向左转），则应检查右后视镜与10芯插头之间的蓝/白（或浅绿）导线是否断路。如果导线正常，则检查右后视镜起动器的工作是否正常。

②如果右后视镜既不能向下倾斜，也不能向左转，则说明其黄/白导线有短路或断路故障。

③ 如果右后视镜工作正常，则应检查右后视镜开关是否有故障。

（2）电动后视镜开关的检测

1）拆下驾驶人侧车门板。

2）从电动后视镜开关上拆开图5-52所示的10芯插头。

3）按照表5-8所列，检测电动后视镜开关在各开关位置时端子之间的导通情况。

4）按住电动后视镜可折回开关，检测端子1与5之间的导通情况，其结果应为导通。

如果检测的结果与上述要求不符，则应检查相应端子的连接导线是否有断路故障，必要时更换被检测的开关。

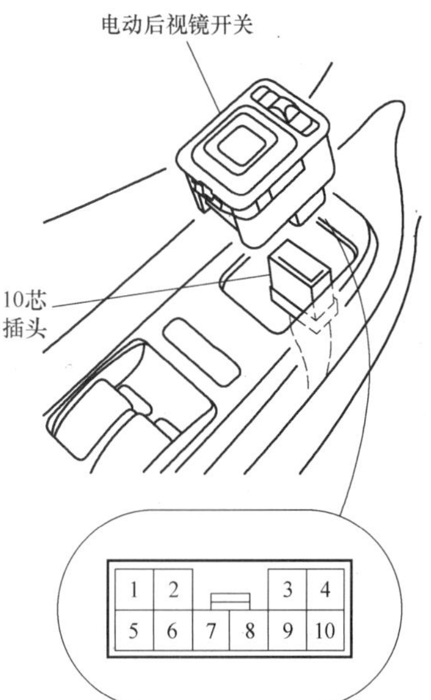

图5-52　电动后视镜开关的10芯插头

（3）电动后视镜控制装置的检测

1）拆下驾驶人侧车门板。

2）拆开图5-53所示电动后视镜控制装置的7芯插头。

3）检查插头和插座端子，确认端子本身及其与插头的接触情况良好。

4）按照表5-9所列，对电动后视镜控制装置的7芯插头端子进行检测。

表5-8　电动后视镜开关在各开关位置时端子之间的导通情况

开关位置 \ 端子		1	2	4	7	8	9	10
左（L）	上	○	—	○				
			○	—	○			
	下	○	—	—	○			
			○	○				
	左	○	—	—	○			
			○	—	—	—	○	
	右	○	—	—	—	—	○	
			○	—	○			
右（R）	上	○	—	○				
			○	—	—	○		
	下	○	—	—	—	○		
			○	○				
	左	○	—	—	—	○		
			○	—	—	—	—	○
	右	○	—	—	—	—	—	○
			○	—	—	○		

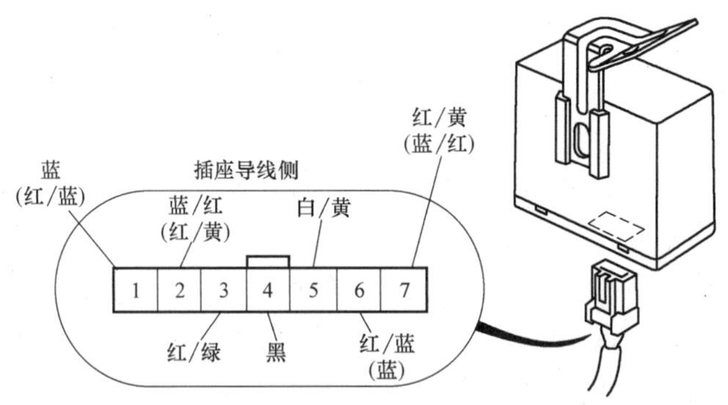

图 5-53　电动后视镜控制装置的 7 芯插头

表 5-9　电动后视镜控制装置的检测

端子号	连接导线颜色	检测方法	正常结果	异常结果及可能的故障原因
1	蓝	用跨接线将蓝端子与白/黄端子相连接,将蓝/红端子与黑端子相连接	右后视镜应折回	1)右折回起动器故障 2)端子连接导线断路
2	蓝/红	用跨接线将蓝/红端子与白/黄端子相连接,将蓝端子与黑端子相连接	右后视镜应伸出	
3	红/绿	接通点火开关 ON(Ⅱ) 接能折回开关(保持)	对地电压为蓄电池电压	驾驶人侧仪表板下熔丝/继电器盒中 4 号(7.5A)熔丝熔断电动后视镜中的折回开关故障 导线断路
4	黑	在任何情况下,检测端子与车体搭铁之间的导通情况	导通	1)搭铁线 G501、G551 搭铁不良 2)端子连接导线断路
5	白/黄	在任何情况下,检测端子与车体搭铁之间的电压	蓄电池电压	1)前排乘员侧仪表板下的熔丝/继电器盒中的 13 号(7.5A)熔丝熔断 2)端子连接导线断路
6	红/蓝	用跨接线将红/蓝端子与白/黄端子相连接,将红/黄端子与黑端子相连接	左后视镜应折回	1)左折回起动器故障 2)端子连接导线断路
7	红/黄	用跨接线将红/黄端子与白/黄端子相连接,将红/蓝端子与黑端子相连接	左后视镜应伸出	

(4) 电动后视镜起动器的检测

1) 拆下驾驶人侧车门板。

2) 如图 5-54 所示，从电动后视镜上拆开其 6 芯插头。

3) 按照表 5-10 和表 5-11 所列，使端子与电源线（+）或搭铁线（-）相连接，检查后视镜起动器的工作情况是否符合表中的要求。

2. 电动后视镜的故障排除

(1) 两侧后视镜均不工作的故障排除

1) 拆下驾驶人侧车门板。

2) 断开电动后视镜开关的 10 芯插头（图 5-52）。

3) 在接通点火开关的情况下，用万用表直流电压档检测端子 1 与车体搭铁之间的电压。若电压为 12V（即蓄电池电压），说明电源正常；若电压为 0V，则驾驶人侧仪表板下的熔丝/继电器盒中 No. 4 熔断器熔断或 1 号（黄/黑）导线断开。

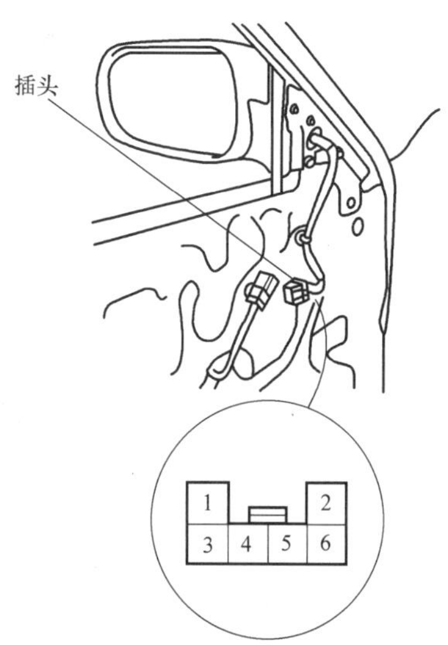

图 5-54　电动后视镜的 6 芯插头

表 5-10　电动后视镜起动器的检测

开关位置＼端子	5	4	3
向上倾斜	(+)	(−)	
向下倾斜	(−)	(+)	
向左转		(+)	(−)
向右转		(−)	(+)

表 5-11　折回起动器的检测

开关位置＼端子	1	2
从伸出位置折回	(−)	(+)
从折回位置伸出	(+)	(−)

4）用万用表电阻档检测端子 2 与车体搭铁之间的导通情况，若电阻为 0，说明搭铁良好；若电阻为∞，则端子 2 断开。

5）用万用表电阻档检测 G551 搭铁点的情况，若电阻为 0，说明搭铁良好；若电阻为∞，则搭铁不良。

（2）左后视镜不工作的故障排除　如图 5-55 所示，用跨接线将端子 1 与 7 相连，再将端子 4 与 2 相连，此时接通点火开关 ON（Ⅱ）。

1）若左后视镜向下倾斜，说明开关或搭铁不良；不向下倾斜，则 4 号线断开或起动器故障。

2）如果左后视镜不能向下倾斜（或不向左转），则检查左后视镜与 10 芯插头之间的蓝/白（或黄/橙）导线是否断路。如果导线正常，则检查左后视镜起动器。

3）如图 5-56 所示，用跨接线将端子 1 与 7 相连，再将端子 9 与 2 相连，此时接通点火开关 ON（Ⅱ），左后视镜向左倾斜，说明开关或搭铁不良；不向左倾斜，则 9 号线断开或起动器故障。

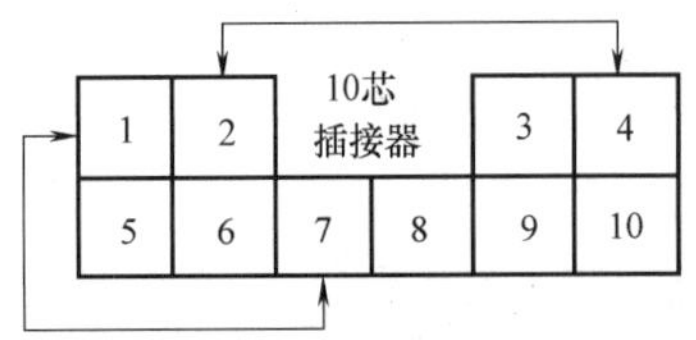

图 5-55　左后视镜向下倾斜的检测

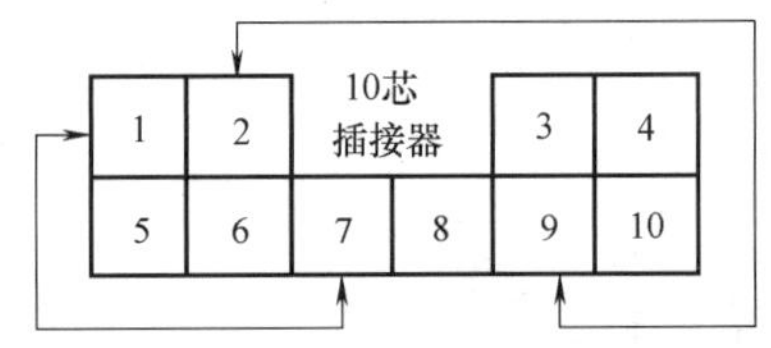

图 5-56　左后视镜向左倾斜的检测

（3）右后视镜不工作的故障排除　如图 5-57 所示，用跨接线将端子 1 与 8 相连接，端子 4 或 10 与车体搭铁相连接。接通点火开关时，右后视镜应向下倾斜（或向左转）。

1）如果后视镜不能向下倾斜（或不向左转），则检测右后视镜与 10 芯插头之间的蓝/白（或浅绿）导线是否断路。

2）如果后视镜既不能向下倾斜也不向左转，则修理黄/白导线。

3）如果后视镜工作正常，则检查后视镜开关。

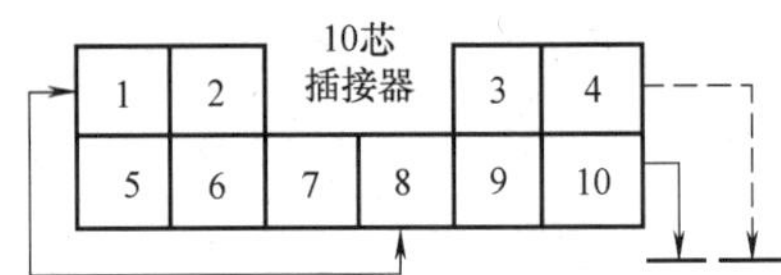

图 5-57　右后视镜向下倾斜的检测

模块六　汽车音像与车载免提系统

任务一　认识汽车音像系统

一、任务引入

随着世界电子工业的迅速发展，汽车音像系统已从最早的AM（调幅）收音机发展到现在具有AM/FM/SW（调幅/调频/短波）收音、磁带放音、CD放音、MD放音、DTA数码音响、DSP（数码信号处理器）、电子分音器、电视接收系统、VCD影视系统的多功能、数字化、逻辑化、多性能、高指标、大功率输出的立体声系统。

二、任务目标

1）了解汽车音像系统的特点。

2）掌握汽车音像系统的防盗功能。

三、相关知识

与家用音像相比，汽车音像系统具有以下特点：

1. 外形体积受到限制

汽车音像系统的体积按有关标准规定为183mm×50mm×153mm，它一般使用高密度贴装元件，采用多层立体装配方式。

2. 使用环境恶劣

汽车在不同等级的路面上行驶，使汽车音像系统受到冲击；同时，汽车音像系统还要承受车内外温度的变化，其安装位置距发动机较近，故经常在高温条件下（温度有时可达60℃）工作，在太阳照射下仪表板的温度可达70~80℃，而在寒冷地区的冬季最低温度可达-40~-30℃，在这种使用条件下，要求汽车音像系统中的元件焊接装配绝对牢固，很多元件还要用强力胶加以固定；同时要求汽车音像系统元件的耐热和耐冷性能要好，工作稳定。

3. 采用蓄电池低压直流供电

汽车音像系统采用蓄电池低压直流供电，这样电压变化将直接影响汽车音像系统的功率输出，所以要求汽车音像系统电路的阻抗要非常小。若要求输出功率大，一般还要采取降低扬声器阻抗的方法提高输出功率。扬声器的阻抗多为2~4Ω，也有的采用1.6Ω的特制规格，以获得更大的功率。同时，在功率放大器方面将电源电压升至30~40V，这样在电压波动时，可保证输出功率稳定。因此，要求汽车音像系统的功放要大、电流线性良好、饱和压降小、效率高，并且具有过热短路保护等措施。

4. 抗干扰能力强

在整个汽车电器中，发动机的点火装置以及各种电器设备对汽车音像系统的信号输入产生很大干扰。同时汽车在行驶过程中，既有方向变化又有外界环境影响（高楼、桥梁、电网等）等空间辐射。因此，汽车音像系统中都装有抗干扰装置，如抗干扰集成块、高频扼流圈等。

5. 调幅/调频接收灵敏度高，动态范围大

汽车音像系统对调幅段的接收灵敏度一般要求小于50μV，调频段的接收灵敏度要求小于3μV。调幅段自动增益的范围要求大于40dB，能承受100mV的大信号而不产生阻塞失真。否则，当汽车在高速公路上高速行驶时，就无法保证正常的收听。对调频段要求信号捕捉稳定可靠，更要求调频的灵敏度和信噪比等有较高的性能。

6. 汽车音像系统的防盗

某些汽车音像系统有防盗功能，其类型有两种：一是在被盗时汽车音像系统的主要部分变为不可拆卸，或强行拆下即损坏，通常利用电磁铁及其他机械锁定装置；二是设定密码，当驾驶人设定密码并进入防盗状态后，音像系统被拆下重新使用时必须输入驾驶人设定的密码，这种音像系统可较容易地拆下，但密码不正确时，音像系统不工作。

（1）防盗系统的设定条件　关闭所有车门，关闭发动机舱盖和行李箱门，从点火开关锁芯中拔出点火钥匙。

（2）防盗系统的设定工作　当按下规定的按钮，输入密码特征（ID）数字后，防盗系统即开始运行。音像系统在出厂时，密码特征数字尚未输入，防盗系统不工作。部分车辆的音像防盗系统的密码特征采用六位数字，其中三位是由生产厂家确定，另外三位由驾驶人确定。生产厂家确定的三位数字是不可改变的，若输入错误，音像系统不能工作。

（3）防盗系统的工作　当系统电源被切断后，音像防盗系统开始起作用，这时即使再接通电源，音像系统也不会再工作。当输入错误密码时，音像系统不工作，且处于休眠状态，即便再输入正确的密码，音像系统也不工作，休眠的时间可能是几天或几十天。

（4）防盗系统防盗状态的解除　当电源被切断再接通后，用户输入设定的ID数字，防盗系统的防盗状态即被解除，音像系统便能正常工作。

任务二　汽车音像系统的结构和原理

一、任务引入

汽车音像系统的结构如图6-1所示，主要由天线、音源系统、功率放大器和扬声器等组成。由音源部分送来的各种信号，经音频放大器进行加工处理并放大，取得足够的功率去推动扬声器工作，发出与原声源相同且响亮得多的声音。同时，由于声音还要经过所在场所的空间才能传给听众欣赏，所以其音像效果既与音像系统的配置有关，也与听音场所的声学特性有着密切联系。

二、任务目标

1）了解天线的外形及功能。

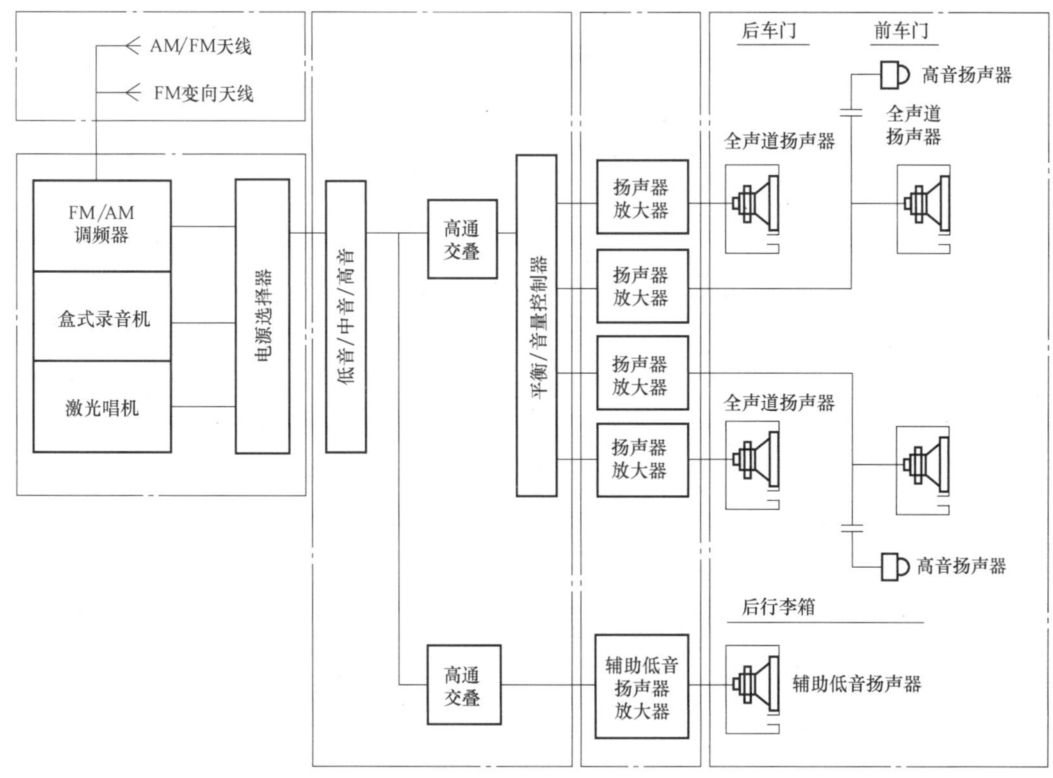

图 6-1　汽车音像系统的结构

2）掌握音源系统的结构及功能。

3）掌握放大器、扬声器的结构及功能。

三、相关知识

1. 天线

天线用来接收广播电台的发射电波，一般有车身上伸出金属棒的柱式天线（图 6-2）和嵌在窗玻璃上的隐藏式天线两种。有些汽车的柱式天线采用电动天线；还有的做成一个外部造型，附着在车身某个部位，如图 6-3 所示。

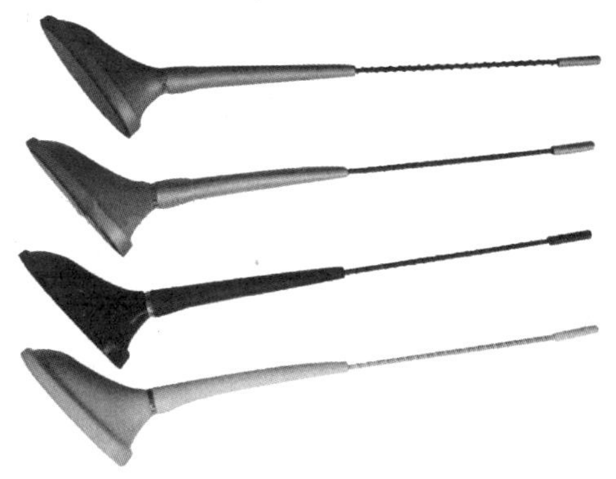

图 6-2　柱式天线

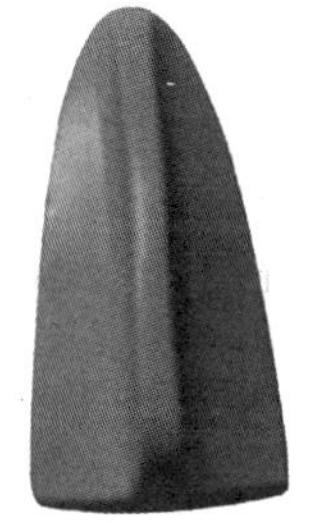

图 6-3　天线外部造型

车载隐藏式（印刷式）天线的布置位置有后窗、侧窗、前风窗、车顶、后行李箱盖、防撞保险杠等。其中，有源后窗天线是运用最广、开发品种最多、接收效果最好的车载隐藏式天线。它利用汽车后窗除霜器印制电路图案，加上特殊设计的天线放大器及其附件，在保留其除霜功能的同时，使其成为AM/FM信号的有效接收单元。

随着GPS系统、因特网通信、卫星网络服务等功能的广泛应用，汽车的移动接收技术开发的重要性日益凸现，集成的隐藏式天线是目前最好的选择。

2. 音源系统

音源系统（有时称为主机）有调谐器、磁带放音机、CD唱机、VCD/DVD影碟机等。它们为音像系统提供音频或视频信号。其中，调谐器是指收放机（由收音机和磁带放音机组成）和CD唱机。汽车碟片机使用的音源有CD、MD、MP3、VCD、DVD等，使用的是数字技术。CD唱机是基础产品。较高档的汽车CD唱机可以兼容MD和MP3。

汽车DVD属于汽车音响中的高端产品，它由一系列设备和系统组成，主要有控制主机及显示器、多碟背包（换片器）、音视频信号处理系统及电视机接收系统等，有些DVD还有电子地图、可视倒车雷达系统。

目前国内市场音源主机是日系产品占主导地位，如阿尔派、松下、索尼、JVC、先锋、健伍、歌乐等，欧系产品有菲利普、蓝宝等。阿尔派主要应用于奔驰、宝马、本田车系等，松下主要应用于大众系列车型，健伍主要应用于韩国大宇车系，歌乐主要应用于日本日产车系。

以上各品牌大多在国内都有生产基地，生产供应国内的市场。

（1）收放机　收音机是无线电接收装置，专门接收广播节目，一般接收的信号有调幅和调频两种，调幅又分中波和短波。磁带放音机一般由机心、电动机、磁头以及放音降噪电路、自动选曲电路等组成。

传统的模拟式收音机一般用手调谐选台。目前汽车使用的数字式收音机，采用电子式调谐器，去掉了调谐部分的调台拉索，提高了调谐工作的稳定性，抗振动性能比模拟式好。电子式调谐器可以实现手动选台和自动搜索选台。当进行手动选台时，驾驶人通过控制器使分频系数发生变化，并输入到相位比较器，相位比较器再向天线调谐，这样便能根据不同的分频系数，得到不同的调谐频率，从而达到选台的目的。当控制功能设定为自动选台时，控制器会自动地按分频系数的某一方向（由大到小或由小到大）来改变，当搜索到某一电台时，会自动将该分频值记忆下来，并存入相应的电台预置位置，直到搜索完全部调谐频率。此外，采用电子式调谐器还可以实现各种特殊的功能，如按频率大小或信号强度顺序记忆电台、自动跟踪某个电台、设置定时收听广播等。数字式收音机内部由数字集成电路组成，内部电路发出选台、存储、控制及显示的信号，内部一次可存储12~44个电台，并可实现遥控。

（2）激光唱机　激光唱机又称CD（Compact Disc）唱机。激光唱机具有优异的电声指标，其信噪比和动态范围远远优于传统的电唱机。激光唱机具有自动选曲、程序重放、遥控操作等功能，激光唱片不易磨损，曲目丰富，成为汽车音像的重要组成部分。激光唱机主要由激光拾音器、伺服系统、数-模转换与滤波、控制系统及显示器等组成，如图6-4所示。

（3）汽车用VCD影碟机　车用VCD影碟机是构成汽车视听系统的重要组成部分，是移

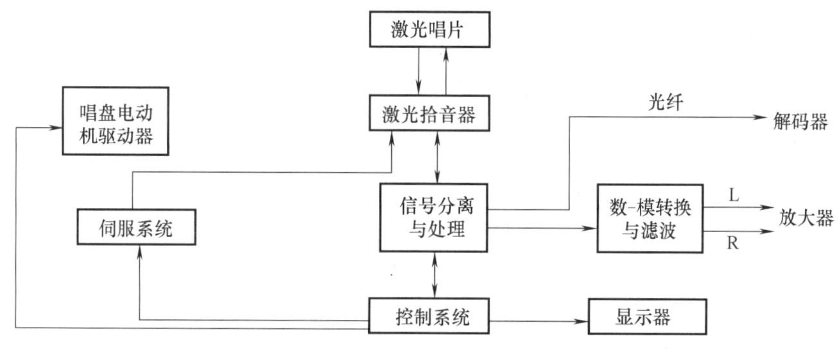

图 6-4　激光唱机的组成

动影院的视频信号源。目前，中、大型的长途客车和旅游客车上普遍装用了车用 VCD 系统，而且为了使用方便，一般都还配有多片式自动换片机。

车用 VCD、DVD 等激光影音装置与普通 VCD、DVD 结构基本一致，主要区别是机心集成度更高，结构更紧凑，且具有防振功能。VCD 影碟机主要由 CD 机心、伺服电路、系统控制电路、MPEG-1 视音频解码电路、PAL/NTSC 编码器、音频 D-A 转换器和 RF 转换器等构成，如图 6-5 所示。

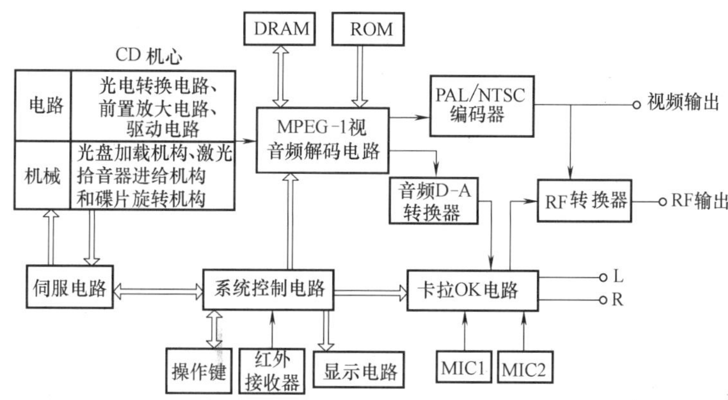

图 6-5　汽车 VCD 影碟机的基本结构

（4）汽车用 DVD 影碟机　DVD 影碟机采用先进的信号调制和纠错方式，生产工艺与 CD 唱机、VCD 影碟机有所不同。DVD 影碟机可以兼容已有的 CD-DA、CD-ROM、CD-R、CD-RW、CD-1、Photo-CD 以及 VCD 等多种格式的光盘，即 DVD 影碟机上可以读取 CD、VCD 等光盘数据信息，但 VCD 影碟机、CD 唱机不能读取 DVD 光盘数据。

DVD 影碟机的组成与 VCD 相似，它由机心、伺服电路、解码电路和控制电路组成。但由于 DVD 的碟片结构与 VCD 不同，因此，DVD 影碟机的机心、伺服电路与 VCD 影碟机不同。

3. 放大器

放大器将各种节目信号进行电压放大和功率放大，然后推动扬声器发出声音。放大器的原理如图 6-6 所示。

4. 扬声器

扬声器主要指主扬声器和环绕扬声器等，是汽车音像系统的终端。主扬声器通常由低音

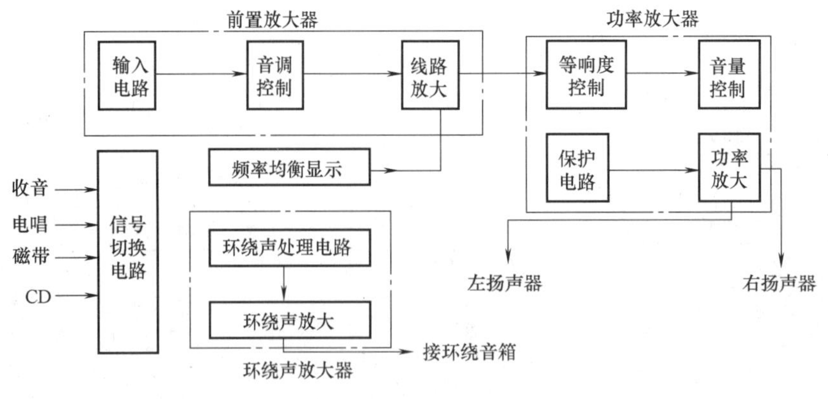

图 6-6　放大器的原理

扬声器、中音扬声器、高音扬声器和分频网络组成。一般环绕声只重放 7kHz 以下的反射声，故只需一只中低音扬声器即可。扬声器口径大小和在车上安装方法、位置是决定音像性能的重要因素。为了欣赏立体声音响，车上最少要装两个扬声器。图 6-7 所示为音像系统组件配置情况。

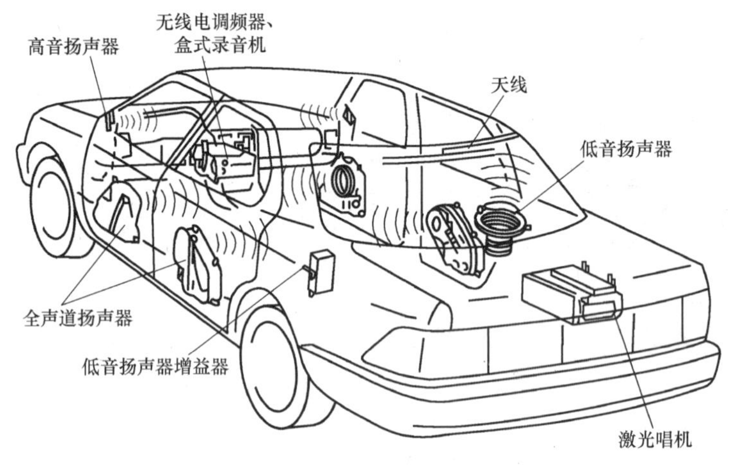

图 6-7　音像系统组件配置情况

任务三　汽车音响的操作与使用

一、任务引入

汽车常用的音响包括收音机、CD 唱机、VCD、DVD 等，现以 CD 音响和 DVD 音响为例介绍汽车音响的操作与使用。

二、任务目标

1）掌握 CD 音响操作按键的使用方法。

2）掌握 DVD 音响操作按键的使用方法。

三、相关知识

1. CD 音响操作按键的使用方法

别克君威轿车装有两种 CD 音响，别克君威 2.0G、2.5GL 轿车装用单碟 CD 音响，其音响面板如图 6-8 所示。别克君威 3.0GS 轿车装用前置六碟 CD 音响，其面板如图 6-9 所示。

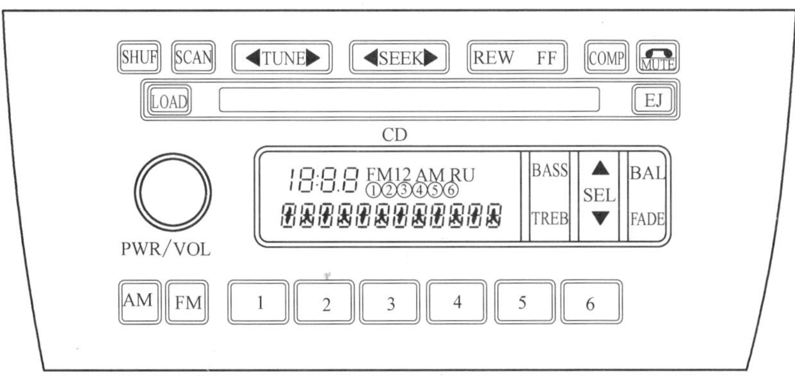

图 6-8　别克君威 2.0G、2.5GL 轿车装用的单碟 CD 音响面板

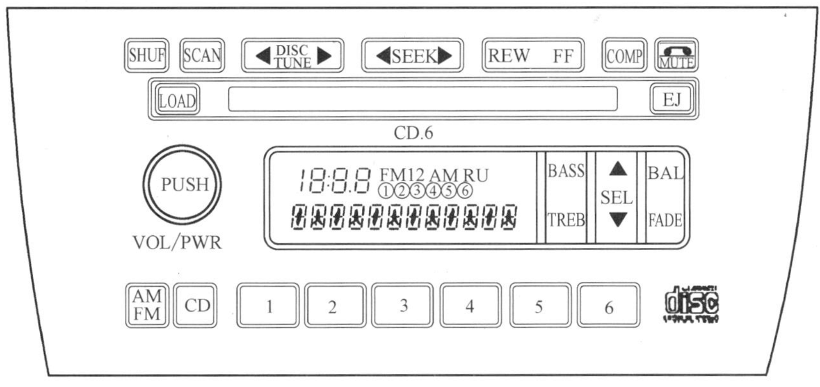

图 6-9　别克君威 3.0GS 轿车装用的前置六碟 CD 音响面板

(1) 音量/电源控制 (VOL/PWR)　当音响关闭时，按一下 VOL/PWR 按钮可打开音响；再按一下此按钮关闭音响。顺时针旋转此钮可增大音量；逆时针旋转可降低音量。

(2) 调整 (SEL)　按下该按钮的向上或向下箭头，可用来调整 BASS、TREB、BAL 和 FADE 的值。

(3) 静音 (MUTE)　按此按钮可使音响静音，再按此按钮可打开声音。

(4) 调幅-调频 (AM-FM)　这是波段选择开关。按下 AM-FM 按钮可在 AM、FM1 和 FM2 之间切换，同时屏幕上显示所选择的波段。

(5) 调谐 (TUNE)　按向右或向左箭头可选择收音机电台。

(6) 搜寻 (SEEK)　按向右或向左箭头可移到下一较高或较低频率的电台并保持在该电台，搜寻时音响自动静音。

(7) 搜索 (SCAN)　按一下 SCAN 按钮，音响自动搜索收听每个编程电台，几秒钟后将转到下一个电台。再按下 SCAN 按钮，搜索停止。搜索进行时自动静音。

(8) 6个按钮 (PUSH BUTTONS)　6个数字按钮可使您选择需要接收的电台，最多可设定18个电台频率，6个调幅、6个FM1和6个FM2。存储电台的步骤如下：

1) 打开收音机。

2) 按AM-FM按钮选择波段。

3) 调谐到所需的电台。

4) 按住6个数字键之一，声音将静音，当声音恢复时，松开按钮，此电台频率将存储下来。以后，只要按该数字按钮，所存储的电台频率会调出来。

5) 对于每个按钮重复这些步骤。

在CD模式下，按下1~6可选择碟片。

(9) 低音 (BASS)　按下此按钮，可用SEL的上下箭头来提高或降低低音。

(10) 高音 (TREB)　按下此按钮，可用SEL的上下箭头来提高或降低高音。

(11) 平衡 (BAL)　按下此按钮，可用SEL的上下箭头来改变左右扬声器的音量对比。

(12) 衰减 (FADE)　按下此按钮，可用SEL的上下箭头来改变前后扬声器的音量对比。

以下操作仅对CD工作时起作用：

(13) 搜寻 (SEEK)　按向左箭头，转换到前一首歌，按向右箭头，转换到下一首歌。在搜寻时，显示屏会显示节目号。

(14) 搜索 (SCAN)　CD唱机会将每首歌放音8~10s，在搜索阶段显示屏会显示节目号。

(15) 选碟 (DISC)　按向左箭头，以选择前一张碟片，长按以快速向上找到所需的碟片。按向右箭头，以选择下一张碟片，长按以快速向下找到所需的碟片。

(16) 随机 (SHUF)　按一下此键，CD唱机会随机播放节目 (不按原定顺序)。

(17) 装入 (LOAD)　按下此键，CD碟片将被装入CD唱机。

(18) 退出 (EJ)　按下此键，CD碟片将从CD唱机中弹出。

2. DVD音响操作按键的使用方法

别克君威3.0GS+轿车音响由DVD主机 (带屏幕)、两个头枕DVD屏幕和后箱中的六碟碟盒组成。DVD主机的面板如图6-10所示。

(1) DVD模式键　若当前模式不在DVD　PLAY模式，按DVD键，则音响进入DVD PLAY模式。

(2) 电源/音量 (PWR/VOL) 调整旋钮　当主机处于待机模式时，按PUSH键可进入工作模式；当主机在工作时，按下此键可使其结束工作处于待机模式。主机工作时，逆时针方向旋转可使音量减小；顺时针方向旋转可使音量增大。

(3) 播放/暂停键　在收音模式下按播放/暂停键时，声音立即消失；当再次按此键时，声音马上出现。在播放碟片DVD CHANGER　PLAY (CD/MP3/VCD) 模式下按此键时，碟片将处于暂停模式；当再次按此键时，碟片恢复播放。

(4) 调幅/调频 (AM/FM) 键　每按AM/FM键一次，收音波段依FM1—FM2—AM—FM1的次序循环切换。

(5) 音质调整 (TONE) 键　按TONE按键选取音质模式，音质模式依CLASS—C&W—POP—TALK—ROCK—JAZZ的顺序循环变化。

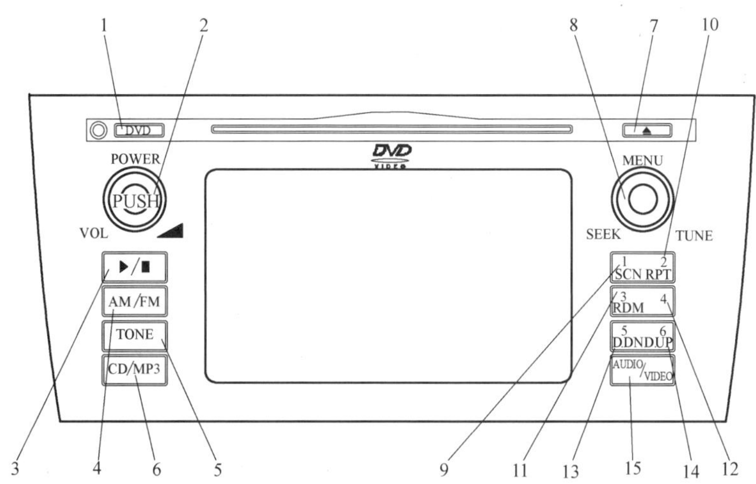

图 6-10 别克君威 3.0GS+轿车音响 DVD 主机的面板

1—DVD 模式键 2—PWR/VOL（电源/音量）调整旋钮 3—播放/暂停键 4—AM/FM（调幅/调频）键 5—TONE 音质调整键 6—CD/MP3 键 7—退碟键 8—SEEK/TUNE（搜寻/调谐）旋钮 9—SCN（扫描播放）键 10—RPT（重复播放）键 11—RDM（随机播放）键 12—数字 4（记忆电台）键 13—D.DN（向下选碟）键 14—D.UP（向上选碟）键 15—AUDIO/VIDEO 插孔

（6）CD/MP3 键 若当前不在 CHANGER 模式，按 CD/MP3 键可切换到 CHANGER PLAY（CD/VCD/MP3）模式。

（7）退碟键 按下此键，碟片将被退出。

（8）搜寻/调谐（SEEK/TUNE）旋钮

1）音响处于 RADIO（收音）模式时，自动搜索电台。顺时针旋动 SEEK/TUNE 旋钮 2s 以上，则以频率递增方式自动搜索电台；反之，以频率递减方式自动搜索电台。

2）手动搜索电台。顺时针旋动 SEEK/TUNE 旋钮 2s 以下，则以频率递增方式手动搜索电台；反之，以频率递减方式手动搜索电台。

3）音响处于 DVD/CHANGER 模式时。顺时针旋动 SEEK/TUNE 旋钮 2s 以上，则碟片快进；反之，碟片快退。

4）碟片选曲。顺时针旋动 SEEK/TUNE 旋钮 2s 以下为向上选曲；反之，则向下选曲。

5）主菜单。按此键（PUSH）可调出功能菜单，再使用此键（旋转）可进行项目选择及对选中项目的微调。

（9）扫描播放（SCN）键 在 RADIO（收音）模式，按 SCN 键 2s 以上，记忆存储当前频率的电台；按 2s 以下，则选择收听第 1 个记忆电台。在 DVD CHANGER PLAY 模式，按此键 2s 以下，从当前曲目开始依次播放当前盘片里每首歌曲的前 10s；按此键 2s 以上，扫描播放整个 CHANGER（碟盒）里每片碟片的第一首歌的前 10s。

（10）重复播放（RPT）键 在 RADIO 模式，按 RPT 键 2s 以上，记忆存储当前频率的电台；按 2s 以下，选择收听第 2 个记忆电台。在 DVD CHANGER PLAY 模式，按此键 2s 以下，重复播放当前歌曲；按此键 2s 以上，重复播放当前盘片里的所有歌曲。

（11）随机播放（RDM）键 在 RADIO（收音）模式，按 RDM 键 2s 以上，记忆存储当前频率的电台；按 2s 以下，则选择收听第 3 个记忆电台。在 DVD CHANGER PLAY 模式，按此键 2s 以下，随机播放当前盘片里的歌曲；按此键 2s 以上，随机播放整个 CHANGER 里的所有盘片。

（12）数字键 4　在 RADIO（收音）模式，按数字 4 键 2s 以上，记忆存储当前频率的电台；按 2s 以下，则选择收听第 4 个记忆电台。

（13）向上选碟（D. UP）键　在 RADIO（收音）模式，按 D. UP 键 2s 以上，记忆存储当前频率的电台；按 2s 以下，则选择收听第 5 个记忆电台。在 CHANGER PLAY 模式按此键，向上选择播放的碟片。

（14）向下选碟（D. DN）键　在 RADIO（收音）模式，按 D. DN 键 2s 以上，记忆存储当前频率的电台；按 2s 以下选择收听第 6 个记忆电台。在 CHANGER PLAY 播放模式按此键，向下选择播放的盘片。

（15）后座音响操作（图 6-11）

1）搜寻（SEEK）。在 RADIO（收音）模式，按向上或向下箭头可调至上一个或下一个收音机电台。如果正在碟片播放模式，将向上或向下选择。

2）搜索（SCAN）。在 RADIO（收音）模式，按 SCAN 按钮，收音机将达到第 1 个预设电台；在该台上停止几秒钟，然后到下一预设电台。如果预设收音机台信号较弱，将不在预设电台上停止。再按 SCAN 按钮可停止搜索。如果正在碟片播放模式，会将每首歌放音 8~10s。

3）媒体（MEDIA）。按此按钮可选择 AM、FM1、FM2、CD 中的某一种。

4）上一张碟（DISK UP）。按此按钮可选择上一张碟片。

5）静音（MUTE）。按此按钮可使音响系统静音，再按此按钮时可打开声音。

6）音量。按向上或向下箭头可增加或降低音量。

（16）转向盘音响操作（图 6-12）

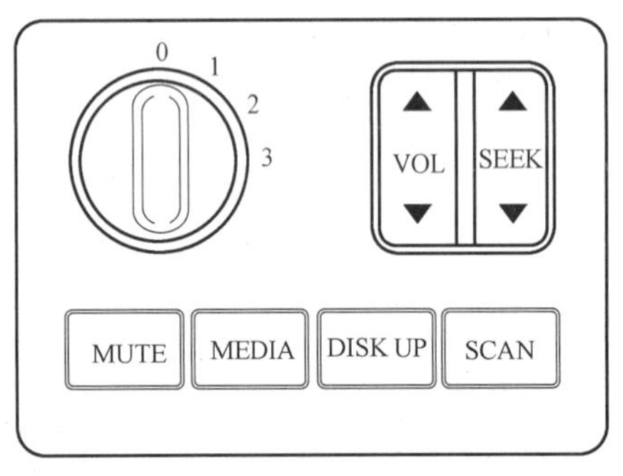

图 6-11　后座操作面板

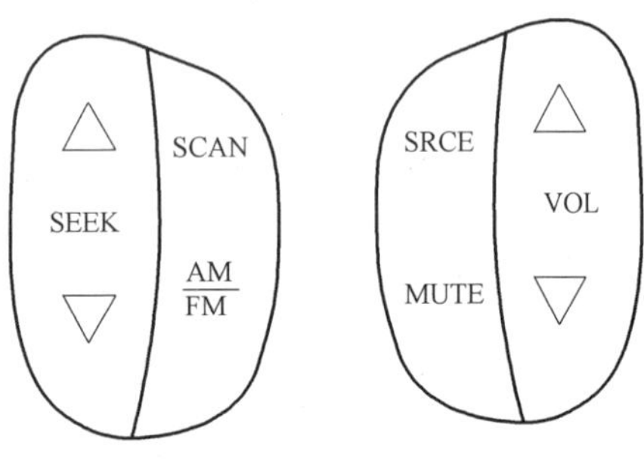

图 6-12　转向盘操作面板

1）音源（SRCE）。在 AM 或 FM 模式按下此按钮，音源会转成 CD 模式；在 CD 模式下按下此按钮，音源会转成 AM 模式。

2）静音（MUTE）。在 AM/FM 或 CD 模式，短按此按钮将静音；若长按此按钮会起动电话模式，并可由 SEEK 键进行电话簿搜寻。若已进入电话模式，短按此键可接听或拨出电话；长按则拒接电话并回到电话模式之前的音源模式。

3）向上搜索（SEEK UP）。在 AM/FM 模式下，可用来向上搜索电台；在 CD 模式下，可用来向上搜寻曲目；在电话模式下，可用来向上搜寻电话簿。

4）向下搜索（SEEK DOWN）。在 AM/FM 模式下，可用来向下搜索电台；在 CD 模式下，可用来向下搜寻曲目；在电话模式下，可用来向下搜寻电话簿。

5）音量增大（VOL UP）。

6）音量减小（VOL DOWN）。

7）搜寻（SCAN）。用来快速搜寻每一个电台或曲目并播放几秒钟，再次按下 SCAN，当前电台或曲目被选定。

8）波段选择（AM/FM）。在 AM 和 FM 波段模式之间切换。

任务四　汽车音响的防盗与解码

一、任务引入

汽车中、高档音响都具备多种防盗功能，一旦出现音响被盗或在使用和维修过程中拆下蓄电池电源线、蓄电池严重亏电、音响熔断器烧断等使系统非正常断电的现象，音响系统就会锁止，必须按照正确步骤输入正确密码后，系统才能正常工作。如果多次输入错误密码，将会导致音响被永久锁止。所以一旦音响被锁，首先要找到音响密码，然后按照正确步骤输入密码。

二、任务目标

1）了解汽车音响防盗的方式。

2）掌握汽车音响防盗功能的运用。

3）掌握汽车音响的解码类型。

三、相关知识

1. 汽车音响防盗功能的运用

（1）音响防盗功能的正确使用

1）音响防盗功能的判断。如果是在音响面板上或后车门三角窗等处发现如下标志：ANTI-THEFT、CODE、SECURITY，则说明该车音响具有防盗功能。

2）音响锁住时的显示。汽车多媒体主机被锁时，多媒体主机不能工作，并在显示屏上会有所反映，不同的汽车多媒体主机，其显示内容不同。常见显示内容如下：SE、HELP、SAFE、CODE、COD、LOCK、INOP、Err1、红色防盗灯连续闪烁等。若音响面板上的液晶显示屏显示“CODE”或“……”等符号，则表示音响已被锁住，需要解码，即需要输入正确的密码进行解码后才能恢复正常。

3）避免无意中锁住音响。

① 在进行维修时，若不知道音响密码，千万不要断开蓄电池的电源线。

② 在更换蓄电池时，必须先并接一个新的蓄电池后再拆下原蓄电池；拆下电动机或变速器时，也必须采取一定的措施保证维修中途音响不会断电。

③ 不要误拔音响熔断器。有些轿车的音响和发动机控制器清除故障码共用一个熔断器，故需特别注意：不要随意断开该熔断器。

④ 锁车时应断开所有的用电器，以防止蓄电池因完全放电而导致音响被锁止（即自动

锁死)。一般音响断电后，由于其内有一只容量较大的存储保持电容，故也需要一定的时间使这只大容量电容放完电后，才会使音响自动锁止。

(2) 汽车音响产生锁止的原因　汽车音响具有防盗系统的标志通常是在说明书上，或在主机、电路原理图等上标注有“ANTI-THEFT-SYSTEM（防盗系统）”等标志。轿车在使用和维修过程中，如果发生以下情况，具有防盗功能的汽车音响就会锁止：

1) 违反操作规则，输入错误信息。

2) 蓄电池严重亏电，不能维持汽车音响的存储保持电源电压。

3) 拆下蓄电池的电缆线后，主机断电后未能及时提供存储保持电源。

4) 音响电源线路有断线处，使音响无存储保持电压。

5) 拔下了音响电源插头或熔断器等。

(3) 音响防盗密码的形式　音响防盗密码主要有固定密码和可变密码两种形式。

1) 固定密码。欧宝、奔驰、宝马等车系采用固定密码。

2) 可变密码。雷克萨斯 LS400、丰田大霸王等车型采用可变密码。

固定密码和可变密码均是通过防盗 ECU 中的音响防盗集成块（EEPROM）进行控制的，有的防盗系统集成于音响 CPU 中。音响防盗集成块（EEPROM）具有读、写、字擦除、片擦除及数字时钟功能，它与主机共同控制音响防盗系统。

2. 汽车音响防盗的方式

汽车音响防盗的方式主要有三类。

(1) 音响随身带防盗　这类汽车音响在设计时将主机设置为可移动方式，用户离开汽车时可将音响随身带走，以防被盗。一旦把主机移出安装架后，主机后备电池将保持已预置的电台等信息不致丢失。其典型结构如图 6-13 所示。

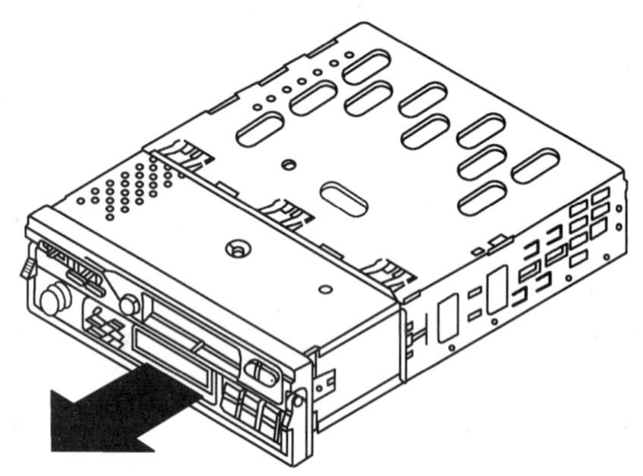

图 6-13　随身带防盗系统结构

(2) 不可拆卸式防盗　这种防盗方式是在上述防盗类型的基础上改进而来的，属于机械式锁紧防盗方式，它将上述的可拆移走方式改变为不可拆卸锁紧方式。这种汽车音响一旦被盗，其主机部分将因为强行拆卸而立即损坏，通常是利用电磁铁及其他机械锁定装置来实现防盗功能的。

(3) 密码式防盗　这是一种电子防盗方式。它是通过音响面板上的按键给汽车音响输入一定的数据（即设定密码）后来实现防盗的。当驾驶人设定密码并进入防盗状态后，音响系统必须输入驾驶人设定的密码，否则不能工作。这种防盗方式的音响可较容易地拆下，但密码不正确时音响系统不工作。目前的高档音响几乎都采用这样的防盗方式。

3. 汽车音响的解码

(1) 汽车音响密码的获取方法　当汽车音响锁死以后，要想再使用音响就必须按照正确步骤输入正确密码，音响系统才能正常工作。如果多次输入错误密码，将会导致音响被永久锁止。所以，一旦汽车音响被锁，首先要找到音响的密码，然后按正确的方法输入密码。汽车音响密码的获取方法较多，主要有在原车上查找和用读码器读取法两种方法。

1) 在原车上查找。在购买新车时，要注意夹在音响使用手册中的密码卡。有些车型的密码还可以在以下几个地方找到：

① 音响机壳上面的某一部位。

② 点烟器盒背面的某一地方。

③ 工具箱内或其背面的某一位置上。

④ 驾驶人侧车门上的某一部位。

⑤ 行李箱 CD 唱机机壳上的某一位置。

⑥ 发动机电喷控制系统 ECU（控制器）的背面某一部位。

2）用读码器读取法。现代汽车音响防盗密码存储集成电路一般采用 EEPROM，并以串行形式连接在电路中。其中以 24C 系列和 93C 系列存储集成电路在汽车音响上应用较多。如果丢失了密码，就必须使用数据编程器来读出音响里面 EEPROM 原来的密码数据，加以换算，得到正确的密码。

（2）汽车音响防盗系统的解码方法　音响解码是指音响的防盗功能将音响锁住后，使音响恢复使用功能的操作方法。音响防盗系统解码的具体操作方法如下：

1）已知音响密码的解码方法。在已知音响密码的情况下，输入正确的密码，即可解码。其输入方式有两种：顺序输入和逐位输入。

① 顺序输入。该方法适用于宝马、奥迪 A6、本田等系列车型的音响。如密码为 1、4、5、6，则按音响面板上的 1、4、5、6（通常按选台预置键）键就完成了。

② 逐位输入。这种方法适用于沃尔沃、绅宝、道奇子弹头等系列车型音响。如密码为 1、4、5、6，则按音响面板上的选台预置键（1 键 1 次、2 键 4 次、3 键 5 次、4 键 6 次）就完成了。

如果输入的密码不是正确的密码，音响将出现蜂鸣声，或液晶显示屏上出现“SAFE”字样。这时，需耐心等待 1h 后才能重新输入密码。如果多次输入了错误的密码，则需要等待更长时间才能重新输入密码，甚至有可能将音响永久锁住。

2）用通用码解码方法。在不知道本机密码的情况下，可以输入该系列音响的通用密码进行解码。

① 宝马系列车型的阿尔派音响的通用密码为 62463 或 22222。

② 起亚系列车型音响的通用密码为 1245 或 6263。

③ 沃尔沃系列车型音响的通用密码为 3111 或 3113。

④ 本田系列车型音响的通用密码为 3443。

必须注意的是，采用通用码解码的方法只能运用一次，如以前已经使用过一次，则不能再使用。

3）无密码解码方法。如不知本机的密码，通用码也无法解码时，就需要用逻辑学分析仪或者专用音响解码器进行解码。其步骤与方法如下：

① 从中央仪表板上拆出音响机身，拔下线。

② 打开音响机身上盖，拆下磁带舱，露出底层的主电路板。

③ 仔细检查主电路板，必要时打开机身下盖，寻找如下几种型号的集成电路：93C46、85C82、24C81A、4558 等。

这些集成电路都是 1KB 的可擦写存储器，音响在出厂时已将密码写入这些存储器之中。这些存储器中的内容是可以调出和重新写入的。可以使用专用的拆装集成电路的热风枪来焊下这些存储器，把它们插在专用插座上，用逻辑分析仪或者音响解码器调出存在某些特殊地址字节的内容，即密码，也可以改动密码。最后，用热风枪将这些存储器集成电路重新焊在主电路板上，按照调出的密码在音响面板上用键重新输入，就可以将音响解锁。

这些密码存储器集成电路在接收到正确的密码后，向主 CPU 输入一个指令，令主 CPU 启动引导程序，音响即可以正常工作。

4）其他方法。如果没有专用的逻辑分析仪或音响解码器，对本田雅阁等车型也可将密码集成电路 93C46 焊下来，即可永久解锁，由此也可使音响恢复使用。

另外，也可采用一些非常规的手段来解锁，以恢复音响系统的正常使用功能，主要有以下两种：

① 在硬件上取消防盗功能。即消除音响系统防盗功能。采取使防盗系统集成块失效的方法消除防盗功能，此方法可能会造成系统损坏。

能采用该方法的系统，其控制模块一般用一条引线的高电平或低电平信号来控制音响工作模块的工作。当断开该线，并输入永久有效的电平时，防盗功能便解除。有效电平的提供有时需加额外的电路来实现。这种方法适用于某些老款车型。其缺点是可能使系统永远失去防盗能力。

② 更换存储密码芯片。防盗系统一般是通过对照存储模块中预定的密码，与控制模块内置寄存器中的标志信息的异同来触发防盗保护的。而解码时也是将输入的代码与控制模块中的代码进行比较，如果一致，则解码成功。因此，如果系统中采用了独立的 EEPROM 存储器作为存储模块，则可以将同一车型的已知密码的存储器拆下，用仪器读出保存在 EEPROM 中的数据，再将该数据用仪器写入同型号的 EEPROM 芯片中。用该芯片替换原锁死系统的芯片，原密码因为芯片更换而失效，现密码与被复制汽车的密码相同。

（3）汽车音响编程器　汽车音响编程器的作用是通过编程来设置防盗密码，其特点是不损坏元件，且使音响保留原防盗功能，但操作难度较大。汽车音响编程器有几种形式，但其设计原理是一样的，本质上是采用单片机编程器（PROGRAMMER），只不过功能有所不同。

1）可解码的音响机型。可解码的音响机型见表 6-1。

表 6-1　可解码的音响机型

车系	音响机型
奔驰(BENZ)	BE1430、BE1431、BE1432、BE1436、BE1350、BE1650、BE1490、BE1491、BE1492、BE1690、BE1691、BE1692、BE1130、BE1351、BE1151、BE2210、BE2140、BE2340、BE2330、BE2180、BE1302、BE0876、BE0879、BE1319、BE1328、BE0729、BE0837、BE1460、BE1560、BE1480、BE0881、BE0780、BE0728、BE0732、BE0830、CM2294、BE3200(密码 43332)、LP1320、LP26117、MF2197、IMF2297(密码 26651)等
宝马(BMW)	BE0774、KEH-81、KEH-83、KEH-93、C33、PH785、PH-7805、PH-7851、PH-78860、PH-9860、94-97 款 740 等
丰田(TOYOTA) 雷克萨斯(LEXUS)	P622、P623、P624、P625、P626、P1601、P1602、P1604、P1609、P6801、P6801、P1700、N004、N204、11706、11708、11712、11713、17801、16803、16804、16806、16807、51703、56806、56807
沃尔沃(VOLVO)	SC-800(801、805、810、811、813、815、816)
本田(HONDA)	1106、1107、1108、1109、1102、1111、1XK0、1XK3
三菱(MITSUBISHI)	P502(503、602、704)、M579、Q401、E049

（续）

车系	音响机型
大众(VW)	PE-9839W、VW2663、CQ-LA1120(1620)、AUZIZ、乐声、CQ-V1110FA
三星道奇	PH924、PH964
欧宝(OPEL)	SC-201、CI-300
马自达(MAZDA)	3262、3264、3226、1264、1265、1270、2264、CQ-M2632
保时捷(PORSCHE)	C1-1
日产(NISSAN)	CT016(011、269)
起亚(KIA)	AUK8600(8602)

2）编程器使用方法。

① 输入机型号码。开机后按“确认”键出现“KEY OK”字样，再按“机型”键，在闪烁“TYPE”的情况下输入机型号码。例如，1999 款奔驰 BE1691 型音响，输入 1691 作为索引，不用输入英文字母，然后按“确认”键，显示屏即出现奔驰 BE1691 型的备用资料，即显示“IC：85C82，表示锁机的芯片型号为 85C82”。显示“＊ ＊：22121”表示开机密码为 22121。

注意：凡是有密码的汽车音响都设计有不等待及等待状态，出现“CODE”“SAFE”为不等待状态；出现“WAIT”“OFF”“SAFE2”“HOLD”为等待状态。即若音响锁止但没有输入过密码，则将有 3 次输入密码的机会，若输入的密码正确，则音响正常打开。若累计 3 次输入不正确的密码，则音响就会出现等待状态，出现等待状态后音响不再接受密码；若要继续输入密码，必须将等待状态改变为不等待状态。如果是等待状态的机型，则先按“▲”键或“▼”键选择“CODE”状态，然后必须先按“确认”键，再按“写码”键，待出现“WRITE OK”，表示已经成功地修改了等待状态。如果想了解音响是否处于等待状态，可将芯片装进编程器，按“读码”键，待出现“READ OK”后按“确认”键，“STATE”显示音响所处的状态。

② 将备用资料写进芯片。先将音响 IC 芯片拆下，例如奔驰 BE1691 型音响，芯片为“85C82”，将其装到 IC 插座上，然后按“写码”键，出现“WRITE OK”，则表示能将音响资料写到芯片上，将芯片装回音响即可，用密码 22121 可开机。若出现“WRITE ERROR”，则表示没有将备用资料写到芯片，需重复上述操作，直至出现“WRITE OK”。如果操作错误，则按“复位”键，然后按“机型”键，重新输入机型。

③ 修改密码。密码可以任意修改，操作方法如下：选定机型，按“确认”键，当“＊ ＊……”位置显示密码时，按密码键，当光标在密码位置闪烁时，输入指定的密码。然后必须先按“确认”键再按“写码”键，待显示屏出现“WRITE OK”，即表示已经成功地修改了密码（注：如果是 4 位数密码，则通常是 0~9 中的数字；如果是 5 位数密码，则通常是 1~6 中的数字）。

④ 查找原芯片密码。要想查找原芯片的密码，则按以下方法操作：首先选定机型，然后按“确认”键，当显示备用资料后，装上芯片，按“读码”键，出现“READ OK”后，按“▲”键，“＊ ＊……”处出现的是芯片的密码。例如出现 33116，则表示原芯片密码是 33116。

3）破解 PUK 码的方法。显示屏出现“KEY ERROR”，按“确认”键出现“ENTER KEY”，输入 981106 的 PUK 码，然后按“确认”键，显示屏出现“NEW KEY OK”，表示已经将旧密码清除，编程器可以正常使用。

4）编程器的升级。编程器可升级，增加音响型号，扩大应用范围，其操作方法如下：对于一台 AB888 型的汽车音响，首先选定机型输入 888，按“Enter”（确认）键，选 IC 芯片型号，按“读码”键，出现“READ OK”，按“存储”键，即可将新机型添加到编程器中，记下代号和密码。

5）芯片安装位置。非标准芯片靠上面安装，标准芯片靠下面安装。

任务五　汽车音响的正确使用与维护

一、任务引入

汽车音响的正确使用与维护包括收音机的使用与维护、激光唱机的正确使用与维护，下面分别进行说明。

二、任务目标

1）了解收音机的使用与维护。

2）掌握激光唱机的正确使用与维护。

三、相关知识

1. 汽车收音机的正确使用与维护

（1）汽车收音机的正确使用

1）接收天线应良好可靠。汽车音响的接收天线有拉杆天线（手动和自动）和后风窗玻璃上的条状金属膜天线（也称印制天线）两种。在接收调幅广播和调频广播时，拉杆天线应拉出，确保收听效果。天线与收音机的连线应连接可靠，拉杆天线应保持干燥、无锈蚀并升降灵活，且手动拉杆天线要及时收回。

2）注意防止干扰。当汽车在电磁干扰较强的场合时（例如接近雷达、无线电发射台及电焊切割等场合），应停止使用收音机。

3）用好电台存储功能。数字式收音机可存储电台的频段，使用时将平时经常收听的节目存储在收音机内，由于收音机的记忆作用，重新开机后记忆便生效。

（2）收音机常见故障的诊断与排除

1）开机后无声。检查电源指示灯，如果不亮，应重新插好电源插头。查看收音机上的静噪开关的位置，按下开关表示静噪，此时无声，只能用耳机收听；抬起开关，应有正常重放音。检查收音机与放大器的连线是否良好，逐一检查后开机试听。

2）无调频或调幅声节目。首先检查调频、调幅天线是否接好，因为金属屏蔽罩的作用，一旦天线断路，便无正常的重放声，仔细将天线接好后开机试听。对于数字式收音机，如采用定时关机功能，原来存储的电台频段记忆会消失，故无正常的电台节目，需重新设置电台的存储频段，所以应少使用定时关机功能。

3）放音杂声大。检查收听环境附近有无电磁波干扰；检查天线或输出信号线是否接触不良；检查平衡旋钮或音量旋钮是否过脏，若过脏可用酒精清洗，待酒精挥发后试听。

4）收音灵敏度下降。检查天线位置是否正确，接线是否良好，各开关是否接触不良。

2. 激光唱机的正确使用与维护

（1）激光唱机的正确使用

1）注意合理安放。激光唱机的位置应避免剧烈振动及重物碰撞，注意盖好碟片舱门。

2）正确取放碟片。打开碟片舱盘后，要将碟片的标签面朝上放入舱盘。如碟片装反，将无法放唱。

3）不要将其他物品放到碟片舱盘上，也不要将两张碟片重叠在一起放唱，否则将会加重驱动系统的负担，并可能造成损坏。

4）对于设有数字信号接口的激光唱机，应尽量使用该接口，将输出的信号送至外接的数字解码器，最后送到放大器，这样可获得更优良的音质。

5）注意各接口的连接位置正确。

（2）激光唱机的操作方法

1）激光唱机的主要操作开关。

① 放音键。按下此键即可放音。

② 暂停键。按下此键可暂停放音，再按此键则唱机转入放音状态。

③ 快进快退键。按下此键，可快速找到所要的曲目。

④ 程序放音键。按下此键，可编辑曲目顺序，按所编排的顺序放音。

⑤ 重复放音键。按下此键，可使唱机重复放音，再次按下后结束重复功能。

⑥ 清除键。按下此键，唱机停止正在执行的功能，回到原始的状态。

2）激光唱机的数字显示。

① 接通电源并送入碟片后，就会在显示器上自动给出碟片的曲目数和放音时间。

② 暂停指示。按下“暂停”键后，可给出暂停指示。

③ 重复放音指示。按下“重复放音”键时，会给出重复放音指示。

④ 放音指示。按下“放音”键后，显示器会给出正在播放的曲目号，并用箭头指示。

⑤ 快进快退指示。当唱机处于快进与快退状态时，显示器给出该指示。

⑥ 程序放音指示。当处于程序放音时，显示器给出该指示；程序放音结束时，显示消失。

（3）常见故障诊断与排除

1）放音无声。装好碟片，按动“放音”键后无声音。检查碟片是否放正，开机后如果未显示碟片的曲目数，而是显示出错符号，说明碟片的位置没有放好。打开碟片舱盘，将碟片重新摆正后即可放音；检查激光唱机与放大器之间的信号线，将信号线反复拔插或左右互换，以判断是否接触不良或断线。

2）放音时不进片。

① 检查碟片是否损坏。可取出碟片对光检查，看有无漏光处或明显的划痕和油污。这些问题会引起激光拾音失灵，造成放唱中断。

② 反复按动“放音”键，看能否恢复正常放音。因为激光唱机内产生的误动作也会使放唱中断，重新起动几次可恢复正常。

③ 上述方法不能奏效时，则要打开机壳，检查激光拾音器的光学头是否有脏物。若有脏污，可用擦镜头纸蘸酒精清洗光学头，然后开机，用一张正常碟片放音试听。

④ 若机内电路损坏，应检修电路；在检查和清洗光学头时，应在断电情况下进行，以避免激光灼伤眼睛。

3）遥控失灵。检查遥控发射器电池供电是否正常，可换上新电池试一试；检查激光唱机附近有无强电、强磁和强光干扰；检查遥控器的按键是否接触不良，可清洗按键触点。

任务六　汽车音像系统的检修

一、任务引入

汽车音像系统的检修包括汽车 CD 唱机的检修、汽车 VCD 影碟机的检修、汽车 DVD 影碟机的检修等内容。

二、任务目标

1）了解汽车音像系统检修应注意的事项。

2）掌握汽车 CD 唱机、VCD 影碟机、DVD 影碟机的检修。

三、相关知识

1. 汽车音像系统检修应注意的事项

1）弄清所修汽车音像系统使用的电源电压。多数汽车音像系统采用 12V 直流电压供电，采用 24V 供电的柴油汽车的汽车音像系统使用 24V 直流电压供电，例如东风、江淮柴油车等。

2）搞清汽车音像系统外引线。多数汽车音像系统外引线一般有 4 根，黑的是搭铁线，红的是正电源线，其余两根分别是左、右声道扬声器引线，这类机型为立体声汽车音像系统。但也有少数机型只有一路输出，用一只扬声器。检修时应注意上述各种连接线的区别。

3）了解汽车音像系统的故障率分布。汽车音像系统的故障率 90%左右是功放集成电路损坏，前置均衡放大器损坏较少，收音部分故障率较低。

4）及时掌握整机电流大小。开机时，最好在电源回路串入电流表，以便及时掌握电流是否正常，避免造成元件损坏。

5）切忌随便更换熔丝。更换的熔丝绝不可超过原来的规格。否则，重新通电后有可能烧坏机内尚未损坏的元件。

6）不要随便调整可调元件。切忌随便调整汽车音像系统内的有关电感线圈或半可调电阻、中频变压器磁心等。在没有准确判断出故障之前，若随便调整机内电感线圈、半可变电容、半可调电阻，将会使本来无故障的电路失调而导致故障的进一步扩大，或给判断故障增加难度。必须要调整时，可先记下原来的位置然后再调整；若调整无效，应及时恢复到原来的位置。

7）按正确顺序进行检测。对同时存在多种故障的汽车音像系统，应首先检查整机的供电电路，再逐步检修功放电路，确定功放电路正常后，再根据故障现象，采取有针对性的修理措施。检修顺序一般为：电源电路—功放电路—收音或放音电路。

8）不要让导电物落入机内。

9）拆卸组件注意事项。拆卸修理时，事先留心并记下所拆构件的位置和拆卸顺序，并注意避免损坏构件，以保证还原后能恢复其原有的装配精度。

10）查找假焊元件注意的问题。当怀疑元件的接点有假焊时，只能轻轻晃动，不能用力过猛，以免晃断元件和损坏外印制电路板。

11）烙铁不要在印制电路板的某点停留时间过长。

12）更换大功率元件应注意的问题。更换功放集成电路或某些大功率元件时，要按原样放置垫圈和绝缘垫片等，不得随意减少，以防发生击穿现象和影响散热效果。更换发热的大功率电阻（例如指示灯限流电阻等）时，要按原样进行安装，不得随意贴近印制电路板或靠近其他元器件。

13）元器件端子的处理。更换上的元器件，在焊入印制电路板之前，必须将其端子刮净后镀上锡。有的元器件出厂时已镀过锡，因长期存放氧化，故应重新镀锡。

2. 汽车 CD 唱机的检修

（1）汽车 CD 唱机检修注意事项　检修 CD 唱机等激光音像设备时，要特别注意以下几个问题：

1）注意保护镜头和精密机械部件。拆卸、检查和安装中要特别注意保护镜头和精密机械部件，手不要触及镜头透镜，洗镜头时注意不要让棉纱和尘埃留在镜头上。

2）不能用眼睛直视激光光路。在检修时，绝对不能用眼睛直视激光光路的方法来确定激光是否接通。眼睛应尽可能保持远离激光拾音器 30cm 以上，以免造成对眼睛的伤害。

3）注意防静电。人体通常都带有静电，激光音视设备中的 IC 均采用 CMOS 技术，其输入阻抗很高，人手上的静电碰上 CMOS 电极会产生较高的电压击穿电极，造成 IC 的损坏。对静电最敏感的部件是激光拾音器，它很容易受人体静电作用而损坏。正确的方法是工作台不要铺普通绝缘橡胶，最好能铺上防静电纺织品，应用棉的。可取一段导线将桌子与自来水管连接当作搭铁线。有条件可穿戴防静电工作服和手套。

4）不要随便调整电路板上的电位器。在打开机盖后，不应随手调整电路主板上的电位器，因为这些电位器是在机器出厂时严格校对好的。

5）在拆卸时要切断电源，同时应防止振动和用力过大而使内部元件损坏。

6）小心拆卸表面安装 IC。通常外围元件损坏的概率比 IC 损坏的概率大，不要随意拆卸 IC。确实判明是 IC 损坏时，应小心拆卸，特别是表面安装 IC。

7）长期高温工作环境下的电源属于较容易出故障的部位，是检修判断故障的重点。

8）激光音视设备使用的 IC 大多是数字电路，是按时钟信号的节拍进行工作的，时钟信号的丢失会造成 IC 不工作；而时钟频率不起振和接线开路是经常出现的故障，在检查 IC 故障时要注意检查时钟信号是否正常。

（2）汽车 CD 唱机的检修流程　CD 唱机的故障类型较多，主要有开机故障、读取故障和声音故障三大类。其检修流程如图 6-14 所示。

（3）汽车 CD 唱机故障检修

1）CD 唱机放音部分故障检修。CD 放音机芯部分的故障检修是以荧光显示屏指示作为故障判断的依据，具体方法如下：

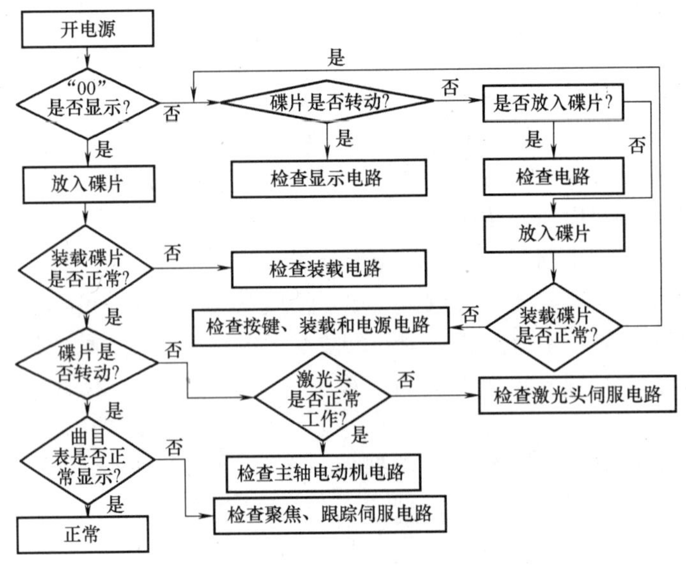

图 6-14　汽车 CD 唱机的检修流程

① 不读碟。放入 CD 碟片时，经常不读碟，显示无片字符，说明故障主要在激光头识读部分，可能是激光头衰老、聚焦不良、激光头不到位以及线速不恒定等，需要检查激光头部分。

② 显示无曲目或分秒计数不稳。由于碟片已经转动，说明激光头聚焦、驱动、循迹伺服控制均无问题，故障主要是由信号弱、线速不恒定或放大部分有问题引起的，需进行调整或检修。

③ 显示正常但无声。由于显示屏显示的曲目及分秒计数均正常，说明机芯部分从机械到 DSP 电路工作均正常，故障在机芯之外。

2）激光头电路检查方法。激光头是一个集光学、磁学、电子与机械于一体的精密组件，是 CD 唱机中读取信息的第一个部件。在激光头中，其任一部分失常均会引起 CD 唱机不能进入工作状态。一般来说，CD 唱机和 VCD 影碟机所用的激光头都是一样的，但不同型号机芯的激光头，其结构和尺寸是不同的，更换激光头时要注意互换性。

激光二极管或其供电电路不良，会使激光头无激光束发出，读不出光盘信息，CD 唱机便会显示无盘。对激光二极管和其供电电路的具体检查方法如下：

① CD 唱机装入碟片后，激光头在进给电动机的驱动下先移动到光盘信息的起始位置。这个位置又称为目录信号记录的位置。到达该位置后，应有激光束从激光头的物镜中发射出来；即使不装碟片，激光头也应有动作，只不过不装碟片时因没有激光束反射到激光头，CD 唱机便认为无碟而自动停机等待。利用这一特点可以对 CD 唱机进行试操作，以检查激光头工作是否正常。

② 检查时，可将 CD 唱机的外壳打开，使激光头露出。操作出碟键时应有出碟动作，再在不装碟片的情况下使托盘进入机舱。当碟片托盘到位后，激光头应有进给动作，然后聚焦镜头的搜索动作。在聚焦镜头动作的同时，有红色激光束从激光头中发射出来，从侧面一定角度可以观察到（不要直观）。如果无激光束发出，则激光二极管可能损坏或其供电电路不正常（检修时，应先除去物镜上的灰尘）。

③ 激光二极管的供电电路检查方法。集成块 4 号端子输出电压约为 4.4V（DC），VT_1 输出电压为 0.2V 左右，CD 唱机在开始工作时，微处理器将起动信号送到集成电路，开始为激光二极管供电。如果有供电电压，而激光二极管不发光，说明激光二极管损坏。

3）进给系统和聚焦环路的检测方法。装入碟片或空的托盘进入机舱后，应先有进给动作，然后有聚焦搜索动作。若无进给动作，应检查进给电动机及其传动机构，然后检查进给电动机驱动集成电路，主要是测其各端子的直流电压。如果无聚焦搜索动作，应检查聚焦线圈和驱动集成电路。聚焦线圈的直流电阻为 6~15Ω。驱动 IC 主要检查其各端子直流电压。

4）系统控制电路故障检查方法。从系统控制电路的工作原理和控制方法可知，如果 CD 唱机不能起动，某些动作失常或操作失灵等，都表明系统控制电路工作失常。引起系统控制电路失常一般有电源供电方面的原因，也有系统控制电路外围元器件不良的原因，还有系统控制电路本身的原因。

在检查时，应先检查电源供电电路输出的各种直流电压，先排除电源电路出问题的可能性，然后检查系统控制电路的外围元器件及有关的电路，最后检查系统控制电路，尤其是微处理器本身。

系统控制部分应根据故障现象，对有关电路进行检查，主要是被控制电路或接口电路。例如，操作出碟键时碟片托架弹不出，应检查操作时微处理器是否有控制信号输出。若有输出，则故障是在驱动电路或电动机传动机构；若没有控制信号输出，则故障在系统控制微处理器本身。

3. 汽车 VCD 影碟机的检修

VCD 影碟机是在普通 CD 唱机的基础上开发生产的，它的大部分组成系统与 CD 唱机相似。在检修时，可借鉴检修 CD 唱机的方法。就不同机型的 VCD 影碟机而言，故障判断思路和检修方法大同小异。汽车 VCD 影碟机的故障检修步骤如图 6-15 所示。

1）汽车 VCD 影碟机检修思路。当 VCD 影碟机出现故障时，如无声无像、声像不稳等，首先应判断是否 CD 部分出了故障，因为它是声像的公共通道。判断的方法是播放一张 CD 音乐碟片，若能正常播放，显示稳定均匀，则故障不在 CD 部分；若 CD 碟片也不能正常播放，则首先应检修 CD 部分。

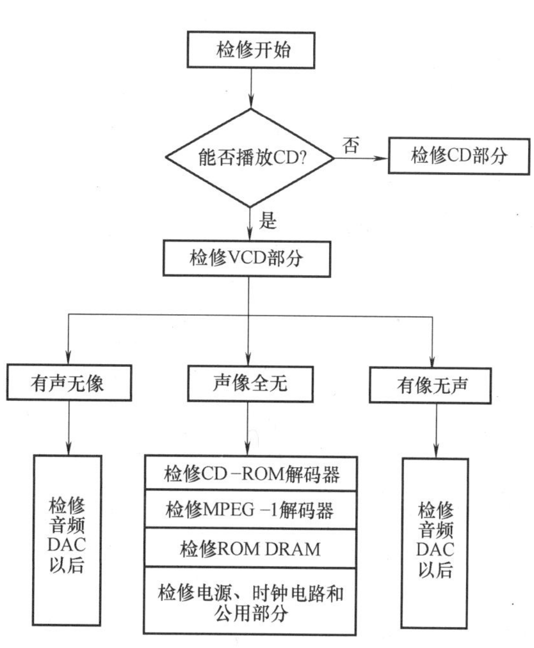

图 6-15　汽车 VCD 影碟机的故障检修步骤

当故障在 VCD 部分时，应根据图像和声音的有无，进行故障部分划分。当声像全无时，应检查 CD-ROM 解码器和 MPEG-1 解码器。因为这是数据的公共通道，而且由于声像解码互锁，无论是音频解码损坏还是视频解码损坏，都会引起解码停止。对于 CL480 系列单片解码芯片，无论是音频解码损坏还是视频解码损坏，都必须更换 CL480 系列芯片。检修声像全无的故障，思路应扩大到解码芯片和外围电路，如电源电路、时钟电路、DRAM 电路和

EPROM 电路，若所有硬件和接线都没有查出问题，可更换同型机的 EPROM 一试，看是否是 EPROM 内部软件有误。

当声音和图像只出现其一时，必须在解码输出以后，包括解码器至 DAC 电路的引线、DAC 电路、时钟信号电路、同步信号电路、参考电压电路等，还有 DAC 以后的电制式编码电路和复合同步信号电路、彩色副载波信号电路、电源电路以及输出放大电路，逐级检查、判断、排除故障。

2）汽车 VCD 影碟机的检修方法。汽车 VCD 影碟机常见故障有碟片不旋转和无法读取目录信号，其具体检修方法如下：

① 碟片不旋转。初步诊断中主要观察的部件是激光拾音器和主轴电动机。要求观察的各项动作均对应着与动作相配合的工作电路或执行部件，如果察觉出某项动作过程不正常，就可以提高诊断进程，有利于正确迅速排除故障。初步诊断主要观察激光拾音器的三个动作过程，它们分别对应着滑动控制、聚焦搜索和激光控制系统。激光头进入内圈时，聚焦物镜应做上、下搜索动作，同时激光管亮呈暗红色。

此外，还要判断主轴电动机的旋转趋势，如果存在这种趋势，则可将检修判断位置直接移到主轴驱动单元，暂时可以不必按详细诊断过程逐节判断。FOK 信号是需详细诊断的关键检查信号，它对主轴电动机是否旋转有直接影响。在无 FOK 信号的情况下，应该弄明白 FOK 信号的形成与哪些系统有关，在此列出三个有待检查的系统，其中有的系统是否需要检查可以结合初步诊断的结果进行。碟片不旋转的故障诊断流程如图 6-16 所示。

② 无法读取目录信号。初步诊断是检查激光拾音器组件滑动机构在主轴电动机旋转起动时，激光拾音器组件离开原来静止的起始位置，朝外运行，以便激光头读取目录。如果在检查中发现主轴电动机旋转后，激光拾音器组件很快由内向外滑行，说明跟踪伺服系统存在故障的可能性比较大，则可进一步检查滑动机构是否存在卡死、传动不良等情况。另外，多功能显示屏工作状况以及主轴电动机的旋转速度均属观察之列。

详细诊断的关键信号是眼图（RF 波形），眼图幅度必须符合一定范围要求，一般在维修手册上均提供该项数值。其次应注意眼图菱形孔的清晰程度。如果眼图无法正常出现或幅值偏小，应该检查跟踪伺服系统，包括跟踪线圈和跟踪激光传感器。另外，RF 信号处理系统内的激光接收、RF 信号处理放大的异常都会引起眼图幅度下降。在观察到眼图比较正常的情况下，可以考虑数字信号处理内的锁相环频率是否正确。若频率偏移过多，则使锁相环失锁，以致影响同步信号的提取。目录信号读取显示与子码译码和传输均有关联，在排除故障时应逐一检查判断。无法读取目录信号的故障诊断流程如图 6-17 所示。

4. 汽车 DVD 影碟机的检修

（1）汽车 DVD 影碟机检修注意事项　DVD 影碟机和 VCD 影碟机同为激光数字音像设备，除了激光拾音器、MPEG-2 视频解码器、AC-3 或 MPEG-2 音频解码器以及电源电路大多采用开关电源，与 VCD 影碟机有所不同外，其他工作原理和机械结构基本相同。

检修汽车 CD 唱机、VCD 影碟机的注意事项完全适用汽车 DVD 影碟机，除此之外，检修汽车 DVD 影碟机还应注意以下事项：

1）DVD 碟片是双面结构，DVD 影碟机机芯上装有 U 形导轨，以便 DVD 激光拾音器读碟时从 A 面转到 B 面，或从 B 面转到 A 面。U 形导轨润滑不足或有异物阻挡都会使激光拾音器不能转换到位，出现播放故障。

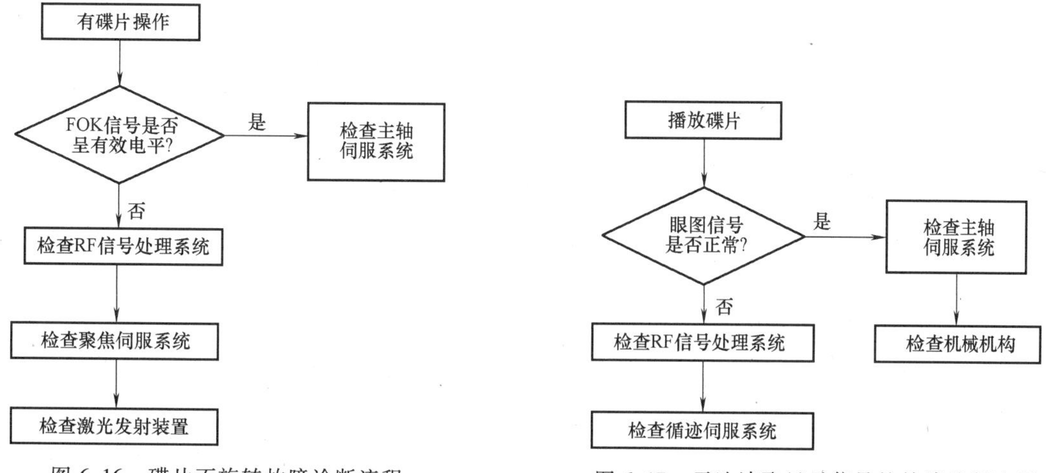

图 6-16　碟片不旋转故障诊断流程

图 6-17　无法读取目录信号的故障诊断流程

2）DVD 影碟机电源大多采用开关电源，而 VCD 影碟机大多采用直流串联稳压电源。开关电源容易出现振荡管或振荡集成电路停振，无电压输出，而使 DVD 影碟机不能工作。电源电路是 DVD 影碟机排除故障的重点检查部位。

3）DVD 影碟机可向下兼容播放 CD 唱片和 VCD 碟片，有些机型是采用另设一个激光拾音器来完成该项工作的。该激光拾音器出现故障，机械运行不到位时，就会造成 DVD 激光拾音器无法到位拾取信号，出现播放故障。

4）DVD 影碟机大多加有地区密码，不是该地区的 DVD 碟片不能在该地区 DVD 影碟机上播放。修理时需辨别清楚，以免误认为是 DVD 影碟机的故障。

5）DVD、VCD 和 CD 信号均送入数据处理集成电路进行数据同步识别，再分别送入 CD-DA 数据处理集成电路和 CD-ROM、DVD-ROM 数据解压集成电路进行数据处理。所以可以通过先播放 CD 唱片，再播放 VCD 碟片，最后播放 DVD 碟片的方法来分析故障部位。若 CD 唱片能正常播放而 VCD、DVD 碟片不能播放，则故障在数据处理集成电路。

6）音频经 AC-3 解码集成电路解码后，输出 5.1 声道数字信号送音频输出接口电路。音频接口电路经 DAC 变换后分别输出前左、右声道信号，后左、右声道信号，中央声道信号和超重低音信号。若只有一路信号无输出，则不会是 AC-3 解码集成电路的故障，而可能是相应接口电路的故障，只有各路都无输出才可能是 AC-3 解码器的故障。大部分机型提供 AC-3 的 5.1 声道数据流信号输出，若音频无输出，也可试从该端口输出，若是 AC-3 解码器故障，该端口无输出。

（2）汽车 DVD 影碟机故障检修　汽车 DVD 影碟机故障的检修与汽车 VCD 影碟机相同，可参阅“汽车 VCD 影碟机的检修”的相关内容。

任务七　车载免提系统

一、任务引入

汽车驾驶人边开车边接听电话的现象屡见不鲜，这样就带来了极大的安全隐患。某些地区交通法规明确规定：禁止驾驶人在驾驶汽车时使用手机通话。开车和通话的矛盾促使人们寻找多种手段来实现车载免提通话功能，驾驶人在开车时不需要手持手机而直接进行通话，从而降低安全隐患。

二、任务目标

1）了解车载免提系统的功用与类型。

2）掌握别克君威轿车车载免提系统的功能。

3）掌握日产轩逸轿车车载电话的功能。

三、相关知识

1. 车载免提系统概述

（1）车载免提系统的功用　车载免提的功能就是自动辨识移动电话，不需要电缆或电话托架便可与手机联机；车主可以不接触手机，甚至是双手保持在转向盘上，就可以控制手机，用语音指令控制接听或拨打电话，使用者可以通过车上的音响进行通话。

（2）车载免提系统的种类　实现车载免提通话功能的手段，目前市场上一般分为以下几种：

1）车载电话系统。在这些解决车载免提通话的手段中，由于装备车载电话的汽车数量相对较少，同时手机的使用率远远大于车载电话，所以车载电话的解决方案极其不经济，存在很大的浪费。

2）蜂窝手机车载免提系统。车载免提适配器的解决方案主要是为蜂窝手机设计的，通过线缆将音频信号引出，实现免提通话。但是手机音频接口多种多样，适配器只能适合较常见的数款手机。

3）蓝牙车载免提系统。蓝牙车载免提是利用蓝牙短距离无线传输语音的特性实现免提通话，这种解决方案简单易行，通话质量相对较好。蓝牙手机的普及已成趋势，目前蓝牙手机的使用率已达到85%以上，智能手机蓝牙功能几乎已成标配，因此蓝牙车载免提成为车载免提的主流。

除此之外，有的驾驶人喜欢使用带麦克的耳机边驾驶边通话，这样虽然解放了双手，但同样存在一定的风险。所以开发具有车载免提功能的多功能电话系统是解决开车和通话矛盾的最佳方法，耳机通话只能作为辅助工具，这样才能彻底解决矛盾。

2. 车载免提系统实例

（1）蜂窝手机车载免提系统实例——上海别克君威轿车车载电话

1）车用蜂窝电话概述。为了有效地利用无线电波频率资源，增加电话用户的数量，必须使用相同频率的无线电波。为此，整个国家被划分为许多个小的服务区域，在每个服务区域建立一个能覆盖本区的基地站，这样可以减小发射功率，同时所需无线电波的范围减小，同一频率可以用在其他的地区。图6-18所示为蜂窝式移动电话基地站的布置图。其设置形状很像蜂窝状，所以称这种通信方式为蜂窝式。

车用蜂窝电话与常规电话不同，它采用无线电波通信。在通信开始时，应选择一个合适的无线电频道，因此需要通过基地电台来控制连接，此外还需要获得汽车所在位置信息，以便能接通电话。

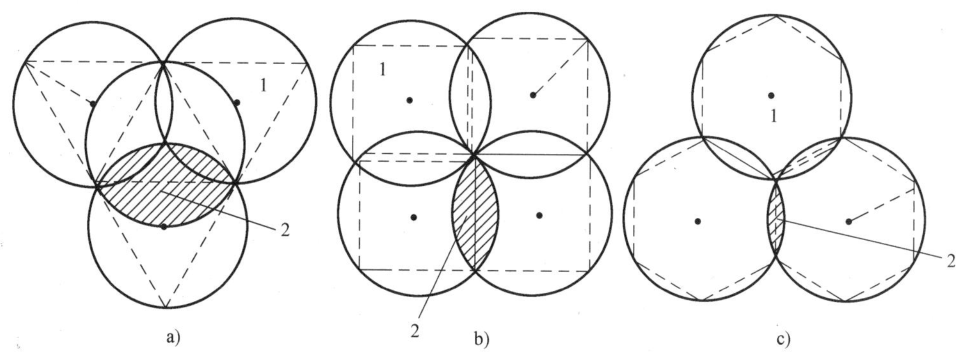

图 6-18　蜂窝式移动电话基地站的布置图

a）三角区域　b）方形区域　c）六角形区域

1—基地站　2—搭接区

2）上海别克君威轿车车载电话系统的组成。别克君威轿车车载电话系统主要由移动电话、车载电话模块、车载电话副机、麦克风、右前扬声器和转向盘车载电话控制器等组成，如图 6-19 所示。

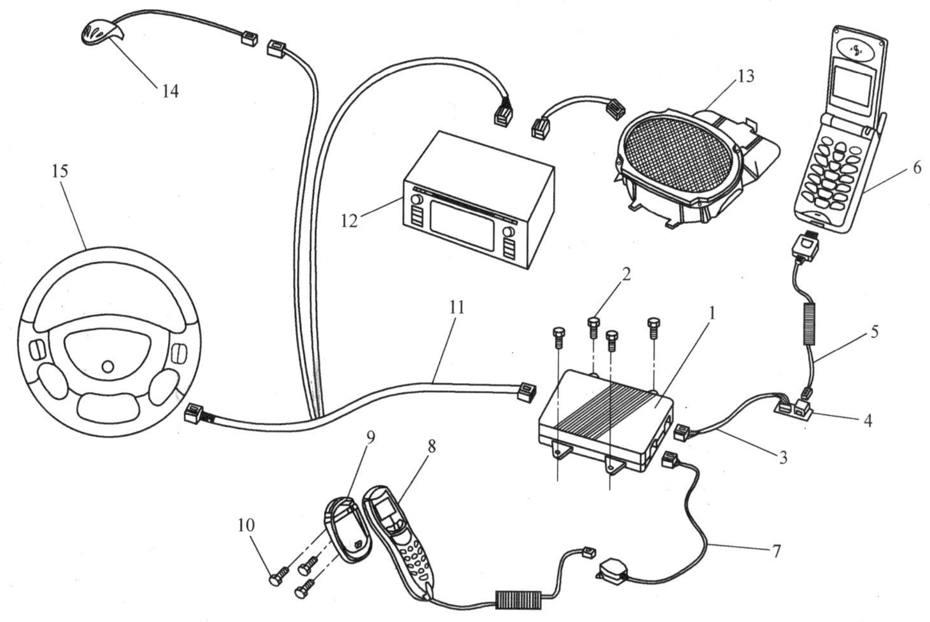

图 6-19　别克君威轿车车载电话系统的组成

1—车载电话模块　2—车载电话模块固定螺钉　3—信号连接线　4—移动电话转接头
5—信号线　6—移动电话（用户自配）　7—车身线束　8—带线束的副机　9—副机机座　10—副机机座固定螺钉
11—仪表板线束　12—收音机/DVD 机　13—右前扬声器　14—带线束的麦克风　15—转向盘音响/车载电话控制器

① 移动电话。车载电话系统的信号接收和发送是由移动电话完成的。当移动电话和相应信号线选定后，移动电话应选择车载免提和自动接听功能。当移动电话连接到车载电话系统时，将有两声报警提示成功接入，否则系统不能正常工作。移动电话通过移动电话转插头连接到车载电话系统，移动电话转插头在杂物箱内，如图 6-20 所示。

② 车载电话模块。车载电话模块在仪表板下方、前排乘员座左侧，如图 6-21 所示。车

载电话模块是车载电话系统的控制装置，它具有下列功能：

a. 当来电时，若收音机已打开，则此时音响自动静音，然后切换至车载电话工作状态；若收音机未工作，则收音机被唤醒进入车载电话工作状态。当通话结束时，收音机自动回复至原来状态。

b. 有来电时，若对方电话号码和姓名已录入车载电话模块中的语音电话簿，则先报对方姓名然后进入通话状态；若对方电话号码和姓名未录入语音电话簿，则只报对方电话号码，然后进入通话状态。

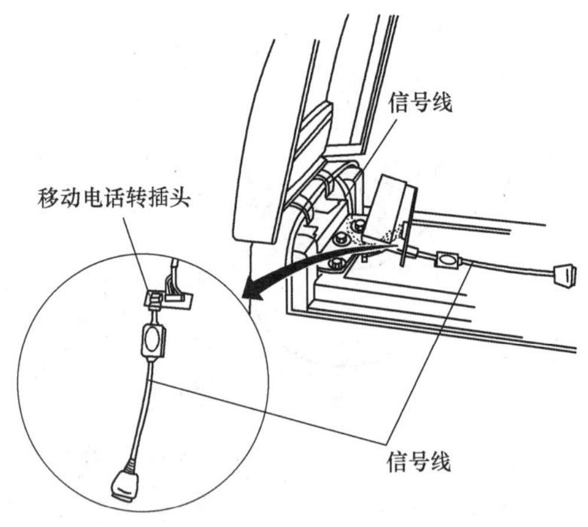

图 6-20　移动电话转插头的位置

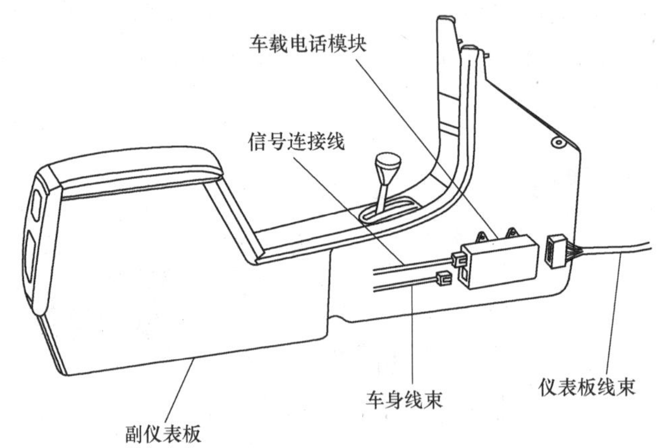

图 6-21　车载电话模块位置

c. 车载电话模块的语音电话簿最多可储存 100 个电话号码。

d. 车载电话模块可提供移动电话安全充电。

e. 当点火开关从其他位置转至关闭位置时，车载电话系统可以继续工作 10min。当任一车门被打开时，该系统即停止工作。

③ 车载电话副机。车载电话副机在后乘员座两靠背中间。车载电话副机具有下列功能：

a. 可以直接拨号或结束通话（此时移动电话必须与车载电话系统相连）。

b. 每次按键时，都会有声音和 LCD 画面相应提示。

c. 可调节通话音量。

d. 语音电话簿输入和预录姓名及电话号码删除。

e. 预设自动拨分机。

f. 语音电话簿搜寻拨号。

④ 转向盘车载电话控制器上各按钮的功能如下：

a. SEEK UP 按钮。向上搜寻语音电话簿，短按为单个搜寻，长按为快速搜寻（每次 10 个电话号码）。

b. SEEK DOWN 按钮。向下搜寻语音电话簿，短按或长按分别为单个或快速搜寻。

c. MUTE 按钮。短按进入静音，长按进入车载电话模式，再按为重拨电话号码。在车载电话处于工作状态时，在语音报来电号码或姓名结束前按“MUTE”按钮为拒接，通话中按“MUTE”按钮为挂断电话。

3）上海别克君威轿车车载电话系统的控制电路。别克君威轿车车载电话系统的控制电路如图 6-22 和图 6-23 所示。图 6-24 中，车载电话模块的端子 B13 为车载电话模块提供电源。端子 B9 和 B8 分别与收音-DVD 机的端子 4 和 5 相连，车载电话模块将声音信号送给收音-DVD 机。端子 B7 分别与收音-DVD 机的端子 7 和收音机协议转换器的端子 20 连接，当有来电时，车载电话模块使端子 B7 搭铁，收音-DVD 机检测到低电位时控制扬声器静音。端子 B2 与麦克风的端子 B 相连，麦克风将声音信号送至车载电话模块。

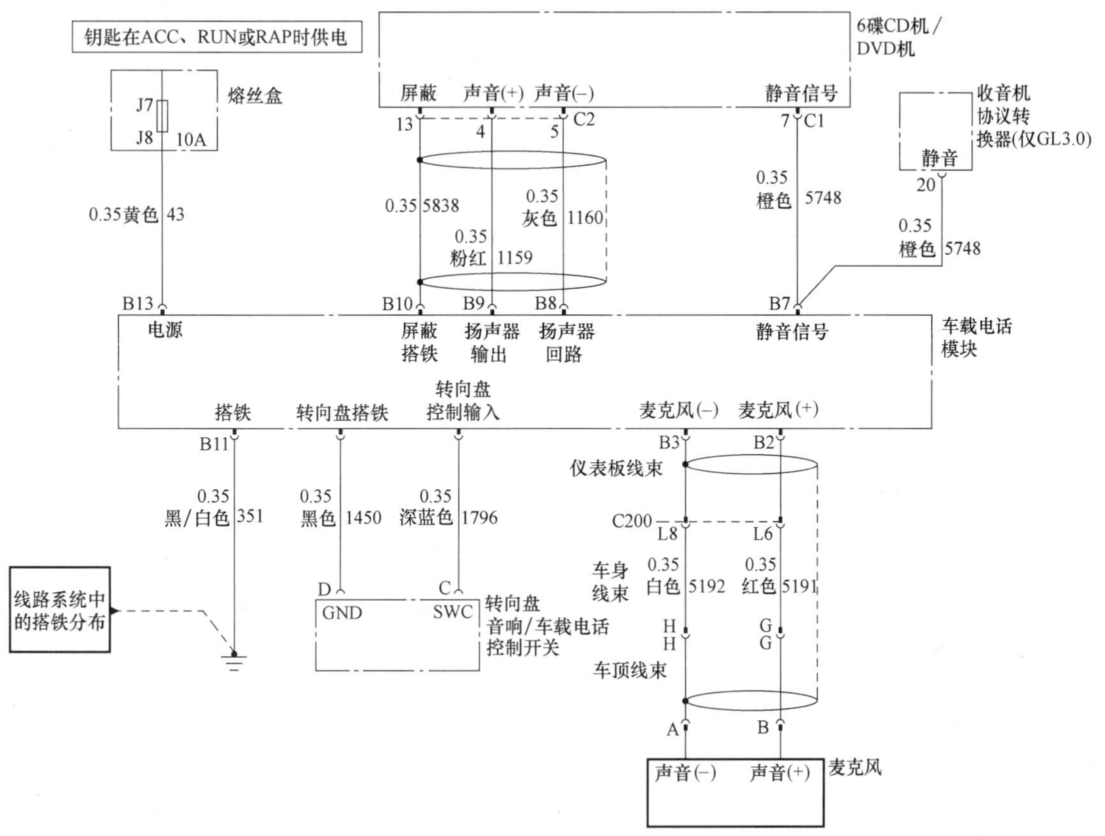

图 6-22　别克君威轿车车载电话系统的控制电路 1

图 6-23 中，车载电话模块的端子 C1～C7、C9、C11 和 C12 分别与移动电话转插头的同号端子相连，各对应端子的功能如下：

① 端子 C1 和 C7。这两个端子没有使用。

② 端子 C2。接听电话时，声音由移动电话经移动电话转插头从端子 C2 传输至车载电话模块。

③ 端子 C3。通话时，麦克风接收到的声音信号经车载电话模块从端子 C3 传输至移动电话转插头，再传输至移动电话。

④ 端子 C4。端子 C4 为移动电话转插头提供 5V 电源。

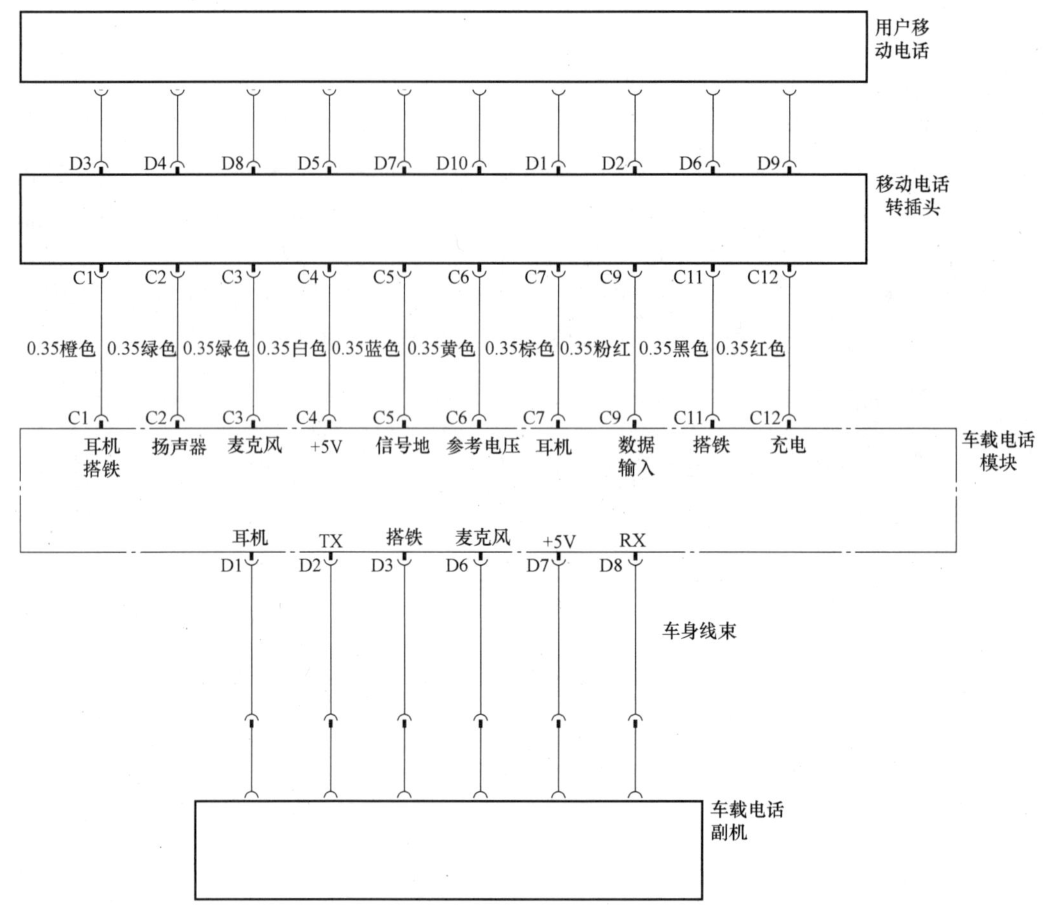

图 6-23　别克君威轿车车载电话系统的控制电路 2

⑤ 端子 C5。当移动电话转插头未接到车载电话模块上时，车载电话模块输出 5V 监测电压；当移动电话转插头接到车载电话模块上时，伴有两声报警且 5V 电压变为 0V。

⑥ 端子 C6。当用车载电话副机拨号时，移动电话显示所拨号码，此信息经端子 C6 由车载电话模块传输至移动电话转插头，再传输至移动电话。端子 C6 间的信号连接线为车载电话模块检测移动电话电池电压的信号线。

⑦ 端子 C9。当用移动电话拨号时，车载电话副机显示所拨号码，此信息经端子 C9 由移动电话转插头传输至车载电话模块，再传输至车载电话副机。

⑧ 端子 C11。端子 C11 为移动电话转接头提供搭铁。

⑨ 端子 C12。端子 C12 为移动电话充电提供电源，根据移动电话电池电量，充电电压为 4~10V。

（2）蓝牙车载免提系统实例——日产轩逸轿车车载电话　日产轩逸轿车车载电话免提系统主要包括 TEL 适配器单元、麦克风、转向盘开关、TEL 天线等，系统框图如图 6-24 所示，系统部件布置如图 6-25 所示，系统电路如图 6-26 所示。

1）TEL 适配器单元有蓝牙模块。它可以用车内的手机进行无线免提电话呼叫。

2）可以在 TEL 适配器单元内注册 5 部以内的手机。

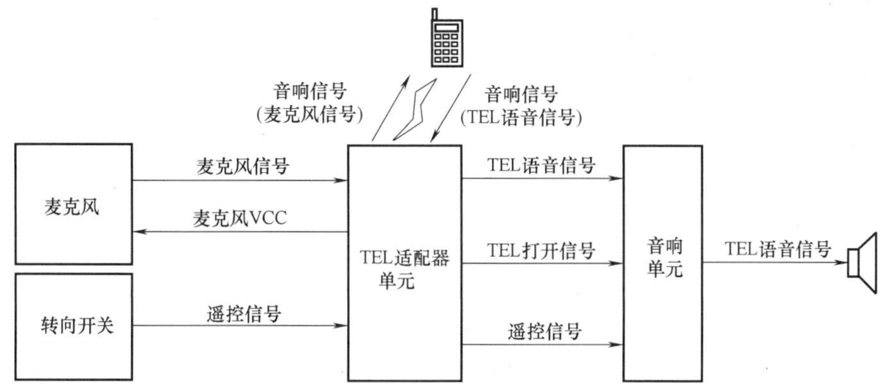

图 6-24　日产轩逸轿车蓝牙车载电话免提系统框图

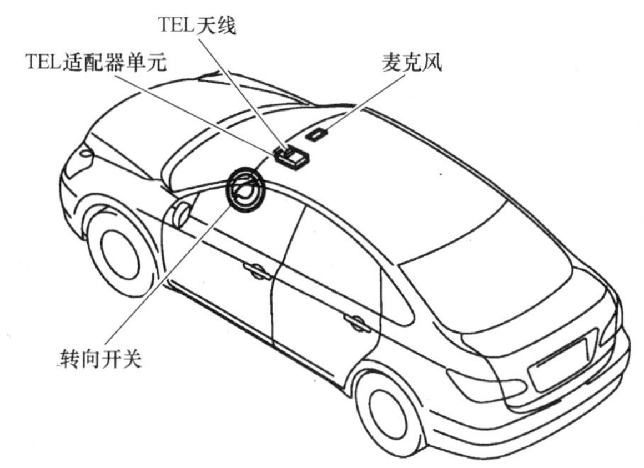

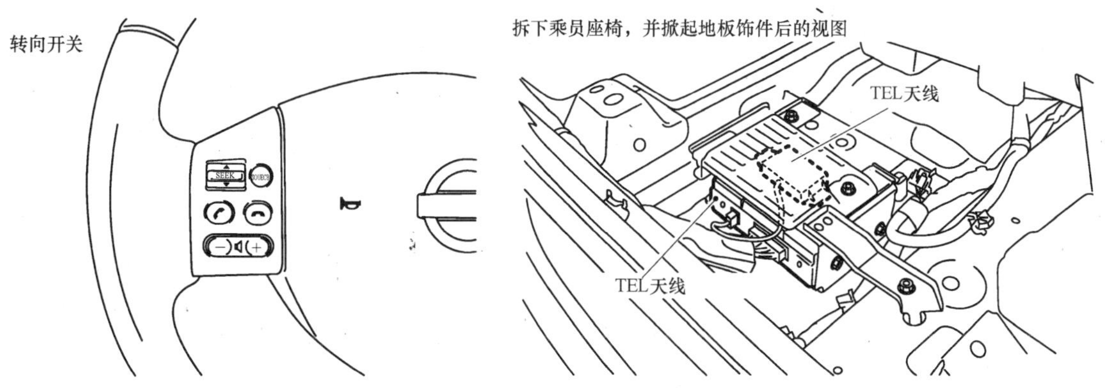

图 6-25　日产轩逸轿车蓝牙车载电话免提系统部件布置

3）按下“”按钮时，通过向 TEL 适配器单元发送遥控信号起动免提电话模式。

4）按下“”按钮时，通过向 TEL 适配器单元发送遥控信号结束免提电话模式。

5）声音传到麦克风后，麦克风信号（语音信号）从麦克风传输给 TEL 适配器单元，然后通过蓝牙通信传输给手机。

6）来自另一方的语音信号通过蓝牙通信从手机传输给 TEL 适配器单元，然后从 TEL 适配器单元传输给音响单元，随后从前扬声器内输出另一方的语音。

7）当从 TEL 适配器单元接收 TEL ON 信号时，音响单元将前扬声器切换到 TEL 语音。

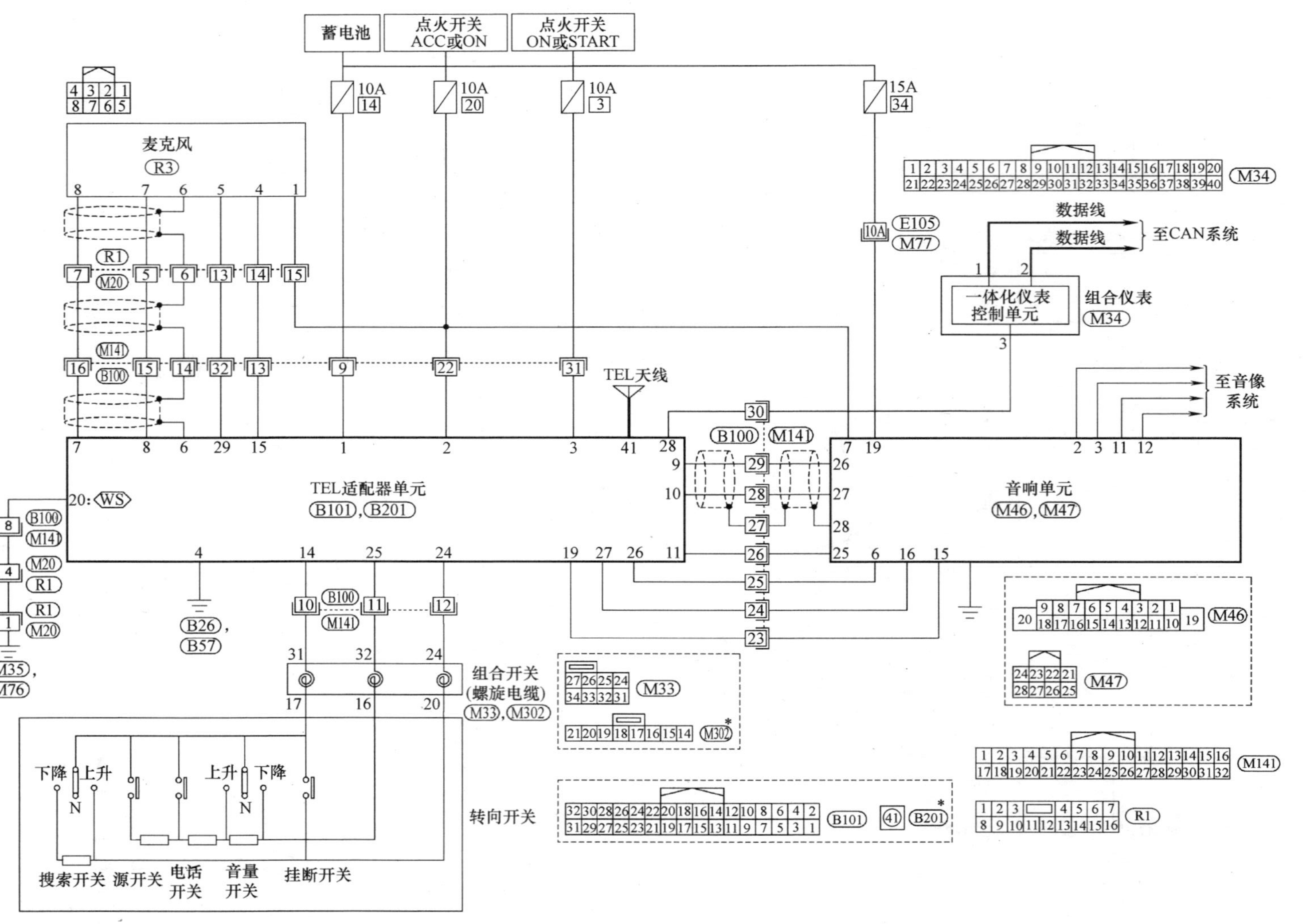

图 6-26　日产轩逸轿车蓝牙车载电话免提系统电路

参考文献

[1] 李伟，等．图解汽车底盘电控新技术与故障精解[M]．北京：机械工业出版社，2010.

[2] 张军．汽车舒适与安全系统检修[M]．北京：人民邮电出版社，2009.

[3] 邢艳云．汽车车身电控技术[M]．北京：清华大学出版社，2014.

[4] 王丽梅，曲直．汽车车身电控技术[M]．北京：人民邮电出版社，2011.

[5] 毛峰．汽车车身电控技术[M]．2 版．北京：机械工业出版社，2011.

[6] 岑业泉．汽车车身电控系统维修[M]．北京：机械工业出版社，2011.

[7] 郑易．新型汽车车身电气设备维修及案例分析[M]．北京：机械工业出版社，2013.

[8] 毛峰，杜春盛．汽车车身辅助电器系统检测与修复[M]．北京：机械工业出版社，2011.

[9] 罗富坤．汽车车身电控系统检测与修复[M]．北京：机械工业出版社，2011.

[10] 刘春晖，张斌．汽车车身电控系统原理与检修[M]．北京：机械工业出版社，2012.

[11] 毛峰，毛洪艳．汽车安全与舒适系统检测与修复[M]．北京：机械工业出版社，2011.

[12] 王盛良．汽车底盘及车身电控技术与检修[M]．北京：机械工业出版社，2009.

[13] 于万海，刘建华．汽车舒适与安全系统原理与检修[M]．北京：中国铁道出版社，2013.

[14] 吴文琳，蚁文荣．汽车舒适系统和电动控制装置维修精华[M]．北京：机械工业出版社，2009.

[15] 陈天训．汽车车身控制与舒适性系统检修[M]．北京：机械工业出版社，2013.

[16] 董恩国．汽车车身电控系统原理与检修[M]．北京：机械工业出版社，2012.

[17] 郑尧军．汽车车身电控系统检修[M]．北京：清华大学出版社，2012.

[18] 黄军辉，张南峰．汽车电气及车身电控技术[M]．北京：人民邮电出版社，2009.

[19] 孙连伟，曲昌辉．汽车舒适与安全系统检修[M]．北京：中国人民大学出版社，2012.

[20] 陈新，潘天堂．汽车车身控制系统检修[M]．北京：化学工业出版社，2013.

[21] 孙桂芝．汽车安全与舒适系统检修[M]．北京：人民邮电出版社，2013.

[22] 李英，郭进国．汽车舒适与安全系统的诊断与修复[M]．上海：上海交通大学出版社，2012.

[23] 曾鑫，刘兰俊．汽车车身电控系统检修[M]．北京：北京理工大学出版社，2010.